THE INTERNATIONAL
HANDBOOK
OF

国际航运金融手册

[希腊] 马诺利斯·卡伍萨诺斯（Manolis Kavussanos）
伊利亚斯·维斯维基斯（Ilias Visvikis） 主编

金海 译 徐冬根 赵劲松 校

SHIPPING FINANCE

Theory and Practice

上海人民出版社

关于编者

马诺利斯·卡伍萨诺斯（Manolis Kavussanos）：希腊雅典经济与商业大学（AUEB）教授，担任国际海运、财务和管理硕士项目以及金融实验室主任，是雅典工商管理硕士项目、金融硕士项目指导委员会成员，曾任雅典经济与商业大学会计与财务硕士和博士项目主任。致力于航运风险分析和管理领域的研究。

伊利亚斯·维斯维基斯（Ilias Visvikis）：航运金融和风险管理教授，世界海事大学（WMU）管理教育和专业发展总监，世界海事大学和挪威德国劳氏船级社海事学院（DNV GL Maritime Academy）的海事管理研究生项目主任。

| 目 录 |

译者序：盘点 2018 年全球航运金融宏观景气变化和展望 2019 年航运市场投资前景

时光流转，色身有灭，学习精神不朽。《国际航运金融手册》译作出版之际，笔者在此抛砖引玉，分享当前国际国内航运产业投资研究观点，期待同行们更多讨论和建议。

根据世界银行 2018 年 6 月发布的《全球经济展望》，2018 年全球经济预计增长 3.1%。其中，中国经济预计增长 6.5%，美国 2.5%，俄罗斯 1.5%。相比较，目前美国的 GDP 总量约为 19 万亿美元，中国约为 12 万亿美元。就资产负债表而言，美国国债规模约为 21 亿美元，中国 13 万亿美元左右。美国 2017 年财政年收入约为 32 510 亿美元，全球第一；中国约为 24 260 亿美元，全球第二。中国对全球经济复苏功不可没。根据世界银行和 IMF 测算，2017 年全球经济增长 3.2%，中国贡献 0.8 个百分点，占比接近 26.8%。

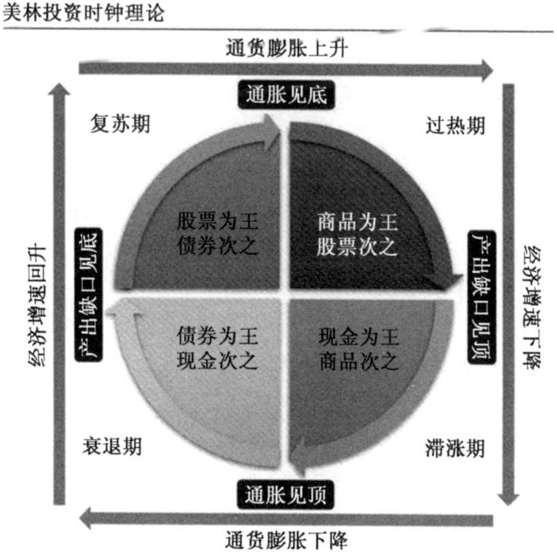

2018年是全球宏观经济多重周期叠加的动荡时段。根据美林投资时钟理论，经济增速和通货膨胀的不同组合通常经历复苏、过热、滞胀和衰退四个时期，不同时期导致资产价格表现不同。比如在经济滞胀的环境里（经济增速下行通货膨胀上行），中国经济股债齐跌，同时商品价格上涨，宏观经济预期开始转向经济滞胀风险。我们观察在2018年第三季度，中国政府债券发行规模显著增加。8月14日中国财政部发文，为更好地发挥专项债券对稳投资、扩内需、补短板的作用，财政部要求加快地方政府专项债券的发行和使用进度。当前宏观经济逻辑是通过政府大规模发债回笼资金，导致市场流动性收紧。加上经济滞胀预期，债市下跌。同时经济增速下行预期推动股市下跌，反映在10月中旬股市表现尤为明显。

2018年是中国宏观经济发展不确定的一年。众多“黑天鹅”事件引发市场发生负面的连锁反应。中美贸易战逐步升级，中国宏观政策如何扩大内需以对冲外需缩减。通过宽投资、增消费和稳汇率等经济手段，以实现贸易收支相对平衡。目前中国货币政策去杠杆、趋严的资管和监管新规、地方政府融资平台风险出清和规范整顿、P2P网络借贷风险专项整治，以及环保限产治理，均使得2018年中国投资总需求明显减弱。

2018年7月23日国务院常务会议要求保持宏观政策稳定，实施财政政策要更加积极，财政政策要更有效地服务实体经济，更有力地服务宏观大局。稳健货币政策要松紧适度。当前中国货币政策太紧或太松只能使当前中国经济问题更加复杂。当经济持续走低，最终货币政策所需要的扩张力度会放大。近期M2增速和汇率走稳，市场表现股债双杀，对应GDP增速和CPI房地产权重增加，表面显示滞涨预期，深度思考是投资者预期的多空矛盾、中短期和长期矛盾以及非理性资产价格波动。如果市场整体选择悲观预期，投资者行为通常会选择更悲观的预期判断。从预期方向来看，稳定基建投资增长预期会升温，债市走势仍看跌，信贷市场动荡持续蔓延。相比较股市可能出现短期反弹，比如监管层表态维稳，恢复市场信心，2018 年 10 月 22 日沪指收盘升 4.1%。10 月 25 日，美国股市大跌，纳斯达克综合指数跌幅 4.43%，达到 2011 年 8 月以来最大单日跌幅。相比较中国沪指尾盘强势上扬，收涨 0.02%，继续修复市场信心。12 月 20 日美联储公布了 12 月议息会议决议，加息 25 个基点，上调联邦基金利率目标区间至 2.25%—2.5%，政策声明经济继续“强劲”，继续“渐进加息”，不提金融市场波动。市场表现美股下跌，美国国债长端利率下降，美元走强。12 月 21 日闭幕的中国政府中央经济工作会议要求，2019 年“稳健的货币政策要松紧适度，保持流动性合理充裕，改善货币政策传导机制”。

宏观经济研究方法论需和航运金融实务相结合。投研工作需耐心磨豆腐，只要磨好豆腐就会有人买。这部分投研工作遵循经验规律性重于推理经济逻辑。尤其在经济不确定的 2018 年，寻找经济内部和外部关系以及内部和外部各自规律，要依靠数据有力支撑。通常的宏观经济研究边际分析需建立连续性假设，边际分析也是“增量”分析。每当“黑天鹅”事件频繁出现时，这种传统连续性假设的逻辑往往会崩裂，此时边际分析方法会向“超边际分析方法”过渡。杨小凯认为：传统经济学的边际分析是解决某一分工模式或经济组织结构下资源如何实现最优配置的问题，而进行边际分析的前提是“给定分工结构”，合在一起进行“超边际分析”。广发证券的郭磊认为：比如全球贸易战和新兴市场危机如果出现，我们一方面需要沿着边际分析去测算它的直接影响，如出口减少多少，对 GDP 影响几何；另一方面，则需要以超边际分析的思维去推演连锁反应的各种极端可能性。简单来说，边际分析是一个“多”与“少”的问题，超边际分析则包含着“YES”和“NO”的区别。在航运经济周期中 BDI（波罗的海干散货指数）从 1 万多点跌到几百点，这种超边际分析研究的角度是非常有必要的。

目前，新凯恩斯主义经济学在西方宏观经济学里仍然占据主流地位。凯恩斯在《就业、利息与货币通论》中强调的“有效需求”，指在总供给与总需求达到均衡时有支付能力的总需求。而由此产生的“三驾马车”理论中阐述GDP经济增长是消费、投资、净出口三种需求之和。凯恩斯认为有效总需求是不足的。尽管中国GDP总量自2016年年底以来有所反弹，但是只有出口增速有回升，消费和投资都是继续回落。而且自2018年7月中美贸易摩擦以来，截至9月出口金额同比增速为9.8%，开始下降。结合超边际分析方法应用，可以对当前日益复杂的经济形势作出有效判断并提供决策参考。

首先，消费者边际消费递减会导致消费总需求不足。从中国消费角度来看，中国经济的高房价权重逐渐挤出居民的消费增长能力。截至2018年7月份，社会消费品零售总额30 734亿元，相比2017年年底34 734亿元，下降11.5%。去除价格因素影响，9月份实际社会消费品零售总额增速6.4%，相比8月份6.6%继续放缓。同时，2018年中国股市整体下跌，P2P爆雷，物价上涨，相比较人工成本、企业生产成本和运输成本也是长期居高不下，都引导消费需求不足。

其次，资本边际效率递减和资产倾向流动偏好会导致投资总需求不足。固定投资一般包含制造业投资、基建和房地产三大类。2018年前7个月，中国的固定资产投资（不含农户）35.6万亿元左右，同比增长5.5%，增速比前6个月回落0.5%。但是，企业债务水平已经超过GDP总量，而且投资回报率低。基建投资普遍投资周期长，地方政府债务杠杆率已经在高位，进一步推动经济滞涨预期。

再次，实际汇率变化影响到中国净出口需求不足。欧洲央行9月26日表示，如果贸易战继续扩大，美国所受到的负面影响将大于中国。欧洲央行模拟实验假设美国对所有进口商品征收10%关税，而贸易国将会作出相应报复。实验显示，美国经济增长率将在贸易战的第一年下降2%，而全球贸易将损失3%。10月24日美股暴跌，抹掉了中美贸易战后的涨幅。

从全球宏观角度来看，美国持续加息的政策实际引导金融去杠杆，引发中国宏观经济政策重心从长期经济结构调整转向避免短期连锁性系统风险，市场预期加快中国金融资产市场出清，股市下跌，整体资产价格尤其名义金融价格重新估值，扩大了外汇风险敞口和实物资产比价波动，进一步影响到中国经济去过剩产能，并逐渐引导各类金融机构投资向短期化和套利化发展倾斜，扩大了金融领域的系统风险。十九大报告把防范化解重大风险放在了三大攻坚战之首，并且强调“要健全金融监管体系，守住不发生系统性金融风险的底线”。

中国央行发布的 2018 年第二季度中国货币政策执行报告提出，下一阶段稳健的货币政策要保持中性、松紧适度，管好货币供给总闸门，保持流动性合理充裕。2018 年货币政策从“稳健中性”切换至“稳健”基调。央行现在面临的难题之一是不能有效实现精准去杠杆。由于商业银行过度解读审慎放贷，信用债放款萎缩，M2 流动性虽然宽松，但是实际不能有效疏导，导致实体经济仍然融资困难，预期短时间内不会改善。虽然 10 月 20 日国务院金融稳定发展委员会第十次专题会议要求增强微观主体活力，聚焦解决中小微企业和民营企业融资难题，但是当前经济环境更加复杂，中美贸易摩擦、地方政府融资平台严格监管和民间投资缩减已经影响了实体经济的总需求。

2018 年中国以更加需要稳健的货币政策应对股市下跌和汇率贬值问题。9 月 27 日，美联储宣布加息 25 个基点，联邦基金目标利率上调至 2%—2.25%，创 2008 年以来新高，也是 2015 年 12 月美国加息周期开启以来第 8 次上调利率。由于美国副总统彭斯强硬讲话加上美联储重申渐进式加息目标引发市场反应，10 月 4 日，代表美元资产估值折现率的 10 年期美债收益率突破 3.2%，创 2011 年 6 月以来新高。它和 2 年期国债收益率价差一度扩至 0.5%，当天美国三大股指悉数转跌，带动全球股市和大宗商品暴跌。市场反应验证了利率是美联储主要的货币政策工具，也注定 2018 年是康波周期震荡下行的一年，预期其波动会持续进入 2019 年。面临美元升值压力，新兴经济体包括土耳其、印度和印尼已经采取了相对紧缩措施。中国央行通过定向投放中期借贷便利（MLF）创新的结构性货币工具，加大定向降准预期，支持放贷款和信用债投资，维稳货币流动性。

降准不一定利好。中国人民银行宣布从 2018 年 10 月 15 日起，下调大型商业银行、股份制商业银行、城市商业银行、非县域农村商业银行、外资银行人民币存款准备金率 1 个百分点，当日到期的中期借贷便利（MLF）不再续做。但是受到全球股市尤其美股暴跌影响，中国股市悲观失望情绪弥漫。截至 10 月 11 日，沪深两市 384 只个股股价跌破净资产，510 只个股股价跌破发行价。10 月 15 日，A 股市场继续跟跌外围股市，由于人民币汇率维稳防控金融危机，积极的财政政策主题转向大规模减税和减费措施的讨论。12 月 21 日闭幕的中国政府中央经济工作会议要求，2019 年“积极的财政政策要加力提效，实施更大规模的减税降费，较大幅度增加地方政府专项债券规模”。

当前中国经济形势不容乐观。货币超发显著带来物价上涨。参考美国 80 年代供给学派的改革，收缩货币抑制价格上涨，降低通胀，但是并没有降低经济增长。同时，过度货币超发形成货币空转，会使金融体系脱离实体经济。传统供求逻辑来自实体经济的有效增长支持，通胀或者通缩仅仅一墙之隔，但都是经济下行趋势过程中的一个表象。

由于热钱流动和商业银行的“倒逼机制”，央行不能完全决定基础货币供给，整个中国金融体系的结构张力达不到有效均衡。商业信用扩张要依靠广义货币支撑，地方政府平台、企业和个人是信贷需求端的主体，在供给端商业银行提供信贷。目前可以观察的情况是信贷需求严重抑制，商业银行维持规模用票据充量，流动性在银行间流转，实体经济严重缺乏资金流入，民间借贷利率明显高居不下，违约欠债事件频频发生。奥地利学派认为信贷投放的先后次序会带来商品的相对价格变化。相对于民营企业，当前国有企业会优先得到信贷资源，但是价格粘性短期内不能随着总需求的变动而迅速变化，由此国有企业在动态中实时占有更多资源。同时，信贷持续扩张使得净收入分配差距加大，最终导致投资和消费总需求减少。

截至 2018 年 6 月，中国广义货币（M2）余额 163 万亿元，同比增长 9.4%，两倍于 2017 年中国 GDP 总量 82 万亿元。从信贷结构和投放意愿来看，商业银行投放广义信贷比重集中在国有企业和地方政府融资平台贷款。国有企业融资规模持续上升，而且融资成本低于民营企业。从投资需求来看，由于基建投资上升、制造业投资下降，截至 2018 年 6 月，国有工业企业利润增速高达 31.5%，民企利润增速下降到 10%，调整了生产领域的利润再分配。从净资产收益率（总利润 ÷ 净资产）来看，企业利润转化为净资产率越高，企业规模越大，宏观经济表现向好。截至 2017 年年底，民营企业的净资产收益率从 2011 年 28.5%下降到 2017 年 19.6%，国企从 2011 年 12.9%下降到 2017 年 9.4%。目前中国宏观经济脱实向虚严重存在。

回顾罗伯特·蒙代尔的“三元悖论（Mundellian Trilemma）”。其含义是：在开放经济条件下，本国独立的货币政策、稳定的汇率、资本的自由流动三者不能同时实现，最多只能同时满足两个目标。随着预期货币持续超发，目前中国实体经济投资回报下滑趋势持续，总投资需求不足和投放标的有效供给不足缺口扩大，金融市场流动资本空转加剧，持续增加货币供给会导致物价持续上涨，当前中美贸易战引发的贸易顺差下降，汇率贬值压力有所增加。

外汇储备，指一国政府所持有的国际储备资产中的外汇部分，即一国政府保有的以外币表示的债权。截至 2018 年 6 月，中国外汇储备约为 3.11 万亿美元。截至 2018 年 3 月，中国全口径外债余额 1.84 万亿美元，占中国全部外汇储备 59%。从历史上看，人民币汇率波动和中国外汇储备呈正线性相关。一般情况下美元指数强势时，估值效应会给人民币汇率带来贬值压力。为了汇率维稳，卖出美元会导致外汇储备下降。汇率体现在资产价格受到市场预期变化影响而随时变动。目前美国经济保持强劲回升，相比较欧洲经济回落，尤其意大利 9 月 27 日推高 2019 年预算赤字 2.4%远超欧盟设定目标，拖累欧洲股市和欧元汇率下挫。美欧景气差距扩大使得美元中期内保持强势，一些具有高外债和国内杠杆率、出口下滑和地缘政治风险的国家可能会率先爆发尾部风险（tail risk），挤破资产价格溢价泡沫，引发全球经济危机。

但是在新的全球经济危机的焦虑中，中国“一带一路”产能转移是中国参与全球竞争博弈的核心资源。亚当·斯密的《国富论》第一篇说明各种生产力的最大改善起因于分工。决定全球分工和技术专业化的本质取决于资源配置和劳动要素单位成本竞争优势。目前全球经济风险纠结于中美贸易摩擦、资产价格溢价泡沫和脆弱的新兴经济体。在传统的全球价值链分工理论中，美国欧洲等发达国家向全球提供需求，维护最终消费市场，而发展中国家经济体输出供给，进行产品生产和加工。但是，随着美国推行贸易保护政策，美国贸易逆差不断收缩，对外需求持续减少，导致全球出口明显缩减，全球经济景气加速回落。相比较，中国国内调整经济结构去杠杆，对外实行“一带一路”产能输出，是对全球价值链分工平衡的有效调整。

全球经济活动仍然是海运贸易的主要动力，带动海上“一带一路”建设。根据世界集装箱数据库（ICT）预计，90%的全球贸易通过海路实现。根据世界银行统计，2017 年全球经济增长 3.15%，预计 2018 年至 2019 年增长率约为 3.1%。世界贸易组织（WTO）发布《全球贸易数据与展望》报告，大幅上调今年全球贸易额增长预期，将今年全球贸易额增长预期由此前的 3.2%调至 4.4%，并预计 2019 年全球贸易增速为 4.0%。人口增长，基础设施投资以及城市化是促进全球贸易增长的主要原因。

中美贸易失衡和贸易战升级可能会向长期化、复杂化的方向发展，从经贸领域扩散至投资、技术、金融等领域，严重影响了全球经济复苏进程。理论上讲，贸易失衡主要由于消费大于储蓄，消费透支导致进口增加，贸易经常项逆差带来国内就业和收入下降。但是美国贸易经常项逆差主要原因是投资大于储蓄导致。美国投资支出更多通过进口来平衡国内过剩产能，带来国内就业与收入增加。通过资本项顺差平衡，实现举债投资，而不是举债消费，是可以持续的。同时，美国将融资资本作为资本输出进行对外投资（FDI），实现贸易和资本经常项双逆差。相比较中国双顺差格局，通过"一带一路"战略去过剩产能，中国经济可以有效回归需求平衡。

贸易失衡同时又制约"刘易斯增长"。英国经济学家刘易斯（W.A. Lewis）于 1954 年在其《劳动无限供给条件下的经济发展》一文中，阐述了二元经济结构理论，揭示了发展中国家中并存着传统的自给自足的农业经济体系和城市现代工业体系两种不同的二元经济体系。如果通过工业化和城市化把农村人口从报酬递减的农业部门转移到城市报酬递增的部门，就会实现劳动无限可供给的经济增长。但是"刘易斯增长"会面临总需求（消费、出口和投资加总）的约束，需要依靠对外贸易来实现动态平衡，解决国内产能过剩。需要关注的是，这个动态平衡过程更多地改善经济存量结构。新增量规模是有限的，存量的惯性往往会优先消耗新增量所需资源和劳动要素，劣币驱逐良币。

随着分工理论思考延伸，新的经济发展理论需要更好解释技术进步和生产率提高的源泉。量化数学应用工具无法处理全球分工、技术进步和量化人力资源的决策贡献。相比较，科技创新引领的新经济理论可以有效指导新时期的经济发展，中国需从要素投入驱动投资转型，转向思考创新发展的新战略。参考 20 世纪 80 年代美国经验，通过《拜杜法案》，众多科技成果和专利落地，美国创新驱动转型取得了成功。理解新时期的经济周期，重读哈耶克的《价格与生产》，任何一轮经济危机都会带来资源配置效率重新调整。所以新技术应用会重新激活经济创新的创造力，重新调整新时期的社会生产关系。

在中国，这轮新经济的创新可能由民营企业引领。李迅雷在 10 月 5

日文章“居民用电量高增长之谜”中表述，“新经济”正在扩张，同时也给民营经济转型带来机会。李迅雷认为经济转型期往往会带来“新经济”不断扩张，其中孕育出的新技术、新业态、新模式，基本都由“民间”主导，只是由于“新经济”中的部分产业处于初创期，尚未定型，故难以准确统计，但实质上体现了“民营”扩张。这个论点也符合“最优金融结构理论”，林毅夫认为只有金融体系的结构与实体经济的最优产业结构相互匹配，才能有效发挥金融体系功能，促进实体经济的发展。

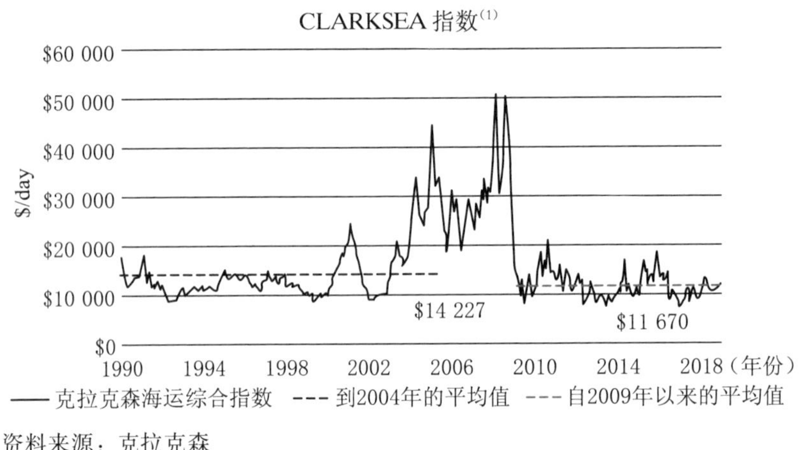

资料来源：克拉克森

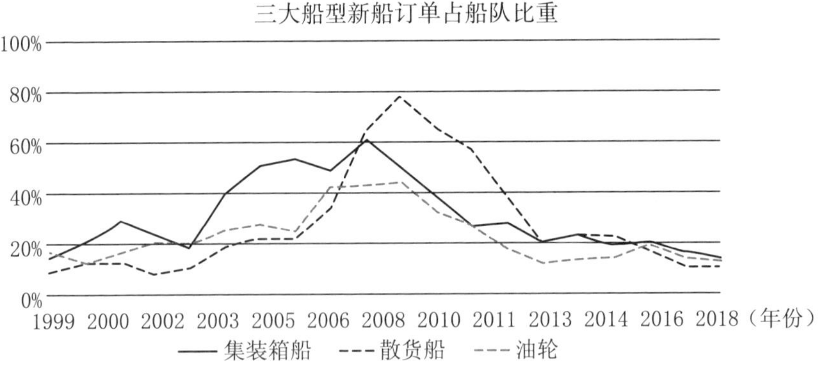

资料来源：克拉克森，三大船型均按总吨计算比重

备注：(1) 克拉克森海上综合运费指数，即克拉克森研究所统计的船舶收益指数，是衡量航运业收入的重要手段。该指数基于 2013 年起的船舶收益计算得出，是油轮、散货船、集装箱船和气体运输船收入水平的加权平均。

全球宏观经济和航运金融市场景气紧密相关。当前全球航运细分市场整体表现如下：航运市场环境充满挑战；自 2009 年以来，上图中克拉克森海运综合指数持续低点徘徊；目前，航运细分领域均处于周期性低谷；自 2013 年以来，订单量（以现有船队的百分比衡量）均处于低点；市场迹象表明，航运细分领域已触底或将迎来反弹。

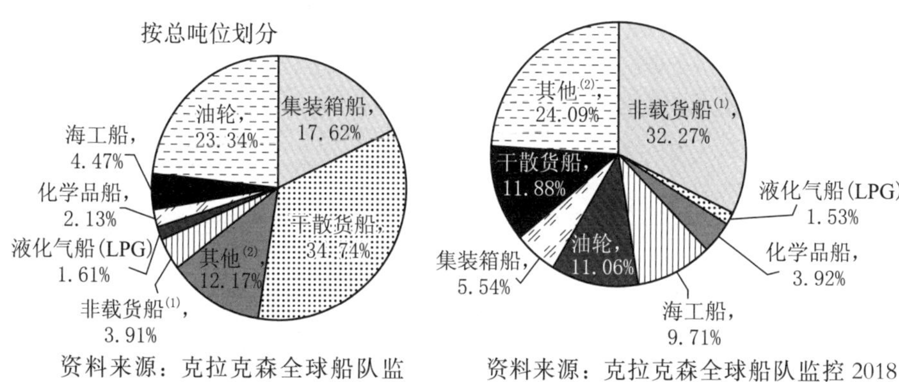

资料来源：克拉克森全球船队监控 2018 年 7 月，第 30 页

资料来源：克拉克森全球船队监控 2018 年 7 月，第 30 页

备注：（1）非载货船包括拖船（如：三用工作船）、游轮、渡轮、挖泥船和其他非载货船型

（2）其他包括多用途船、滚装船、汽车运输船以及其他具有特殊用途的船型

深度分析航运细分市场。按照总吨位（左上图）和船只数量（右上图）划分，干散货船型在全球船队规模排名第一。

资料来源：克拉克森数据序列-540614

来源：克拉克森数据序列-87989

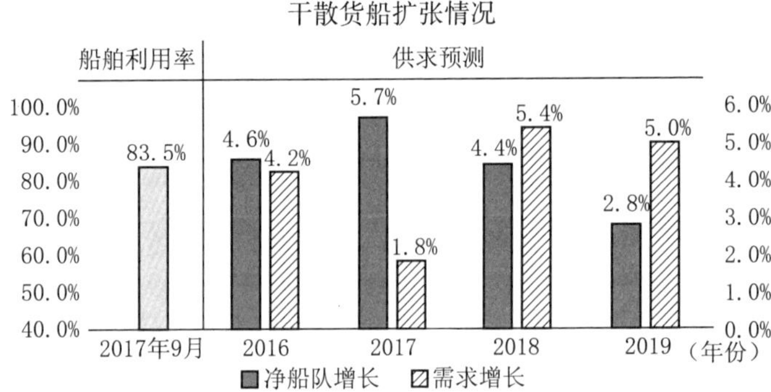

干散货船细分市场以 5 年船龄巴拿马型散货船为例。与巴拿马型船类似，受全球大宗散货交易活跃及承运货载货物的多样化影响，海峡型及灵便型散货

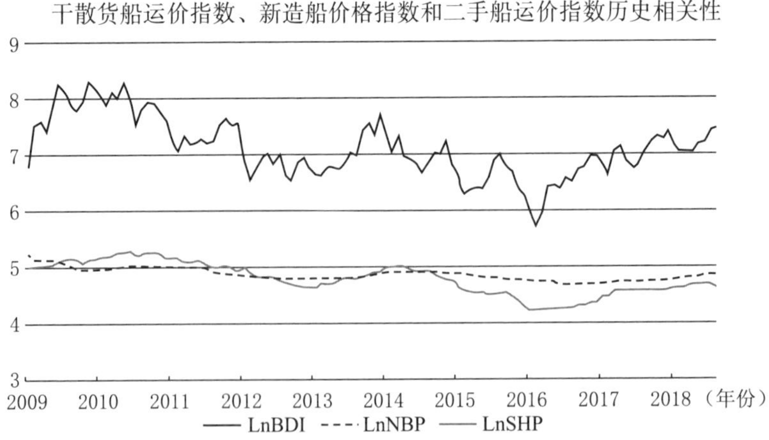

资料来源：克拉克森数据序列-14936 & 98645 & 98769

船运价和船价均在 2016 年触底后开始反弹。造船订单于 2016 年陷入谷底，此后订单量均表现低迷。预计 2019 年，需求增速将超过运力增速。

协整性检验

Johansen trace statistic test		**Johansen maximal eigenvalue test**	
Hypothesized No. of CE(s)	**P value**	**Hypothesized No. of CE(s)**	**P value**
None	0.000 1（Reject）	None	0.004 0（Reject）
At most 1	0.003 2（Reject）	At most 1	0.004 7（Reject）
At most 2	0.209 3（Accept）	At most 2	0.209 3（Accept）

Johansen 迹检验与最大特征根检验结果相同：拒绝不存在协整关系与最多存在 1 个协整关系，接受最多存在 2 个协整关系的假设。

滞后阶数 P＝2

Lag	FPE	AIC	SC	HQ
判定标准	最终预测误差准则	赤池信息量准则	施瓦茨信息准则	汉南-昆信息准则
0	8.42e-05	－0.868 356	－0.805 617	－0.842 861
1	1.06e-08	－9.845 361	－9.594 403	－9.743 380
2	**8.26e-09** *	**－10.098 62** *	**－9.659 445** *	**－9.920 156** *
3	8.66e-09	－10.052 19	－9.424 796	－9.797 239
4	8.42e-09	－10.080 05	－9.264 438	－9.748 615

判定标准：值越小模型越好

预测短期和长期船价和运费永远是航运金融领域最令人感兴趣的话题之一。使用干散货船细分市场数据建立向量自回归（VAR）模型。数据说明如下：

—干散货船运价指数（BDI）、新造船价格指数（NBP）及二手船运价指数（SHP）均为月度数据，数据跨度取后危机时期 2009 年 1 月到 2018 年 8 月

—BDI，NBP，SHP 均为同阶单整时间序列，符合模型要求（对数差分后 ADF 检验为：P(BDI）＝0.000 1；P(NBP）＝0.000 3；P(SHP）＝0.000 1）

—相关性检验结果：BDI↔NBP：0.638 8；BDI↔SHP：0.760 6；NBP↔SHP：0.828 8

Granger 因果检验

Granger causality test		
Null Hypothesis	**F-Statistic**	**Prob**
NBP does not Granger Cause BDI	3.142 98	**0.047 3(Reject)**
BDI does not Granger Cause NBP	4.323 00	**0.015 7(Reject)**
SHP does not Granger Cause BDI	0.937 57	0.394 9(Accept)
BDI does not Granger Cause SHP	11.495 7	**0.000 03(Reject)**
SHP does not Granger Cause NBP	5.772 76	**0.004 2(Reject)**
NBP does not Granger Cause SHP	2.358 18	0.099 6(Accept)

向量自回归模型

- $SHP_t = 0.007\ 189 BDI_{t-1} - 0.003\ 485 BDI_{t-2} + 0.738\ 362 NBP_{t-1} - 0.673\ 194 NBP_{t-2} + 1.035\ 374 SHP_{t-1} - 0.115\ 528 SHP_{t-2} - 2.494\ 492$
- $NBP_t = 0.000\ 632 BDI_{t-1} - 0.000\ 602 BDI_{t-2} + 1.118\ 349 NBP_{t-1} - 0.212\ 229 NBP_{t-2} + 0.047\ 688 SHP_{t-1} - 0.022\ 536 SHP_{t-2} + 8.365\ 808$
- $BDI_t = 0.916\ 488 BDI_{t-1} - 0.115\ 727 BDI_{t-2} + 24.158\ 24 NBP_{t-1} - 13.224\ 69 NBP_{t-2} + 1.699\ 873 SHP_{t-1} - 2.911\ 101 SHP_{t-2} - 972.456\ 8$

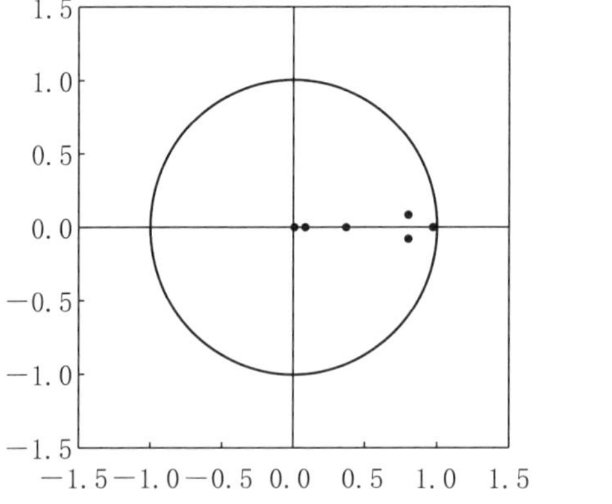

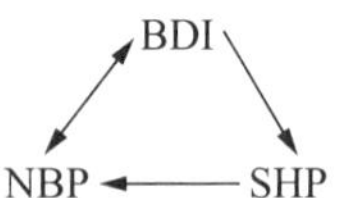

回归模型的特征根倒数值均落在单位圆中，说明结果模型有效

通过选择后金融危机的干散货船月度数据（BDI，NBP，SHP），进行相关性

分析（包括平稳性检验、协整性检验及格兰杰因果检验），建立向量自回归模型，得到以下结论：

1. 2009 年以后的月度数据符合模型的平稳性标准，且具有较强的相关性。参考相关系数；
2. 因果检验显示三个指数之间具有显著的因果影响性（分单双向），且滞后期为 2 个月；
3. 基于因果性的基础上可以实现短期内基于市场内因影响的指数波动预测。

相比较，油轮细分市场同期数据采用 310 000dwt 的超大型油轮分析得出滞后期为 1 个月，优于干散货船细分市场。通俗地解释，协整关系就是某一个变量的向量形式可以由其他同阶变量在几个滞后期内的向量形式线性表示。油轮数据协整检验接受最多只有一个协整关系的假设，说明了这个市场的协整关系存在唯一性，这种线性关系表示唯一。但是集装箱细分市场数据分析效果不显著。测试不同的船型和数据，最后结论都是发散性的。显示有多个协整关系，会造成滞后期和模型的不确定性。

资料来源：克拉克森数据序列-16858

集装箱支线船细分市场以 5 年船龄 2750 标箱集装箱船为例。集装箱船租金与船价在经历市场长时间低迷（受船队扩张的负面影响）后开始上涨，其中巴拿马型及大型支线巴拿马型同支线巴拿马型一样，因航线灵活、新建订单相对较少而涨幅尤为明显。预计 2019 年，需求量增长速度超过船队扩张速度，集装箱船利用率将上升，且运价和船价将逐步提高。

数据来源：克拉克森数据序列-56918

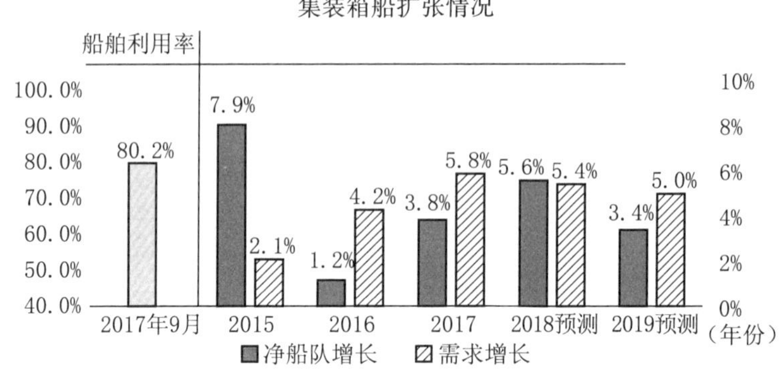

数据来源：克拉克森数据序列-530297

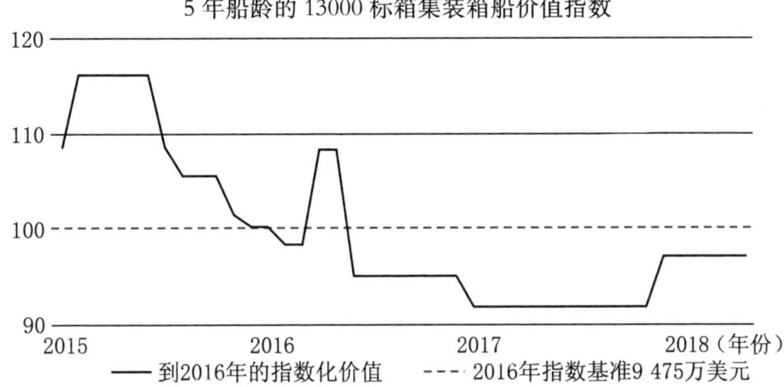

资料来源：克拉克森数据序列-535303

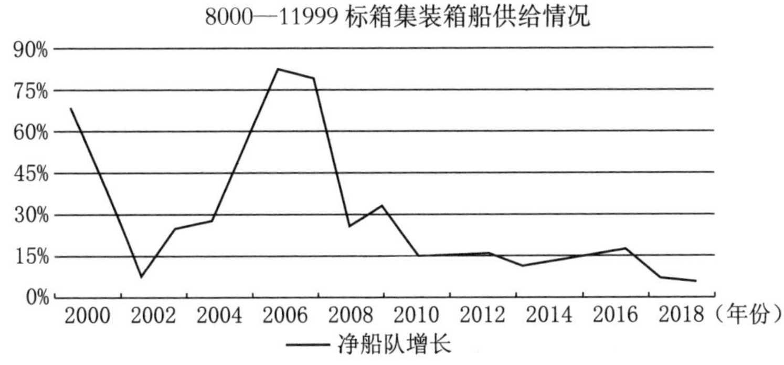

资料来源：克拉克森

集装箱大型船细分市场以 5 年船龄 8500/9100 标箱集装箱船为例。从 2018 年全年看，Alphaliner、Clarkson、Drewry 和 Marsoft 对集运细分市场整体需求增速的最新预测分别为 4.5%、5.3%、4.5%和 5%，对运力增速的预测则分别为 5.8%、5.3%、4.2%和 5.4%。目前判断，大型集装箱船市场有复苏迹象，但是只有提高船队资产的质量、增加运力规模和运营线上的优势，以及提高船队运营效率，才能维持在市场中的竞争地位。预计 2018 年集运市场将迎来大型集装箱船集中交付，运力增速仍将超过需求增速。2019 年供需关系预期开始改善。

原油轮细分市场以 5 年船龄阿芙拉型原油轮为例。石油输出国组织（OPEC）旨在通过增加产量，压低油价，提高市场份额，这一战略举措曾带动 2014 年、2015 年和 2016 年的原油船市场走强。市场利好催生了新一轮造船订单量增加，多数交付时间为 2017 年和 2018 年。

资料来源：克拉克森数据序列-7751 & 49000

5 年船龄的阿芙拉型原油船价值指数

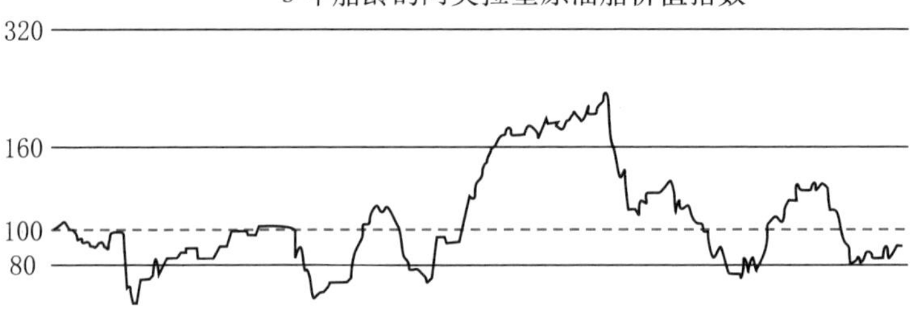

资料来源：克拉克森数据序列-38981

原油船扩张情况

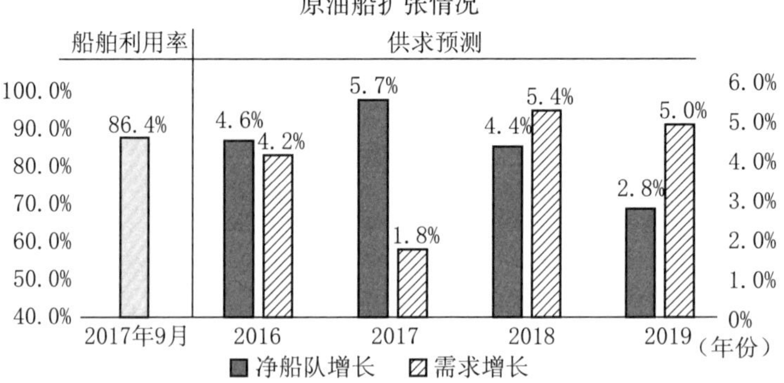

备注：(1) 运价指数综合考虑了 1990 年—2000 年 95 000 总载重吨及 2001 年至今的 110 000 总载重吨数据

受到新船交付和 OPEC 减产的双重影响，原油市场于 2016 年和 2017 年受到重创。高盛于 2018 年 5 月报告中指出，当前的市场不足水平、需求背景的强劲程度及不断上升的供应中断水平，都为库存进一步下降奠定了基础。预计下半年国际原油价格将依然维持在高位水平。预计本轮需求增速的高峰出现在 2019 年。

中程成品油轮运价指数(1)

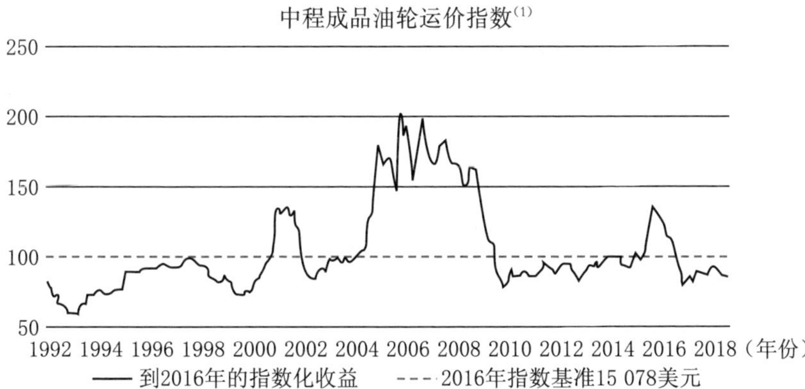

资料来源：克拉克森数据序列-540630 & 47785

5 年船龄的中程成品油船价值指数(2)

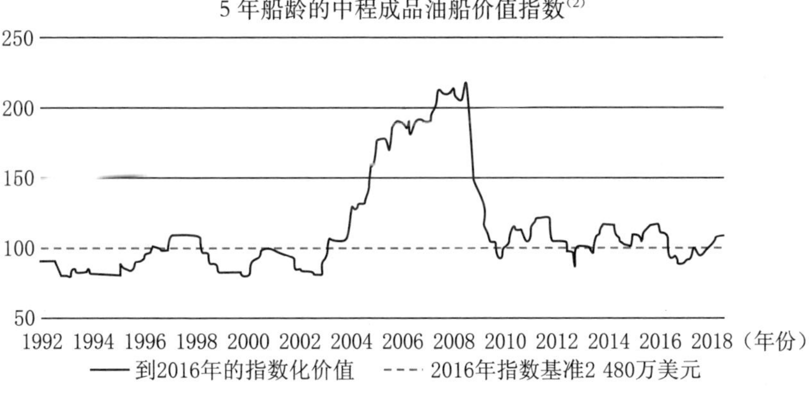

资料来源：克拉克森数据序列-22389 & 47130

成品油轮细分市场以 5 年船龄中程成品油轮为例。船队的快速扩张导致 2016 年中期以来成品油轮市场疲软。目前来看船队规模净增加将与需求增加持平，运价市场将实现初步均衡。从 2018 年下半年开始，预计需求量赶超供给量，中程及远程成品油轮的运价和船价预期将上升。

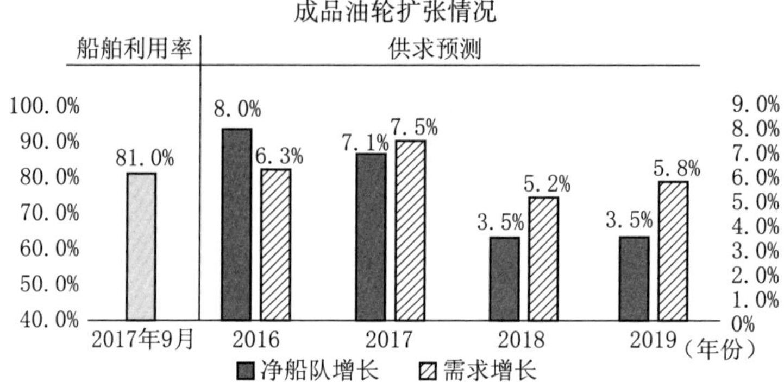

资料来源：克拉克森柏拉图

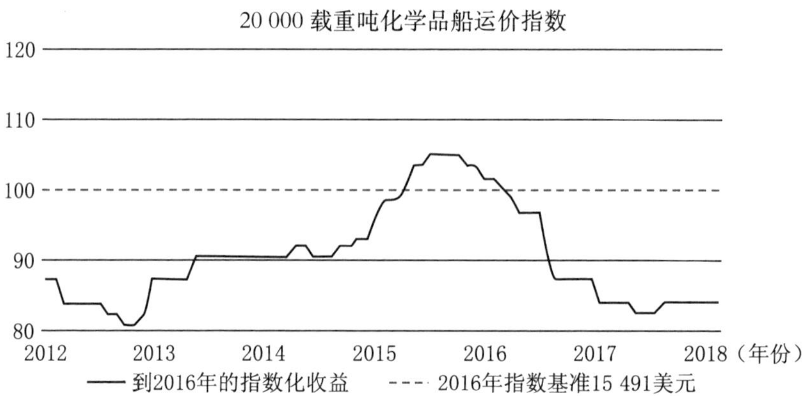

来源：克拉克森数据序列-532712

来源：克拉克森数据序列-532706

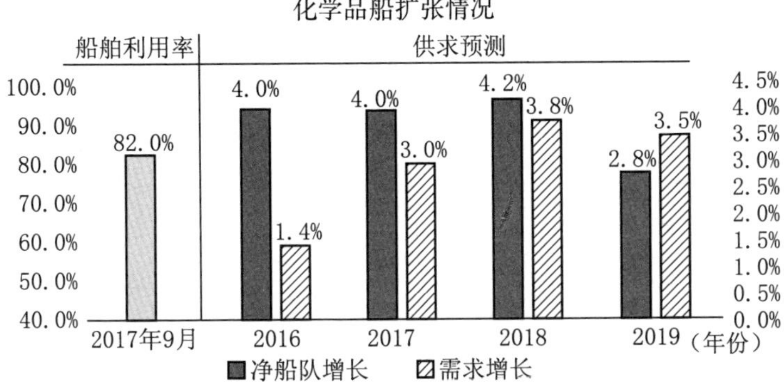

资料来源：帆利

化学品船细分市场以5年船龄20 000载重吨化学品船为例。受2016年需求低速增长和2016年—2018年船队年均净增加4%的双重影响，2017年和2018年上半年化学品船市场将持续不景气。2018年下半年和2019年伊始，随着船队扩张速度放缓，预计需求增长将超过供给，2019年之后市场预期将逐步回暖。

来源：克拉克森数据序列-535005

大型液化气船细分市场以5年船龄大型液化气船为例。2013年—2014年期间，由于运价高，且市场预期美国液化石油气（来源于页岩油和页岩气）出口将持续走高，液化气船订单激增。2016年，由于船舶供应过剩，运费明显下滑。预计从2018年下半年开始，船队净增加量将显著下降。另外，随着油价渐涨，以及美国出口量持续增加，市场面将有所改善。

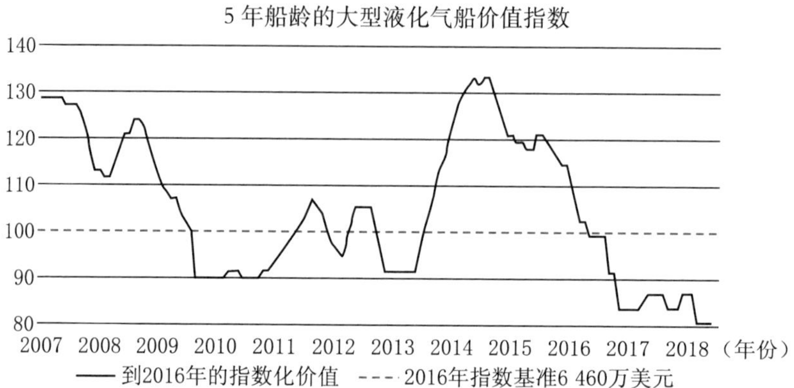

数据来源：克拉克森数据序列-541160

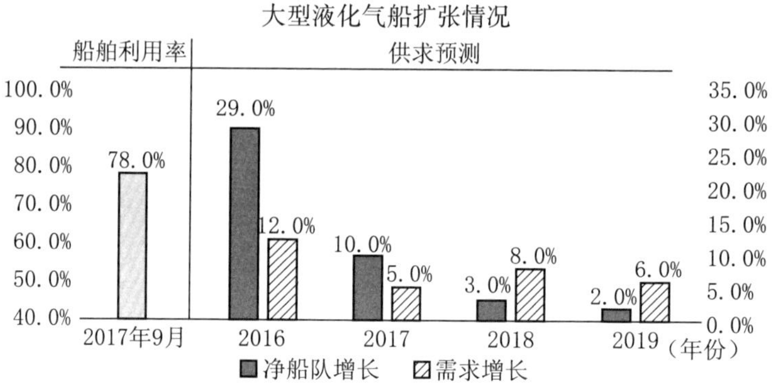

海工平台供应船（PSV）细分市场以5年船龄甲板面积在900平方米以上PSV为例。由于北海市场信息公开透明，且有大量新式高配置作业船，通常被视作全球海工船市场的参考。目前有大约800艘平台供应船/三用工作船（占海工船比重约25%）处于闲置状态，可视作未来待启用的“影子库存”。根据IHS调研数据，19%的存量海工船闲置时间在一年以上。鉴于船舶重启成本高昂，一般闲置时间越长，未来重新启用的可能性越小。目前手持订单交付形势十分严峻，全球海工装备供给量居高不下，而拆解量却依然处在低位水平，不能满足市场产能“出清”的要求，供大于求的局面迟迟得不到改善。

甲板面积在 900 平方米以上 PSV 北海地区期租租金指数

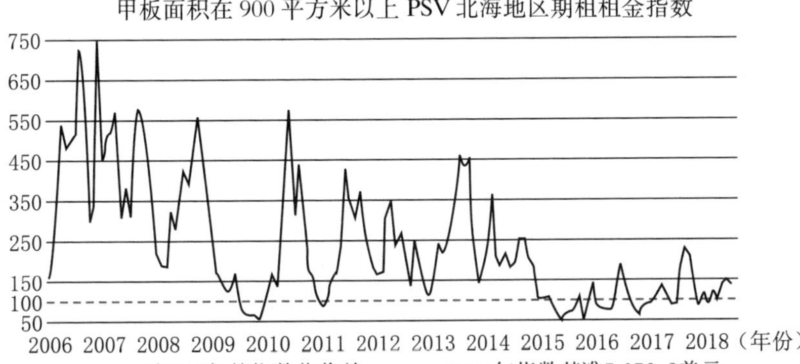

数据来源：克拉克森数据序列-529009

5 年船龄的 PSV（1 000 m²）价值指数

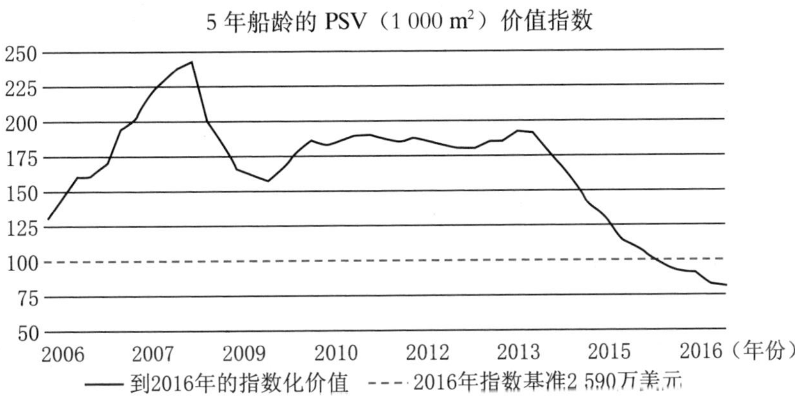

来源：克拉克森柏拉图

平台供应船扩张情况

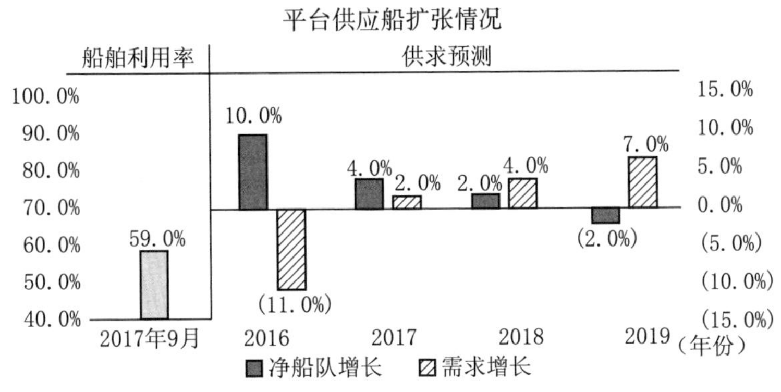

来源：北极证券和克拉克森柏拉图

总结2018年全球航运金融市场的现状和展望2019年航运市场投资前景，我们可以观察到：

——航运仍然是资本密集型产业；虽然航运市场正在复苏，细分市场机会各有不同。

——过去的10年中，船舶融资银行持续缩表，减少船舶贷款规模。这一趋势今后仍将继续。

——船舶融资机构对船东具体融资条件要求更高。

——虽然贷款银行仍然是最主要的船舶融资来源，更多的另类资本正在进入航运金融市场。

——每家船舶融资机构都有自己的项目评估和风控体系，船东需要更好地理解船舶的金融属性和换位思考服务定位。

——船东对于船舶融资的刚性需求一直存在，全球船队的盲目扩张则进一步加剧资金缺口。

2018年过去了。截至2019年2月11日，波罗的海干散货指数BDI收于595点，比较2018年中最高1 774点跌幅66.5%。在未来10年后再回首，也许，2018年是曾经最好的一年。趋势和周期机会都是赋予那些存活到最后的强者。他们一定甘于寂寞。

“人生是一列开往坟墓的列车，路途上会有很多站，很难有人可以自始至终陪着走完，当陪你的人要下车时，即使不舍，也该心存感激，然后挥手道别。”（宫崎骏《千与千寻》）

金 海

2019年2月20日于上海陆家嘴

序　一

航运是最古老的行业，百年来航运业基本是按照西方国家体系和规则建立的行业秩序，西方国家也无疑成了市场的主要参与方。随着中国市场及中国在全球贸易中参与的比例越来越高，航运及海洋经济逐步成为中国企业需要关注的关键行业，然而国内关于航运专业类书籍却非常有限。

本书是少有的对整个航运市场、航运金融、投资、运输管理等方面全覆盖的航运业书籍。本书以服务实际业务为出发点，引译全球业内专业资料、总结行业实际经验、结合中国航运发展特点，具有非常强的行业知识普及性，同时对整个行业细分市场的产业链作了分析，对参与行业及新入行业的人有着非常高的参考价值。

经常会有人问，为什么近年来中国金融机构开始积极进入航运金融市场，在我看来，中资金融机构进入航运金融是一个必然。一方面，作为一个成熟而且专业性极强的市场，欧资银行一直是航运业长期以来的主要参与者，即便在过去十年的市场低迷期间，欧资银行仍然是航运金融市场主力。但随着中资金融机构的发展和实力的增强，必然会逐步参与到这个市场中。另一方面，随着中国在国际贸易领域影响不断扩大，每个航运的细分市场都受到来自中国市场的影响，而中国因素的参与度不断提高，中资金融机构也必然随着中资企业和中外贸易，参与到全球航运业中来。

习近平总书记说中国要进一步关心海洋、认识海洋、经略海洋、推动海洋强国建设，然而建设海洋强国的路还很漫长。本书著译者长期从事航运及航运金融行业，接触行业最前沿信息和发展动向，直接将理论应用到实际并总结成书。本书中译本的出版为中国航运及航运金融人提供了宝贵的财富，进一步丰富了中文的航运业专业书籍，为准备从事航运的国人提供了非常准确、前沿的专业参考。

工银金融租赁有限公司总裁、党委书记

赵桂才

2018 年 10 月 22 日

序　二

——新时代航运金融的地位和作用

金海博士的又一部译作《国际航运金融手册》问世了！

在短短的十年时间里，金海不仅获得了航运金融方向的博士学位，同时更远赴美国，先后在纽约大学金融学院和哥伦比亚大学法学院做高级访问学者，在北方船舶基金担任亚洲区董事，并荣任远海信达投资管理（天津）有限公司董事总经理，同时更是笔耕不辍，出版了多部航运金融领域的专著和译著，成为华人世界航运金融领域的年轻专家，十分令人欣慰。他嘱我为他的新译著写序，我既高兴，又深感难当此任。只能就近来有关国内航运金融的一点点尚不成熟的思考，奉献于此，希望能引起业界同仁对航运金融发展方向的重视和思考。

我国要实现“两个一百年”的奋斗目标，就必须要实现中华民族伟大复兴的中国梦；实现民族复兴，就要为解决世界面临的问题提供中国方案、引领世界发展。世界在三千年前迎来了第一次贸易革命，开创了海洋贸易时代；在三百年前迎来了第二次贸易革命，开创了单证贸易时代。今天，即将迎来第三次贸易革命，开创电商贸易时代。因此，要为世界提供中国方案，就要瞄准第三次贸易革命提出的新问题，创新设计解决方案，才能依靠制度优越性实现引领世界发展之目的。

19 世纪英国为世界解决了如何达成贸易合同的问题，20 世纪美国为世界解决了金融体系问题，留待 21 世纪解决的问题就是快速货物运输问题。因此，与第二次贸易革命时代国际航运追求运力规模“大”不同，第三次贸易革命时代国际航运追求运输效率“快”，以满足电商贸易的需求。

从上述分析中可以看出，为了实现中华民族伟大复兴的中国梦，对接国家重大发展战略，抓住第三次贸易革命带来的机遇，顺应电商贸易时代的新规律，更好地服务国际贸易发展，国际航运面临着重大转型和创新发展的机遇和挑战，而主导这一重大转型和创新发展的重要引擎，就是航运金融。

对此，金海博士翻译的这本书是这一领域不可多得的优秀作品，不仅因为本书作者在这一领域具有专业知识背景，同时也因为全书涵盖面广，各章内容详实，读者可以在短时间内全面了解国际航运金融所涉及的方方面面，了解国际航运金融的现状和发展规律。我国航运金融的健康发展，离不开国际合作，要与国际接轨；离不开对这些发展规律的认识，以便更好地顺应规律、利用规律。因此，在此基础上，就要结合我国的国家发展战略和国际航运的实际情况，对我国航运金融未来发展进行创新设计。

第一，与西方不同，我国航运金融发展定位应该是如何帮助航运企业更好地为贸易提供服务，而不仅仅是通过为航运企业融资实现航运金融资本最大化。这一发展定位，决定了我国航运金融的发展战略和顶层设计要有别于西方，要在一个更高的格局、以更广的视角来看待航运金融在促进我国航运发展，并协助航运为贸易（特别是电商贸易）提供更好的服务，来推动航运和贸易双双健康发展，为世界提供更好的中国营商环境、制度更加优越的航运金融创新方案，从而贡献于实现中华民族伟大复兴的中国梦这一系列发展中发挥重要作用。

第二，要在深入研究当前和未来航运发展的深层次问题的基础上，开展以航运金融创新发展为核心目标的航运金融法律制度创新。长期以来，国外在船舶登记领域的发展主要体现在方便旗国家降低登记标准、提供税收优惠为核心抓手的方便登记制度，以及发达国家制定的尽可能趋近于方便登记制度的所谓“第二登记制度”；国内学者也进行了大量的在我国实施第二登记制度的研究，建议我国也应开展等同或者接近于方便登记制度的第二登记制度。实践证明，这些尝试并不适合于我国的国情；同时，即使全盘采纳了方便登记制度，也并不能保证我国航运业的健康发展。为此，我们是否应该考虑转换思路？通过创新金融友好型船舶产权登记制度，而非运力友好型船舶方便登记制度，来打造国际一流的航运金融营商环境，推动航运金融健康、快速发展。通过制度创新为航运增强活力，而非仅仅通过降低质量和管理标准，以及降低税率，为航运企业减负。

第三，要利用我国社会主义制度的优越性，以“政府搭台，行业唱戏，企业管理，用户参与”的模式，搭建航运交易和航运金融服务平台，实现前述船舶产权登记、公示、融资、交易全产业链服务，并辅以制定标准、资质认证、专业培训、科学管理、物联网监控、大数据和人工智能决策、保险保障和争端解决等全方位专业化服务，从而实现提高运行质量、降低运营成本、管控各类风险，解决融资难、融资贵的问题。

第四，在深入学习本书提出的各型、各类航运金融手段、工具和产品的基础上，创新我国的航运金融产品，创新航运金融商业模式，在产业转型升级上下功夫，改变我国航运金融目前存在的船舶项目融资实际上变成了航运企业融资的现状，以及航运金融模式简单、产品单一的问题，为航运和贸易的发展，不仅要制定量身定做的法律制度和商业模式，还要提供量身定做的航运金融产品。

第五，培养高端复合型实用人才，也是解决航运金融服务航运、服务贸易、引领发展的关键所在。本书的翻译出版，对此具有非常重要的意义和贡献。相信业界同仁，特别是后起之秀，都能从这本书中获益匪浅。

是为序。

上海交通大学国家社科基金重大项目

“完善我国海洋法律体系研究”首席专家

赵劲松[1]

2018 年 11 月 3 日

① 英国南安普顿大学博士，教授、博导、仲裁员、独立董事，国家社科基金重大项目“完善我国海洋法律体系研究”首席专家。

序　三

对于大多数中资银行来说，船舶融资仍然是一个“困难”的业务领域。中国现代造船业发展较晚，相关的融资体系尚不成熟。造船业的融资需要数千万甚至数亿美元的资金。受利率和汇率变化的影响，银行控制风险的难度较大。而且，一旦融资方发生债务危机，抵押船的实现过程很长，只能通过交易来实现。再加上放弃船只，推迟收集船舶，取消订单和法律纠纷等，使得一些银行对这项业务更加谨慎。

从全球的角度来看，目前航运业的发展正处于转折点，面临货运，租金下滑和船舶资产下滑的问题。《巴塞尔协议Ⅲ》要求银行进行去杠杆化监管变革，特别是在欧洲，这些因素和其他因素导致船舶融资的传统借贷成本急剧增加。尽管航运金融业发展前景良好，但中国航运金融业仍面临诸多挑战。作为最基本的资产价格之一，汇率对中国的实体经济和资本市场（包括造船业）的影响变得越来越明显。中国要将其国内的船舶产能传递到国外需要合理的金融环境。在人民币被纳入特别提款权（SDR）之前，美元被大范围地作为国际结算货币使用，这样的体系显然对全球经济产业结构再均衡是不利的。在出口和接受中国建造船舶和劳务的同时，中国和船舶买方国家还必须承担人民币非特别提款权的外汇壁垒和结算风险。此类障碍和风险的形成是由于货币市场上仍停留在20世纪以发达国家为主导的全球经济产业结构中。

随着国际货币基金组织于2015年12月1日宣布人民币被纳入特别提款权一揽子计划，人民币国际化进程已分阶段地推进。自2016年10月1日起，人民币已成为继美元、欧元、英镑和日元之后第一个被纳入特别提款权的新兴市场国家货币。国际货币基金组织的这一决定反映出人民币国际化对全球经济发展的新活力正逐渐得到国际社会的认可和认可。受全球汇率制度变化，对外开放程度的提高，市场化改革深化等因素影响，汇率弹性也大幅增加。人民币将被越来越多的国家作为外汇结算货币以及在跨国间经济活动中发挥越来越完善的通用货币角色，人民币背后代表的中国经济也将从更多的角度影响着全球经济。未来，在船舶租赁，远期运费协议（FFA），“点心债券”（在香港发行的人民币债券），银行贷款和首次公开募股（IPO）等领域，人民币的使用频率将显著增加。随着中国商船运输业的快速增长，需要人民币结算运费的中国船运公司正在增加。为此，人民币货运的衍生产品已经出现，为航运公司、租赁公司和投资者提供了更方便的对冲工具。通过推广航运金融衍生品，中国可以进一步提升人民币在航运市场的影响。

归根结底，中国航运金融业的发展离不开专业人才的培养，中国在航运金融业以及高端船舶制造业为代表的新兴行业的发展中仍不如欧洲国家，其诸多经验值得中国从业人士学习。为了促进航运业的发展，中国需要加强对航运业的财政政策支持，鼓励和支持金融机构积极开展适合航运和航运业特点的金融产品和服务方式创新，有效拓宽航运公司和航运公司的融资渠道，特别是加大对高端船舶和海洋工程装备制造业的信贷支持力度。在这些方面，本书为我们提供了宝贵的参考答案和思路。

最后，感谢金海博士在翻译过程中的勤奋工作，让我们能够及时地读到本书。他为推动中国船舶融资业的发展所作的不懈努力值得尊敬。

上海国际航运研究中心秘书长
上海海事大学教授、博士生导师
真 虹
2018 年 9 月 30 日

序　四

法国学者朗索瓦·德勃雷曾说过："欲国家富强，不可置海洋于不顾，财富取之海洋……"由此可看出，航运对国家富强至关重要。航运业是典型的资本密集型产业，它与金融业始终保持着天然的密切联系。伴随着航运金融业一个多世纪的发展，涌现出了伦敦、纽约、东京、香港、新加坡等分别提供高、中、低端不同层次金融服务的国际航运金融中心。航运金融也包含了所有与海上运输业密切相关的产业集群及产业链相关主体资金融通、货币流通和信用活动等一系列经济活动。

中国航运金融起步较晚，但改革开放后的建设取得了不小的成果，一直致力于建立国际航运金融中心。尤其在党的十八大之后，我国特别提出了"一带一路"倡议，并明确要落实这其中的"一路"（即21世纪海上丝绸之路），加快航运业发展并致力于提质优化。航运业的发展离不开金融业的辅助，而金融业伴随着科技的发展涌现出了运营的新模式与新布局。同时，航运业的发展过程也会面临一些结构性调整，会受到体制等因素的影响而呈现周期性的发展。因此，对于航运业更需要透过现象看本质，解决实体经济结构性失衡问题，加强周期性调控能力，创新完善监管体制机制。而金融针对航运业更需提供服务实体经济的能力，为去产能、去库存、产品结构升级等供给侧改革提供强有力的支持。

航运金融服务业需要建立标准化的体系，加速航运金融产业标准化、科学化、现代化建设，既要使每一类航运涉及的金融产品均有一个标准化的模块，有效防范金融风险，又要大幅提高工作效率，解决中小航运企业融资难和融资流程长的问题。

此外，航运金融服务需要多元化、数字化。需要根据目前的金融发展更加完善国内对于航运金融方面的法律法规及监管措施，从政策上支持航运金融的创新及多元发展，以便为高、中、低各个层次的航运企业提供金融服务。利用先进技术进行数字化等分析替代资质评价的过程，简化航运金融产品的流程，加快在航运领域的信用化体系建设。

航运金融是一个综合性的科目，值得我们深入探讨与研究。通过这本书对全球航运金融业的全面分析、梳理，各类金融产品与航运业的结合案例，可以给读者们带来启示及现实指导意义。金海博士作为航运金融业的前行者，一直潜心专研航运金融的发展与创新。希望越来越多热爱航运的青年才俊投入到我国航运金融建设的事业中，使中国航运金融的这艘航船乘风破浪、昂扬奋进。

中国驻国际货币基金组织执行董事

金中夏

2018 年 10 月 8 日

序　五

——全球治理变局和航运金融

似乎很少有人怀疑开放经济的必要性，也绝少有人怀疑自由贸易带来的巨大福利。但时代的局限和政治家的视野，总是让开放和公平的贸易体系受到挫折。同样地，国际航运及航运金融也似乎在面临一场挑战。

以“特朗普现象”为特征，西方国家的政治生态有右倾化的迹象。执政者和底层民众的互动强化，但建制派、精英阶层中等收入群体有失落感。以保守主义和单边主义追求本国更大利益，更少国际义务的做法，使得国际治理有些粗俗化和碎片化。例如，美国和中国以及其他一些国家的贸易冲突，看起来难以寻找到一个多赢的解决方案。全球供应链和贸易规则受到冲击，这使得人们不得不在次贷危机十年之后，再度担心航运业的命运，以及航运金融荣枯。

以智能化现象为特征，国际贸易也受到深度重塑。无论船舶、港务、物流还是港口产业园区，都受到新一轮基于人工智能、大数据和云技术的影响。例如，无人港口已经呈现并有条不紊地高效运作；船舶变得越来越庞大和智能；物流更是受到大数据和供应链金融的影响。人们也许会惊讶地发现，智能化不仅改变物流，也在改变单证流，当航运金融所依赖的国际航运实务在变革时，航运金融会发生怎样的变革？

以中国改革开放 2.0 版为特征，改革开放四十年来，中国经济深受全球经济影响，也逐渐影响着全球经济。中国已成为全球第二经济大国，全球第一大货物贸易国。以宁波港为代表的中国港口在全球主要大港榜单中占据着日益重要的位置。中国在推动“一带一路”建设，在海外更积极地租用和建造港口。中国也需要探寻大国和平崛起之路，避免修昔底德陷阱的制约。当此际，“特朗普现象”影响着全球和中国，科技浪潮洗礼着中国，中国如何应对？就货物贸易而言，如何为船、港、货、人提供更好的市场化的服务？同样地，航运金融在中国日益凸显其重要性，全球第一货物贸易大国，也呼唤和其相匹配的人民国际地位及国际航运金融的地位。在纷纷扰扰的国际局势下，如何展现中国持续深化对外开放的定力？人们在拭目以待。

金海博士常年浸淫国际航运金融领域，有深厚的理论和实践积累。其译作《国际航运金融手册》以信雅达之势问世，嘱我为其效力，于航运金融我是纯粹外行，感佩金海博士之持续付出，遂有上面的文字。

北京师范大学金融系教授

钟 伟

2018 年 10 月 10 日

序 六

金海博士又一译作面世了，可喜可贺！这对中国航运业、航运金融业来说都是一件非常有益的事情。航运与金融密不可分，可谓与生俱来。有国际贸易之时，便有航运；有航运，便需融资；要融资，便需保险，要保险便需船级社等。同时，航运业也是最具国际化特质的行业之一，中国航运和航运金融业的发展必然会对全球相关领域作出贡献，所以这本书的益处又具有国际意义了。

航运业及其围绕的产业，可谓“航运产业集群”，也有人用“价值链”或“产业链”来描述。本人更喜欢用“集群”的概念，因相关产业的关系是较为平行的，甚于上下游的关系，比如造船业与航运业的关系。也可用通俗的说法：“航运江湖”。行走于江湖之上者，来自各行各业，身份各异，有船东、船舶运营商（有人叫承租人）、船舶管理人（技术与商务）、经纪人、律师、核数师、行业分析师，以及银行、基金、船厂、港口码头、保险公司、投行，等等，不一而足。

就航运产业集群而言，我以为船东、船舶运营商（承租人）、船舶管理人，居于该集群最核心部分，其他皆为辅助，如提供航运业所需资本的人和机构亦如此。航运业离开融资，固然无法进行，但逐利的资本，没有航运业者的利用，放在账户上，只是数字而已。当其他行业无利可图或出于分散风险等考虑时，大量资本亦需寻找出处，甚或航运业前景光明之时，部分资本也会不请自来，投向航运业。航运业在最为国际化的同时，又是最专业化的，如何开船，如何运营，非专业人员不可，银行或其他资本所有者只会放款给其认可的航运企业！

如此说来，在航运的江湖上，各色人等皆有生存之理由，存在就是合理的，虽然某些行当的业者有些时候看起来更为光鲜一些。但人在航运江湖，就须明白“花无百日红，人无千日好”之道理，看曾几何时、威风八面的欧洲老牌航运专业银行之现状，则令人唏嘘不已。

时移世易，西方不亮东方亮。融资租赁自 20 世纪 80 年代引入中国以来，发展缓慢，直到 1992 年，我担任中日合资国际集装箱租赁有限公司总经理，主营集装箱和码头机械的租赁业务时，这一融资形式所知者仍少。只是近十多年来才得到蓬勃发展，航运也成为租赁公司青睐的行业之一。意气风发涉足航运业之后，有些租赁公司身份已经发生变化，甚至有“金融船东”之称谓。细究之下，前几年航运市场极度萧条(2015 年油轮除外)，一些租赁公司“租赁租成了船东”，乃属无奈之举。班轮市场从韩进海运倒闭之后，干散货市场从 2017 年末开始好转以来，一些中国的租赁公司已采取主动，将经营性租赁作为其策略，以期在同质化竞争日趋严重的市场环境中脱颖而出。大浪淘沙之后，“花有重开日”，航运业还在，只是某些“斯人独憔悴了”。虽说航运比的是谁更有钱，但金融业者成为船东，就能确保是那常绿的万年青？

本书中提到的 IPO，通过上市公开募集资金，是现代航运金融的一个重要内容。行文至此，消息传来：在港交所上市交易的中外运航运有限公司停牌，大股东决定将其私有化，内幕外人无从得知，但所有动作当出于其整体利益最大化之考量。作为该司首任总经理，颇有感慨。中国现时航运央企只剩两家，其内部架构与业务仍在持续整合之中。公司私营化，侧面反映了央企“不差钱”的实况。换个角度，如果一家上市公司的主要股东不是国企，则在处理类似局面时可能有不同的手法，比如同在香港上市的太平洋航运公司（Pacific Basin Shipping），我曾做过七年执行董事，目前为全球最大的灵便型和大灵便型干散货船东与运营商之一，其发展完全得益于上市公司这一平台，进行增发、发债等后续的融资。中国私营航运企业目前仍处于融资难的境况，融资方式的多样化必然的选择，如哪家拥有一个公众公司，那是一个多么宝贵的资源！

航运业的运营非有专业人员不可，但并非说其他背景人士在航运业不能成功，太平洋航运公司的两位创始人就非航运背景，但从事航运的人一定要懂航运。同时，从事航运业的人，也不一定是金融出身。业界所见，航运与金融两者背景皆备人士，凤毛麟角。从事现代航运，除了利用传统的银行贷款，航运金融与资本运作方面，有多种玩法，航运企业要发展，必须要懂金融。航运是江湖，江湖人士行走江湖，就需了解航运的规矩，就要讲航运的“切口”，与江湖中人进行内行的沟通，包括与金融界、投资界的沟通。外行是做不了航运的，当然有航运背景的人不一定是懂行，懂行的人不一定是有航运背景。

航运的江湖又是国际化的。国际化的航运规矩、航运“切口”是行走江湖必备的，所谓 Speak the same language！金海博士的这本译作，用词专业准确，行文流畅。本书讲解了航运，几乎囊括了国际上所有现代航运金融的形式，对于有志于从事航运和航运金融的人士，就是一本“秘笈”，无疑会有助于读者成为地道的航运江湖中人。

是以为序！

香港航运研究中心执行主任

王春林

2018 年 9 月

前 言

2008年全球金融危机之后，航运活动的融资和海运企业的财务管理对于世界各地航运公司的业绩，甚至是生存而言都变得非常重要。

本手册均衡融合了航运金融的理论与实践。本书由领先的专业从业者和领域内的学者撰写，他们来自航运金融相关的各个细分领域，包括航运公司、承租人、银行、咨询公司、贸易行业、金融机构、海事律所和研究机构等。因此，本书中的各章节涵盖了航运金融的各个方面，向读者提供了业内相关问题的各个视角。本书有助于市场参与者、学者和学生的学习和教育，对航运从业者和学术界都有很高的价值，因此对于已经从事或可能从事海运业的每个人来说都是必读书籍。读者可通过本书深入了解现代航运金融、财务管理和投资、现有产品的各种特征、资本需求和要求，并可通过本书所提供的一系列实务案例和应用，对各种财务管理战略予以清晰的认识。它可以作为从事航运金融业务的公司和组织的主要参考手册，也可以作为全球大学本科和研究生海事课程的教学和参考教材。

本手册共十六章。第一章“航运市场及其经济驱动因素”，由挪威德国劳氏船级社的简-亨里克·许布纳（Jan-Henrik Hübner）撰写，介绍了航运业及其各个市场。他研究了航运次级市场的现状和发展趋势，并分析了影响次级市场的经济因素。具体来讲，本章首先介绍航运运输价值链中的各个“参与者”，即船东、造船厂、承租人、货主、货运代理、船舶管理人和船舶经纪人。本章介绍了航运业的各个市场，即新造船、二手船、拆船以及期租和即期货运市场。对于不同类型船舶的成本结构也进行了讨论，并分析了促进各种航运市场的发展和业绩的供需因素。然后本章详细介绍了各类船舶航运市场，涉及干散货市场、油轮、集装箱市场和海上航运市场等在内的供需因素和当前发展。

第二章“资产支持型融资的资产风险评估、分析与预测”，由德国航运贷款银行（DVB Bank SE）的亨丽埃特·布伦特·彼得森（Henriette Brent Petersen）撰写。本章讨论了航运和海洋工程船舶行业的整体周期性，主要侧重于供应侧造船厂产能和未来资产价格。本章概述了预测干散货船和集装箱货船市场的方法，并评估了个别资产质量和缓解相关风险的重要性。便于理解行业的周期性和超级周期、细分产业周期和逆周期，本章对全球需求和中国的角色进行了分析，同时详细讨论了影响周期性的变量因素。作者将上述概念应用于集装箱和干散货市场的市场前景分析，最后评估了与同业和上述分析相关资产的个体竞争优势，以及在资产支持融资中的资产（船舶）质量和资产相关风险。

第三章“船舶融资概述”，由摩根士丹利的福蒂斯·吉安纳考利斯（Fotis Giannakoulis）撰写。本章介绍了航运业可用的资金来源，认为航运公司能够驾驭市场潮流的能力主要取决于其投资的时间和其租船政策，对替代性资金的选择也具有同等重要性。本章详细讨论了银行融资，包括抵押贷款、新造船融资、夹层融资、无抵押/公司信用贷款和租赁融资、高收益债券、可转换票据、首次公开募股（IPO）、定向增发、业主有限合伙企业（MLP）、特定目标收购公司（SPAC）和私募股权发售融资。

第四章“船舶建造项目融资”，由查尔斯·库欣有限公司（C.R. Cushing & Co. Inc.）的查尔斯·库欣（Charles R. Cushing）撰写，讨论了船舶收购。本章的第一部分讨论了新造船项目进行融资的原因；项目融资；船舶收购项目中可能犯错的事项；项目管理事项；战略规划和细分计划，如业务、融资、运营、营销、技术、竞争对手、人力资源和组织计划、任务宣言以及船舶设计。本章的第二部分讨论了船舶建造资金来源的选择，如：债务融资；银团贷款；夹层融资；高收益债券融资；租赁融资；出口信贷机构（ECA）融资；混合融资计划，如 K/G 基金，基金，丹麦 DIFKO 有限合伙基金，封存货币和易货交易；伊斯兰银行融资；政府补助金融资；公开股权融资；私人配售融资和业主有限合伙企业（MLP）融资。本章最后介绍了造船合同和进度付款的财务事项。

第五章“航运债务融资”，由沃森·法利和威廉姆斯律师事务所（Watson Farley & Williams）的乔治·帕莱克拉萨斯（George Paleokrassas）撰写。本章讨论了标准贷款设施等各种类型的债务融资，涵盖贷款人、借款人、银团贷款银行、融资船舶、贷款金额、先决条件、货币、贷款期限和偿还、利息、陈述和保证、契约、适用法律和管辖权、违约事件和银行手续费；租赁形式；债券融资；夹层融资和出口信贷机构（ECA）融资。本章接着讨论了贷款人可以从借款人获得的担保措施及其组合，因为这在评估任何特定交易中的风险方面至关重要。然后介绍了船舶抵押贷款，其次是收益、租金、保险、征用赔偿的转让、账户质押、股权质押以及交船前担保转让。

第六章“航运债券市场”，由卡拉察斯海事咨询公司（Karatzas Marine Advisors & Co.）的班兹尔·卡拉察斯（Basil Karatzas）撰写。本章讨论了航运债券融资及其细节，包括航运债券发行的案例、二级市场的定价、相关募集说明书的备案流程、获得信用评级、选择承销商、发行时间和利率成本等。本章概述了航运债券和航运贷款之间的差异。基于抵押物、契约和特殊条件的航运债券分类也予以详细讨论。最后，本章介绍了债券的主要分类，特别强调了那些更适合航运公司的债券。

第七章“公募和私募股权市场”，由杰弗里斯有限公司（Jefferies LLC）的杰弗里·普瑞博尔（Jeffrey Pribor）和塞西莉·林德（Cecilie Lind）撰写。本章重点介绍私营航运公司可用的最相关股权产品。其中包括：公众公司与私营公司的优劣势、IPO 结构和流程以及私募股权投资在海运业中的作用。本章首先概述了公募股权资本，如 C 类公司、有限合伙企业、业主有限合伙（MLP）企业和特定目标收购公司（SPAC），并概述了成为上市公司的优缺点。本章接着介绍了自2000年以来航运上市公司格局的演变以及进行航运资本市场活动的证券交易所。然后分析了上市的四期过程，即公司准备、起草、尽职调查和初始美国证券交易委员会（SEC）报批、美国证券交易委员会的审查和答复以及营销、定价和售后市场。并且介绍了在上述过程中进行成功IPO的要素以及需要避免的陷阱。本章提出了股本估值指标，如资产净值（NAV）、息前收益—税息折旧及摊销前利润（EBITDA）和股息收益率指标。最后介绍了航运中的私募股权（PE）以及私募投资公司与公司管理层之间的关系。

第八章“航运业的结构化融资”，由欧陆集团（Eurofin Group）的扬尼斯·亚历克索普洛斯（Ioannis Alexopoulos）和奥古斯塔集团（Augustea Group）的尼克斯·斯特拉蒂斯（Nikos Stratis）撰写。本章将各类复杂的金融交易视为结构化融资工具，特别阐述了出口信贷机构（ECA）支持的航运金融、租赁和夹层航运融资。本章首先解释什么是出口信贷机构及其在航运金融中的作用，各种出口信贷机构支持的航运金融结构，出口信贷机构的要求和联合国经合组织（OECD）指南以及出口信贷机构航运金融的优缺点。然后，本章讨论了船舶租赁、租赁类型及其利弊和提供者，并接着详细介绍了航运夹层融资，夹层融资所采取的形式、重要考虑事项、夹层融资的应用及其利弊。

第九章“船舶贷款协议的主要条款”，由英国诺顿罗氏律师事务所（Norton Rose Fulbright）的基里阿科斯·斯普洛斯（Kyriakos Spoullos）撰写。本章概述了通常在航运贷款协议中适用的某些主要条款（商业条款）。除了相关贷款的财务条款（例如贷款金额、保证金、还款资金、利息期限、最后可用日期）外，本章还介绍了构成大部分贷款文件“核心”的操作性条款，包括声明和保证、先决条件、契约（例如最低价值条款、财务比率）、违约事件、强制性提前还款事件、转让条款。

第十章“船舶抵押的法律问题”，由卡迪夫大学商学院的西蒙·D.

诺顿（Simon D. Norton）和天达银行（Investec Bank Plc）的克劳迪奥·奇思特（Claudio Chistè）撰写。本章介绍了抵押权的法律定义、船舶抵押作为一种担保方式所具有的局限性、抵押权的登记和优先权、抵押权人的权力（出售权、占有和指定接管人的权力）和抵押人的权利（给船舶投保的权利/义务、出售船舶的权利以及向法院申请拍卖、赎回抵押的权利和止赎权）。本章最后介绍了作者的观点，即通过证券化将船舶抵押贷款作为一类融资形式的未来发展方向。

第十一章“处理违约船舶贷款的原因、机制和保全方法”，由爱琴海波罗的海银行的季米特里斯·阿纳格诺斯托普洛斯（Dimitris Anagnostopoulos）和菲利普斯·E. 塔玛尼斯（Philippos E. Tsamanis）撰写。本章提出了处理违约船舶贷款时采用的标准措施和程序，违约迹象的早期发现，以及一旦发现问题后的处理方式。接着解释了当贷款违约时补救行动的准备、银行行动方案的决定因素。这包括多个考虑因素，涉及财务、船舶管理和市场前景、抵押物和相关银行。本章最后讨论了拍卖抵押船舶时的贷款回收过程以及银行在船舶被扣押期间可能遇到的情况。

第十二章“海事保险”，由安特卫普大学的马克·怀布莱彻（Marc Huybrechts）和斯旺西大学的西奥多拉·尼卡基（Theodora Nikaki）撰写。本章专注于造船厂、船舶融资提供方、作为船舶经营者的船东所展现的保险需求。本章讨论了保险人应该始终牢记的海上保险的特性，即船东希望覆盖的“风险”，包括财产、责任、法律问题、时间损失、强制性风险和相关的保险；为保障船舶成功和安全运行而购买保险的必要性；风险的承担方以及保险金额的提供方。最后，本章介绍了各类保险的费用以及海上保险的其他细节问题。

第十三章“海运投资评估与预算”，由汉堡大学的沃尔夫冈·卓贝兹（Wolfgang Drobetz）、哈蒙托咨询和投资有限公司（Hamant Beratungs und Investitions GmbH）的斯蒂芬·阿尔贝提度（Stefan Albertijn）以及德国船东协会的马克斯·约翰斯（Max Johns）等人撰写。本章通过

“市价调整”方法介绍了船舶估值的基本原理，以及长期资产价值（LTAV）方法，贴现现金流（DCF）方法（“模型调整”）。本章还讨论了市场价格等同于船舶基本价值的必要条件。通过将使用上述方法和其他常用财务比率的上市航运公司的估值与制造企业的相对应样本进行比较发现：制造业的比率通常趋于更小的周期性；航运公司的杠杆比比制造业企业高得多；并且，鉴于航运公司是船舶的组合，航运样本中的有形资产额特别高。

第十四章“船舶投资的财务分析与建模”，由帕克海事有限公司（Pacomarine Ltd.）的拉斯·帕特森（Lars Patterson）撰写。本章介绍了几个评估航运投资的财务模型实例，其原型、关键比率和指标以及投资标准和价值驱动因素背后的理论。根据购买船舶的时间、销售、所选择的租赁类型和所使用的债务融资金额，讨论了船东的灵活性（可选性）价值。本章还讨论了航运财务分析的主要实务问题，包括买卖船舶的时间、新造船与二手船买卖的比较、拆船、经营费用的选择、租赁类型和融资方法。本章最后将船舶视为投资，确定其估值的重要特征包括船舶的市场价格、现金流、租约、市场预期、船舶的二级交易市场、船龄以及市场风险和信用风险。

第十五章“航运业务运费风险管理”，由雅典经济与商业大学的马诺利斯·卡伍萨诺斯（Manolis Kavussanos）和世界海事大学的伊利亚斯·维斯维基斯（Ilias Visvikis）撰写。本章涵盖货运衍生品市场以及该领域的最新发展趋势，包括运价指数和作为运费衍生工具标的资产的航线；可用的运费衍生产品，即运费期货、远期运费协议（FFA）和货运期权；全球货运市场；以及用于风险管理—对冲目的的货运衍生工具的各种用途。本章包括货运风险管理的各种交易屏幕以及衍生品市场的最新规定。

第十六章“航运业的兼并收购”，由雷丁大学亨利商学院的乔治·亚历山卓蒂斯（George Alexandridis）、威仕集团有限公司的曼尼希·辛格

（Manish Singh）撰写。本章详细介绍了航运业中的并购及其背后的动机，包括他们以成本削减和增加收入机会的形式在实现经营协同方面的作用；财务协同效应；增加市场份额及减少竞争；以及资产基础的多元化。并购过程还讨论了战略制定、并购目标的确定和分析、并购目标、尽职调查和并购后整合流程。本章提供了航运并购估值的路线图，特别是现金流量、以资产为基础的相对估值方法，并且对航运并购的融资也予以了讨论。最后，本章介绍了船舶并购是否为股东创造价值的新实证研究。

第一章

航运市场及其经济驱动因素

简-亨里克·许布纳（Jan-Henrik Hübner）

1.1 航运介绍

在深入航运市场的驱动因素并考察其功能之前，本章将简要介绍航运价值链、各航运细分领域和航运市场的类型。关于航运业成本结构的概要介绍，也将有助于读者了解航运市场的行为。

1.1.1 航运价值链

具有特定功能的许多经济参与者构成了航运价值链。从航运金融的角度来看，船厂、船东、承租人以及资本显然是最重要的参与者。然而，如果更广泛地看待航运市场，也需要关注船舶管理人、货运代理人、货主、经纪人和所有类型的其他市场参与者。取决于航运业的具体细分领域，这些功能通常以不同的程度组合（集成）。一般来说，从单一目的公司，到完全一体化的航运部门，再到更大的企业结构，一切都是可行的（参见图 1.1）。

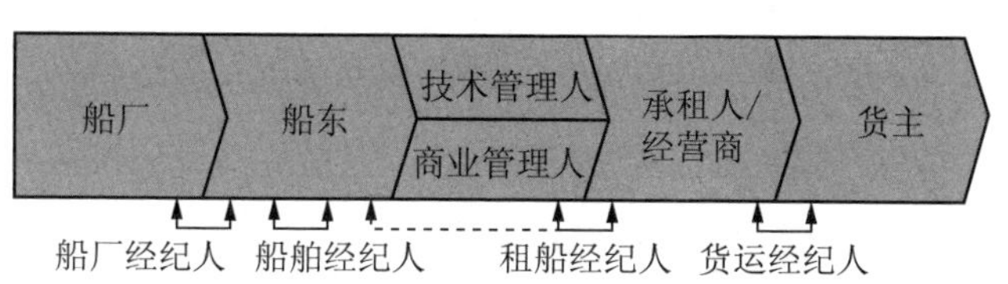

图 1.1 航运价值链（资料来源：作者绘制）

1.1.1.1 船东

船东是从船厂或二手市场取得船舶并将其出租给租船人的自然人、公司或投资基金。船东的收入是租船费用与拥有该船舶［可能受汇率波动影响的利息和还款是资本支出（CAPEX）］并使其可用［维护和修理，包括入坞、储藏和润滑油、船员、保险以及管理和行政是运营成本（OPEX）］的总计费用之间的差额。船东要求船舶管理人管理船员和维修等（技术船舶管理），并将船舶出租给承租人（商船管理）。后者可以经由船舶经纪人促成。在收入方面，船东的风险在于租金费率、租约以及二手船的船龄（正在进行的租约或拆船）。在成本方面，运营成本和资本性支出都有盈利风险。其他航程相关费用［主要是燃料和港口和通行费用（运河费用）］的盈利潜力的风险可由船东或承租人/经营者承担（详见图 1.3 和 1.4）。

1.1.1.2 船厂

船舶在船厂建造、维护、修理并最终拆船（回收）。传统上，船厂提供了所有三项服务（新造、维护和修理），但近几十年来进一步专业化。随着环境法规的完善，船舶拆除业务，而不是搁浅船舶业务（对故意搁浅船舶的拆除）不断发展。在航运金融方面，船厂主要在新造船阶段与船东进行互动，并在船舶管理人代表船东入坞阶段与负责维护和维修船舶的船舶管理人进行互动。

1.1.1.3 承租人

承租人的业务是从船东租用船舶，向货主或货运代理人出售运输服务。在某些细分领域，承租人也可称为运营商。承租人可以根据典型的集装箱运输中的“班轮”业务在固定航线和时间表上提供这种运输服务，或者根据单一（或不同行程）货主的要求来租用船舶，典型的如散装运输。承租人的商业风险在于现有租船合同与运费变化之间的差异，以及其能否有效利用船舶的运力。承租人可以通过经纪人来租船并出售运输服务。

1.1.1.4 货主

货主希望将原材料或货物送至预定目的地。根据其年度运输需求和数量，他们可以直接从作为承租人（例如在铁矿石和原油业务中常见）的船东购买运输服务，或从承租人/经营者（例如大客户或在项目货物中）或从货运公司（通常用于较小容量的集装箱货物）购买运输服务。货主的商业风险在于运价的变化。

1.1.1.5 货运代理人

货运代理人为货主提供运输和相关服务，货主的日常运输需求不足以成立自己的具有所有必要职能和专长的物流部门。相反，他们从船舶承租人/经营者那里购买运输服务，并将其出售给货主。在集装箱运输方面，货运代理人是集装箱船的最大客户之一。由于货运代理人通常会传递运输服务的实际成本，并从相当稳定的服务所得中获取收益，因此他们在货运市场运价波动风险相对适中。他们的风险在于服务需求的变化。

1.1.1.6 船舶管理人

船舶管理人由船东授权管理和维护船舶（技术管理、船员）并将其出租给承租人（商业管理）。船舶的所有运营费用由船东承担，根据预先约定的船员和运营成本预算。船舶管理人通常靠收取固定年费来管理船舶。因此，船舶管理人并不直接面临租金的波动。只有有限的船舶管理合同与获得的租金或履约情况有关。

1.1.1.7 经纪人

具有各种专业经验的经纪人担任航运市场的中介。船厂经纪人促成船厂和船东之间的合同，特别是在新造船方面的合同，还可以进行维修和定期进坞。船舶经纪人支持二手船的买卖以及船舶租赁（与商务管理相关）。货运经纪人可以促成较大的货运合同，例如干散货和项目货物。

1.1.2 航运细分领域

根据克拉克森研究服务有限公司 2014 年的统计数据，全球商船共计约 88 000艘，超过 100 GT（总吨数，是船舶运力的计算单位）。2014 年春季，船船价值约为9 000亿美元。主要细分领域是散货船（占总吨位的36%，10 046艘船舶）、原油和产品油轮（占总吨位的23%，9 243艘船舶）以及集装箱船（占总吨位的17%，5 087艘船舶）。数量多但总吨位小的船舶有拖船（占总吨位的比例小于1%，16 297艘船）、普通货物船（“其他干货”，占总吨位的6%，15 837艘船舶）近海船舶（占总吨位的4%，10 199艘船舶）。有关详细信息，请参见图1.2。从货船价值或运输货物的价值分布来看，与油轮特别是散货船相比，集装箱船的份额有所增加。

1.1.3 各种航运市场

一艘船舶受各种航运市场的约束。新造船市场，二手船市场和拆船市场都关注船舶的所有权，而货运市场（期租、程租和其他形式的租船合同）则关注船舶的运输服务。斯托普福德，2009）也提供了航运市场的另一个变量。以下将简要介绍主要市场，更详细的关于市场驱动力的解释可参见本书第二章。

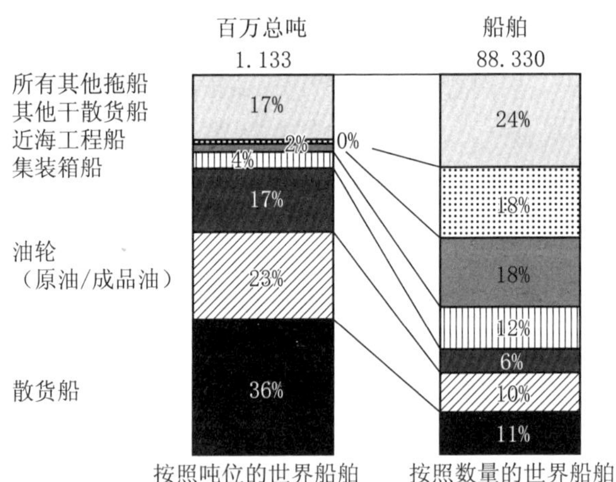

图1.2 全球商船概况（资料来源：克拉克森）

1.1.3.1 新造船市场

通常，船舶的买家将进入新造船市场，一般是当他们想要自有船舶在货运市场上有未来的固定租约，或者根据他们已经签订的长期合同或对良好即期

（航程）市场的投机而将其出租出去。如果二手市场上没有合适的船舶（船型、能效等），他们将接受大约两年的等待新造船时间，而不是采购现有的吨位。当航运市场蓬勃发展、船厂不足时，相对于标准设计船舶，船厂只有较小的意愿来改变船舶规格。当市场低迷时，买家可以在几个合格船厂之间投标新造船项目，尤其是当他们有意向订造一系列船舶时。通常，不同细分领域的新造船价格大体上是并行发展的（见第 1.4 节、第 1.5 节和第 1.6 节，图 1.11、1.18 和 1.26），因为许多船厂都非常灵活。

1.1.3.2 二手船买卖市场

二手船买卖的市场结构和行为取决于航运周期的阶段。在快速复苏和高峰时期，船舶的二手船买卖是由一名或两名船舶经纪人协助的、卖方和买方之间的一个非常简单的私人交易。卖方和买方的银行都参与其中，但在交易中不起主要作用。二手船价格基于最近报告的“类似”船舶交易及其指数。在买卖期间，买家专注于船舶的供应情况，根据卖家所提供的记录判断船舶的状况，几乎不注重能效。由于及时（或即时）的可用性，二手船价格甚至可能超过新造船价格。当市场发生变化时，行为会发生变化。银行变得更加活跃，如果船东无法自行偿还贷款或出售船舶，银行可能会开始拍卖船舶。船舶状况和能效会得到更高的重视，虽然报告的价格似乎只能在有限的程度上反映出能效的差异。总的来说，每年约有 1 000 艘到 1 200 艘商船进行交易。相对而言，散货船和油轮的交易量往往比集装箱船（报告交易与现有船队相比较为 0.3%/年）高大约一倍（0.6%/年）。

1.1.3.3 拆船市场

船舶经济生命周期的最后阶段是拆船市场。船舶根据其拆船价值进行买卖，价格取决于其轻型吨位（LWT）。买家以每轻型吨位为单位支付一定的美元。船东将船直接出售给拆船厂，或者在船舶的最后一次航程时出售给现金买家。价格取决于拆船期间需要的环境保护要求。优质的拆船厂通常支付的价格会比搁浅船舶的现金买家的价格更低。随着即将在欧盟和全球层面实施的新监管规定（《香港公约》）的推出，更多的环境保护措施将得到执行。

1.1.3.4 租船市场

船舶租赁市场细分为航程租船（也称为即期租船）和期租，两者在合同期限和一些相关义务上有着区别。航程租船是指在两个特定港口之间运输特定货物的租船，这在干散货和油轮运输中常见。其中一种是船东同意在一段时间内的系列货运中，在两个特定港口之间运送一定量货物的包运合同（COA）。如果时间允许，船东可以在其间进行其他航程租船。可以被视为航程租船的另一种形式的船舶是由可以联合出租的或者根据特定协议分享收入的同类型散货船或油轮组成。期租则是将船舶固定一段时间（2 个月至 10 年）。虽然期租基本上是与集装箱航运和所有具有特定建造目的的船舶（如渡轮、邮轮、海洋工程船）有关的唯一租船合同，但其他商业细分领域（如干散货和油轮）同时使用期租和程租。承租人可以在租船期间处置船舶，甚至可能为其他货主继续航程租船运输。光船租船是期租的一种形式，承租人负责船员和维护工作。光船租船常见于船东是不参与航运业务的金融投资者的情形。

1.1.3.5 即期货运市场

虽然人们谈到租船市场的时候，所指的是整个船舶的运输能力，但货运市场所关注的只是不到整个船舶运输能力的包裹。近年来，零担拼箱货物的不定期租船运输不再起主要作用，小包裹的货运市场成为集装箱运输的主流。除了领先集装箱运输公司的定期运价公告外，上海集装箱货运指数（SCFI）也是从上海至北欧等集装箱货运运价的典型参考。反过来，集装箱运输联盟也不能调整运费，而只是分担船舶的货运能力，以提高其利用率。在干散货和油轮运输中，货运即期市场对应于航程租船，因为交易包裹通常与船舶运力相匹配。

1.1.3.6 远期货运协议

远期货运协议（FFA）是根据指定的单一货运路线、一篮子货运路线或货运指数（如波罗的海干散货指数，BDI），用于将运费对冲未来市场发展的衍生工具。远期货运协议是运输服务实际买卖双方在场外直接进行交易的合同，通常由货运经纪人促成，或者是以受管制的衍生品交易所为基础的交易。远期货运协议在干散货和油轮市场中很常见。有关货运衍生品市场及其工具的更多详情，请参见第十五章。

1.1.4　航运业成本结构

在研究航运市场的驱动因素之前，最后一个需要提及的方面是成本结构和“谁承担什么成本?”由于成本结构在航运细分市场、速度、燃油价格等因素之间有显著的差异，所以现在的两个例子足以说明不同航运市场的成本。

图 1.3 显示了中型集装箱船在当今速度模式以及燃油价格为 600 美元/吨重型燃油（HFO）下的成本结构。船东承担了资本性支出（CAPEX）以及船舶固定的和一些与航行相关的运营成本（OPEX），并且在定期租船合同中由承租船舶的运营商另外承担了燃油费用和码头费用。从船东的角度来看，约三分之二的成本是资本性支出（利息和还款），约三分之一是运营费用。所有这些运营费用通常通过代表船东管理船员、运营和维护船舶的船舶管理人来处理。从运营商的角度来看，租金约占总成本的三分之一，燃油和码头收费约四分之一，通行和港口费（运河、拖船等）则为其他费用。

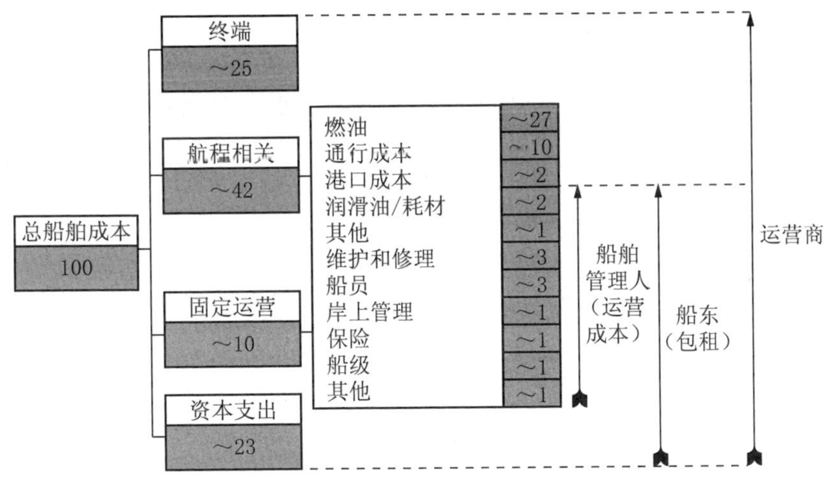

图 1.3　巴拿马型集装箱船成本结构（资料来源：作者绘制）

图 1.4 显示了超大型油轮在当今速度模式以及 600 美元/吨重型燃油（HFO）的燃油价格下的成本结构。船东向货主（例如石油业巨头）以航程租船合同形

式出租船舶。在这种情况下，船东承担所有费用（资本性支出、运营成本以及燃油费用），并向货主收取航程租船费。在其成本结构中，燃油费用占总成本的40%—50%，资本性支出约为四分之一，运营费用约为五分之一，其余由通行和港口费用组成。与集装箱船相比，超大型油轮的燃料成本和一些运营费用项目的成本比例可能高到令人惊讶。然而，集装箱运输的成本份额则被高昂的码头成本大大稀释，每个集装箱的搬运费约为250美元。

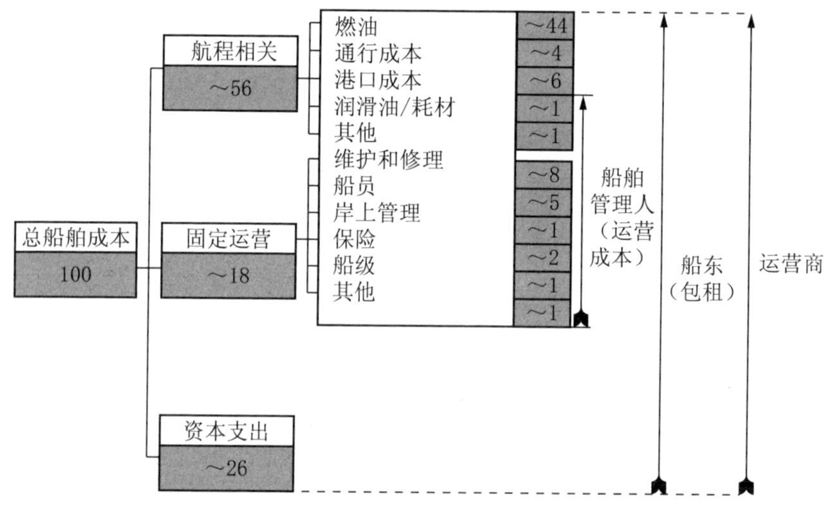

图1.4　超大型油轮成本结构（资料来源：自制模型）

1.2　航运市场的驱动因素

市场是根据供需确定最优容量和价格的简单机制。外部影响和边界、行为相关的不可测量性、时机效应和其他“干扰”使真实市场变得复杂化，而不是简单的市场模型。这也适用于航运市场、新造船和二手船买卖市场以及租船和货运市场。本节概述了船舶和运输服务以及航运市场的表现和周期性的供需驱动因素。干散货、油轮和集装箱航运市场的具体情况可见后续章节；这些细分领域虽然只占所有商船的27%，但占总吨位的76%，并很可能在总船队价值中也占有同样高的份额。在许多较小的细分领域，船舶是为特定承租人（例如渡轮、游轮以及海洋工程船舶），而不是为一般市场来设计和建造，导致其流动性较小，市场具有许多特征。因此，对这些细分领域的详细讨论将超出本书的范围。

1.2.1 运力需求

以国内生产总值衡量的世界经济发展是航运市场的首要而且最重要的驱动因素。然而，显然，驱动运输工作需求的不是纯粹的“全球 GDP”，更多的是区域互动和产生全球 GDP 的方式。一些全球大趋势是经济发展的基础。方等人（2013）认为全球人口将从 2010 年的 69 亿增长到 2030 年的约 80 亿，其中 96% 的人口增长来自发展中国家。发达国家的人口将继续下降，年龄显著增加。城市化将继续，越来越多的大城市濒临海洋，可直接开展国际贸易。

政治决策共同确定了全球大趋势转化为贸易和航运的方式。资本主义、自由贸易和西方生活方式是社会文化进化的目标吗？这在资源需求和生产上意味着什么？我们将如何应对气候变化和全球债务？需要不平等来刺激经济吗？这些问题的不同答案和政治途径是可以想到的，并将影响航运。欧洲（欧盟）、北美（北美自由贸易协议，NAFTA）、东南亚（东南亚国家联盟，ASEAN）等地区的贸易区块可能会继续刺激本地区的贸易。世界贸易组织可能会进一步推进全球自由贸易协定，降低区域贸易壁垒的重要性。更多的经济制裁、经济隔离和经济国有化等倒退趋势也是可能的。

在更可能的政治路径下，一些经济学家估计，2010 年至 2030 年间，全球 GDP 将翻一番或增长近 3 倍，中国是主要驱动力之一，可能占据 2030 年全球 GDP 的 20%，除美国和日本之外，印度和巴西也将进入全球前五（方等人，2013）。这些经济学家认为，到 2030 年，亚洲的购买力将增加 8 倍，而经合组织国家则被认为仅会增加 3 倍。

然而，展望未来，许多不确定因素有可能影响贸易流向和航运。环境监管对贸易流动产生影响（例如核能源的加速发展则限制液化天然气的贸易）。经济挑战在于国家和私人家庭的高额债务、中央银行宽松货币政策（刺激计划）导致的流动性过剩以及通缩风险和某些货币的贬值，从而对汇率产生巨大的影响（货币战）。金（2014）认为，“正常结束”（高债务，无增长或负增长）实现的可能性是 40%，“新正常模式”（高债务，增长缓慢）的可能性是 50%，而回归到正常情况（高债务，强劲增长）的可能性只有 10%。中国近乎“传统”的良好前景近来似乎也变得不那么乐观。房地产业热潮的降温对影子银行业的硬着陆有一定风险。尽管中国增长率仍然在 7%左右，但 GDP 增长放缓似乎已经开始步入中国台湾地区以及韩国、日本等更为成熟经济体的早期趋势（德拉露比亚，2014）。

现在的问题是全球 GDP 或各地区合作并产生全球 GDP 的方式如何转化为海运贸易。“分工制”的基本经济原则（亚历克斯·史密斯，1776 年，《国富论》）、国家的“比较优势”及其对外贸的影响（戴维·里卡多，1817 年，《政治经济学及赋税原理》）以及从发达国家向新兴国家继续搬迁生产和加工的全球化都很好理解。斯托普福德（2009）曾说过，海上贸易发展的“西线”开始于公元前 3000 年的美索不达米亚地区。虽然这些古典理论显然适用于具有不同要素禀赋（如原材料）的国家之间的贸易，但它们似乎缺乏关于产业内贸易的分析，即一国的同类产品的出口和进口（例如德国与韩国之间相互的汽车进出口）。然而，由于“同类产品”并不意味着“同一产品”，通过限制一个国家的生产多样化而与另一个国家开展贸易所产生的规模经济，可以用来理解产业内贸易（保罗·克鲁格曼提出的“新贸易理论”）。

根据全球经济指标的发展预测海运贸易十分困难。从海运贸易总体，而非特定的细分市场来看，经济学家试图将 GDP 增长与贸易增长联系起来的工作并不是很成功。为什么 2012 年 GDP 增长 3.4%，而相应的贸易增长仅为 2.8%，2015 年国内生产总值增长则为 3.9%而相应的贸易增长率为 5%—6%，即使国际货币基金组织（IMF）和主要银行对此也没有结论性的解释（库尼斯，2014）。此外，经合组织国家的“人均海运贸易”指标为 2.5 吨—5.5 吨，中国约为 1.5 吨，南美洲、印度和非洲大部分地区为 1.0 吨以下，这只是后者将会赶上贸易量（克拉克森研究服务有限公司，2014 年）的一个迹象。显然，需要一个细分的角度按照各个细分市场来预测航运市场，而不是采用笼统的方式。

1.2.2 运力供应

航运市场的供应方面由现有的船舶、新造船和拆船决定。船舶的建造和船舶速度的变化为应对供需不平衡提供了一些灵活性。上述第 1.1.2 节中给出了现有船队的总体概述。据克拉克森研究服务有限公司（克拉克森研究服务有限公司，2014 年）称，2000 年至 2013 年间，历史上的新造船订单平均每年有2 200 艘商船，约 6 500 万吨。拆船量为年均二千万吨，这远低于新造船订单增长量，导致在 1996 年至 2013 年间船队规模的年均增长为 4.9%（以 GT 为单位），2005 年至 2011 年间高峰期时为 6.5%—8.0%。而与此相对应，1996 年至 2013 年间吨位需求（贸易）增长率为 3.9%。

新造船和拆船活动越来越多地受到监管边界、基础设施限制和要素成本的推动。特别是在监管方面，环保要求（20 世纪 90 年代双重船体的油轮，20 世纪初排放控制区的硫排放限制及即将到来的压载水处理）对现有船舶施加压力，加速其经济使用年限到期。日益增加的燃油价格和在今天的经营性能下能源效率提高 30%的生态设计迫使低效的船舶离开市场。在给定路径上使用最大可能设计的“级联效应”也以相同的方式起作用。此外，巴拿马运河和苏伊士运河的扩宽、尼加拉瓜运河的新建和北极航线的潜在开放将会改变现有船队的发展，并为具有较低特定运输成本的大型船舶开辟机会。

在目前的航运危机期间，为了从下降的每 1 000 货物里程燃油费用中受益而带来的船速放缓对船东来说具有积极的作用。与危机前的速度模式相比，集装箱船领域吸收了大约 1 700 万标准箱中的 200 万标准箱（12%）(Alphaliner，2015)。船舶的闲置也具有相似的效果，即运力暂时从市场上移除。集装箱船领域的可见性最好，因为船舶通常是采用定期租船模式。截至 2015 年初，总运力达到 23 万标准箱的 110 艘—120 艘船舶已经被闲置，占集装箱船总量的 1.3%。在危机的低谷期间，闲置船舶达到了近 600 艘船舶的高峰，是如今的 5 倍 (Alphaliner，2015)。

干散货、油轮和集装箱运输中供应方的更多详情将在下面各章节中进行介绍。

1.3 航运市场表现

虽然长期而言运输需求经历了相当稳定的约 4%的年均增长，但航运经常遭受周期性较强的影响。斯托普福德（2009）区分了航运中的三个周期长度：

季节性周期、大约7年的中期周期以及30年以上的长期周期。季节性周期来自需求方的波动。虽然运输能力在12个月的时间内大部分是固定的，但运输需求也会有所不同。例如，消费品在秋季时为圣诞节作准备而从中国运至欧洲，或者在二月份的农历新年期间而停止运输，这对集装箱船的利用和相应运费也将产生影响。这种效应可以很容易地从上海集装箱货运指数的变化中看到。

航运投资的实际挑战是中期周期。与季节性相反，它们主要是供应驱动的，除了外部冲击到需求方面的一些例外（例如2008年雷曼兄弟银行崩溃之后的金融危机）。在全球运输需求每年相当稳定增长4%的背景下，航运过度供应过剩是“自制”的。这源自低门槛拥有船舶的非常分散市场的时机效应和大众心理。从订单到交付船舶的2到3年时间，当租船费率很好时，经常会导致重大的过度订购。经常会是一个知名的市场参与者可能因为有长期租船合同而启动订单潮。许多人都效仿，相信其市场判断（例如对生态船舶的喜好，液化天然气运输船的需求），并希望可以租用到闲置的船舶，即使他们还没有得到租船合同。有时候，船厂制造能力和融资的可获得性可能是这些跟随者的限制因素，但是通常不会真正进入壁垒（例如，当常规船舶融资变得稀缺时，私人股本公司和出口信贷机构就会进入）。一旦船舶交付，它将提供未来25年的运力。由于船东为60%的资本性支出和40%的运营成本，因此船东可以用现金成本（运营成本加上资本性支出的利息份额）或边际成本（运营成本或者甚至只是运营船舶的运营成本减去闲置船舶的运营成本）接受临时租用船舶，这给市场上的租船费率带来了压力。市场崩溃导致订单减少，但由于时间滞后，过剩产能可能需要数年才能被全球贸易增长所吸收。斯托普福德（2009）分析说，周期长度平均达到了7到10年的峰间值，但发现周期长度存在相当高的波动性。

30多年的长期周期与航运投资不太相关，因为其长度超过了船舶的经济生命周期，特别是其摊销时间表。需要更多的研究来将他们与康德拉杰耶夫和熊彼特确定的大约50年的长期周期相关联。他们把它们与主要的技术创新联系起来。然而，康德拉杰耶夫周期（Kondratieff Cycle）和长期航运周期似乎不完全相符。

鉴于航运市场的周期性，许多船东以在恶劣时期至少获得现金成本的宏图大志开展业务，在市场状况良好的几年中生存并赚取高利润。船舶运营商通常拥有一定数量的船舶，同时租用其他船舶。他们通常在船舶的整个生命周期内保有船舶（因为他们的商业模式是提供运输服务而非资产运作），并与租入的船舶一起经历周期。

在商船的总体收益方面，有几个综合指数可用。最著名的是克拉克森海运（Clark Sea）综合指数，即从油轮、散货船、集装箱船和天然气运输船获得的加权平均租船收入（未扣除运营成本和资本性支出）（见图 1.5）。为了确定作为船东的资本支出承担能力并可能获得的投资回报，目前四个船舶细分市场平均每天约 500 美元的运营成本（维护和维修的费用，包括入坞、储存和润滑剂、船员、保险以及运营和管理）需要予以扣除。需要注意的是，该指数以名义价格引用。克拉克森海运综合指数平均每年增长 3.1%（从 1965 年至 2013 年的线性回归斜率）可以与同一时期的 4.2%的平均美元通胀率相比。这种情况越来越多对航运的盈利能力带来压力，即使 4.2%的通胀率只是指美国，而不一定是指全球航运要素成本。

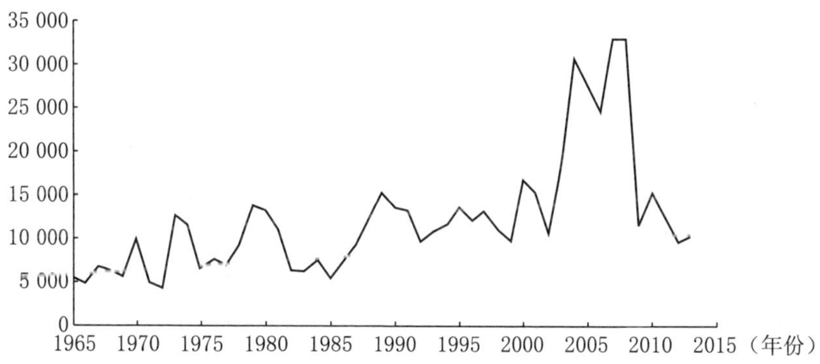

图 1.5 自 1965 年来商船收益（克拉克森海运综合指数）（资料来源：克拉克森）

1.4 干散货航运市场

1.4.1 干散货航运市场的结构

干散货航运市场共有约 10 000 艘船，总吨位约 4 亿吨（占商船总数的 36%）。其货运能力的主要细分市场列于下表。每个细分市场的大小范围可能会根据来源而略有不同。

特大型矿砂船/散货船	200 000—400 000 载重吨
好望角型	100 000—200 000 载重吨
巴拿马型	65 000—100 000 载重吨
大灵便型	40 000—65 000 载重吨
灵便型	10 000—40 000 载重吨

此外，散货船还有根据基础设施限制［例如长度达 229 米的卡姆萨尔型散货船（Kamsarmax），船宽达 47 米的纽卡斯尔散货船（Newcastlemax）］和货主［如拥有 40 万载重吨的超大型矿砂船（Valemax）］的进一步细分。更多的区别在于船舶的设备（如有装卸设备和没有装卸设备）。如前所述，航次租船和定期租船是干散货航运中常用的租船合同。

1.4.2 干散货航运市场的驱动力

干散货航运的主要产品有煤、铁矿石、粮食以及大米、糖、木屑、化肥、水泥等各种小批量散货。根据托普（2014）的统计，2013 年全球干散货运量达 43 亿吨，煤炭占 29%，铁矿石占 27%，粮食/油籽/糖类占 14%，小批量散货占 30%。2004 年以来，干散货运量以 5.6%的复合年均增长率（CAGR）增长，与全球 GDP 的发展呈现出良好的相关性。2013 年，全球 40%的散装货物是向中国进口，其中铁矿石占 67%，煤炭占 27%。

2013 年，75%的全球铁矿石运输量运往中国。自 2008 年以来，中国进口的矿石数量一直高于所有其他国家的总量（德拉露比亚，2014）。从 2013 年到 2014 年，铁矿石进口量预计将从 8 亿吨增长到 9 亿吨。中国进口了四大铁矿石生产商巴西淡水河谷公司（Vale）、力拓、必和必拓和福蒂斯丘金属集团（FMG）联合生产量的 1.3 倍（张，2014）。主要生产国和出货国是澳大利亚和巴西（各占全球储量的 20%左右）。中国矿石进口强劲增长的原因是该国钢厂的产量同样增长。国内铁矿石供应不能满足需求，与进口相比份额不断下降。随着中国 GDP 增长从近几年的 10%以上放缓至经济学家预期的 7%左右，特别是建筑业活动十年来首次萎缩，粗钢产量和矿石进口量可能会在接下来几年里有所下滑，虽然钢铁出口增加可能会在一定程度上弥补国内需求放缓（张，2014）。同时，大型矿业公司正在进行重度扩张计划，预计今后将大幅增加全球铁矿石供应量。单单淡水河谷计划到 2020 年将铁矿石出口量加倍便可能会带来额外 230 艘好望角型散货船的需求。淡水河谷和两家中国国有企业之间的两个协议是协调铁矿石运输的两大协议。淡水河谷与中远集团的合作涉及新建十艘每艘 40 万载重吨的特大型矿砂船。此外，中远集团将收购巴西淡水河谷公司现有的四个特大型矿砂船。在另一项协议中，淡水河谷将与招商局集团在十艘特大型矿砂船巴西淡水河谷公司（DNV GL，2014）新造船项目进行合作。

即使全球大部分煤炭产量用于国内市场（如中国市场），煤炭仍位于铁矿石之前，占全球干散货运量的 29%。印度和中国是最大的进口国，澳大利亚和印度尼西亚是最大的出口国（方等，2013）。

而中国国内煤炭产量呈现稳定态势，供应不足由进口填补，导致煤炭进口快速增长（托普，2014）。然而，环境挑战正在带来更严格的监管：中国宣布将限制高杂质含量煤炭的生产、消费和进口，以减少大部分由于煤热和电力造成的雾霾。但监管法规对海运煤炭进口的可能影响难以估量。首先，该限制适用于哪些方面仍有待观察，对哪些行业会受到影响仍存在模糊。其次，如果国内煤炭生产成本开始上升，来自远离中国的地区的较为清洁的煤炭可能具有更高的成本竞争力，可能会增加长途吨英里（DNV GL，2014）。

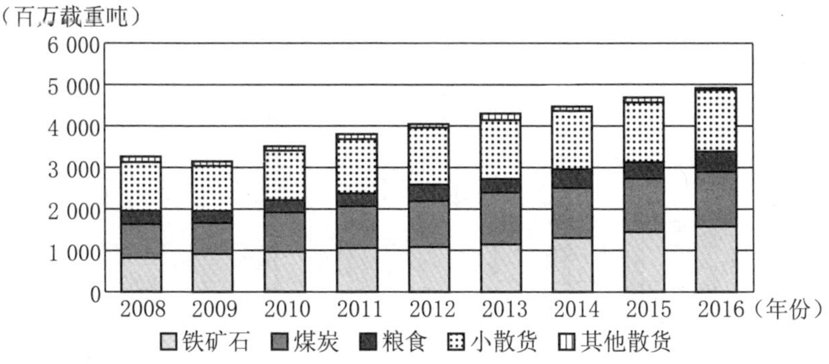

图 1.6　干散货需求发展（海上贸易）［资料来源：克拉克森（2008—2014，实际数据），挪威德国劳氏船级社（2015—2016 预测数据）］

粮食、油籽和糖的市场也预期会增长。有人预测 2010 年至 2030 年将增长

50%，美国和俄罗斯仍然是主要出口国，非洲、拉丁美洲、中东和东南亚是主要进口国（方等，2013）。

1.4.3 散货航运市场的发展

1.4.3.1 需求方

如上所述，过去十年来，干散货海运贸易稳步增长，仅在2009年例外。从2008年到2013年，年复合增长率达到5.6%（克拉克森研究服务有限公司，2015b），该趋势预计在未来几年仍将持续，2013年至2016年的年均复合增长率为4.7%（DNV GL，2015）。图1.6显示了自2008年以来货物类型的发展。

1.4.3.2 供应方

近年来，船队的增长要高于运输需求增长。2008年至2013年的年均复合增长率为11.2%，预计在2013年至2016年将达到4.0%（IHS海运与贸易，2015）。图1.7显示了自2008年以来的细分市场开发。

船队的这一增长起源于2010年的订单热潮，2011年和2012年的交付量大幅增加，甚至高拆船活动仍无法平衡供需（IHS海运与贸易，2015）。2013年和2014年的强劲订单交付将在短期内进一步造成不平衡。图1.8显示了自2008年以来的各细分市场的订单情况，图1.9显示了船舶的交付和拆除情况。

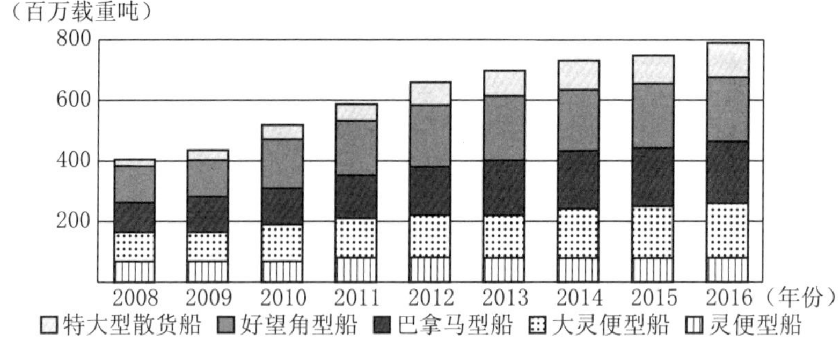

图1.7 干散货船船队发展（资料来源：IHS海运与贸易）

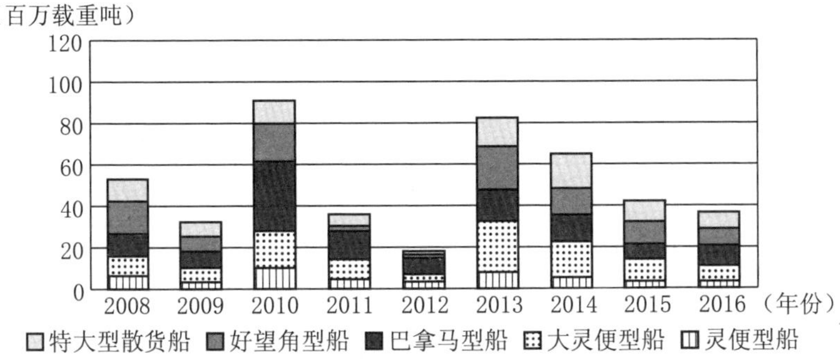

图 1.8　干散货（预期）订单（资料来源：IHS 海运与贸易）

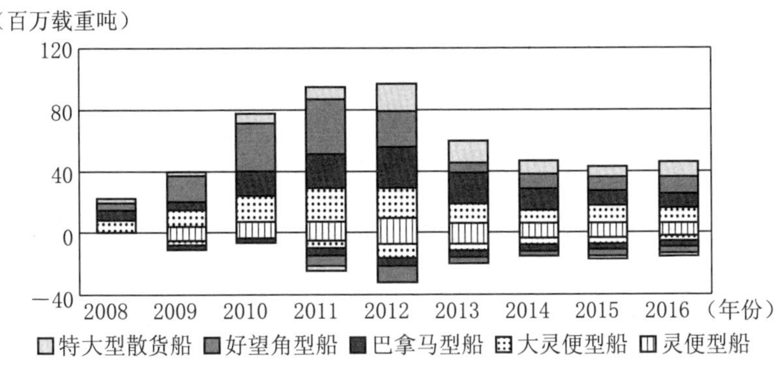

图 1.9　干散货（预期）交船及拆船情况（资料来源：IHS 海运与贸易）

1.4.3.3　收益

干散货船的收益可以在一年期租船费率（见图 1.10 和克拉克森研究服务有限公司，2015b）中体现出来，也可以在波罗的海干散货指数（BDI）的总体水平上体现出来。随着 2008 年金融危机及其对世界经济的影响，好望角型散货船的租金从 2008 年的每天约 13 万美元降至每天 2 万美元以下（下降了 85%）。2009 年增加到每天近 4 万美元，导致 2010 年的订单热潮，再次对租金施加压力。在较小的干散货船细分市场中，2008 年的跌幅略低。自 2011 年以来，灵便型船、大灵便型船和巴拿马型船的租金几乎没有差异。展望未来，干散货运输需求的预期增长应有助于盈利，但 2013 年和 2014 年的强劲订单交付可能会对租金造成持续压力。

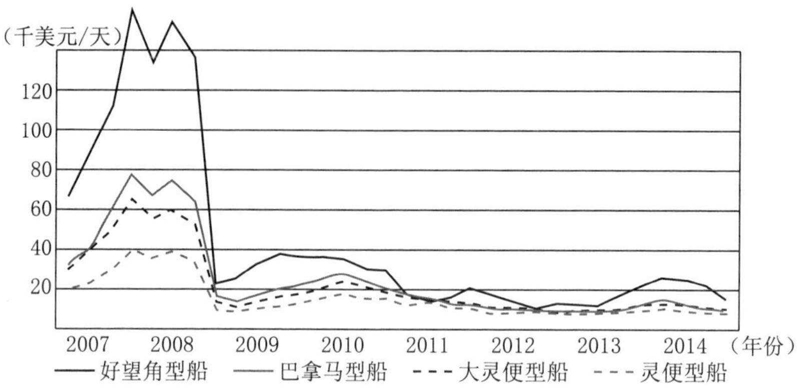

图 1.10　干散货，一年期，定期租船费率（资料来源：克拉克森）

1.4.3.4　价格

新造船和二手船价格随船舶的收入能力而变。虽然收入和二手船价格之间的相关性似乎非常高（自 2008 年以来下降了约 60%—70%），新造船价格与收入的关联性则更适度（与 2008 年相比下降了约 50%）。原因在于，与新造船相比，二手船的剩余寿命（即投资范围）较短。图 1.11（克拉克森研究服务有限公司，2015b）也显示，在繁荣时期，由于二手船的即时可用性，二手船的价格超过新船的价格。二手船的净现值主要是由目前繁荣期间的即时高收益驱动，而与中期和长期未来的现金流中则只有较小程度的相关性。由于订单和交付之间的时间滞后，新造船造价可能不会从现在的繁荣中受益，其净现值受到中期和长期收入潜力的驱动。

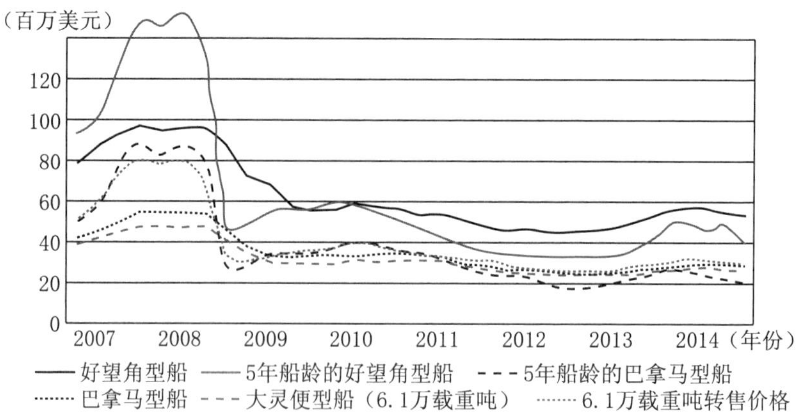

图 1.11　干散货新造船和二手船价格（资料来源：克拉克森）

1.5　油轮航运市场

1.5.1　油轮航运市场的结构

油轮市场共有约 9 200 艘原油和成品油油轮，总吨位约为 2.65 亿吨（占商船总数的 23%），以及约 1 600 艘液化石油气和液化天然气油轮，约为 5 000 万吨（占商船总数的 4%）。其货物的主要细分市场列于下表。每个细分市场的大小范围可能会根据来源而略有不同。

在负载能力（载重吨）方面，细分市场似乎重叠。然而，差异在于货物的类型。例如，原油（重油轮货物）和成品和化学品（清洁油轮货物）之间的差异。如前所述，航程租船和期租是油轮运输中常用的租船合同。

原油	超巨型原油油轮	>320 000 载重吨
	超大型油轮	200 000—300 000 载重吨
	苏伊士型	115 000—200 000 载重吨
	阿芙拉型	70 000—115 000 载重吨
	巴拿马型	50 000—70 000 载重吨
	灵便型	10 000—50 000 载重吨
产品	远程 2（LR2）	80 000—160 000 载重吨
	远程 1（LR1）	55 000—80 000 载重吨
	中程（MR）	25 000—55 000 载重吨
气体	液化天然气	因体积和罐型而异
	液化石油气	因体积和罐型而异
	乙烯和其他气体	因气体的沸点而异

1.5.2　油轮航运市场的驱动力

湿货油轮运输的主要产品有原油和化学品。原油油轮通常运输原油和重油，而“清洁油轮”则运输精炼的石油产品和化学品。海运原油贸易量估计为 37 万亿立方英尺（每天百万桶），而成品油贸易量约为22万亿立方英尺（克拉克森研究服务有限公司，2014）。

2011年，主要原油进口地区和国家为欧洲、北美、中国和南亚。出口主要来自中东、非洲和原苏联各加盟共和国组成的独立国家联合体。经济学家预测，到2030年，中国、南亚和东南亚的进口将增长强劲（甚至到2030年将增长3倍），并预测中东和非洲的出口将增长。这些趋势预测将导致从中东向中国和其他亚洲国家的原油贸易大量增加（方等，2013）。俄罗斯和美国可能仍然是2030年的主要生产国，但与海运原油贸易在一定程度上脱钩。由于美国在国内油气勘探中广泛使用液压压裂而引发的致密页岩油“革命”，预计美国将从原油进口国发展为日益强大的石油产品，甚至是原油的出口国。新的页岩油生产技术在过去两年中增加了300万桶的产量，现在是自1986年以来的最高水平。然而，美国原油进口量的下降可能会被中国原油进口（过量）弥补（桑德，2014）。在对于原油油轮需求的影响甚至可能是正面趋势，因为从西非到美国的相对较短的航程被中国/亚洲的长途航程所取代。据称较长的航程会导致吨位需求增加2.1%（DNV GL，2014）。中期和长期发展取决于沙特阿拉伯强制美国致密页岩油气生产商停产的努力是否能成功，通过提高产量而促使油价降至极低。持续的低价环境显然给昂贵的美国致密/页岩油生产商带来了财务困难，也给石油输出国组织的许多其他成员造成了财务问题，他们可能试图影响沙特阿拉伯以再次将产量降低到可持续的价格水平。使用超大型油轮作为浮动储存设备是低油价的临时效应。

石油产品和化学品的贸易不如原油贸易直接。目前的趋势是地区投资增加，在中国、中东和美国的进行炼油厂投资，尽管拉美和非洲的投资增长有限；相比较而言，欧洲的炼油能力正在减弱。这表明需要通过大西洋向欧洲进行更多长途成品油贸易，这似乎刺激了2013年远程2（LR2）成品油轮的大量订单（哈特兰航运服务有限公司，2014）。中程成品油轮需求的增长似乎受到亚洲内部交易的推动，但一旦中国的炼油能力开始加强并投入运营，该需求增长可能会再次冷却。

在天然气油轮方面，液化天然气需要与液化石油气和其他气态产品（如乙烯）区分开来。液化天然气作为一种能源，正面临繁荣期。特别是自2011年3月日本福岛第一次事故以来，越来越多的人认为应逐渐淘汰发达国家的核电。

中东、美国、澳大利亚、西非和马来西亚正在对生产和液化能力进行大量投资。另外，北极地区也有计划采用液化天然气浮式生产储油船［（FPSO）和浮式储存及气化装置（FSRU）（罗杰等，2014）］。如果这些计划得到实现，将对超大型气体运输船的需求产生非常重要的影响。单单就美国的出口而言，到 2020 年可能需要 80 艘—130 艘液化天然气运输船，但这一发展速度和程度也取决于原油价格的发展。

1.5.3 油轮航运市场的发展

1.5.3.1 需求方

总体而言，2014 年海运原油贸易平稳，约 37 亿桶。由于西非到亚洲的更长距离运输，而不是通往美国的短途跨大西洋航线，因此，载重吨需求增长了约 2.1%，主要由较大的细分市场（超大型油轮需求增长约 4.2%）所覆盖。此外，浮式储存船已经开始吸收运力。中型原油油轮，如阿芙拉型船，则因为欧洲进口的下降而受挫。展望未来，油价的变化会导致较大的不确定性。成品油轮运力需求增加到 4%以上，主要是由于亚洲内部贸易所用的中程和更长距离的远程 2（LR2）的推动（见图 1.12）。

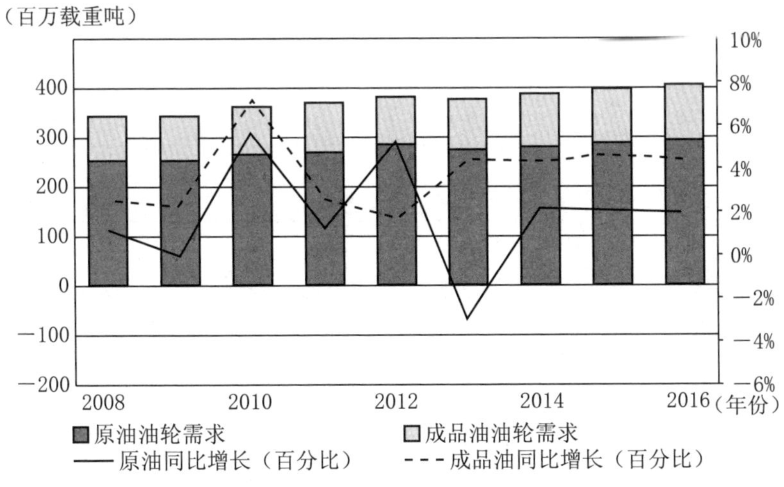

图 1.12 油轮需求发展［资料来源：克拉克森（2008—2014，实际数据），挪威德国劳氏船级社（2015—2016 预测数据）］

1.5.3.2 供应方

过去十年来，原油和油轮的运力稳步增长。2008 年至 2013 年的年均复合增长率为 4.5%，预计在 2013 年至 2016 年将达到 2.7%（IHS 海运与贸易，2015）。图 1.13 显示了自 2008 年以来细分市场的发展。

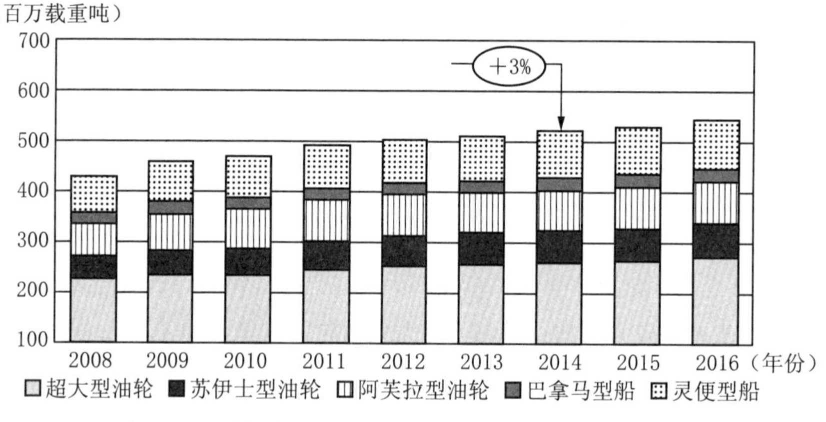

图 1.13 油轮船队发展（资料来源：IHS 海运与贸易）

2011 年和 2012 年的订单水平较低，但 2013 年和 2014 年的订单水平很强劲（IHS 海运与贸易，2015）。取决于 7%至 18%的细分市场，目前总吨位的 12%仍然在订单中（特别是中程/灵便型船和超大型油轮）。图 1.14 和图 1.15 显示了近期和预测的订单。

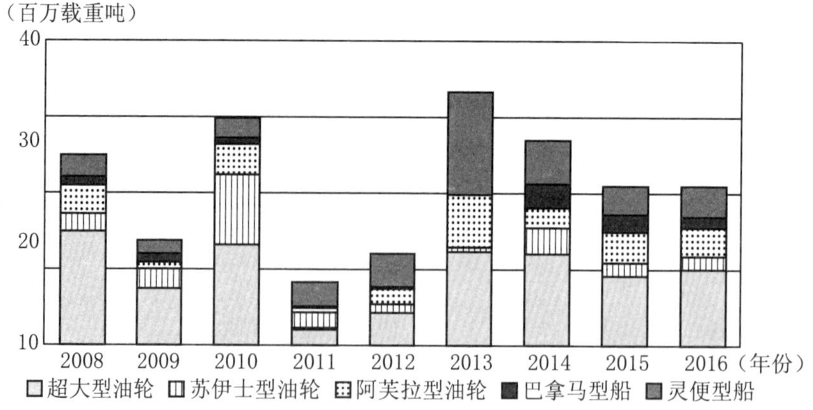

图 1.14 油轮（预期）订单（资料来源：IHS 海运与贸易）

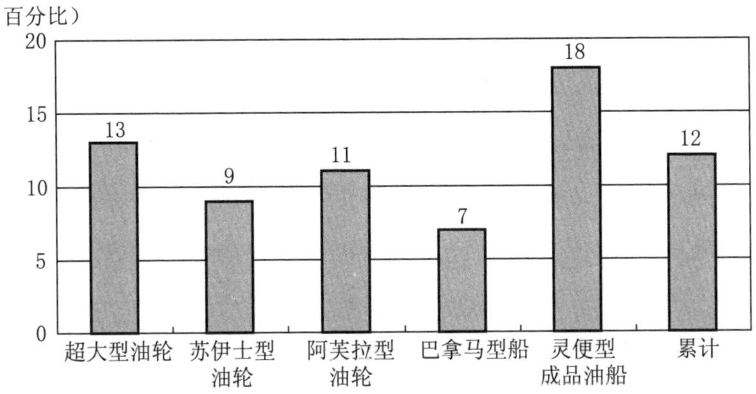

图 1.15　油轮订单和现有船队（资料来源：IHS 海运与贸易）

2010 年、2012 年和 2013 年，拆船活动高于平均水平，在阿芙拉型船和超大型油轮中的相对影响最大（见图 1.16；IHS 海运与贸易，2015）。目前废钢价值高达每吨 525 美元左右，这可能让半旧船舶仍有吸引。

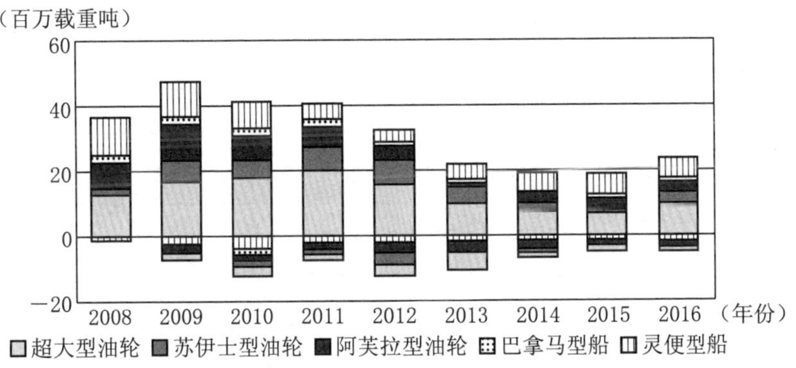

图 1.16　油轮（预期）交船和拆船（资料来源：IHS 海运与贸易）

1.5.3.3　收益

油轮收入与干散货船的相似。2008 年至 2009 年急剧下降约 80%，2010 年有所回升，自那以后主要为一些季节性的水平发展；也就是说，在原油细分市场，冬季出现高峰。有趣的是，超大型油轮、苏伊士型船和阿芙拉型船的运费没有太大的差异，如图 1.17（克拉克森研究服务有限公司，2015）所示。

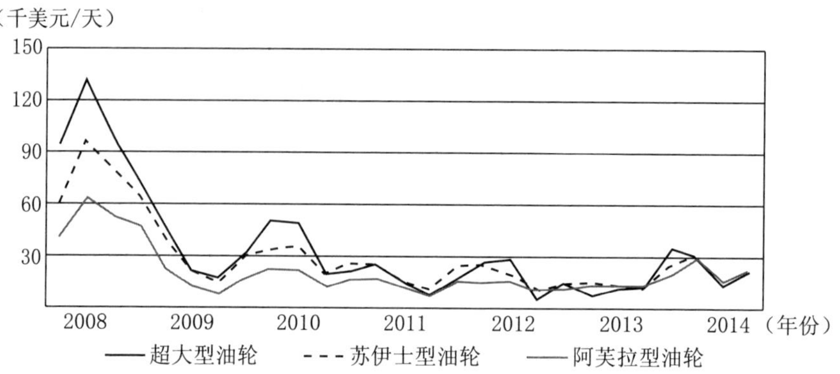

图 1.17　原油油轮收益（资料来源：克拉克森）

1.5.3.4　价格

二手船价格同样大部分随当前收益而变，而五年超大型油轮的价格约为阿芙拉型船和中程/灵便型船的两倍，高于 2008 年至 2014 年初的价格。正如预期，新造船价格更稳定并从 2009 年开始主要为水平发展（克拉克森研究服务有限公司，2015b）（见图 1.18）。

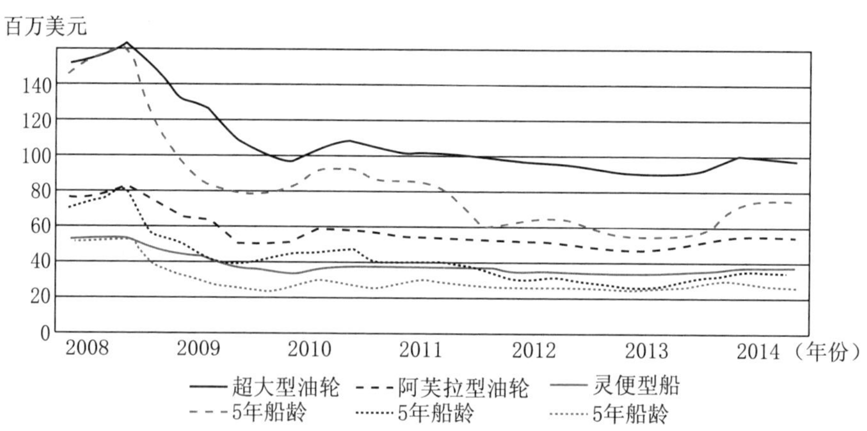

图 1.18　油轮新造船和二手船价格（资料来源：克拉克森）

1.6 集装箱航运市场

1.6.1 集装箱航运市场的结构

拥有约 5 100 艘船舶和 1.88 亿吨级（占世界吨位的 17%）的集装箱业务是商船航运第三大市场。其主要细分市场及其运力列于下表。每个细分市场的大小范围可能会根据来源而略有不同。

超大型集装箱船	＞14 000 标准箱
新巴拿马型	8 000—14 000 标准箱
超巴拿马型船	5 000—8 000 标准箱
巴拿马型	3 000—5 000 标准箱
准巴拿马型集箱船	2 000—3 000 标准箱
灵便型	1 000—2 000 标准箱
支线驳船	＜1 000 标准箱

进一步的细分根据基础设施的限制来命名［例如，吃水为 27 英尺的大曼谷型（Bangkokmax）］，根据船舶的设备，特别是在较小的细分市场（例如有装卸设备与无装卸设备），进行了区分。如前所述，集装箱船通常在最初长达十年的定期租船合同中被出租，随后在短至两个月的短期合同中被出租。

1.6.2 集装箱船航运市场的驱动力

集装箱运输所有类型的小包裹货物，最初都是 20 英尺的集装箱，但今天 40 英尺甚至 45 英尺的都是标准箱。由于集装箱运输成本比干散货运输更高，因此小包装或具有较高特定价值的货物通过集装箱运输，这些货物通常是消费品。2005 年，经合组织发布的统计数据显示，特定货运价格从每 40 英尺集装箱组装家具的 20 000 美元（零售价格）到中档服装的 360 万美元不等。消费电子产品的价格从 70 000 美元到 430 000 美元（零售价值）不等。即使假设 100%的贸易利润和 20%的增值税，货物价值仍相当于每标准箱 4 200 美元，最高可达每标准箱 75 万美元。在货物价值的上端，集装箱航运与航空运输在货物运输时间和资金效率方面相互竞争。

2013 年的贸易航线方面，亚洲至欧洲（往西行驶）占全球标准箱里程的 35%，跨太平洋（往东行驶）占 29%，亚洲内部占 12%，欧洲内部占 3%，跨大西洋（往西行使）占 3%，其他贸易占 18%（伦德，2014）。分析师预计集装箱贸易将增长，特别是在亚洲内部、远东到中东（往西行使）、远东到欧洲（往西行使）、远东到拉丁美洲东海岸（通过巴拿马运河往东行驶）和北美到拉丁美洲（方等，2013）。近年来的主要趋势是转运量增加，20 世纪 80 年代为 10%，如今为 30% 左右。这些转运中 50% 以上的在中国、东南亚和其他亚洲国家（Frew，2014）。暂不考虑集装箱运力过剩的航运危机，这一转运趋势似乎并没有结束，特别是越来越多的在许多港口无法通行的超大型集装箱船（ULCV）的交付。航运危机加速的另一个趋势是级联效应。由于产能过剩和仓储价格高（至少持续至 2014 年中），规模经济越来越重要。因此，集装箱航运公司在其服务中使用尽可能大的船舶来最小化箱位成本。这种级联效应对中型和小型集装箱船造成重大压力（弗鲁，2014）。

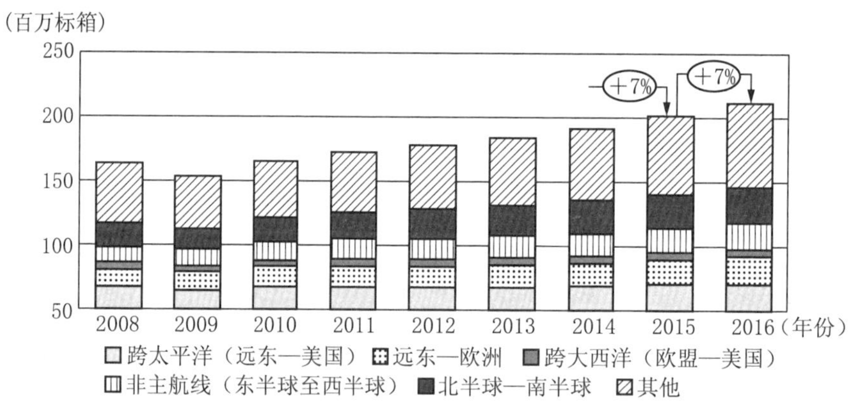

图 1.19 集装箱船需求发展（集装箱贸易）［资料来源：克拉克森（2008—2014，实际数据），挪威德国劳氏船级社（2015—2016 预测数据）］

全球 GDP 的增长通常被视为集装箱贸易发展的近似值。2003 年以前，长期以来存在 3 倍关系，即 GDP 增长 3%，集装箱货运增长 9%。其中的 3% 来自 GDP，3% 来自日益全球化，3% 来自从散货船或冷藏船转为集装箱船所带来的越来越多的货物集装箱化。自 2003 年以来，这个 3 倍关系不再成立。2014 年至 2016 年，豪罗宾逊预计全球贸易增长与全球 GDP 增长的比例约为 1.2，集装箱贸易增长与全球 GDP 增长的比例为 1.6。2012 年和 2013 年，这两个比例都是约 1.0，而且每个比例都增长了 3%。霍林格（2012）进一步通过评估宏观因素来预测集装箱船贸易，但并不是所有的列出来的相关性看起来都有着合理的解释。

1.6.3 集装箱航运市场的发展

1.6.3.1 需求方

2008 年至 2013 年，集装箱贸易需求的年均复合增长率为 3.4%。如果考虑 2009 年的增长下滑，到 2013 年的年均复合增长率高达 6.6%（克拉克森研究服务有限公司，2015b）。分析师预测 2013 年至 2016 年的年均复合增长率为 6.3%（哈特兰航运服务有限公司，2014），如图 1.19 所示。

1.6.3.2 供应方

集装箱吨位的供应量甚至高于需求，2008 年至 2013 年的年均复合增长率为 7.3%，根据现有订单预计（IHS 海运与贸易，2015）2013 年至 2016 年的年均复合增长率将进一步升至 5.3%。这一增长将主要来自新巴拿马型船和超大型集装箱船，如图 1.20 所示。

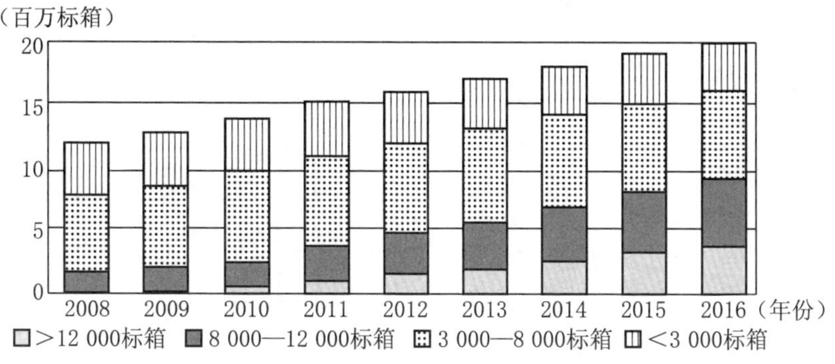

图 1.20 集装箱船舶发展（资料来源：IHS）

在2010年有限的市场复苏之后，根据集装箱航运公司在订造更大和更节能运力方面的竞争，2011年、2013年、2014年再次出现大规模的船舶交付（IHS海运与贸易，2015）。在新订单中，80%—90%为8 000标准箱以上的船舶，如图1.21所示。

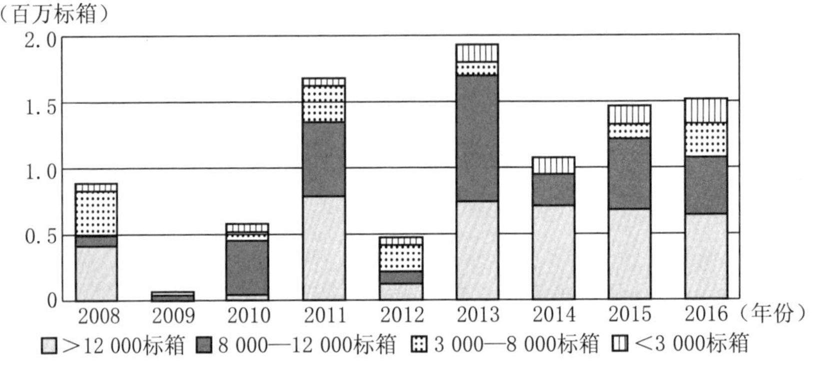

图1.21　集装箱船舶（预期）订单（资料来源：IHS）

根据2013年和2014年的订单，2014年大量船舶交付投入市场，并将持续到2015年和2016年（IHS海运与贸易，2015）。即使拆船活动，特别是在巴拿马细分市场，将减少市场上的运力，运力增长高于需求增长的情况仍不可避免，如图1.22所示。平均拆船船龄从2007年的30年下降到2014年的21年（哈特兰，2014）。2012年至2014年期间，我们看到闲置的（暂停使用）集装箱船多达300艘或80万标准箱，占总数的5%。2014年底，闲置率已经下降到1.3%，如图1.23所示（Alphaliner，2015）。此外，与危机前的速度模式相比，目前大约有200万标准箱的运力被减速所吸收。

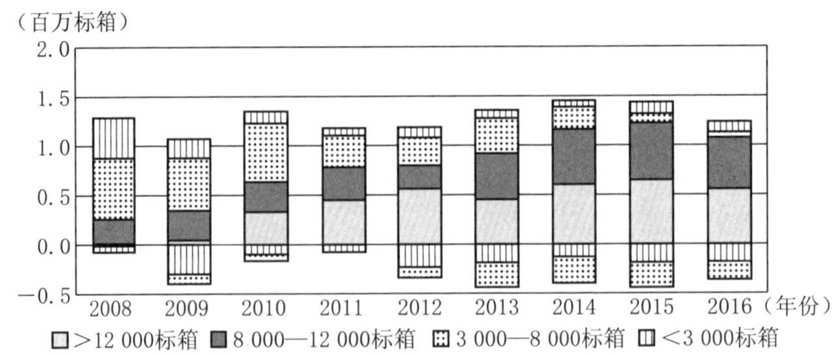

图1.22　集装箱船（预期）交船和拆船（资料来源：IHS）

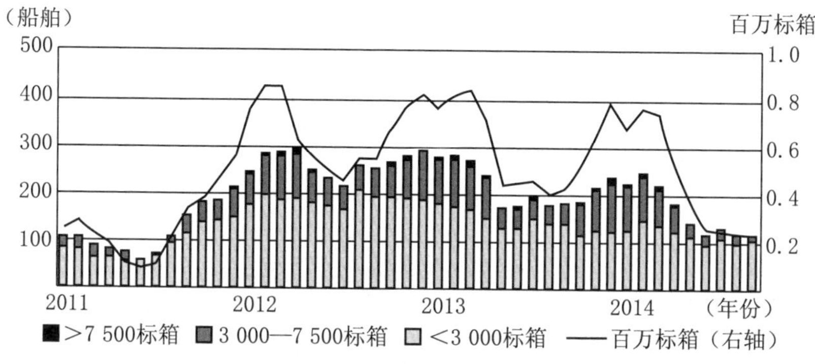

图 1.23 集装箱船闲置船队（资料来源：Alphaliner）

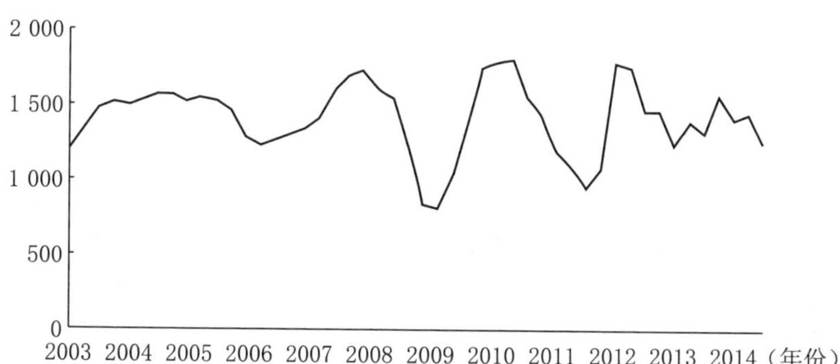

图 1.24 集装箱船运费发展（中国出口集装箱运价指数 中国—欧洲）（资料来源：欧洲）

1.6.3.3 收益

由于集装箱运输由集装箱航运公司决定，因此在了解收益之前需要首先了解运价的发展。上海集装箱货运指数（SCFI）和中国集装箱货运指数（CCFI）是最常用的运价发展参照，如图 1.24 所示（克拉克森研究服务有限公司，2015b）。

在租金方面，可以使用各种指数：豪罗宾逊集装箱指数（参见豪罗宾逊，2014），哈伯彼特森的哈伯航运指数，集装箱船期租评估指数（ConTex）和其他重要性相对较低的指数，见图 1.25（克拉克森研究服务有限公司，2015b）。从运价和租金来看，租金更加稳定，因为租期跨越更长的时间范围，缓冲了季节性的影响。

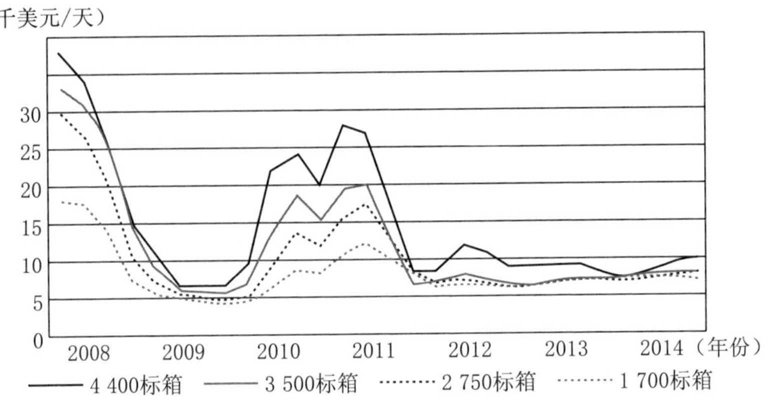

图 1.25　集装箱船，一年期定期租船费率（资料来源：克拉克森）

1.6.3.4　价格

正如我们在干散货和油轮运输时所看到的，二手船和新造船价格在一定程度上随租金价格而动，新造船价格明显比二手船价格更稳定。细分市场之间的价格差异保持相当稳定。总体而言，新造船价格比 2008 年的水平低约 40%，差额明显小于其他船舶。此外，二手船价格的下跌也略微温和，但交易数量非常有限（2014 年上半年为 76 艘）。许多船东（或其银行）似乎并不愿意以低廉的市场价格出售，如图 1.26 所示（克拉克森研究服务有限公司，2015b）。

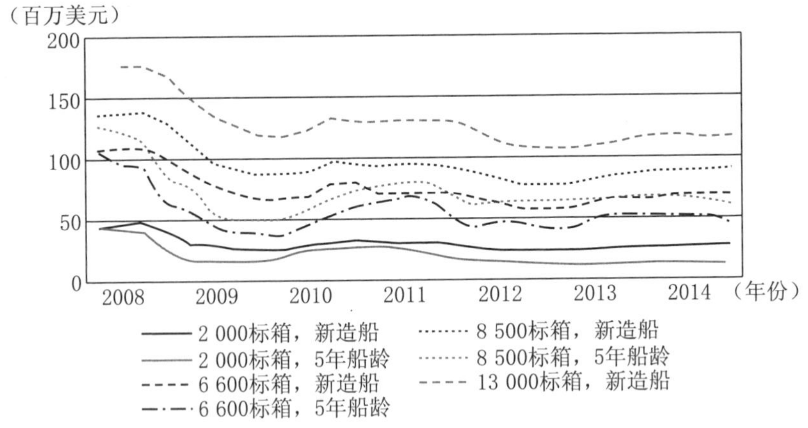

图 1.26　集装箱船新造船及二手船价格（资料来源：克拉克森）

1.7 海洋工程船舶市场

1.7.1 海洋工程船舶市场的结构

海洋工程船舶市场有约 10 200 艘船舶（占商船总数的 12%），总吨位仅为 5 000万总吨（占商船总数的 4%；克拉克森研究服务有限公司，2014）。该细分市场包括许多海洋支持船（OSV），用作为平台供应船（PSV）、锚泊处理救助和运输拖船、起重机和安装船（包括半潜艇）、电缆和管道铺设船以及各种钻机和其他海上移动装置（MOU）。总体而言，该市场以服务于石油和天然气行业的船舶为主。与商船相比，这些船舶在很大程度上用于其特定目的，在市场上的流动性通常有限。例如，由克拉克森研究服务有限公司（2015a）出具的《海洋工程船舶情报月报》（*Offshore Intelligence Monthly*）提供了非常详细的市场概况。

1.7.2 海洋工程船舶市场的驱动力

由于该细分市场由为石油和天然气行业服务的船舶所主导，石油价格是市场发展的唯一主要动力。从长远来看，石油价格等于勘探和生产的边际成本（E&P），反过来石油价格又决定了哪些油气区域可以进行勘探和投入生产。在高油价时期，具有挑战性的地区（深海、北极）的活动增加。在油价低的时候，这些项目的投资减少或停止，这是我们目前观察到的。

海洋工程船舶市场一直处于压力之下，预计至少在未来 2 年内供应过剩。目前石油产量过剩（约 2 兆桶）对油价产生影响，从而影响着整个海洋工业。此外，2015 年和 2016 年，更多的钻井船将进入这个下滑的市场，钻井承包商受到的打击最大。2014 年标准普尔 500 指数表现最差的五家公司中事实上有三家是钻井承包商（DNV GL，2015）。随着石油公司不断减少支出，越来越多的油气开发正在推迟或取消。由于目前情况，海洋工程船舶订单量 2014 年大幅减少，2015 年和 2016 年预计将更加糟糕。鉴于利润递减，钻井商正在努力降低成本，拆船活动开始增加。已有多达 20 艘船舶被宣布从市场上撤出，我们预计这一数字将继续增长（DNV GL，2015）。此外，为了消除过剩的运力，旧设备的闲置已经增加。随着供需差距的扩大，钻机利用率继续下降。许多船舶竞争相同的项目，导致每日费率下降。由于每日费率走向盈亏平衡水平，因此确定的活动也较低迷。

1.7.3 海洋工程船舶市场的发展

1.7.3.1 需求方

如上所述，海上船舶的大多数需求由油气勘探和生产驱动。从 2006 年至 2008 年，再从 2010 年至 2013 年，油价急速上涨，导致海上活动增加，勘探和生产资本性支出对照体现出这一点，如图 1.27 所示。根据挪威雷斯塔能源公司（Rystad Energy）的报告（2015），2014 年海洋工程船舶资本性支出仅增长 4.9%。今年的预测显示为 3.5%的负增长。几家石油公司已经宣布在 20%—30%的区域内大幅削减勘探与生产支出。然而，挪威雷斯塔能源公司预计，长期的上游低支出水平最终将导致石油供应减少，因此价格上涨，同时 2017 年到 2018 年投资将增加。

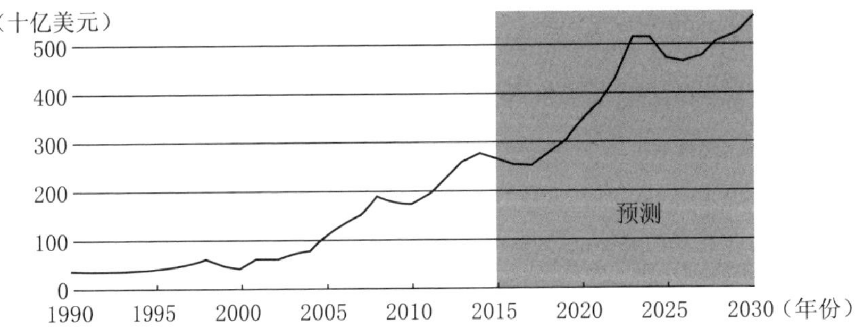

图 1.27 海洋开发与生产的资本支出（资料来源：挪威雷斯塔能源公司）

过去一年的利用率一直在稳步下降，相对于浮式平台，钻井设施受影响较小。目前的利用率徘徊在 90%左右的较低水平。

1.7.3.2 供应方

近年来，海上船舶数量稳步增长。从海上移动装置（MOU）情况来看，2009 年至 2014 年的年均复合增长率为 5.2%，钻机年增长率超过 20%（克拉克森研究服务有限公司，2015a，b)。假设这些订单船舶将实际交付，这一趋势将持续到2016年至2017年（DNV GL，2015）；见图1.28。

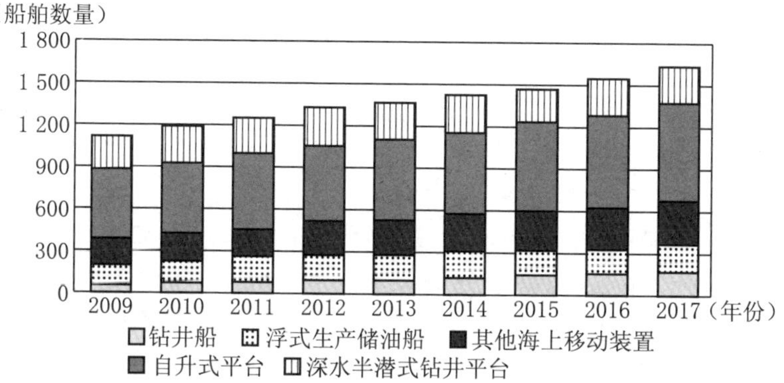

图1.28 海洋工程船舶船队发展（海上移动装置）［资料来源：克拉克森（2008—2014，实际数据），挪威德国船级社（2015—2016，预测数据）］

海洋支持船近期出现类似的发展，2009年至2013年的总体年均复合增长率为6.2%，施工船每年增长12%（克拉克森研究服务有限公司，2015a，b)。图1.29显示了船舶类型的发展。已知订单已经放缓，预计从2014年到2017年，全年增长率约为2%（DNV GL，2015)。

图1.30显示了（预期）海上移动装置和海洋支持船的合同情况（克拉克森研究服务有限公司，2015a)。2014年，只有370艘船舶合约，远远落后于前几年的数量，仅占2007年合同量的40%，2007年是订单量创纪录的一年。明年的海上移动装置可能会下降（尤其是钻井装置)。市场的不确定性阻碍了海洋支持船船东订造新船舶。他们似乎采取了“静观其变”的做法。挪威德国劳氏船级社预期订单数量将有限，特别是随着供应过剩增加，平台供应船行业的订单将非常有限（DNV GL，2015)。

图1.31显示了海洋支持船和海上移动装置的预期交付和撤出情况。2014年有550艘船进入市场，新造船交付量已经很高（克拉克森研究服务有限公司，2015a)。预计在2015年将交付另外480艘船舶，海洋支持船将减少，但仍有相当数量的海上移动装置。预计未来几年将有多达200个钻井装置投产，尽管有多个钻机为投机建设的，可能不会及时交付，甚至会取消。随着船东不得不降低成本，闲置和拆除操作将继续进行。

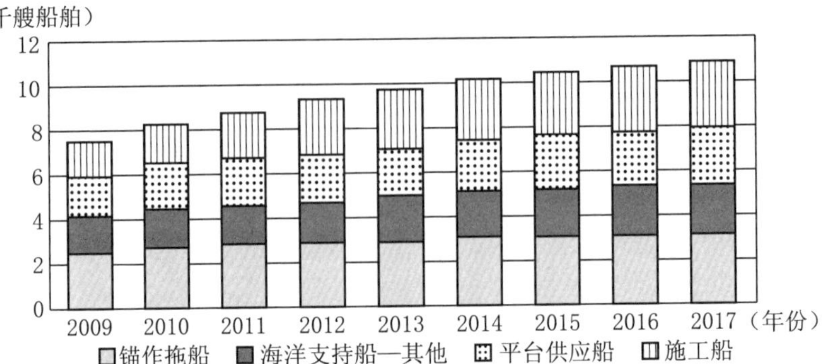

图 1.29　海洋工程船舶船队发展（海洋支持船）［资料来源：克拉克森（2008—2014，实际数据），挪威德国船级社（2015—2016，预测数据）］

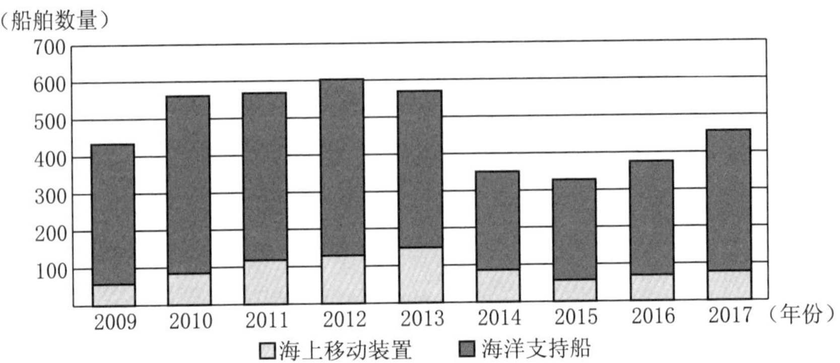

图 1.30　海洋工程船舶（预期）订单［资料来源：克拉克森（2008—2014，实际数据），挪威德国船级社（2015—2016，预测数据）］

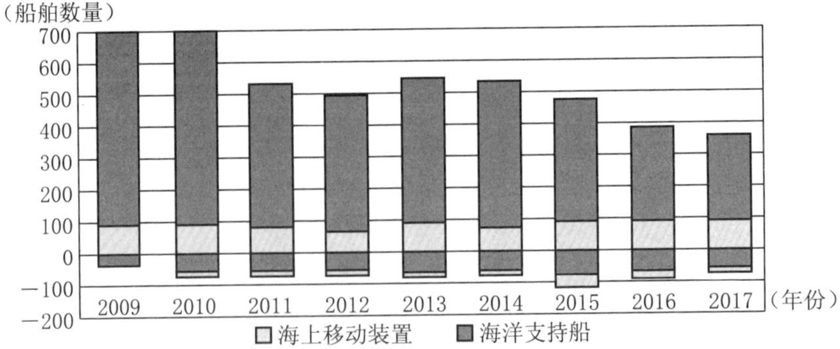

图 1.31　海洋工程船舶（预期交付和拆除）［资料来源：克拉克森（2008—2014，实际数据），挪威德国船级社（2015—2016，预测数据）］

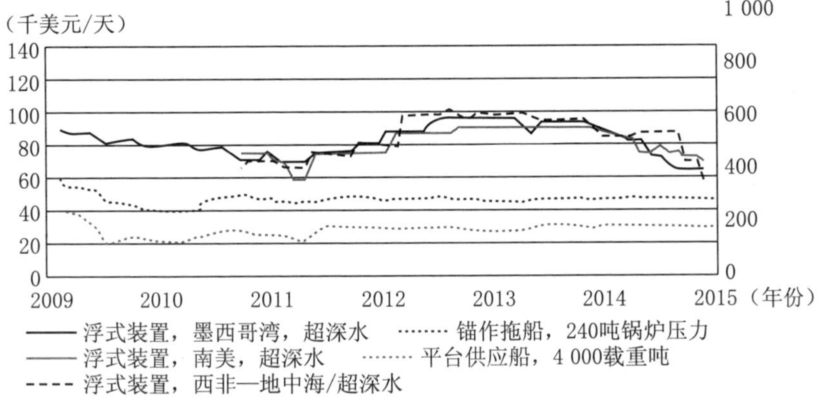

图 1.32 海洋工程船舶，一年期定期租船费率（资料来源：克拉克森）

自 2015 年 1 月以来，共有 33 个老旧的不具竞争力的资本密集的浮式平台被宣布拆除。其中大部分是 20 世纪 70 年代建造的半潜式钻井平台。预计会有更多的钻井平台被宣布撤出（DNV GL，2015）。

1.7.3.3 收益

海外业务的收益可以按照一年期的定期租船（见图 1.32）表示。虽然海洋支持船，例如锚作拖船（AHT）和平台供应船的收益自 2011—2012 年度以来一直相当出色，但海上移动装置在 2011 年和 2013 年之间的 35%收益增长，在 2015 年便全部消失了（克拉克森研究服务有限公司，2015a）。尽管钻机的可用性很高，成交活动仍然很低迷，石油公司已经开始重新谈判现有的合同。

1.7.3.4 价格

海上移动装置的新造船价格，特别是钻机，在 2008 年和 2010 年的金融危机之后急剧下降，但在 2012 年略有回升，并保持相当稳定。自 2011 年以来，海洋支持船的价格受到的影响较小，保持不变。见图 1.33（克拉克森研究服务有限公司，2015a，b）。

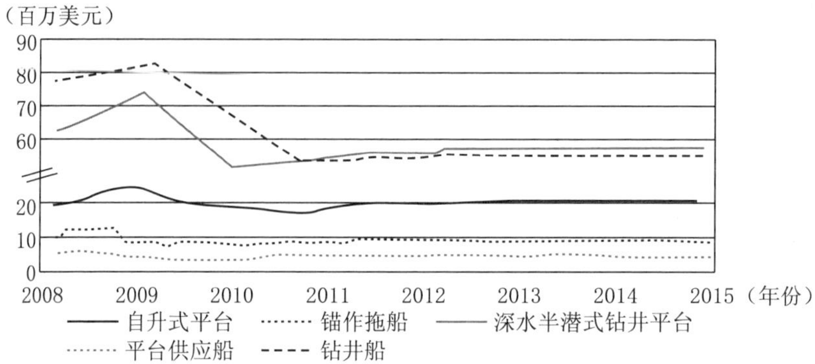

图 1.33　海洋工程船舶新造船价格（资料来源：克拉克森）

1.8　结　论

在海运价值链中，船东、船厂、承租人、货主、货运代理、船舶经纪人和经纪人构成各种“航运市场”，包括船舶本身（新造船市场、二手船市场和拆船市场）和相应的运输服务。世界经济的发展是航运需求的第一大驱动力，但“全球 GDP”的发展并不能为航运市场需求提供有价值的参照。各地区的互动和产生全球 GDP 的方式需要予以关注，从而得出观察各航运细分市场的具体角度。运力的供应是由现有船队、新造船和拆船决定的。船舶的闲置和船舶速度的变化为应对供需不平衡提供了一些灵活性。虽然航运业每年的运输需求有着相当稳定的约 4%的增长，但是经常遇到强劲的周期性。实际的挑战为大约 7 年的中期周期。低进入壁垒（足够的船厂产能和资本可用性）、有着知名领导者和许多追随者的分散市场、时间效应（2 到 3 年的交付时间，船舶寿命为 25 年）和成本结构，使得临时现金或边际成本定价经常导致出现航运危机。干散货市场由煤炭（占 29%，由中国和印度进口主导）、铁矿石（27%，其中 75%进口到中国）、粮食和其他农产品（14%）以及其他小批量干散货（30%）所驱动。湿货油轮市场由原油出货量（62%）和成品油出货量（38%）组成。气体油轮主要运输液化天然气和液化石油气形式的天然气，但也运送许多特种气体。第三大细分市场是集装箱船运输，涵盖所有类型的小包装或具有较高特殊价值的货物，其中大部分是消费品。亚洲至欧洲的贸易路线在 2013 年占全球集装箱里程的 35%，其次是跨太平洋（29%）和亚洲地区内部（12%）。海洋工程船舶细分市场由石油和天然气勘探和生产驱动。订单、交付和拆船随原油价格而动。自 2014 年上半年油价下跌以来，海洋支持船的租金涨幅相当稳定，但海上移动装置的租金有所下滑。

参考文献

Alphaliner.(2015). *Alphaliner Monthly Monitor January 2015*. London：Alphaliner.

Clarkson Research Services Limited.(2014). *Shipping Market Overview*. London：Clarkson Research Services Limited.

Clarkson Research Services Limited. (2015a). *Offshore Intelligence Monthly*. London：Clarkson Research Services Limited.

Clarkson Research Services Limited. (2015b，February 7). *Shipping Intelligence Network*. London：Clarkson Research Services Limited.

De la Rubia，C. (2014). Outlook for the world economy. *German Shipping & Ship Finance Conference* (pp.1—21). Hamburg：Informa.

DNV GL. (2014). *Trend Report 3rd Quarter 2014*. Hamburg：DNV GL SE.

DNV GL. (2015). *Trend Report 4th Quarter 2014*. Hamburg：DNV GL SE.

Fang，I.，Cheng，F.，Incecik，A.，& Carnie，P. (2013). *Global Marine Trends 2030*. London：Lloyd's Register Group Limited.

Frew，J. (2014). The small containership market. *German Ship Finance Conference* (pp.1—21). Hamburg：Informa.

Hartland Shipping Services Ltd. (2014). Shipping markets outlook. *11th Annual Istanbul Ship Finance Forum* (pp.1—24). Istanbul：Marine Money.

Hoehlinger，P. (2012). Global and regional flows to 2015. *Global Liner Conference* (pp.1—12). London：Informa.

Howe Robinson. (2014). *The Containership Market*. London：Howe Robinson.

IHS Maritime & Trade. (2015，February 7). *Maritime World Register of Ships*. Coulsdon，United Kingdom：IHS Global Ltd.

Kim，D. D. (2014). 2015 Global Economy—From the new normal to the end of normal? *KMI's 3rd Annual International Seminar of World Shipping Market Outlook* (pp.3—39). Seoul：Korea Maritime Institute.

Kounis，N. (2014). 2015 Economic outlook. *Marine Money Greek Ship Finance Forum* (pp.1—22). Athens：Marine Money.

Lunde，A. (2014). Container charter market 2014—2017. *German Shipping & Ship Finance Conference* (pp.1—10). Hamburg：Informa.

OECD. (2005). *DSTI/DOT/MTC(2005)5/REV1*. Retrieved from http://people.hofstra.edu/gcotrans/eng/ch3en/conc3en/table_containershippingcosts.html.

Roger, S., Dufour, G., & Kawachi, N. (2014). Investments and capital in LNG shipping. In L. Paul, *Ship Finance Review 2014/15* (pp.10—15). Colchester: Euromoney Trading Ltd.

Rystad Energy AS. (2015). *DCUBE (Demand Database)*. Oslo: Rystad Energy AS.

Sand, P. (2014). What can we expect from tankers? *German Ship Finance Conference* (pp.1—12). Hamburg: Informa.

Stopford, M. (2009). *Maritime Economics*. London: Routledge.

Torp, H. (2014). Shipping and China—Impact on global freight dynamics. *12th Coaltrans China* (pp.1—15). Shanghai: Euromoney Institutional Investor PLC.

Zhang, Y. (2014). The development trend of Chinese iron ore and steel industry. *KMI's 33rd Annual International Seminar of World Shipping Market Outlook* (pp.69—79). Seoul: Korea Maritime Institute.

第二章

资产支持型融资的资产风险评估、分析与预测

亨丽埃特·布伦特·彼得森（Henriette Brent Petersen）

2.1 简 介

在资产支持型融资结构中，主要以资产为抵押物作为偿还贷款的担保。因此，融资结构在很大程度上取决于对资产现有价值、未来价值及流动性的评估。这与企业融资不同，企业融资中的担保主要依赖于企业的信誉，因此取决于企业的信用价值评估。在资产支持型融资中，从每个融资交易以及投资组合的风险角度来看，资产估值和风险评估都至关重要。资产现有及未来的价值及流动性是信贷评估过程的核心要素。

历史上，资产支持型融资在公共领域下的房地产融资中最为常见，相关的投资者也遍布世界各地。不仅限于行业内的参与者，也包括小型私人投资者、机构投资者、金融机构以及养老基金等。在其他行业中（诸如航运业），历史上融资通常集中在行业内部，除了 20 世纪 90 年代至 2000 年前后的德国有限合伙形式（Kommanditgesellschaft，KG），在德国对所拥有的集装箱船进行由“德国牙医”主导的税收驱动投资。由于这种利基行业融资，同时交通运输部门获得资金的机会相对有限以及有限的投机性投资，历史上“外部”资金对行业的兴趣相对有限。然而，随着 2008 年国际金融危机以及希望重新找回不菲回报的全球流动性的突发性供应过剩，航运业的周期性突然得到私募股权基金和对冲基金等传统交通运输行业以外的投资者的关注。当时，毫无疑问，私募股权基金和对冲基金的策略是在这个周期的历史低点投资航运业，以便在之后的 2 年至 5 年内当周期升至峰顶的时候退出，以此在一个相对较短的时间内获得极其可观的收

益。计划中的退出将有两种方式：一是当市场的投资情绪基于对市场上行的预期（即基于该部门下一个周期阶段发展趋势）而有所改善时进行首次公开募股；二是当二手资产价值显著提高时仅简单地出售资产。然而，由于航运及海工产业的周期性没有反弹到预期的程度，期望的“IPO战略”及“资产流动”未能实现。

有人认为，航运及海工产业所获得的额外资金渠道导致过度订购，从而导致船舶供应过剩。机构投资者，如私募股权基金和对冲基金，被认为是航运周期性消失的主要原因。然而，这种观点真的正确吗，抑或是机构投资者只是利用了行业中的自我形成的机会？如果确实是自发性的，那么为什么会这样？为什么在资产支持型融资和评估资产风险时了解行业的周期性如此重要？目前，航运业内的融资渠道、私募股权基金及对冲基金的现状如何？它们真的都有同样的策略，还是我们通过短期和长期的战略，定位了全球机构投资者的深思熟虑的共性？为什么对于外来全球航运及海工企业来说，资产支持型融资较之企业融资更加灵活、风险更低？这些是理解并能最终预测航运业的市场走势及风险的核心问题。

在评估当下的航运资产风险时，值得深入分析的一些关键领域包括：近期的航运行业的周期性行为或缺乏周期性的行为，以及恢复其典型周期性的路径；预测周期性和细分行业的周期性；以及航运业内资金结构的潜在变化。在本章中，我将讨论航运和海工行业的整体周期性，并主要侧重于供应方，即船厂建造能力和未来的资产价格。此外，我还讨论了预测干散货和集装箱市场前景的方法，以及评估个体资产的重要性和怎样降低风险。

2.2 全球需求与中国：周期性、超级周期、行业周期和逆周期性

2.2.1 全球经济发展以及作为航运部门主要驱动力的中国

了解全球经济增长及其驱动因素（参见第一章）对了解未来航运格局和各细分行业吨位需求至关重要。然而，对于各个细分行业来说，全球经济增长的影响不尽相同。正如下文将要提及的，2008 年金融危机导致货物消费减少，并因此对集装箱运输行业产生了立竿见影的影响。然而，金融危机对干散货行业的影响却截然相反——以金融危机主导，并连同其他因素，刺激了中国基础设

施项目的发展，带来钢铁生产和铁矿石进口的强劲增长。在研究中国的经济增长时，很重要的一点是要将经济政策与航运业联系起来，了解和转化“五年”计划中的经济政策概述，重点关注所有针对航运业的政策，并将其看作是未来航运业的发展趋势和驱动力（参见图 2.1）。同时，将所有的经济增长因素对商品贸易的影响渗透到各航运部门内也至关重要。

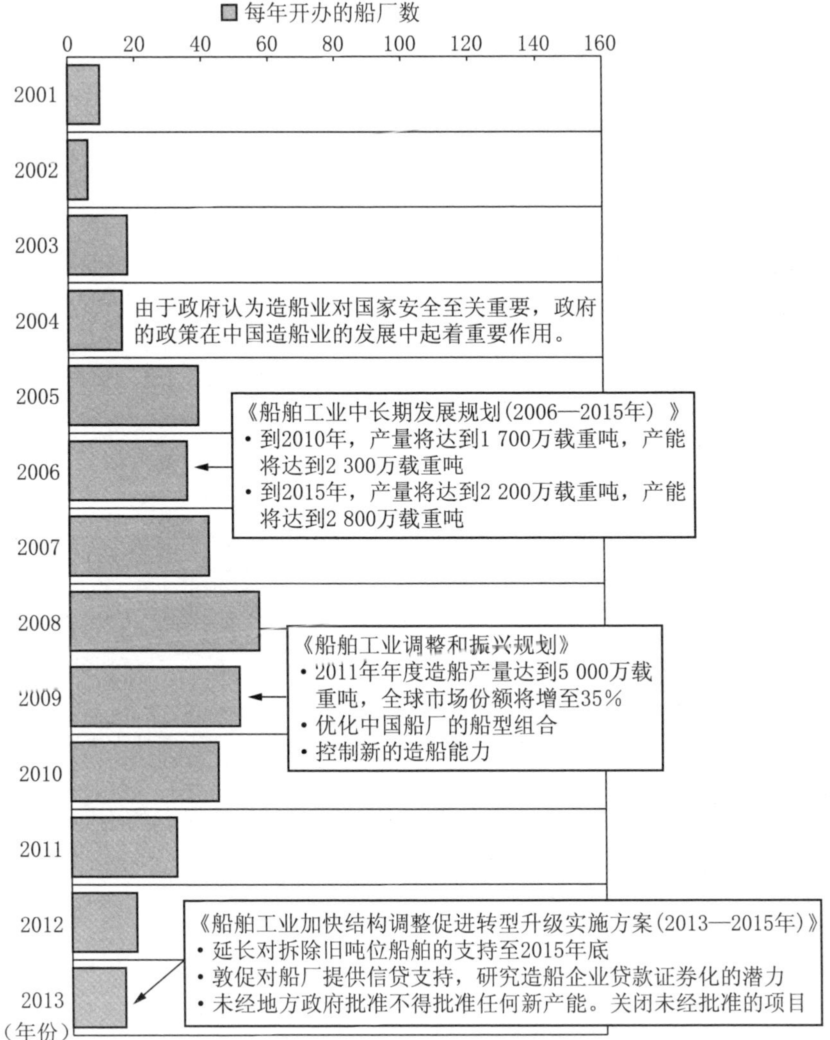

图 2.1　中国造船相关政策的时间表（资料来源：德国航运贷款银行航运与海洋工程研究，克拉克森）

了解全球能源发展，并将经济和地缘政治的发展看作是与全球能源相关的发展，如美国的能源独立、全球页岩资源与发展，以及新型炼油项目的产能和油价的变化，都对了解未来贸易模式的驱动力以及这些变化对油轮和海工行业的影响至关重要。不过，本章将不讨论这一点。

2.2.2 周期性以及影响周期性的变量：商业行业中的政治变量

在周期性市场中，如航运及海工行业，很重要的一点是了解整体周期性、各部门和细分行业的周期性以及相关风险，并将这些运用到前景预测中。了解历史并识别行业以及各细分部门和子部门中的变化和冲击（预期和非预期的情景），使得一个优秀的分析师能够针对收益和资产价值进行可靠的预测，并识别各细分部门和子部门内的风险。

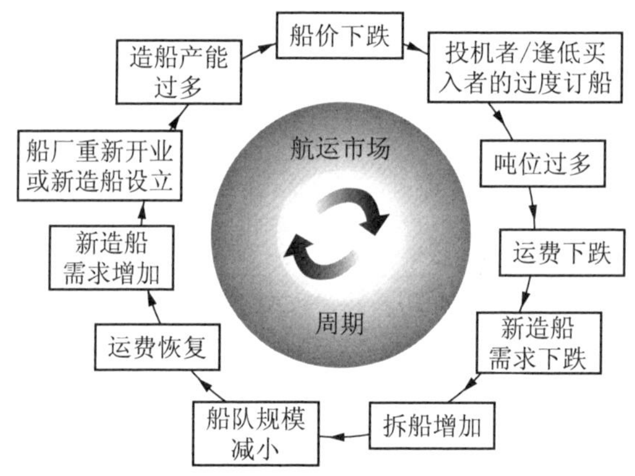

图 2.2　航运市场周期（资料来源：德国航运贷款银行航运与海洋工程研究）

从图 2.2 中可以看出，一个“常规”航运周期在整个周期的不同发展阶段各有特征，开始新造船的低廉价格导致大量的新吨位订单，最终在交货时导致船舶运力过剩。由于供需不平衡，供应增长速度超过需求，导致运费价格的下行压力，再次导致新船订单减少，拆船数量增加。反过来，由于供应增长放缓使得供需平衡有所改善，结果是运费回升，再次引发对新造船需求的增加，继而是对船厂建造能力投资的增加，从而对新造船造价施加了下行压力，而订单恢复时，紧跟着的是新造船价格的上涨压力。如此一来，周期性得到了商业性验证。然而，由于船厂的建造能力一直受到政治主导因素变量的影响，这点在日本、韩国和中国等所有主要造船国家都是事实，这就使得市场并没有遵循商业上的供需平衡来稳定价格。

那么为什么商业造船厂的建造能力需求平衡不能随着时间的推移而实现？为什么我们比以往任何时候都更加平衡，其后果是什么呢？在过去十年中，全球造船量呈现出一个超级周期，总产量从 2001 年的仅 1 830 万修正总吨（CGT）增加到 2010 年的历史高点 5 260 万修正总吨，这个时期的年复合增长率（CAGR）高达 12.5%。[1]进一步回顾全球船厂建造能力的历史，造船厂产能的增长十分明显，这是由于自 20 世纪 70 年代至今三个主要造船国家发展所驱动的，赤松要（Kaname Akamatsu）[2]将东亚国家的这部分经济发展称为"雁型模式"（flying geese paradigm）。

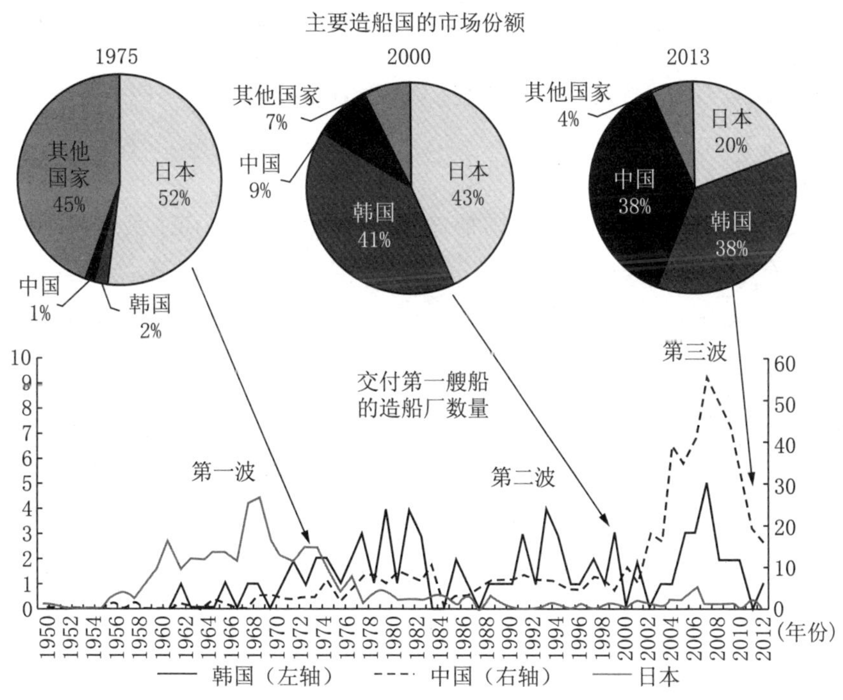

图 2.3　造船国家市场份额与主要造船国家的新船厂

（资料来源：德国航运贷款银行航运与海洋工程研究）

随着 20 世纪 70 年代日本经济的激增，全球造船业的中心开始东迁至日本，

1975 年日本占全球造船总量的 52%（图 2.3）。作为“亚洲四小龙”之一，韩国在 20 世纪 80 年代开始成为一个飞速发展的经济体，遵循着日本造船业的发展道路，韩国船厂的市场份额持续增长，在 2000 年初已占据全球船舶产量的近 30%。从那时起，全球造船业的中心再次转移，继续向西移至中国，遵循东亚经济体的增长模式，中国在全球造船业的市场份额从 2000 年的 7%增加到 2013 年的约 38%。

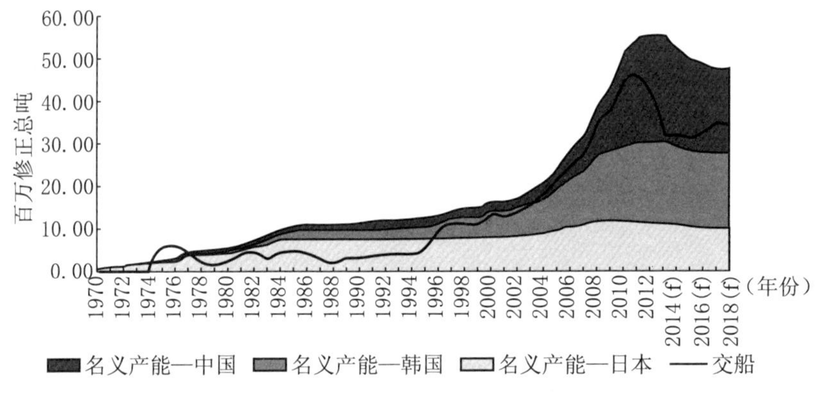

图 2.4　造船产能（资料来源：德国航运贷款银行航运与海洋工程研究）

从图 2.4 中可以看出，中国造船产能在过去十年中经历了最强劲的增长，2008 年的高峰期间，超过 50 家的中国船厂开始交付第一艘船舶。2008 年以后，新造船厂的开业量有所下滑；2013 年，第一艘船舶的交付量只有不到 20 艘。

然而，2015 年的市场状况对中国船厂，特别是小型私营船厂来说施加了巨大的压力。中国造船产能的下降预计将持续，尽管减速不大，且不足以影响全球造船能力在商业上的供需平衡。这是由于政府的政策对造船业的发展起着重要的作用，因为政府认为该行业对国家安全至关重要。首先，2008 年前蓬勃发展的航运市场是行业的主要驱动力。中央政府的政策进一步推动了造船产能激增。与此同时，地方政府也鼓励新的造船产能（有些甚至违反中央政府的指导），借此利用税收分享制度。此外，由于产能过剩，缺乏足够的订单，因此业界正面临严重的流动性限制。这是由于缺少新订单的首付款和造船厂利用率欠佳等因素。为了保护中国在全球造船业和海工业中维持和保护长期市场份额的雄心，政府正在为国有造船厂引进新订单、鼓励合并。同时，中国进出口银行

（CEXIM）也通过向国外船东提供贷款的方式支持国内造船厂的订单。

政策性银行支持船东给国有造船厂下订单			
日　期	美元（百万）	船厂/集团	评　　注
2013 年 5 月	146	中国船舶工业总公司	中国进出口银行为 Angelicoussis 集团的三艘超大型油轮提供抵押贷款
2013 年 5 月	30	中国船舶工业总公司	中国进出口银行为黛安娜船舶公司（Diana Shipping）的两艘散货船提供贷款
2013 年 5 月			中国进出口银行与 Dynagas 公司就在中国建造液化天然气船达成战略合作
2013 年 8 月	312	上海外高桥集团/中国船舶工业总公司	中国进出口银行支持中国船舶工业总公司进入巨型集装箱船市场，为三艘出租给法国达飞的 16 000 标箱集装箱船提供融资

中国政府公布了一份“白名单”，其中的 51 家船厂“有资格”获得进一步的政策支持，比如出口退税和银行信贷等。[3] 从政府看得见的扶持中受益最多的是国有船厂，这是为了达成政府确保企业生存和支持行业整合的雄心。同样值得注意的是，这 51 家船厂占中国造船能力的绝大体量，且预计会持续下去。

韩国“三巨头”（即现代重工业、三星重工和大宇）依靠韩国政府历来的大力支持，发展到如今的领先地位，被认为在中短期不可能倒闭。这是因为他们各自的订单由高附加值的海工项目、集装箱船和天然气运输船组成。然而，其他中型韩国船厂也面临去杠杆化压力，主要是由于他们的订单重点放在常规商船，如散货船和油轮。

由于相对较好的产能管理，日本的造船产能预计不会有显著的下降。日本船厂也受益于“安倍经济学”[4]（即日元贬值和非国内船东的新订单潮）。[5] 除了散货船的订单主要来自国内外，日本船厂的产品组合重点是液化天然气船、化学品船和液化石油气船，这些船舶的建造需要有“专门知识”。

总而言之，这个巨大、全球性、闲置的“隐藏”船厂产能预计不会完全消失，将不断对新造船价格施加压力，并可能对航运市场造成“洪水”风险（即考虑航运和海工产业的替代风险变得尤其重要）。

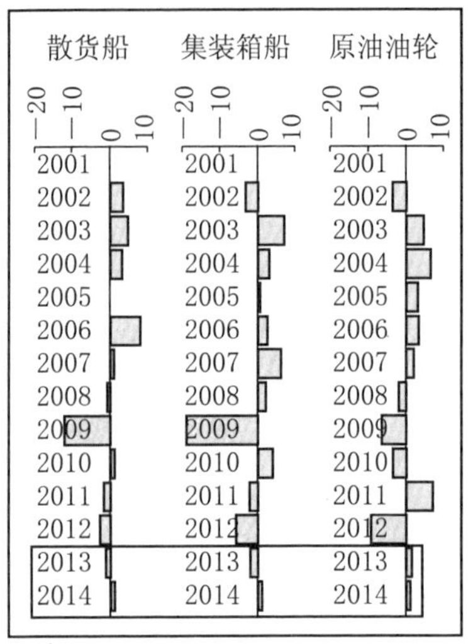

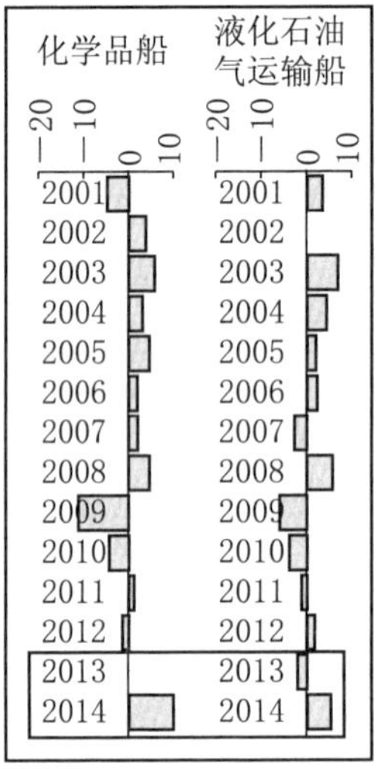

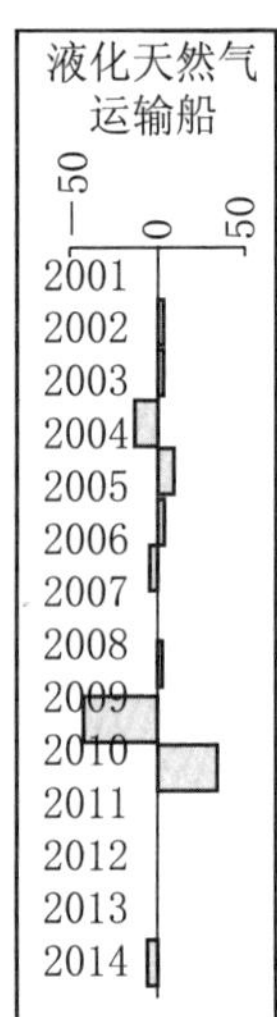

图 2.5　各细分市场的泛滥效应（资料来源：德国航运贷款银行航运与海洋工程研究）

预期这种泛滥效应不会对所有航运部门产生相同的影响。图 2.5 说明了不同类型船舶交付时间的历史变化。该图显示了交付时间的逐年差异，“交货时间”定义为订约日期和交船日期之间的间隔（即订单期限）。交付时间的年度变化较小时，造船市场为供应驱动（即有大量的造船产能来满足需求）。交付时间发生大幅变化，特种船型的造船产能稀缺。散装船、集装箱船和油轮容易受到这种效应的影响，正如图 2.5 所示，交付时间对合约的反应较小。这是因为这些板块中的供应量远超需求。化学品船和液化石油气船对于这些因素持相对免疫状态；如图所示，交付时间对更多的合同行为产生反应，因为建造这些类型的船舶需要特定的经验，而只有某些造船厂才拥有这些经验。因此，供应是一个限制。液化天然气船的产能很充沛（韩国船厂占主导地位），这意味着可以根据需求轻松调整供应量。不过，液化天然气船产能仍旧有一个上限，因为船厂需要在其他高附加值船舶类型之间进行平衡。这意味着化学品船和液化石油气船相对较好地受到船厂产能过剩的保护。然而，在如今流动性过剩和船厂产能过剩的情况下，任何细分部门都不会永远安全。一旦某个细分领域成为市场的“流行语”，就不可避免地会看到这个部门的过度订购，即随着船厂价值链的提升，泛滥效应将会产生更大的影响，在更有利可图的细分部门亦是如此。

那么海工行业又如何呢？海工产业在面对洪水效应是否相对安全？答案似乎也并不乐观。中国一直试图在市场高涨时通过获得更多利润丰厚的订单来确保提高自身的市场份额。截至 2014 年下半年，这种做法一定程度上减轻了航运部门的订单压力。从图 2.6 中可以看出，中国最初从价值链的下端［即锚作拖船（AHT）和平台供应船（PSV）］开始，已进军海工市场。随着船厂加速学习，中国船厂的价值链已上移，也开始为新加坡和韩国船厂建造自升式安装船及半潜船，并开始占据相关市场份额。同时，中国最近一期的五年计划将造船业列为九大核心产业之一，并如上所述，开始关注质量。尽管中国船厂也开始进入海工建造市场，但钻井船市场仍然被韩国船厂所主导（如图 2.6 所示）。

从图 2.7 中可以看出，全球船厂产能过剩对交船时间造成重大压力。各细分部门内，订单签约时的平均交船时间都从 2008 年期间的好光景有所缩短，那时船东不得不等待长达 50 个月才能等到船舶交付。今天，大多数细分市场的交货可以在 24 个月内完成。

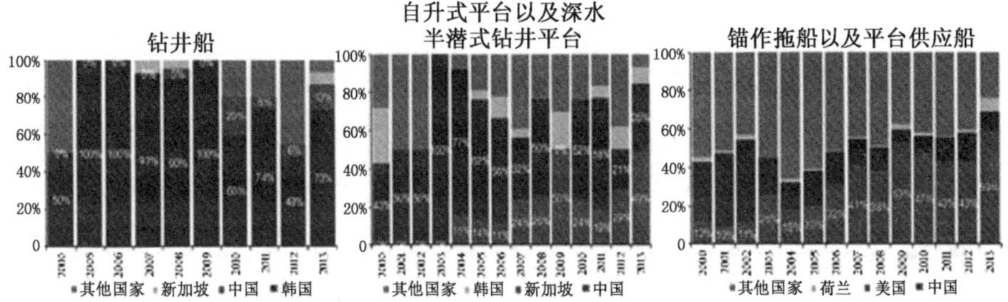

图 2.6　中国以更有利可图的订单获得市场份额（资料来源：德国航运贷款银行航运与海洋工程研究）

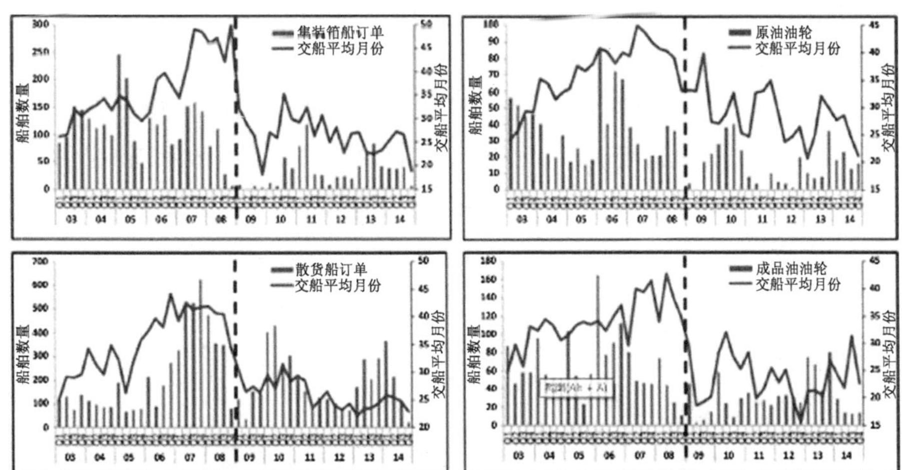

图 2.7　在订单期限内交船的平均时间（资料来源：德国航运贷款银行航运与海洋工程研究）

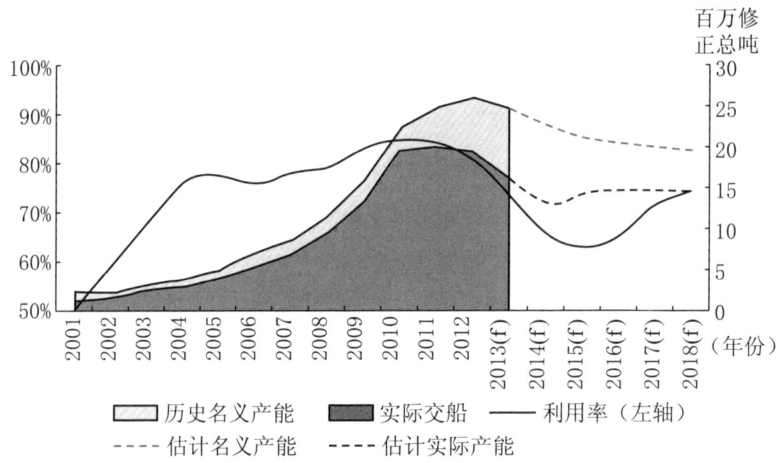

图 2.8　中国造船厂产能利用率和估计产能（资料来源：德国航运贷款银行航运与海洋工程研究）

在 2004 年至 2008 年的市场繁荣期，中国船厂产能的利用率从 2004 年的 75%上升到 2010 年的 85%，其中最强劲的提升发生在 2004 年至 2008 年期间（如图 2.8 所示）。这表明中国造船厂竭尽全力以期尽快交付船舶，由于生产安排紧张，交付时间不可避免加长。然而，在此之后，船厂产能的利用率显著降低，截至 2013 年下跌到 75%。这表明，船厂（有意或无意地，通常基于船东要求推迟或暂停交付的请求）减慢了生产进度。一方面，这有利于船厂保持生产线运行，因为一旦停止运行，重启将非常困难。另一方面，这会导致产能过剩的恶性循环，并进一步削弱船厂的现金流。

在此过程中，中国的小型私营造船厂预计损失最为严重，其中近 75%的产能可能消失。加之其他类型的中国船厂，可以说约 25%的中国额定产能估计在 2014 年至 2016 年间消失。另外 10%的额定产能预计将面临巨大的压力，是否得以幸存将取决于市场状况和政府政策。因此，中国的额定产能预计将缩小至接近 2010 年的水平（按照修正总吨位来计算）。另一个重要因素是船厂的产能利用率，如果考虑并保持现有水平（75%），2018 年，中国的实际造船产能可能会下降到其历史峰值的一半（见图 2.8）。

随着“去杠杆化”进程，中国造船业的市场结构也将随着国有船厂的兴起而发生变化，预计该产能份额将从 2013 年的 40%上升到 2018 年的 50%（见

图 2.9)。同期，预计小型私营船厂的产能份额将从 2013 年的 20%降至 2018 年的 10%。这符合政府期望推动产业合并的意向。

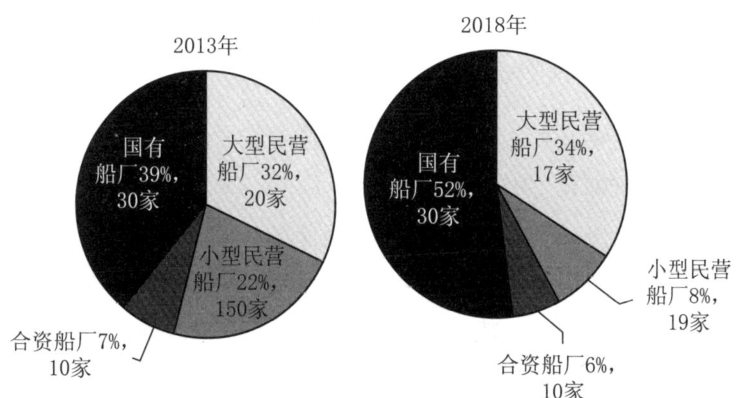

图 2.9　中国造船业的预测结构（资料来源：德国航运贷款银行航运与海洋工程研究）

由于船厂产能过剩，主要船舶类型的新造船价格预计将会持续多年低迷。新造船价格开始出现上行趋势时，“隐藏”造船产能可能会搅动市场，从而保持价格上涨，使得定价得以被控制。预计新造船的价格将直到船厂完成去杠杆化才会出现持续性回升。同时，某些细分部分供应缺乏弹性的特点也可能为其可持续的复苏提供有利的条件。随着对这些部门的需求最终呈现出积极态势，包括新造船价格和二手船价格在内的资产价值正在缓慢触底反弹，这可能导致新一轮周期的开始。

在目前流动性过剩和产能过剩的情况下，供应面极易变化，可能影响任何潜在的复苏。因此，船东倾向于选择可以提供优质资产的优质船厂，以便与不断增加的订单活动抗衡。

因此，造船行业的两级市场预计将持续：船东喜欢顶级船厂，二级船厂通过提供较低的价格来吸引新业务。

2.3　航运市场展望

了解航运和海工行业的整体周期性至关重要，本章稍后将讨论这一点。当概括介绍了整个航运和海工行业的供应周期性后，了解各细分领域的周期性以及短期波动和季节性也同样重要。本章将讨论涉及一些航运细分部门的不同观点与方法以及主要挑战。

2.3.1 集装箱航运领域

在考虑目前集装箱领域的整体需求和供应增长的情况时，数据似乎与干散货市场非常相似（即在 2015 年和 2016 年间，供应增长略高于需求增长）。那么，为什么集装箱领域及其预测较之干散货领域却会大相径庭？为什么干散货领域在过去的至少两年多时间内面对着巨大而又不断增加的挑战，而集装箱领域却出现了缓慢却稳定的复苏？在集装箱领域，历来的经验法则是全球吨位需求的增长等于全球国民生产总值的增长乘以 2.5 左右，这可以进一步转化为一个国家的集装箱进口量，相当于是该国国民生产总值增长的 2.5 倍。许多年以前，这个关系都是正确的，但至少在过去的 15 年里，情况却并非如此。[6, 7]集装箱市场是班轮线性运输，因此一个方向上的贸易增加，成为强劲的贸易支柱却未必就匹配相反方向上贸易量的相同增加，这就会自动导致贸易不平衡的增长，最终导致吨位需求增长快于实际运输标准箱的增长。直到 2008 年，这种趋势越来越大，当时中国被视为西方世界的工厂，每年来自美国和欧元区的外商直接投资（FDI）都处于两位数的增长速度。[8]这些强大的外商直接投资在中国建造的制造工厂最终导致以美国和欧元区为目的地的出口不断增长。最终，由外商直接投资而驱动的出口增长，导致依靠集装箱运输最终货物的贸易需求增加，从而成为 2000 年至 2008 年集装箱货物贸易增长最快的动力之一。在此期间，中国的国内生产总值年均增长率为 8.3% 至 14.2%，但“集装箱化贸易/运输标准箱”的进口年均增长仅为 9%。因此，在 2004 年至 2008 年间，经验法则（国民生产总值的增长乘以 2.5，并导致运输标准箱进口的增加）对于美国及欧元区来说是正确的，但对于中国来说却不尽然，所以它不再适用于全球的集装箱贸易。

2008 年以后，全球金融危机导致集装箱货物贸易不平衡的增长停滞，美国和欧元区集装箱进口消费大幅下滑。针对美国和欧元区经济增长和消费的各种刺激计划只有暂时、有限而又短期的影响；尤其是欧元区，仍旧在经济复苏的道路上艰苦挣扎（见第一章）。[9] 同时，中国进一步强调了当时的“十一五”规划，旨在更加强调经济转型应从出口带动型转变为国内消费驱动型。这是通过各种货币措施得以实施的，其中包括 2008 年 9 月的 4 万亿元财政刺激计划，以及实施产业结构改革。总而言之，发展正在促进区域贸易的增长，特别是亚洲内部的增长，以及对以往的长途航线，即亚洲到美国和亚洲到欧元区贸易的减少。随着 2008 年以来美国和欧元区失业率的上升、劳动力市场的灵活性、中国的生产成本的增加以及 2005 年以来人民币较美元升值 30%，这些都已经导致了生产移至更接近美国和欧元区的终端消费者的发展趋势。虽然美国的竞争日益激烈，但这并不是简单地将制造厂迁回母国。墨西哥强大的制造业基础和邻近的美国地理优势使其具有很强的吸引力，尽管在部分供应链中，中国仍将保持竞争力。AlixPartners 制造采购成本指数分析了各种制成品，并比较这些商品在各种低成本国家的生产并将其运送到美国的成本。从图 2.10 中可以看出，从中国为美国终端消费者获取产品的成本在不断提高。

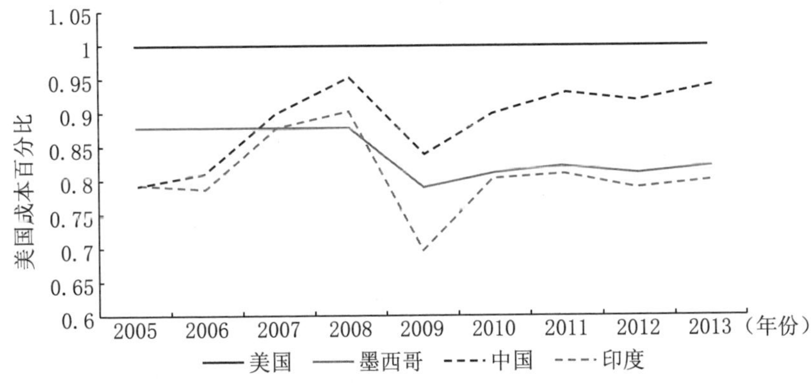

图 2.10　制造采购成本指数：总到岸价成本

（资料来源：德国航运贷款银行航运与海洋工程研究）

注：AlixPartners 制造—采购成本指数分析各种制造产品，并比较在各个低成本国家建造它们以及将它们运输到美国的成本，包括劳动力成本、运输成本、原材料成本、库存成本、资本设备成本、间接成本、关税和汇率。

在观察行业长期大型趋势和游戏规则变化时，同等重要的是要了解全球创新周期以及哪些创新可能会对货物运输，尤其是集装箱货物的运输产生潜在影响。3D 和 4D 印刷等技术创新预计将对未来的长距离集装箱贸易产生重大影响。可以这么说，世界再次变得越来越大。

然而，人们也可以反驳说，新的贸易协定和现有贸易协定的扩张不断重新影响局势，如扩大的欧元区和美国之间的贸易协定与商业关系，最终将导致贸易距离的增加。此外，在研究未来的大趋势时，人口动态、工人技能的提高和导致移民问题的劳动力短缺都将最终形成一个更有经济活力、开放的贸易环境，并对扭转区域主义趋势施加压力。[10]

所以，也可以说世界越来越小了。在预测未来的集装箱贸易时，至关重要的是要了解大趋势、历史以及不断变化的全球贸易格局，并利用这些变化（直至 2008 年的亚洲到美国和亚洲到欧元区的贸易带来的日益加剧的失衡，以及此后贸易的日趋平衡）。能够将所有这些趋势都运用到描绘未来全球集装箱贸易也是非常关键的。此外，为了掌握短期动态和持续的变化趋势，必须基于不同国家的国情、持续性关注运输标准箱的增长发展与国内生产总值增长之间的关系并建立计算模型，以便将这一发展转化为可靠的预测，更重要的是随着时间的推移来捕捉不断变化的趋势。

映射历史，并从不同国家的角度对未来预期的集装箱化贸易进行模拟，考虑到与国内生产总值与标准箱运输方面的历史发展及冲突，找出动态乘数，就有可能把这个数据综合到 2015 年至 2019 年标准箱运输 8.1%的预期复合年增长率中。[11]其后，在预估集装箱吨位的总需求时，可以考虑运输不平衡的距离和变化，以及空集装箱运输量的增加/减少。在得出最终结论之前，也要考虑集装箱船队的平均航速及其预期变化，以及预计的拥堵情况及这些变量的变化，例如低油价及其未来变化对船队未来平均航速的影响。燃油的价格在一定期间内能得到对称，但是如果石油价格不断变化，这是否最终也会导致船舶的航速发生变化？最后，也许最重要的是，随着超巨型油船的过度订购，伴随着前所未有的（2010 年至 2018 年间）船舶平均尺寸的增加，超大型集装箱船的级联压力和低利用率会给集装箱部门带来巨大的级联压力。考虑到所有这些变量，可以得出 2015 年至 2019 年集装箱吨数总需求的预期年复合增长率为 8.9%。[12]

将方程式的需求面映射并预测得如此详细将更加容易构建未来情景并确定各种规格集装箱船舶的具体需求。现在应该来讨论供应面了，而供应面从本质上要简单得多。在本章的第一部分，我们研究了船厂的周期性，并认为船厂的产能过剩导致交付时间为历史较短期间，在 2015 年不足 20 个月，即基于 2015 年的盛行条件订购集装箱船（无论什么尺寸），船舶的交付时间不会超过两年。在预测集装箱供应量的增长时，不仅要看现有的订单，而且还要预测未来订约活动及其交船（即通过观察履行新订单的周期性来预测未来交船）。此外，为了预测未来的拆船活动，研究船队的船龄及其所属的特定子领域也非常重要。2015 年，集装箱船的平均年龄为 10.7 年，但是没有船龄超过 5 年而吨位又大于 1 000 标准箱的船。在 1 000—1 999 标准箱的灵便型子领域中，43.6% 的船舶船龄超过 15 年，在次巴拿马型的细分领域（2 000—2 999 标准箱）中，25.9% 的船舶超过 15 年，而这两种船型的订单分别占总船队订单的 7.7% 和 11.7%。[13] 这就意味着拆船活动将在交船订单最少的子部门进行。当考虑未来的合约前景、预期的交船计划以及未来的拆船情况时，我们可以预计在 2015 年至 2019 年间，船队的年均复合增长率为 5.8%，其中 2015 年的增长率为 8.1%。[14]

在研究订单时，大多数订单都集中在特超巴拿马型及超大型集装箱船的子领域内，导致新造船交船平均尺寸的迅速增加。更大运力的船舶是一把双刃剑。它们以个体为基础为船东提供更好的规模经济，但如果大多数船东有能力拥有此类船舶，该行业将遭受长期的产能过剩。然而，由于规模经济的作用，较大的船舶能够以较低的利用率运行，因此“集装箱”市场中有“隐藏”的运力。这样的情况不会对整体集装箱市场造成压力，只要订单中标准箱的总量平均分配到各个细分部门中。

因此，预测当今的集装箱市场较之仅仅对比需求与供给的增长更为复杂，因为即将交付的船舶尺寸与当下需求增长之处存在严重的不匹配。此外，订购超大型集装箱船可被看作是出于竞争的原因，而非基于真实的需求。因此，这些船舶不会对当前市场施加压力，因为它们在第一年的服役期可以以较低的利用水平运营。然而，已交付和即将交付的大型船舶给较小的船舶带来了显著的压力，即级联过程。

2013 年 12 月至 2014 年 12 月交付的超大型集装箱船在所有可能的长途航线上部署，包括远东到南美洲。特超巴拿马型曾是亚洲至欧洲的运输主力，如今被用在相对较短的航线中，例如欧元区到中东以及远东到中东地区。同样，长距离航线中的超巴拿马型船舶数量也以稳定的速度下降。这些船舶被用于亚洲间以及与非洲有关的贸易中。准巴拿马型和灵便型在亚洲间航线中仍然被大量使用。为了了解对各个细分行业的需求，就要了解新造的超大型集装箱船大量涌入后带来的级联效应及发生速度。此外，了解和研究港口的快速发展和扩张也非常重要，这使得港口能够以更快的速度迎接更大的船舶，从而对较小的集装箱细分部门施加压力。拆船后，吨位替换并非一对一，这是因为需求的减少。也就是说，在一类订单的小细分部门中，很多潜在的拆船并不一定意味着市场机会。

比较集装箱部门的整体吨位需求增长与整体供应量增长的发展情况，可得出利用率变化[15]指数（1996 年版），从图 2.11 中可看出，该指数与集装箱定期租船市场有很强的相关性。

在评估集装箱市场的驱动因素和趋势时，重要的是要确定这个行业中影响供需的变量。在需求方面，需要考虑不断变化的全球贸易格局及其驱动因素，以及短期、中期和长期的趋势及变化速度、级联和阻塞情况。在供应方面，集装箱市场的整体结构正在导致订单受规模经济的驱动，这再次导致了需求增长与订单之间的失衡，最终导致整个行业的巨大级联压力。在级联过程中，一些较小的子行业将会遇到看似是反弹的显著波动，而这只是级联过程最终走向“游戏结束”，其中一些较小的子行业将从一个关键的集装箱部门变成利基参与者部门。

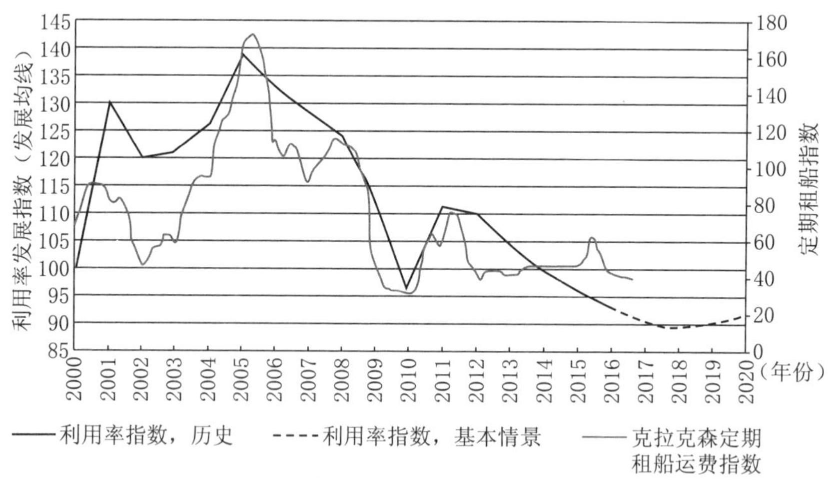

图 2.11　集装箱市场展望：趋势指标［资料来源：自有模型（1996 年指数利用率的发展均线 = 100）］

2.3.2 干散货航运业

在研究干散货市场并将这一部门与集装箱部门进行比较时，从商业的角度来看，挑战是非常不同的，但从预测分析的方法论角度来看却相当相似。在分析干散货行业的需求方面时，有四大主要商品需要了解。第一，铁矿石和煤炭是干散货市场中的两大最重要的货物。对于钢铁生产而言，铁矿石和焦煤是最重要的成分，钢铁在世界各地的施工和制造过程中都被使用。第二，动力煤用于发电。第三，粮食货物高度依赖人口增长，用作饲料和人类消费，尽管由于其易腐性质而多在区域内交易。因此，它不能被认为是总干散货吨位需求的驱动因素，或是交易距离变化的决定因素，这些因素相对恒定。第四，干散货的一部分也由小批量商品构成，[16]这些商品与行业增长相关，被用于建筑、汽车工业和基础设施开发中。

2014 年间，海运铁矿石贸易占干散货贸易总量的 31.5%，煤炭占 28.7%，粮食占 10.1%，小批量散货占 29.7%。[17]然而，在过去十年中，干散货商品的主要增长动力是中国大量进口铁矿石用于钢铁生产。过去十年来，中国基础设施建设和城市化进程的不断发展，导致对钢铁产品和原材料的需求大幅增加，这体现在干散货贸易中就是对铁矿石进口的强劲需求。因此，特别是从铁矿石质量较高国家（巴西、澳大利亚和加拿大）的进口受到青睐，数量增加。这也增加了贸易距离，在增加吨英里效应时，使得干散货吨位总需求的增长更为强劲。2008 年以来的国际金融危机期间，一些国家实施了一揽子金融计划，包括中国的 4 万亿元人民币的激励计划。该计划下的很大部分针对基础设施开发项目，导致对铁矿石和煤炭等钢铁原材料的需求增加，进而导致铁矿石进口需求增长强劲。因此，可以说金融危机对整体干散货吨位需求是有益的。当然可以说在 2004 年到 2014 年期间，干散货部门的吨位需求增长强劲，年增长率在 4% 至 14%之间，且直到 2009 年之前都没有改变，之后增长率下降到 2.4%。[18]

铁矿石消费量自 21 世纪之交以来一直处于上升趋势，这对干散货吨位需求来说更为重要，海运贸易份额继续增加。即使在 2009 年，当全球铁矿石消费量下降时（主要是由于西方国家钢铁产量的下降），中国的铁矿石进口仍使得海运贸易的势头得以维持。这主要是因为刺激计划关注的铁路网扩张等基础设施开发项目需要钢铁。2012 年，通过全球海运进口的铁矿石占全球铁矿石消费量的一半以上（2013年为56.1%），预计未来几年这一趋势将继续增加，到2015年底，估计海运贸易将接近全球铁矿石消费量的65%。这一增长主要是由于中国从更远的距离采购铁矿石，特别是澳大利亚和巴西。在研究铁矿石贸易时，巴西和澳大利亚有望继续成为中国铁矿石的主要供应国。目前，中国约50%的需求从澳大利亚进口，另有25%来自巴西。未来几年，中国从澳大利亚进口的份额预计将增长至55%，而从巴西的进口量估计下降到20%左右。全球海运进口铁矿石的70%来自中国，中国钢铁产量的预计下滑将对铁矿石贸易产生巨大的影响，从而对干散货吨位的总需求增长起到决定性作用。[19，20]

与铁矿石类似，随着电力和钢铁需求的增长，煤炭消费量呈上升趋势，但其在海运贸易中的增长较为复杂，并表现出非单向型特征。这主要是因为中国拥有世界第三大煤炭储量，且直到2009年才成为煤炭纯进口国。[21]此外，中国的进口主要受国内和国际市场之间的价格套利机会驱动，因此相对来说是较难预测。另一方面，印度将继续进口煤炭以满足其能源部门的需求，且在短期或中期内都预计不会使用替代性、更环保的能源。总的来说，2012年海运煤炭贸易约占全球煤炭消费量的38%，预计到2015年底将增加到约40%。澳大利亚和印度尼西亚是最大的煤炭出口国，其次是南非和哥伦比亚。由于页岩气的蓬勃发展，美国也成为重要的能源出口国。预计从2015年开始，煤炭贸易的重大变化是哥伦比亚的煤炭出口将面向亚洲市场而不是美国。巴拿马运河拓宽将进一步协助这一贸易，这将提升吨英里，从而提高总吨位需求。

在研究干散货行业的需求面时，了解主要商品及其各种需求驱动因素至关重要。例如，重要的是研究当前的中国五年计划，并将其转化为基础设施项目建设，从而预测对钢铁的未来需求和相关的铁矿石进口需求。分析采购地点，以及是否期待贸易模式及采购国铁矿石的出口份额的未来变化也很重要。此外，同等重要的是要考虑作为煤炭贸易主要驱动因素之一的印度，是否会在短期、中期和长期内，为了其能源行业，仍旧继续在煤炭进口中显示出强劲的增长速度，或者是否可以加速向替代型能源的转移。

毫无疑问，在研究干散货吨位需求增长的历史发展的时候，不能因为如今干散货的低迷市场而怪罪于世界经济。自本世纪初以来，对干散货的吨位需求表现出稳定增长。然而，问题来自供应的强劲增长超过吨位需求增长，从而导致供需失衡。这导致目前的供应过剩情况需要在船队内被吸收，如此才可能从根本上发生反弹。考虑到 2015 年全年，特别是 2016 年全年交付的大量订单，船队分别相应增长 6.7% 和 7.2%，而 2015 年和 2016 年预期的干散货吨位需求量约为 4%。预计供过于求的疲软市场将持续至少两年，如图 2.12 所示。干散货市场的特点还有季节性，有时与周期性混淆，因此市场参与者会根据市场变化的预期而订造新船。在交船后，这些订单对已经过度供应的市场施加进一步的压力，抑制市场本身的反弹。这种情况发生在 2013 年秋季，季节性上涨触发了大规模的船舶订造活动，导致 2015 年和 2016 年交付大量的船舶订单。

图 2.12 为干散货市场的利用率发展指数。该指数计算了船队预测运力与海运干散货吨位预测总需求之间差额（或比例）的变化。对海运干散货吨位的需求总量，包括预期中国铁矿石进口未来增长放缓以及印度进口煤炭持续强劲增长的情况，包含了全球双边国家和地区贸易总额，并合计为全球对吨位的需求，包括贸易距离的预期变化和年平均船速和拥堵的变化。此外，预期的未来拆船活动和船舶建造活动（包括根据造船厂产能和造船厂利用率计算的交船情况预测）被转化为船队增长量，并与总吨位需求相对比，从而生成上述趋势指标。因此，预期干散货市场至少在两年之内仍然疲软，之后才可能发生一个根本性反弹。然而，预计这些年期间会存在季节性和波动性。

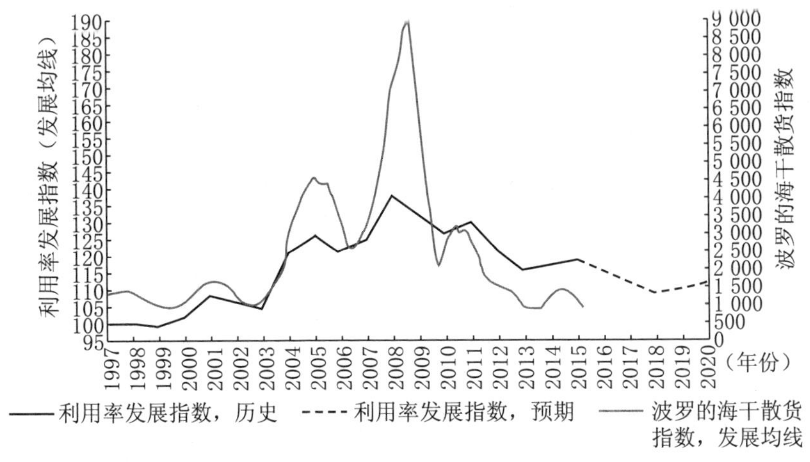

图 2.12 干散货市场展望：趋势指标，供需模型［资料来源：自有模型（1996 年指数利用率的发展均线 = 100）］

2.4 资产：资产规格的重要性

我们现在已经讨论了如何分析航运和海上工业的整体周期性，以及一些选定航运行业和细分行业的周期性。我们还看到如何确定总体利用率预测，并将其转化为资产价值预测，以及收益预测和船舶使用风险。当然，评估同行的资产和与先前提到的分析相关的资产的个别竞争优势，以及评估资产的质量同样重要。对船舶的技术检查是非常重要的，以便评估资产的状态、与技术状况相关的风险以及未来可能的维护需求。同样重要的是，评估行业中是否有任何即将适用的将会导致必要的调整或者导致船舶在将来变得具有更高或更低的吸引力的法律要求。例如，油轮的双壳船体要求，使得单壳油轮的吸引力在淘汰期内变小；以及对干散货船的能源效率设计指标（EEDI）[22]要求。此外，重要的是评估生态船舶的额外成本是否合理，不仅包括与非生态船相比未来二手船价值的预期溢价，而且包括节省燃油在资产未来现金流方面的影响。由于石油价格有潜在的向下/向上的波动，从成本的角度来看对油耗的关注不那么重要，因此生态船的吸引力可能突然变得更高或更低，最终可能导致旧的、便宜的、非生态型的船舶超过昂贵的生态船而成为首选。随着2014年底油价下滑，昂贵的生态船的一些期租被取消，运营商租用旧船舶取代生态船舶，因为燃料消耗变得不太重要。这个悖论本身导致我们经常看到定期租船租约被取消，因为燃料消耗率不够低。实际上，这只是被用作退出的借口，是一种退出定期租船的最简单的方式也是唯一合法有效的方式。

在讨论生态船时，另一个重点是评估随着时间推移所产生船舶技术改进的风险、技术改进已经发生的速度，更重要的是他们在未来的发展速度。这在评估有关船舶的未来吸引力及其未来的二手买卖价值时是至关重要的。图2.13显示了超灵便型干散货船到极大灵便型干散货船的发展情况，重要的是注意规模发展和增长的速度。更现代、更大、更有效的极大灵便型船在2012年和2013年获得了大量的订单，并将挤占超灵便型干散货船的空间，超灵便型干散货船在2004年作为最先进的船舶被引入市场。当时，每个人都预测超灵便型干散货船将在数年内作为最首选的船舶；然而，人们总是需要记住，船舶的预期寿命是 20 年左右，而在评估船舶未来的吸引力时，人们不应该受限于今天的先进船舶。

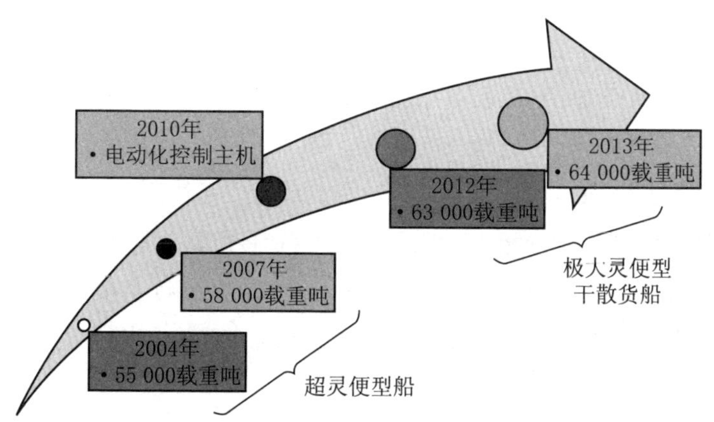

图 2.13　船舶在过去十多年的发展（资料来源：德国航运贷款银行航运与海洋工程研究）

除了船舶设计，在评估资产吸引力时，建造船舶的造船厂至关重要。事实上，取决于行业和细分行业，第一级造船厂[23]建造的船舶的公平市场价值（FMV）将比第二级造船厂建造的类似船舶高出 5%—20%。此外，当有大量船舶可供选择时，租船人倾向于第一级造船厂建造的船舶，这可能导致这些船舶更高租金溢价以及更低的闲置风险。与第二级船厂建成的单位相比，第一级造船厂的船舶预计寿命更长。经济寿命较长加上租金溢价可以合理说明其第一级造船厂所建造船舶的公平市场价值溢价高于第二级造船厂建造的类似船舶的原因。

2.5　缓解风险

至此，我们在本章已经讨论了如何评估与资产支持融资相关的风险。本章的这一部分将讨论如何缓解这些风险。在缓解资产价值风险时，了解业务的周期性很重要，我们在特定时间时处于周期的哪个位置，然后相应地设计交易，即应慎重考虑贷款价值比（LTV），在资产价值高的周期高点，由于行业处于周期高位，因此公平市场价值也处于高位，而在资产价值接近周期低位时，未来的二手船价值可能会显著下降。

在缓解业绩风险时，重要的是要考虑到，在市场萧条的情况下，在行业周期的底部，船舶未获得使用的风险相对较高，当船舶处于现租状态时[24]，这点尤其要考虑。在这种情况下，在现金流量建模时则应考虑多个年度闲置天数。例如，在疲软的原油市场以及保守地来看，船舶使用可以按照每年 310 天进行评估，在需求增长超过供应增长（也就是说，一个没有供应过剩的市场）的原油市场，可上调至每年 355 天。此外，资产质量在评估使用风险时也很重要，因为与现代化的新型船舶相比，旧的低质量资产将需要更多的维修和保养天数。同样，盈利预测是现金流模型的核心要素，应如在特定行业和细分行业的市场前景/利用率前景中所分析的那样在市场前景预测中反映出来。

2.6 结 论

本章我们讨论了如何评估资产的当前和未来价值以及流动性的方法。我们已经讨论了航运和海上工业的重要性和总体周期性，主要侧重于供应方面，即造船厂的产能和未来的新造船价格。在目前形势下，2015 年，有着流动性过剩和造船厂产能过剩，供应容易变化并可能对任何潜在的复苏造成影响。由于船厂产能过剩，主要船舶类型的新造船价格预计将会持续多年被抑制。当新造船价格开始上涨时，隐藏的造船产能可能会上涨，从而使得价格被抑制。在造船厂去产能进程得以完成之后，新造船造价才可能有持续性的恢复。然而，船东倾向于选择优质的造船厂，他们可以提供优质的资产，以便与增加订单活动的威胁相竞争。因此，造船业的双级市场有望继续下去，船东喜欢顶级船厂，二级船厂需要降低价格来吸引新业务。

我们还讨论了预测干散货和集装箱市场前景的方法，以及评估个体资产质量和缓解风险的重要性。在比较集装箱市场和干散货市场的基本需求/供应分析结果的同时，我们认为，尽可能地深入挖掘细节总是非常重要的，这往往揭示出相应细分市场的差异之处和关键驱动因素，尽管第一眼看起来很类似，但最终可能导致完全不同的市场前景。在评估集装箱市场的驱动因素和趋势时，必须区分和评估这一市场的变量，并在总需求/供应分析中使用这些变量。在需求方面，改变全球贸易格局的所有变量，以及可能会在长期的未来减少集装箱贸易的3D和4D打印等技术创新，被分为是短期、中期和长期的，并被转化为未来集装箱贸易的需求。此外，需要考虑船速和拥堵以及其他各种变量。在供应方面，由于规模经济的推动，集装箱市场的整体结构正在带来订单。这反过来又导致与需求增长有关的不平衡订单，从而给整个行业带来重大压力。最终，一些细分行业的需求将从一个关键的集装箱业务转变为一个小众参与者，这是一个短期的机会。集装箱船正在以其他市场前所未有的加速度变得越来越大。

因此，我们可以得出结论，当今评价和评估资产风险时，需要分析的重要问题是，航运行业最近的周期性行为是否发生变化，以及恢复其典型模式需要什么，以及细分行业市场分析、趋势、技术规范以及细分行业周期性的重要性。

最后一点，人们可能会争议道，只要航运和海上工业的造船厂产能过剩，当资金在全球范围内很容易获得的情况下，则仅当投机者预期无法快速获得收益而不会采取行动时，周期性才会存在。造船厂有足够的产能交付，其速度快到足以将任何细分市场的或有反弹扼杀在摇篮中。

注释

1. 德国航运贷款银行航运与海洋工程研究。
2. 参考文献：讨论文件《亚洲发展型国家和雁行发展模式》，讨论文件第213号，2013年11月。
3. http://www.miit.gov.cn/n11293472/n11293832/n12845605/n13916898/n16151565.files/n16151494.pdf.
4. http://www.cfr.org/japan/abenomics-japanese-economy/p30383；Krugman，P.《货币制度，资本流动和危机》，《国际货币基金组织经济评论》，第62卷第4期，2014国际货币基金组织。
5. Liu，L.《与日本有什么关系？从历史的角度看日本经济》，Penn Asian Review，12/18/2012。
6. EUDA，Hiroshi，MIYAKE，Koichi，KADO，Hiromi和NAGANO，Hiromichi，《亚洲地区海运集装箱运输分析》，《东亚运输研究学会论文集》，2005年第5卷，第617—630页。
7. Corbett，J.和Winebrake，J. “国际海运活动全球化的影响——过去的趋势和未来前景”，美国能源与环境研究协会，作为对经合组织/ITF全球运输和发展论坛的贡献《全球化世界中的环境》，2008年11月10日至12日。

8. 2000 年进入中国的外商直接投资为 38 399 300 000 美元，2008 年为 186 797 550 544 美元，2009 年为 167 070 808 699 美元；参见 http://data.worldbank.org/indicator/BX.KLT.DINV.CD.WD?page=2。
9. Coenen，G.，Straub，R.和 Trabandt，M.，《衡量欧元区财政刺激方案的影响》，欧洲央行工作文件系列第 1483 号，2012 年 10 月。
10. Fontagne，L.，Foure，J.和 Keck，A. “模拟未来几十年的世界贸易：驱动力和政策影响”，世界贸易组织工作文件 ERSC-2014-05。
11. 德国航运贷款银行航运与海洋工程研究。
12. 德国航运贷款银行航运与海洋工程研究。
13. 德国航运贷款银行航运与海洋工程研究。
14. 德国航运贷款银行航运与海洋工程研究。
15. “船队利用” 一词可以通过发展船队运力与需求之间的差异（或比率）来衡量。
16. 小散货的例子是农产品和原料（原糖和白糖）、豆粕、油籽、大米、磷酸盐、钾肥、硫磺、尿素、焦炭、石油焦、生铁、直接还原铁/热压块铁（DRI/HBI），废料、锰矿石、无烟煤、水泥、盐、镍矿石和铜精矿。
17. 来源：MSI。
18. 自我建模，联合国统计和 IHS/GTN。
19. 参考资料：http://www.wsj.com/articles/chinas-steel-demand-falls-1422526887。
20. 参考资料：http://www.reuters.com/article/2014/09/25/us-china-steel-idUSKCN0HK0Z320140925。
21. 参考资料：http://www.eia.gov/todayinenergy/detail.cfm?id=16271。
22. 新船的能源效率设计指标（EEDI）是旨在促进使用更多能源效率高的设备和主机的最重要的技术措施。对于不同的船型和大小，EEDI 对每运力英里（例如吨英里）的最小能量效率水平提出要求。预计将刺激所有部件的持续创新和技术开发，从而影响船舶在设计阶段的燃油效率。只要达到所需的能源效率水平，船舶设计人员和建造者就可以自由地使用最具成本效益的解决方案，使船舶符合规定。EEDI 为单个船舶设计提供了一个特定数字，以每艘船舶的运力英里的二氧化碳克数表示（EEDI 越小，船舶设计的能量效率越高），并对于给定的船舶参照基于技术设计参数的公式进行计算（来源：https://www.dnvgl.com/maritime/energy-efficiency/eedi-and-eeoi.html）。EEDI 计算器：https://www.bimco.org/Products/EEDI.aspx。
23. 造船厂可根据其造船产能的质量和经验进行分类。一级船厂被认为是所述特定船舶的最佳船厂。
24. Kavussanos，M.，《航运业货物运输部门的业务风险计量和管理》，《海事经济和商业手册》，第 30 章，Grammenos，C.2002，LLP。

第三章

航运融资概述

福蒂斯·吉安纳考利斯（Fotis Giannakoulis）

3.1 简　介

国际航运业对全球经济来说不仅体量大而且具有重要意义，国际航运业占全球贸易的90%以上。联合国贸易和发展会议称，世界上有超过45 000艘船舶。国际海运商会（ICS）估计海员人数约为120万人。根据国际船运全球通视（ISH Global Insight）的统计，班轮航运对全球国内生产总值的贡献便超过4 300亿美元，就业人数为1 350万。航运业本质上为资本密集型，每年都需要投入大量的资金用于新造船，建造船舶的成本经常超过2亿美元。过去十年来，新船订单年均超过1 300亿美元，2007年达到2 660亿美元的高峰。此外，船舶是高频率买卖的流动资产，因此，在船东寻求资助购买二手船时的融资需求可能会更高。根据克拉克森公司的统计，过去十年来，每年平均有1 000多艘船舶买卖交易，而2004年至2014年的年交易总额已超过250亿美元，2007年达到470亿美元的高峰。

收益和船舶价格高度波动，在航运周期内有着突发性和跌宕性的特点。过去二十年来，根据克拉克森海运综合指数（Clarksea Index）的测算，四大主要航运细分市场季度收益年化波动率平均为37%。全球航运船队的两大组成部分干散货船和油轮的平均收益波动率甚至更高，分别为47%和66%。集装箱船和天然气运输船相对较为稳定。市场数据显示，随着中国的贸易增长主导市场，所有航运细分市场在过去十年间的波动性大幅度上升。在这样一个极端的市场环境中，人们所期望的航运资产的融资主要是股权融资。然而，由于航运业的资本密集型特点，以及航运资产是有巨大价值的可为大部分贷款提供高度的流动性担保的相对同质化资产，因此债务融资一直是资金需求方的主要资金来源（见图 3.1、3.2、3.3、3.4 和 3.5）。

3.2　船舶融资来源

新造船项目和二手船买卖融资的广泛资本需求已经使得船东寻求自有资金之外的资金。欧洲商业银行在航运资产融资方面有着悠久的历史，可追溯到 19 世纪 50 年代的英国，当时随着汽轮船的推广而发展。银行债务融资仍然是当今

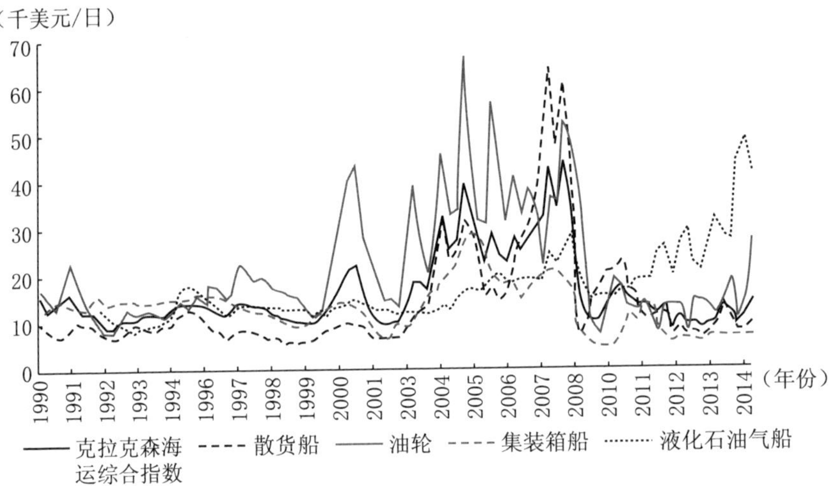

图 3.1　克拉克森海运综合指数（资料来源：克拉克森，摩根士丹利研究部）

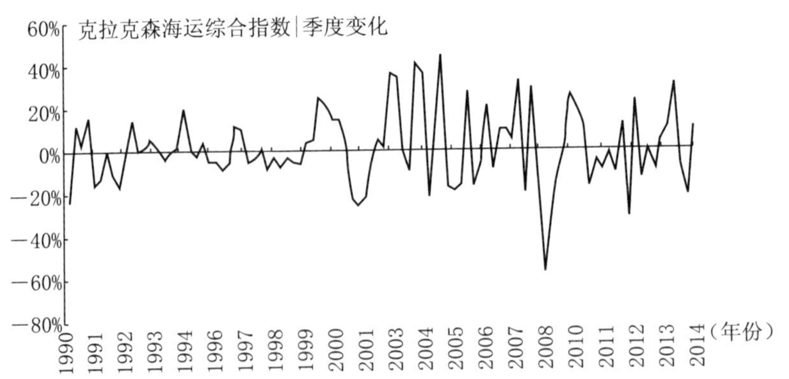

图 3.2　克拉克森海运综合指数波动性（资料来源：克拉克森，摩根士丹利研究部）

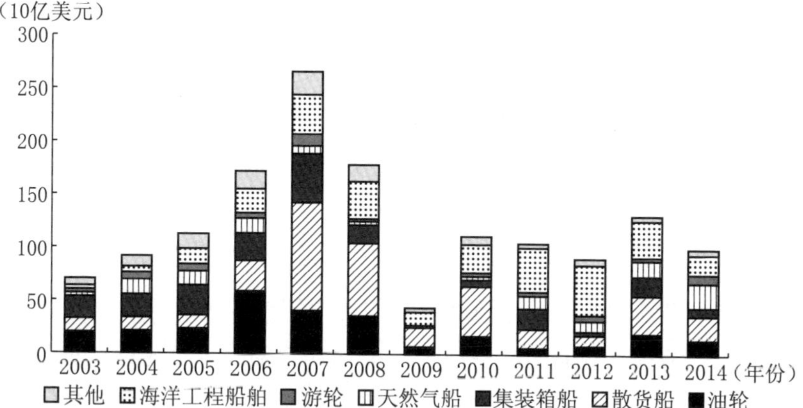

图 3.3　世界船舶订单（资料来源：克拉克森，摩根士丹利研究部）

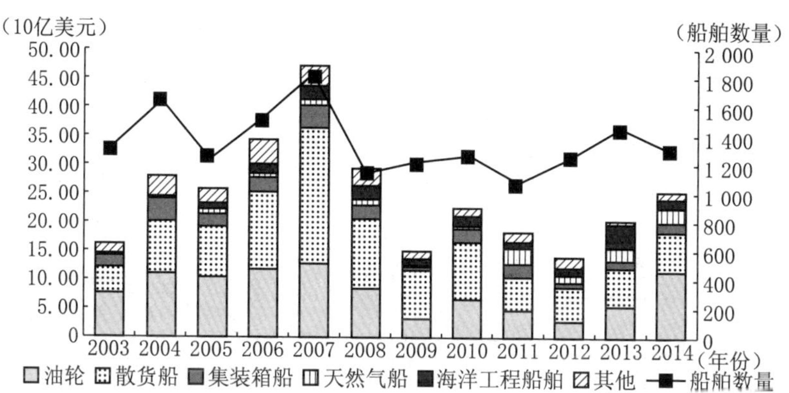

图 3.4　二手船交易（资料来源：克拉克森，摩根士丹利研究部）

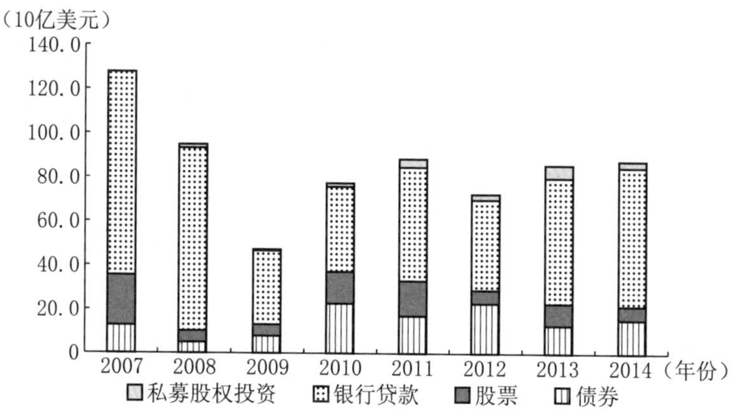

图 3.5　航运业的新资本（注：不包括双边银行贷款。资料来源：航运金融国际）

航运业最重要的资金来源。资本市场对航运业的热情，特别是在过去十年中，已经开辟了超越银行债务融资的更广泛的资金来源。航运公司如今有一系列融资方案，从传统的抵押支持贷款到更复杂的融资结构，可能包括：高收益债券、售后回租、夹层融资和其他与股权挂钩的债务融资方式、私募股权融资或通过成为上市公司附属公司的方式融资，例如业主有限合伙（MLP）和特殊目的收购公司（SPAC）。

虽然航运公司驾驭市场潮流和流动的能力主要取决于其投资时间和租船政策，但对所有这些融资方案的选择可能同样重要。与市场行情一起，这些因素也决定了每个公司在任何特定时间可获得的替代性融资方案储备，如下所示：

银行融资	资本市场	其　他
抵押贷款	高收益债券	卖方信用
新造船融资	可转换票据	融资租赁
无担保/公司贷款	首次公开募股票	经营租赁
夹层融资	增发	私募股权
	市价发行	证券化
	业主有限合伙	出口代理机构融资
	特殊目的收购公司	

3.2.1 银行融资

银行融资是航运业的主要资金来源，为航运公司提供了一种灵活而且成本较低的资本。银行是行业中最可靠和长期导向的资本提供者，占每年航运资本的绝大多数。根据迪罗基（Dealogic）的数据，2014 年发行了超过 600 亿美元的银行债务，这一数字还不包括双边贷款。据海事财经国际（Marine Money International）的估计，2014 年全球航运贷款总额约为 3 800 亿美元。欧洲商业银行传统上是航运业最可靠和持续的贷款人，占全球航运贷款组合的 65% 以上。德国北方银行（HSH Nordbank）和德国商业银行（Commerzbank）以及挪威的 DnB 银行是航运业最大的贷款机构。伴随着一些银行在 2008 年之后作出减少其航运贷款规模甚至完全退出的决定，预计不久排名将发生重大变化。对于航运公司而言，银行债务被认为是最有吸引力的融资方式，利息成本比伦敦银行同业拆放利率（LIBOR）高 200 到 300 基点。即使在 2008 年的金融危机和多家银行决定减少其航运贷款规模后，银行融资成本与其他任何资本来源相比仍然对船东具有很大的竞争力。从银行的角度来看，航运业虽然有波动性，利润率相对较低，但仍然是不错的行业。由于船舶定期换手，使得贷款在到期之前被用于再融资，因此银行可采取低利润率的方式增加回报。此外，航运资产的流动性和同质性使银行能够以相对较低的日常开支发放大量的资本。许多银行都有专门的部门向航运公司及其负责人提供广泛的融资产品，从传统的抵押贷款到利率衍生工具（即掉期交易）、汇率衍生工具、运费衍生工具、流动性管理、咨询服务和通过私人财富部门的投资产品（图 3.6、3.7 和 3.8）。

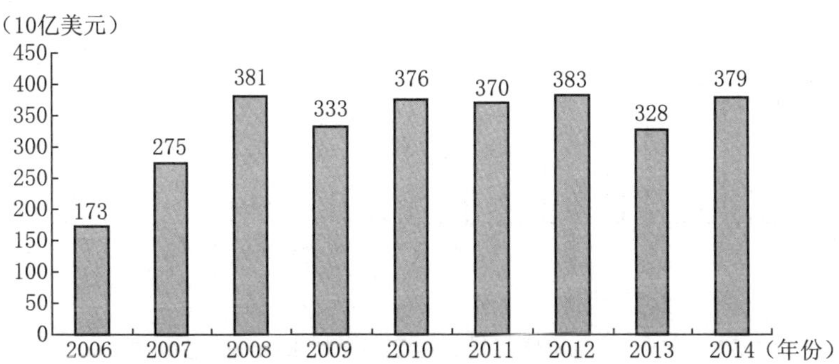

图 3.6　综合银行航运投资组合（资料来源：航运金融国际）

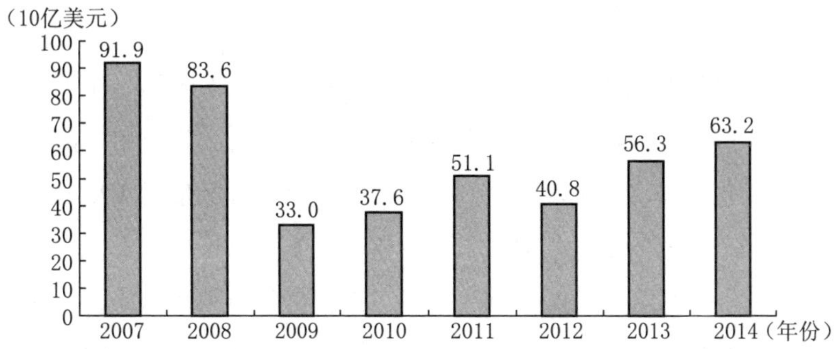

图 3.7　银行贷款活动（注：仅包括银团和“协会交易”贷款，不包括双边贷款，资料来源：航运金融国际、Dealogic 数据）

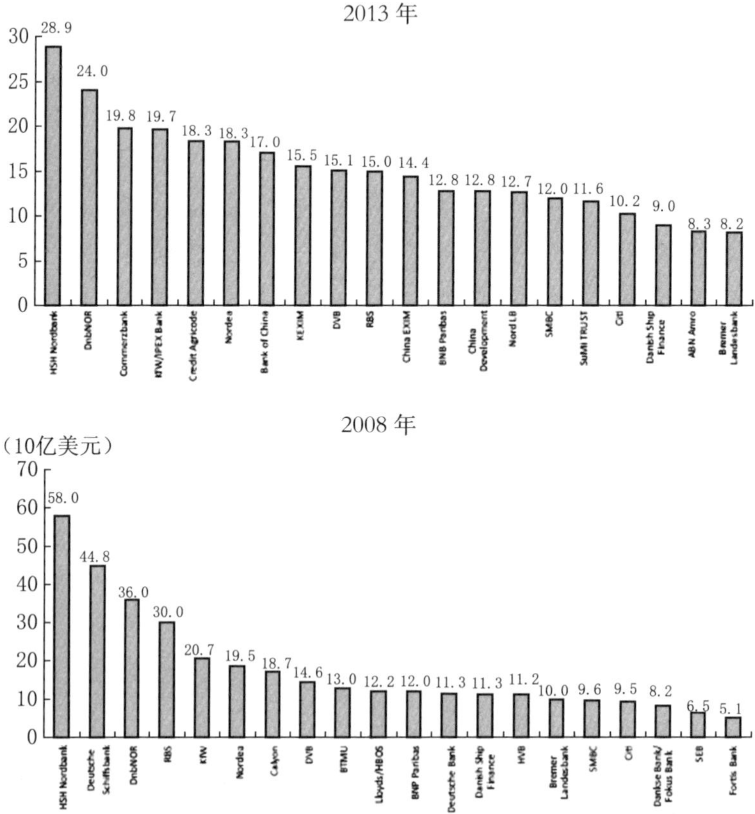

图 3.8　前 20 名航运银行贷款组合（资料来源：航运金融国际）

3.2.1.1　抵押支持型银行贷款

抵押支持型银行融资一直是国际航运业最重要的资本来源。除了船东投资的股权外，抵押贷款往往是航运公司资本结构中唯一的融资类型。抵押支持型银行融资在历史上曾占总投资的 70%—75%。2008 年以后航运市场的疲软，以及获得银行债务融资的难度，加上私募股权和资本市场更多的资本来源，使得银行贷款的比例降低到了 50%—60%左右。抵押贷款使用船舶作为抵押物，以担保贷款人的风险敞口。这意味着船舶必须从造船厂交付，以便借款人能够向贷款人提供抵押，这是与发行贷款同时进行的过程。借款人通常是一家拥有抵押船舶、并在法律上可接受的管辖区进行登记的单一目的公司，最有可能在利比里亚、马绍尔群岛或巴拿马。这样可以让贷款人直接拥有对抵押物的权利，并将船舶与任何与资产无关的索赔或责任隔离。在许多情况下，拥有单一目的公司股份的控股公司作为借款人义务的担保人。抵押贷款可以为多个交叉担保的船舶提供融资，如果发生这种情况，贷款通常会分成不同的单位，这有助于在出售任何船舶时偿还贷款。这通常发生在航运公司收购由同一家银行为多艘船舶提供融资的情况，或者当贷款人被要求增加无任何权利负担的船舶作为抵押物，从而加强担保措施以降低信贷额度杠杆的情况。

融资的金额和条款决定了船东的资本成本，也决定了借款人履行义务并抵抗市场波动的能力。由于航运租金和船舶价值在整个周期内大幅度波动，所以债务条款的结构必须使船舶的收益能够与债务达到收支平衡，并且船舶能够为未偿还贷款提供足够的抵押担保。因此，融资条件的谈判是贷款过程的关键部分。资产支持贷款的主要条款可概括如下：

1. 融资金额。通常为抵押船舶价值的50%至80%之间，具体取决于船龄、各细分行业的运费前景和现有担保措施，包括任何现有的定期租船合同和其他公司担保。在某些情况下，当与信用良好的交易对手有长期租约时，由于贷款人的风险有着租约的担保，融资金额可能会更高。在贷款人要求提取贷款之前，船东的股权资本金需要首先完成缴付，尽管这两笔交易在现实中是同时发生的。

2. 期限。偿还贷款的期限通常在5年到10年之间，取决于银行获得资金的能力以及船舶的年龄。

3. 偿还。贷款通常以每半年或季度分期偿还，通常数额相同，在贷款到期时有一个大额尾付。贷款的还款资金主要取决于船龄。贷款摊销通常比船舶贬值更快，以确保降低贷款人的风险。一艘拥有25年使用寿命的新造船的典型融资具有约15年的还款期限，表明该贷款在贷款期限内以每年十五分之一的速度偿还，其中到期可一次性偿还大额尾款。然而，偿还资金可能会根据杠杆和抵押船舶而有很大的差异。船舶越旧，还款期限越短，以确保在其使用寿命期间可以安全偿还贷款。贷款人用于确定贷款还款时间表的一个关键因素是抵押船舶为支付运营费用、偿还利息成本和本金而可以获得的现金盈亏平衡率。在某些情况下，贷款还款可能是侧重前期偿还的，因为银行倾向于快速减少其风险，并获得较低的杠杆，因此随着船龄的增长，风险也将降低。因此，当有租约时，在租约期限内的还款数额可能会更高。银行通常避免为老旧船舶提供融资，这意味着它们的目标是将贷款到期日至少设计在船舶使用寿命结束前五年之前。

4. 利率。资产支持债务贷款通常按照伦敦银行同业拆放利率（LIBOR）的利差（利润）定价，取决于船东的信誉、抵押物的质量和流动性以及船舶融资市场的竞争情况，利差范围在 100 到 400 基点之间。在 2006 年至 2008 年泡沫高涨期间，优质船东的利差在某些情况下可降低到 100 基点以下，但在目前的市场中，顶级借款人必须支付 250 至 300 基点。

5. 费用。除了利率外，贷款的安排人有资格收取因安排和管理贷款所产生的费用。抵押贷款的一般手续费是 1%，而额外的年费则支付给贷款代理人。还有佣金，通常为贷款人因锁定尚未被借款人提取的资金的费用，一般是利差的 40%左右。

6. 担保措施。船舶抵押是贷款人在借款人发生违约的情况下的主要担保措施。然而，其他担保措施也是常见的，例如拥有抵押船舶的控股公司的担保，船舶收入账户的质押，与抵押船舶有关的租约的转让，借款人保险收益的转让和借款人所持有股权的质押。

7. 财务限制。抵押贷款最典型的财务限制是价值维护条款，要求抵押船舶的市值超过未偿还贷款金额至少 140%。如果船舶的市场价值低于该标准，借款人必须以现金或贷款人可接受的额外担保物提供额外的担保，或提前还款以保持符合该财务契约条款。其他财务契约条款可能包括借款人的最低流动性或对担保人总负债金额设置上限。

8. 非财务性契约条款。抵押贷款通常有一些管理借款人的船旗和管辖权的非财务契约条款、所需的保险金额、船舶管理人、向贷款人定期提供财务数据以及完成令人满意的技术调查。

类似于房地产的融资，船舶可以通过不同贷款人提供的多个抵押贷款进行融资。具有优先性的贷款被称为“优先”贷款，贷款人享有第一顺位的抵押权，而第二笔贷款称为“次级”或“劣后”贷款，贷款人享有第二顺位的抵押权，在第一顺位抵押权人的贷款被偿还后可对抵押物行使抵押权。这样可以使公司增加对船舶的杠杆作用和提高股权回报。船舶有多个抵押时，两笔贷款的贷款人可签订债务级别协议，确定船舶出售时将偿还债务的顺序。

这些抵押贷款中的大多数是“双边”贷款，即单一贷款方与借款实体之间的贷款或者为“协会交易”银团贷款，即一小群贷款人与借款人之间的贷款，其中一家银行作为贷款联盟的代理人，所有贷款人对从贷款所获得的收费均享有相等或几乎相等的份额。在过去十年中，随着行业的扩大，越来越多的抵押贷款已经通过较大的银团提供，通常以包销交易或尽力银团贷款的形式。贷款银团为航运公司提供了为大额收购提供融资的优势，这些收购通常不可能由单一银行提供融资。大多数欧洲银行的贷款能力有限，2008 年全球金融危机爆发前快速扩张的银团贷款市场近期已经放缓，大部分新增贷款都是双边或者协会交易（见图 3.9）。

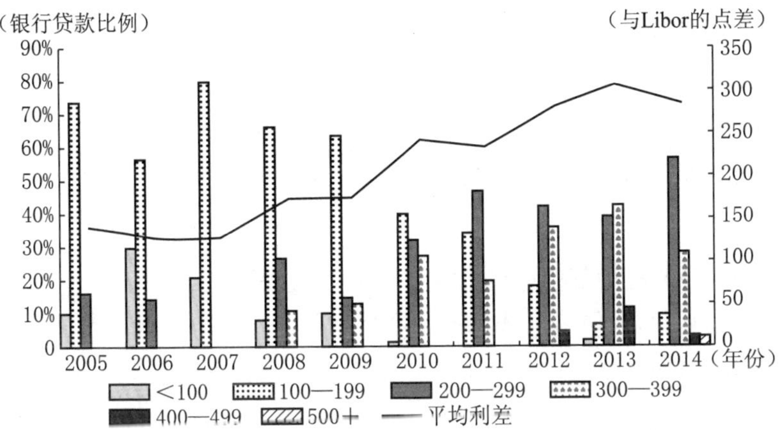

图 3.9　航运贷款利率成本在伦敦银行同业拆借利率（基点）上的利差（资料来源：海事财经集团）

3.2.1.2　新造船融资

新造船的融资与抵押贷款遵循相同的原则。然而，虽然已经交付的新建船舶的融资是一项典型的抵押贷款，但在建船舶的交船前融资则更为复杂。在已交付船舶的融资时，银行拥有可赚取收入并抵御贷款风险的抵押资产。在交船前贷款的情况下，没有船舶可供抵押，没有可用于偿还贷款的收益。这意味着只有船舶从造船厂交付后才可以偿还贷款，这可能是在贷款启动后的两三年。没有船舶抵押，借款人将新造船合同转让给造船厂，如果违约，则转让给贷款人。但是，由于船舶建造合同付款在建造期间是分阶段的，如果贷款人违约，银行将对造船厂在完成船舶建造方面负有责任。因此，贷款人的风险明显高于交船前融资的原始贷款额。因此，交船前融资被设计为在船舶交付时进行还款的单独贷款，通常来自交船后贷款的收益。大多数情况下，提供交船前贷款人也愿意在从造船厂交付后为船舶提供融资。

银行必须处理的另一个风险是造船厂在由于破产或船舶有技术问题等情况下未能完成船舶的建造。因此，当在未证明实力的造船厂或具有政治不确定性的国家造船时，贷款人可能需要额外的担保，这些担保可以由船东以额外的抵押物或公司担保的形式提供，或者由造船厂提供，这可能涉及银行或政府担保。造船厂新造船的付款通常分阶段进行，在船舶交付时支付最大部分。这些付款的时间安排以及交船前融资的提款是可协商的，并且经常与船舶建造过程的特定里程碑节点相符（例如，签署新造船合同时为10%，切钢板为10%，铺龙骨为10%，试水为10%，交船时支付剩余部分）。造船厂几乎总是必须向船东提供一个可靠银行的退款保证，确保在整个建造过程中分阶段支付款项的退还，并分配给提供交船前融资的贷款人。与交船后贷款类似，交船前贷款仅支付造船分阶段付款的一部分，通常约为50%—60%。交船前贷款的偿还可以与股权融资一起进行，尽管贷款人可能要求预先偿还全额或至少大部分融资额。

3.2.1.3 夹层融资

在一家公司试图通过不投入更多的资本金而获得最大收益，但已经耗尽其增加传统担保债务能力的情况下，夹层融资通常是不错的中间解决方案。夹层融资可以设计为债务或股本，并对船舶享有优先于普通股权的权利。因此，夹层的成本高于传统担保债务的成本，但比股权融资成本低。传统航运银行是夹层融资的主要供应商，尽管事实证明，过去几年私人股本公司或对冲基金也愿意进行这种交易，填补了一些传统贷款人逐渐退出所造成的空白。夹层融资最常见的结构之一是带有股权权益的次级债券。在这种情况下，贷款人提供了一个次级债务融资，对船舶拥有第二顺位或第三顺位的抵押权，再加上比传统的抵押贷款更高的利率和更轻松（或经常是没有）的还款。到期时，夹层贷款人得到该船舶的一定比例的股权，随着市场的上涨和船舶的升值，其收益相应增加。夹层投资者的股权上升可以与船舶价值或现金流量挂钩，并可以按照商定的具体比例开始分配。

3.2.1.4 公司贷款

除了为已交付船舶或正在建设的船舶等特定船舶提供贷款，银行还可以根据资产负债表向大型公司提供贷款。这些贷款可以无担保，通常面向已进入资本市场的上市公司。公司贷款为航运公司提供了财务灵活性，并使得他们可以管理其流动性。其中一些贷款是循环信贷额度，为公司提供在需要资金时提取款项的灵活性。这些贷款的期限、契约条款或还款条件方面可能有所不同，取决于贷款人的资产负债表、公司现金流的稳定性以及其履行其资产的负债的能力。从贷款人的角度来看，主要考虑的是公司的资产负债表，因此最典型的契约条款是企业杠杆比率和利息备付率。

3.2.2 租赁融资

公司进行业务融资必备的一个工具就是将其经营的财产达成租赁协议。这些协议允许公司不拥有所有权但仍可经营资产，从而不需投资任何资本。换句话说，公司（“承租人”）将船舶从其所有者（“出租人”）租赁一段可能延续到多年的期间。公司经常订立售后回租协议，向出租人出售船舶并通常以固定的光船租赁日租金将船舶租回，他们仍然负责船舶的经营。租赁协议可能会安排在期末或租赁期内以预先约定的价格回购船舶的选择权或义务。当公司有购买选择权或义务时，或者当船舶租赁期超过其使用寿命的 75%，或当租赁付款的现值超过船舶市值的 90%时，交易被视为融资租赁，公司必须将该船舶列入其资产负债表。在这种情况下，租金的一部分作为利息计入费用，剩余部分通过公司的现金流量表来偿还融资租赁义务。否则，该租赁被视为经营性租赁，并在公司的利润表中支付款项。公司也可以从另一个航运公司以期租的方式租入船舶，向该船舶的船东支付固定的期租租金，船东仍然负责船舶的经营。在这种情况下，公司通常在现货市场以折扣租金在一段时间内租入船舶，并尝试以较高的现货租金获得差价收益。另外，船东已经为该船获得固定的使用机会，使之得以在不必处理现货市场的波动的情况下进行杠杆操作并偿还债务。租赁协议为公司提供了额外的杠杆，而不使用传统债务融资。然而，如果运费市场下滑，租赁协议可能会给公司的资产负债表增加不成比例的负担，因为现货价格可能会低于支付租金和船舶经营成本所需的价格水平。

20 世纪 80 年代末期至 2008 年期间，挪威和德国通过组建私人实体签订了大量售后回租交易，投资者获得资产并将其租回给原所有者。挪威 K/S 基金是向投资者提供税收优惠的标准的有限合伙企业，因为该公司允许投资者以更快的速度贬值资本。德国 KG 基金发挥了类似的作用，其组织形式为有限责任公司。这些实体的份额可以通过经纪人出售，尽管这些交易的流动性和监管相当有限。虽然挪威 K/S 基金和德国 KG 基金也将获得资产并分别进行长期期租，但在大多数情况下，他们都参与租赁交易。德国 KG 市场的重要性，尤其是在集装箱行业，在 20 世纪 90 年代后期和 21 世纪前期得到加强，因为德国的边际税率非常高，班轮运营商增加了租赁船舶的规模以进行扩张，这些工具为富有的私人提供了节税的投资。根据斯托普福德（2009）的统计，1991 年至 2004 年间，班轮公司租用的集装箱船所占船队比例从 15%增加到 50%以上（图 3.10）。

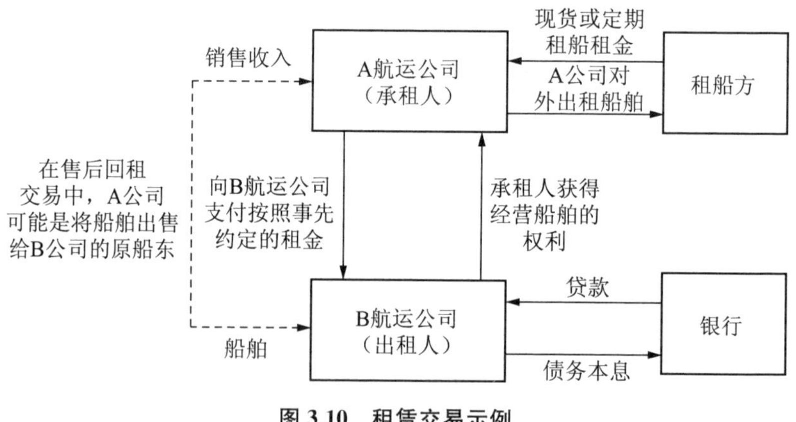

图 3.10　租赁交易示例

3.2.3　资本市场融资

资本市场已成为航运业融资的重要来源。全球船队的扩张以及资金需求的增加使得航运公司从资本市场寻求资金。同时，全球贸易的增长，特别是2001年12月11日中国加入世界经济贸易组织以来，以及与这一增长相关的高回报率的预期，使得航运业提高了在船东和欧洲银行等传统市场参与者之外的更广泛参与者中的知名度。如今，对冲基金、养老基金以及各类机构和个人投资者都有机会通过债务或股本证券投资航运业。纽约、奥斯陆、香港和新加坡如今是在传统银行债务融资之外寻求募集资金的航运公司的最重要的金融中心。公司债券、可转换债券、优先股、普通股权、私人配售、业主有限合伙和私募股权投资是航运公司可用的一些融资产品。2008年全球金融危机之后，资本市场已经设法填补了许多欧洲银行从航运市场撤出以及逐渐缩小投资组合而造成的资金缺口。

3.2.3.1 公司债券

公司债券为更大和更成熟的航运公司提供了银行贷款市场之外的替代性融资机会。虽然它们几乎总是比银行债务融资更昂贵，但它们可以提高公司的流动性，提供更大的财务灵活性，因为债券往往不会进行分摊而是在到期时才支付全部金额。鉴于航运业的波动性和公司规模相对较小，所有航运债券的特点是收益率高而非投资级，而且航运公司必须支付的年票息率通常是较高的个位数。通常情况下，债券用固定票息发行，尽管一些债券是浮动利率债券，即伦敦银行同业拆放利率（LIBOR）加上利差。债券可由航运公司的船舶提供担保或者无担保，可以根据其在公司资本结构的层级作为高级或次级债券发行。低利率环境增加了债券市场作为替代融资来源的吸引力，可在具有严格契约和沉重还款计划的传统银行债务融资之外进行发行。这些债券发行中的许多都是无担保的，有较轻的契约限制，没有还款计划，允许公司增加股权收益率和购买资产，而不发行股票，从而避免股权的稀释。公司债券也可以转换为股票，为发行人提供较低的票息率优势，以换取向持有人提供以一定价格将其转换为公司股票的期权。

尽管有优势，但债券在疲软的市场上可对航运公司造成重大风险，因为债券条款在违约的情况下非常难以调整。在违约的情况下更改银行债务条款要简单得多，因为贷款人可以放弃某些约定或更改还款安排。此外，随着船舶的贬

公　　司	发行日期	数额	币种	利率	到期日期
Star Bulk Carriers Corp.	2014/11/7	50 000 000	美元	8.00%	2019/1/1
Scorpio Tankers Inc.	2014/10/28	45 000 000	美元	7.50%	2017/1/1
A.P.Moller-Maersk A/s	2014/9/16	750 000 000	美元	2.55%	2019/9/1
A.P.Moller-Maersk A/s	2014/9/16	500 000 000	美元	3.75%	2024/9/1
Dynagas LNG Partners	2014/9/8	250 000 000	美元	6.25%	2019/1/1
Scorpio Tankers Inc.	2014/6/25	300 000 000	美元	2.375%	2019/1/1
Teekay Offshore Partners LP	2014/5/30	275 000 000	美元	6.00%	2019/1/1
Paragon Shipping Inc.	2014/5/9	25 000 000	美元	8.375%	2021/5/9
Scorpio Tankers Inc.	2014/5/7	50 000 000	美元	6.75%	2020/1/1
Seaspan Corporation	2014/4/2	345 000 000	美元	6.375%	2019/4/30
Navios Maritime Acquisition	2014/3/31	60 000 000	美元	8.125%	2021/1/1
Global Ship Lease Inc.	2014/3/19	420 000 000	美元	10.00%	2019/1/1
Ridgebury Tankers	2014/3/14	210 000 000	美元	7.625%	2017/3/14
Matson Navigation Co.	2014/1/28	100 000 000	美元	4.35%	2044/1/28
Navios Maritime Holdings Inc	2013/11/29	650 000 000	美元	7.375%	2022/1/1
Navios Maritime Acquisition	2013/11/14	610 000 000	美元	8.125%	2021/11/1
Navigator Gas	2012/12/1	125 000 000	美元	9.00%	2017/12/1
Viking Cruises	2012/10/12	250 000 000	美元	8.50%	2022/10/15
Navios Maritime Holdings Inc	2012/7/10	88 000 000	美元	8.875%	2017/1/1
General Maritime Corporation	2011/7/30	300 000 000	美元	12%	2017/7/30
Navios Maritime Acquisition	2011/5/26	105 000 000	美元	8.83%	2017/5/26
Dryships Inc.	2011/4/28	500 000 000	美元	9.50%	2016/4/28
CMA CGM(CMACG)	2011/4/21	475 000 000	美元	8.50%	2017/4/21
Navios Maritime Holdings Inc	2011/1/28	350 000 000	美元	8.13%	2019/1/28
Navios Maritime Acquisition	2010/10/21	400 000 000	美元	8.63%	2017/10/21
Hapag-Lloyd AG	2010/10/8	250 000 000	美元	9.75%	2017/10/15
American Petroleum Tankers	2010/5/17	275 000 000	美元	10.25%	2015/5/15
Overseas Shipholding Group Ltd.	2010/3/30	300 000 000	美元	8.13%	2018/3/30
SK Shipping	2010/3/19	100 000 000	美元	Float	2013/3/9
Overseas Shipholding Group Ltd.	2010/3/1	300 000 000	美元	8.13%	2018/3/1
Berlian Laju Tanker	2010/2/10	125 000 000	美元	12.00%	2015/2/10
Teekay Corp	2010/1/1	450 000 000	美元	8.50%	2020/1/1

图 3.11　参考性航运公司债券发行情况（资料来源：克拉克森、摩根士丹利）

值和公司船龄的增加，债券的非分摊性质可能会将杠杆提高至可持续水平以上。虽然债券可能作为公司流动性和购买力的中期推动力，但并不是股权的永久替代品。20 世纪 90 年代航运债券发行的经验教训，例如许多公司拖欠其票息，以及如海外船舶控股集团（OSG）和通用海运公司（General Maritime）在 2012 年油轮市场崩溃之后未能支付其到期的债券从而被迫进入美国《破产法》第 11 章规定的重组，说明债券可能给航运公司带来风险。类似的还有干散货船东卓越海运（Excel Maritime）的命运，该公司在 2003 年发生了可转换票据的违约（见图 3.11）。

3.2.3.2 公开发行股票

资本市场为航运公司提供了一个募集股权融资资金以扩张其船队并应对行业日益增长的资本要求的有效和快捷的方式。纽约、奥斯陆、香港和新加坡是吸引大多数上市航运公司的主要金融中心，提供了对接投资者的途径，并可获得充足的资本。据摩根士丹利研究部的数据显示，2004 年至 2014 年期间，航运公司在 363 个公开发行股票中募集了 600 多亿美元，其中有 118 家首次公开募股。此类活动的一半是在美国，奥斯陆市场是筹集资金的第二重要市场，但与美国相差较远。美国和奥斯陆以外的大部分活动来自少数集装箱班轮运营商。除了资金的深度和可用性外，美国市场通常也提供最高的估值，使其成为对希望上市的国际航运公司来说最具吸引力的目的地。纽约证券交易所或纳斯达克目前约有 50 家上市航运公司，其中大部分在 2004 年以后公开上市。仅在 2005 年，就有 15 家公司在这两个市场上市，表明航运业进入美国资本市场的活力。此后，美国的上市航运公司已经在 228 次公开发行中募集了约 300 多亿美元。这些数字不包括与石油和天然气行业更密切相关的海洋工程船舶产业，也不包括优先股的公开发行，优先股的吸引力在于其收益率低以及公司倾向于不稀释普通股股东股权进行股权融资。自 2012 年以来，像希腊高世迈航运（Costamare）、黛安娜船舶公司（Diana Shipping）、安全散货船公司（Safe Bulkers）、纳维奥斯海运（Navios）和查科斯能源海运（Tsakos Energy Navigation）等公司已经成功地发行优先股用以募集资金。

在美国，IPO 由美国证券交易委员会（SEC）根据 1933 年法案进行监管。计划公开发行的公司需要向美国证券交易委员会提交招股说明书，即为潜在投资者提供关于公司业务、财务信息和风险因素的财务文件。在招股说明书获得美国证券交易委员会批准后，该公司及其承销商在通常持续两周左右的路演中向投资者推广其发行。在路演中，承销商收集投资者的订单（“询价圈购”），并根据募集的新股权资金对公司股份进行定价。在美国，从最初准备招股说明书到最终定价，整个 IPO 过程通常需要 4 到 6 个月。一旦公司上市并进行股票交易，该公司便有了一个公共货币，允许它通过后续发行向投资者发放更多的股票，使其能够回到市场获得额外的资本。虽然全球航运业绝大多数船队仍然掌握在私人公司手中，但越来越多的船舶由上市公司所拥有，其中更多的航运公司进行了公开发行上市，同时现有上市公司在新募集资金的帮助下进行了船舶规模扩张（图 3.12、3.13、3.14 和 3.15）。

3.2.3.3 高派息结构和业主有限合伙

根据市场估值和投资者的需求，进入公共市场的航运公司的结构发生显著的变化。过去十年的利率下降以及对收益增长的需求增加，尤其是在美国，带来了对愿意支付股息的公司的需求。由于市场愿意为高派息公司的市场价值支付较高的估值溢价，大量公司采取了高派息或全额派息的策略。在 2004—2014 年期间的美国资本市场中，超过一半是由高派息或全额派息策略的公司所募集的，其中包括组织结构为业主有限合伙制的公司。

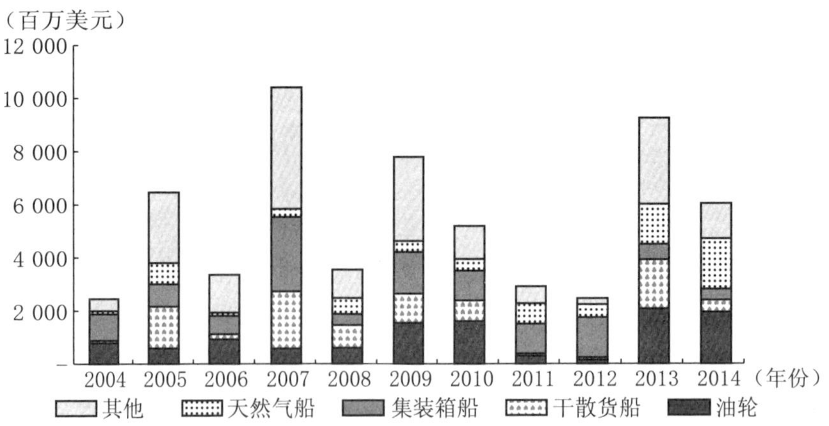

图 3.12 全球航运公开发行普通股情况（注：不包括承销商的超额配股权和在海洋工程领域的上市公司，资料来源：摩根士丹利研究部）

<table>
<tr><th rowspan="2">年份</th><th colspan="3">美国</th><th colspan="3">奥斯陆</th><th colspan="3">中国香港</th><th colspan="3">其他</th><th colspan="2">总计</th></tr>
<tr><th>发行次数</th><th>数额（百万美元）</th><th>市场份额</th><th>发行次数</th><th>数额（百万美元）</th><th>市场份额</th><th>发行次数</th><th>数额（百万美元）</th><th>市场份额</th><th>发行次数</th><th>数额（百万美元）</th><th>市场份额</th><th>发行次数</th><th>数额（百万美元）</th></tr>
<tr><td>2004</td><td>11</td><td>1 204</td><td>48%</td><td>2</td><td>60</td><td>2%</td><td>2</td><td>1 065</td><td>43%</td><td>2</td><td>161</td><td>6%</td><td>17</td><td>2 490</td></tr>
<tr><td>2005</td><td>20</td><td>3 608</td><td>56%</td><td>2</td><td>335</td><td>5%</td><td>2</td><td>1 428</td><td>22%</td><td>8</td><td>1 078</td><td>17%</td><td>32</td><td>6 448</td></tr>
<tr><td>2006</td><td>13</td><td>1 713</td><td>50%</td><td>3</td><td>404</td><td>12%</td><td>—</td><td>—</td><td>0%</td><td>9</td><td>1 311</td><td>38%</td><td>25</td><td>3 427</td></tr>
<tr><td>2007</td><td>23</td><td>3 488</td><td>33%</td><td>4</td><td>313</td><td>3%</td><td>1</td><td>1 470</td><td>14%</td><td>10</td><td>5 196</td><td>50%</td><td>38</td><td>10 467</td></tr>
<tr><td>2008</td><td>15</td><td>2 372</td><td>66%</td><td>1</td><td>350</td><td>10%</td><td>1</td><td>35</td><td>1%</td><td>2</td><td>810</td><td>23%</td><td>19</td><td>3 567</td></tr>
<tr><td>2009</td><td>22</td><td>2 639</td><td>34%</td><td>3</td><td>276</td><td>4%</td><td>1</td><td>98</td><td>1%</td><td>9</td><td>4 855</td><td>62%</td><td>35</td><td>7 868</td></tr>
<tr><td>2010</td><td>27</td><td>3 297</td><td>63%</td><td>3</td><td>357</td><td>7%</td><td>2</td><td>429</td><td>8%</td><td>9</td><td>1 176</td><td>22%</td><td>41</td><td>5 259</td></tr>
<tr><td>2011</td><td>13</td><td>1 478</td><td>50%</td><td>2</td><td>359</td><td>12%</td><td>—</td><td>—</td><td>0%</td><td>4</td><td>1 141</td><td>38%</td><td>19</td><td>2 978</td></tr>
<tr><td>2012</td><td>10</td><td>1 055</td><td>42%</td><td>—</td><td>—</td><td>0%</td><td>—</td><td>—</td><td>0%</td><td>5</td><td>1 485</td><td>58%</td><td>15</td><td>2 540</td></tr>
<tr><td>2013</td><td>40</td><td>4 871</td><td>52%</td><td>17</td><td>3 232</td><td>35%</td><td>—</td><td>—</td><td>0%</td><td>9</td><td>1 192</td><td>13%</td><td>66</td><td>9 296</td></tr>
<tr><td>2014</td><td>34</td><td>3 888</td><td>64%</td><td>11</td><td>1 344</td><td>22%</td><td>—</td><td>—</td><td>0%</td><td>11</td><td>832</td><td>14%</td><td>56</td><td>6 063</td></tr>
<tr><td>总计</td><td>228</td><td>29 614</td><td>49%</td><td>48</td><td>7 030</td><td>12%</td><td>9</td><td>4 525</td><td>7%</td><td>78</td><td>19 236</td><td>32%</td><td>363</td><td>60 405</td></tr>
</table>

图 3.13　按国家列明的全球航运公开发行普通股（注：不包括承销商的超额配股权和在海洋工程领域的上市公司，资料来源：摩根士丹利研究部）

<table>
<tr><th rowspan="2">年份</th><th colspan="2">首次公开募股</th><th colspan="2">增　　发</th><th colspan="2">总　　计</th></tr>
<tr><th>发行次数</th><th>数额（百万美元）</th><th>发行次数</th><th>数额（百万美元）</th><th>发行次数</th><th>数额（百万美元）</th></tr>
<tr><td>2004</td><td>3</td><td>510</td><td>8</td><td>694</td><td>11</td><td>1 204</td></tr>
<tr><td>2005</td><td>15</td><td>3 041</td><td>5</td><td>567</td><td>20</td><td>3 608</td></tr>
<tr><td>2006</td><td>5</td><td>898</td><td>8</td><td>815</td><td>13</td><td>1 713</td></tr>
<tr><td>2007</td><td>6</td><td>1 276</td><td>17</td><td>2 213</td><td>23</td><td>3 488</td></tr>
<tr><td>2008</td><td>4</td><td>554</td><td>11</td><td>1 818</td><td>15</td><td>2 372</td></tr>
<tr><td>2009</td><td>—</td><td>—</td><td>22</td><td>2 639</td><td>22</td><td>2 639</td></tr>
<tr><td>2010</td><td>5</td><td>878</td><td>22</td><td>2 419</td><td>27</td><td>3 297</td></tr>
<tr><td>2011</td><td>3</td><td>453</td><td>10</td><td>1 026</td><td>13</td><td>1 478</td></tr>
<tr><td>2012</td><td>1</td><td>329</td><td>9</td><td>726</td><td>10</td><td>1 055</td></tr>
<tr><td>2013</td><td>5</td><td>1 379</td><td>35</td><td>3 492</td><td>40</td><td>4 871</td></tr>
<tr><td>2014</td><td>3</td><td>490</td><td>31</td><td>3 398</td><td>34</td><td>3 888</td></tr>
<tr><td>总计</td><td>50</td><td>9 807</td><td>178</td><td>19 807</td><td>228</td><td>29 614</td></tr>
</table>

图 3.14　美国航运公开发行普通股情况（不包括承销商的超额配股权和在海洋工程领域的上市公司，资料来源：摩根士丹利研究部）

年份	首次公开募股		增　　发		总　　计	
	发行次数	数额（百万美元）	发行次数	数额（百万美元）	发行次数	数额（百万美元）
2004	3	1 195	2	91	6	1 286
2005	9	2 729	3	111	12	2 840
2006	7	1 191	5	524	12	1 715
2007	11	6 666	4	313	15	6 979
2008	2	810	2	385	4	1 195
2009	2	134	11	5 095	13	5 229
2010	8	1 061	6	901	14	1 962
2011	4	549	2	951	6	1 500
2012	4	285	1	1 200	5	1 485
2013	8	1 402	18	3 023	26	4 425
2014	9	855	13	1 320	22	2 175
总计	68	16 876	67	13 914	135	30 791

图 3.15　非美国航运公开发行普通股情况（不包括承销商的超额配股权和在海洋工程领域的上市公司，资料来源：摩根士丹利研究部）

业主有限合伙是在美国联邦法律下将稳定的收入和税收优惠结合在一起的公开上市实体，其大部分收入来自需要资质的行业，主要与能源或其他自然资源相关，如石油和天然气开采和运输。大多数业主有限合伙是有限的合伙关系，但它们也可以是由发行人拥有的、由普通合伙人管理和经营的有限责任公司或商业信托。由于业主有限合伙被分类为合伙关系，因此他们被视为有税务目的和在州和联邦级别均可避免企业所得税的“通道”，从而减少资金成本，使他们能够支付更高的分红。业主有限合伙通常在考虑保留用以必要的维护、运营和增长所需支出的储备金之后将所有可用的现金流量进行分配。航运公司本身不需缴纳公司税已经消除了航运业主有限合伙被组建为发放复杂 K-1 表的合伙企业的要求；相反，它们被组建为正式的公司，向份额持有人发放一张简单“表格 1099”的正式公司。在典型的业主有限合伙结构中，有三类股票或份额，公共投资者或有限合伙人持有上市交易的一般份额，普通合伙人持有劣后份额和普通合伙份额，这通常对应控股公司即船舶所有人的 2%。普通合伙人也可以在业主有限合伙中拥有一般份额。一般份额有权享受最低季度分配（MQD），这意味着只有在一般份额持有人收到股息后，其余份额才有资格进行任何额外分配。普通合伙人也获得激励分配权（IDR），使他们享有在达成某些分配目标时获得更高比例的分配。这种机制使发行人有动力追求增值的可增加业主有限合伙分配的交易（见图 3.16）。

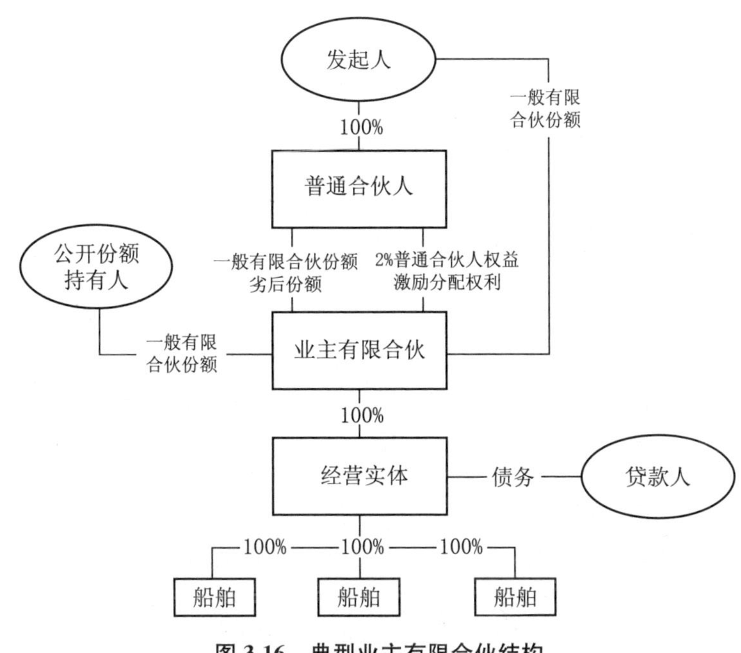

图 3.16　典型业主有限合伙结构

虽然国际航运公司从全球活动获得收入，并在离岸司法管辖区（如利比里亚、马绍尔群岛、巴拿马或马耳他）注册，享有优惠的税收制度，使公司税对其不再有影响，但在铁凯集团于 2005 年 5 月创建首个航运业主有限合伙之后，业主有限合伙模式引起了极大的关注。铁凯天然气合作伙伴公司（Teekay LNG Partners）筹集了 1.32 亿美元，首批 4 艘液化天然气运输船和 5 艘苏伊士型原油油轮，拥有 16 年至 20 年的长期租约。此后，航运业主有限合伙已经募集了超过 70 亿美元的资金，其中近四分之一为在美国市场募集。由于这些实体基于其收益率（通常在 6%至 8%之间）进行交易，因此，尽管没有任何税收优惠，估值溢价与传统上市公司相比仍十分显著。这也导致了拥有长期租约船舶的非能源相关航运公司，如集装箱船东，开始组建业主有限合伙型实体，以进行收益率估值与其资产市值之间的套利。

投资者对收益的越来越大的需求以及基于收益率估值提供的显著溢价，也促使一些航运公司采用高分红支付策略。在美国上市的非业主有限合伙结构的高支出航运公司在2004年至2014年期间共募集了大约90亿美元的普通股，其中大部分是由干散货和油轮公司募集的，这些公司往往在高度波动的市场环境中经营，并且船舶有着短期或中期合约。由于其中许多公司缺乏长期租约，使用后备贷款来增加其自由现金流，因此，2008年后，航运市场的崩溃迫使其中许多公司暂停支付股息，导致股价猛跌。自2010年以来，只有少数不是业主有限合伙的公司保持高派息策略，并且在2007年高峰期，每年的募集资金已经从超过20亿美元缩减到几亿美元（见图3.17）。

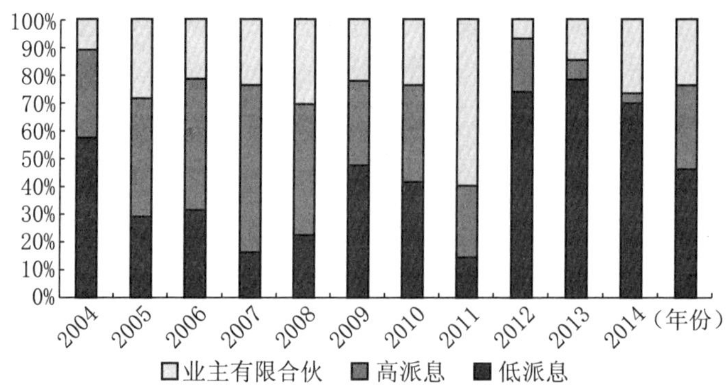

图3.17　美国上市航运公开发行普通股的派息策略

（资料来源：公司数据，摩根士丹利研究部）

3.2.3.4　特殊目的收购公司

特殊目的收购公司（SPAC）是一家上市公司，也被称为“空白支票”公司，此类公司通过上市募集资金，以进行企业合并或收购属于招股说明书中描述的参数的现有公司或资产组合。特定目标收购公司募集在信托账户中放置的资金池，直到完成必需首先获得股东批准的拟议交易，该过程必须在IPO的预定时间（通常为18—24个月）内完成。如果股东拒绝拟议的交易，则特定目标收购公司必须解散，并且在支付通常由上市公司发起人资助的费用和承销费用后，将资金返还给投资者。2004年12月，国际航运企业（International

Shipping Enterprises）是第一家空白支票公司，筹集 1.71 亿美元投资船舶业务或航运业务。2005 年夏天，该特定目标收购公司完成了收购 Navios Maritime Holdings。该公司是一家拥有 27 艘船舶的干散货航运公司，共有 5.94 亿美元现金，由特定目标收购公司的 IPO 和银行债务的收益资助。2004 年至 2007 年，五个特定目标收购公司（SPAC）共筹集近 10 亿美元投资航运业，其中一个必须清算，因为公众股东拒绝了该公司的提议收购交易。最后一家空白支票公司的 IPO 已于 2011 年完成，仅募集了 4 800 万美元资金用于收购海上供应船舶（见图 3.18）。

日　　期	公　　司	代　码	发行规模（百万美元）	成功交易
2011 年 7 月 14 日	鹦鹉螺海运服务公司（Nautilus Marine）	NMARU	48	是
2004 年 12 月 17 日	国际航运企业（Int'l Shipping Enterpr）	ISHPU	171	是
2005 年 12 月 15 日	星海运公司（Star Maritime）	SEAU	189	是
2007 年 2 月 28 日	EIAC	EII	203	否
2006 年 7 月 18 日	海洋奥特（Oceanaut）	OKN-U	150	是
2007 年 7 月 9 日	海上能源（Seanergy）	SRGU	220	是

图 3.18　航运业空白支票公司首次公开募股（资料来源：公司数据，摩根士丹利研究部）

3.2.3.5　私募股权

航运业向公众市场的活跃进入也引起了大量私人投资财务赞助者的关注。特别是 2008 年以后船价崩溃，一批私募股权公司已经表示有兴趣收购船舶，旨在通过资产出售或通过 IPO，充分利用历史性低资产价格和预期的后续复苏。其中一些投资以与船东共同出资的合资方式进行，例如橡树资本（Oaktree）与彼得罗斯帕帕斯（海洋散货）[Petros Pappas（Oceanbulk）]、凯尔索（Kelso）与乔治尤鲁科斯（特克洛马航运）[George Youroukos（Technomar）]。在其他情况下，私募股权组织了一批经验丰富的航运业管理团队，设立一家以最终上市为目标的新公司，如格连贝雅（Greenbriar）对阿德莫尔航运公司（Ardmore Shipping）的投资。从船东的角度来看，银行贷款的缺乏和在市场低迷期间扩大业务的机会使他们通过与私募股权投资者的合作来寻求资金。据海洋货币国际（International Money International）称，自2008年以来，航运业获得了超过200亿美元资金的投资（图3.19）。

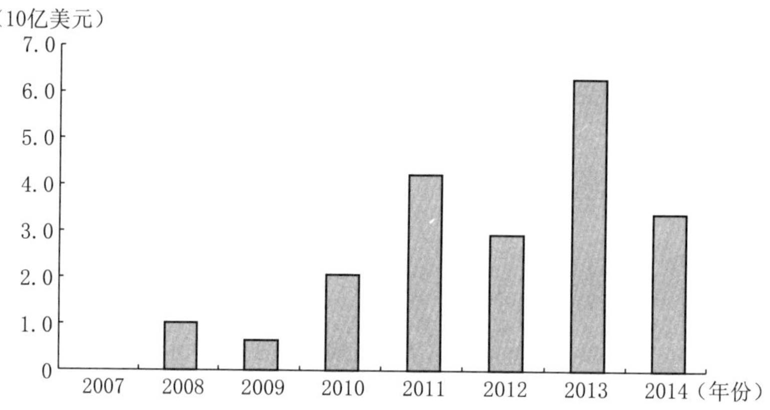

图3.19　航运业私募股权投资（资料来源：海事金融国际）

3.3　结　论

尽管航运周期跌宕起伏，但由于全球经济的增长、发展中国家需要从世界遥远地区运输来的资源来支持其发展，因此海运业将继续扩大。随着全球贸易的扩大，对大型和更复杂船舶进行大额投资的需求将会持续增长，因而需要更多的资本。在此过程中，航运公司和资本提供商必须面对经营现金流和船舶价格高度波动的风险，风险管理成为每项投资决策的核心考量。虽然银行债务融资可能仍然是该行业最重要的资金来源，但航运公司今天可以使用大量替代性融资方式。航运业向资本市场的积极进入，大大增加了航运高管可以选择的产品数量，同时增加了决策过程的复杂性。这些决定要求高管不但要了解这些产品的可用性，还要了解其所涉及的风险以及对公司价值的影响。

参考文献

Stopford, M. (2009), Maritime Economics.

Albertjn, S., Bessler, W. and Drobetz, W. (2011), Financing Shipping Companies and Shipping Operations: A Risk-Management Perspective, Journal of Applied Corporate Finance, 24(4), 70—82.

Campbell Houston. (2014), Overview of Ship Finance, Presentation at 2014 Marine Money larksons Intelligence Network Database.

第四章

船舶建造项目融资

查尔斯·库欣（Charles R.Cushing）

4.1 简 介

毫无疑问，收购船舶是一项重大任务。这是一个涉及大量资金支出、人力和其他资源的项目。通常，这样的收购计划涉及的不止一艘船舶，而是同时收购数艘船舶。这使得项目更具财务意义。由于涉及的金额、买方的长期重大负担和所涉及的风险，船舶收购项目需要对项目进行正式而又严格的调查。这包括在短暂而又严格的项目管理中规划战略、完善任务说明、听取专业意见、识别风险、制定进度表和预算，且严格遵守这些计划。

4.1.1 船舶收购的原因

收购船舶可能是由于多种原因造成的。对于航运公司来说，可能是为了在不断扩大的贸易中获得更多的运力，或者获得更多的市场份额；也可能是为了开辟新的贸易路线或开发运输新的或不同的货物的能力。其他的原因是取代老化或技术上过时的船舶，或利用新技术。非运输船舶用户也有着相同的驱动因素，即新服务、项目扩张、淘汰和技术。

购买船舶的第二类商业利益是“非用户”投资者。投资者把购买船舶作为投资机会，并进行资本运作。贷款人通过协助和资助资本短缺的最终用户来满足他们的投资目标。金融家通过各种方式将船舶包租或出租给用户。

4.1.2 新造船的替代方案

本章讨论针对船舶建造的融资，即“新造船”。然而，还有其他途径可满足上述需求。买方或投资者可以考虑：

1. 购买二手船；
2. 改建船舶；
3. 租船（程租、期租、光船）；
4. 租赁；
5. 包运合同；
6. 合并；
7. 联营和集装箱租箱。

本章讨论的许多问题可以适用于上述替代方案，但我们将主要关注新造船的购买。

4.1.3 有序推进船舶收购和项目融资的原因

没有太多文献讨论商业船舶的收购过程。虽然大部分文献涉及海洋军事船舶收购，但涉及商业船舶的并不多。一些例如设计建造或施工管理的技术可能存在瑕疵或对商业船舶买方或投资者来说存在严重风险。管理人员的职业往往很短暂，其一生中可能只会经历一次船舶收购项目。然而，许多缺少经验、缺乏风险意识的管理者将操作收购过程。收购船舶是一项重大的资本交易，需要严格且经过验证的项目管理技术。

船舶建造过程中大笔资金濒于险境，买方公司的存续可能面临风险。在非用户（如金融机构）的情况下，买方可能缺乏对船舶拥有、运营或收购的经验。在买方市场上，买方经常受到船厂激进营销工作的影响。因此，买方的工作人员必须采取一切技巧性和严格的措施以确保正确的路线。

4.1.4 船舶收购项目可能出现什么错误?

目前的方法可能会省略一些或许多良好或最佳做法。规划是最容易被忽视的一步。许多买方忽略竞争性招标，认为他们的谈判技巧足以有效地谈成最优惠的价格。规划和任务说明的原则几乎总是被省略。通常，经济分析中的重要因素常被无视、省略或误用。这包括企业目标、折旧、税收、资产寿命、剩余价值和通货膨胀的影响。其他不良做法包括依赖意向书、框架协议、非最终合同计划和规格书、没有经验的项目经理（如没有项目管理或船厂经验的经营人员）、边做边学者、无实务经验的验船师。

船舶收购项目的主要差错是严重低估眼前任务的艰巨性。参与者可能自己承担过多任务，却不能在法律、技术、财务、船舶经纪和项目管理等领域聘请经验丰富的专业人员。这种虚假的经济性往往是为了节省咨询费用或佣金，而这些在许多情况下只占整个项目成本的不到1%。由于存在上述许多风险，因此这些专业工作尤为重要。

4.1.5 什么是项目管理？

项目管理是规划、组织和控制项目活动的过程，以实现具体的目标。项目是临时的而非连续的过程。它们有明确的开始和完成日期。该过程包括：

1. 规划和定义项目、制定计划、任务说明、定义目标、制定工作和工作分解计划。

2. 建立和控制进度表、确定任务之间的相互关系、排序任务和确定里程碑、时间安排和截止日期。

3. 准备和控制预算，包括确定和估算所有成本、提供应急费用和采取财务控制。

4. 把控整个项目，包括妥善处理、良好沟通、识别关键路径和瓶颈、采取纠正措施和质量控制。

5. 财务和应急计划。

4.1.6 战略规划

战略规划的事例可追溯到数千年前：孙子的《孙子兵法》（2 400年前）、宫本武藏的《五轮书》和拿破仑的战役。随着时间的推移，这些演变成了一个正式的流程。简单地说，战略规划包括：

1. 设定目标和任务；

2. 评估市场环境；

3. 评估企业的能力；

4. 制定战略；

5. 实施战略；

6. 监督和把控战略。

良好的财务规划和财务分析是战略计划的有机组成部分。在分析市场环境时，充分评估进入国际市场的能力、通货膨胀和税收的影响及其趋势是至关重要的。在战略规划阶段，需要设计、对比不同的规划形式，从而选出最佳策略。在战略规划阶段，买方必须能够阐明企业目标。收益性、投资回报率和财务资源是一些需要重点关注的领域。财务政策和会计实践是可控的战略目标，也应进行评估和定义。

4.1.7 预测

在规划中，确定历史和目前的航运价格水平是一项相对简单的任务；但即使在短时间内预测运输价格也非易事。目前和过去的价格水平可通过会议、股票分析师、经纪人、代理商、公布的费率、贸易出版物和其他研究资源获得。回扣在过去很普遍，但如今在许多地方属于非法行为，因为托运人和承运人都不愿意讨论细节，所以这也是很难量化的。散货运输的定价数据更容易获得，特别是当交易在全球范围内时。此类定价以租约条款或与运费指数挂钩等形式来呈现。当散货运输是通过包运合同进行时，定价通常是保密信息，更不容易获得。

价格预测的一个重要因素是成本分析。成本，特别是经营成本分析的要素与国家和国际经济指数密切相关。这些指数中的适当要素，如劳动力和能源部分，可以用于自己和竞争对手的经营成本模式。价格的预测是通过制表、基础和统计分析，或是混合使用这些方法。最简单的制表方法是推断历史数据。然而，随着价格的波动，这样做的困难也随之出现。赞内托斯（Zannetos，1966）和其他制表专家已经对制表和预测油轮费率进行了终身研究，尝试界定这种波动的周期，但收效甚微。另外，原教旨主义者试图通过供需波动预测未来环境和事件对运费定价的影响。

在稳定的交易中预测价格更为容易，这种情况见于高进入壁垒、封闭联盟、联营协议和企业联合体。相反，在准入门槛较低、联盟关系薄弱、收益率较低、存在边际经营者，以及船舶在其他轻载回程或三角贸易中寻找货物机会时，贸易往往出现较大波动。供应特别是严重的运力过剩或吨位过剩将对费率产生重大影响。政府对航运和/或造船的扶持也将刺激供应面并压低费率。相反，经济繁荣、国际冲突和自然灾害的加剧会提升费率。这些事件是非常难以预测的。新进入者、引进新技术或增加运力船舶（较大或较快的船舶）通常也会压低费率。竞争、掠夺性定价和价格战将会人为或暂时压低费率。

所有这些因素使得定价预测的工作非常困难。然而，这样的预测是非常必要的，因为收入是收益方程式的一半，其决定了收益率。费率预测必须结合实际运力利用率，以实现计划的收入或收益水平。战略规划师必须了解必要假设的可靠性、预测的局限性和预测的信心限制。因此，进行敏感性研究和风险分析十分必要。

4.1.8 计划

在战略计划的最后阶段，应制定一些子计划，涵盖（1）商业；（2）融资；（3）运营；（4）营销；（5）技术；（6）竞争对手；（7）人力资源和（8）组织结构。商业、融资计划和财务模式在这里特别有意义。首先，贷款人希望看到和审查航运公司的商业计划，该计划应至少包括公司所有权、财务健康、资产、负债、公司历史、公司描述、营销策略、管理团队和组织结构、人事、运营、所需资金、使用情况和时间安排、其他财务数据、风险、进入和退出计划、应急计划、敏感性研究（最坏情况和最佳情况）、法律问题和保险事项。融资计划必须确定预算且确保预算用于该商业计划、现金流量和资本要求、借款人准备提供哪些企业和个人担保和保证，以及可接受的抵押条款。

4.1.9 任务说明

航运公司的首席财务官及财务团队必须有意识并有机会发声，甚至参与战略计划。他们以及其他重点部门需要了解收购计划的细节。这可以通过使用任务说明来完成，并将其传达给船舶收购过程中的相关部门。研究、设计和建造船舶的复杂性是显而易见的。用于设计和收购的标准可能涉及数百个因素。为了良好的秩序，也为了向整个团队传达一个共同的标准，必须在任务说明中确定基本标准。技术计划的主要成果应构成任务说明的一部分。企业或业主的目标以及公司战略计划的关键要素也应体现在任务说明中。

任务说明的第二个目的是防止无意或意外偏离原始目标。它可阻止偏离商定的战略计划，偏离会导致变更和成本超支。如果早期目标发生变化，任务说明应记录这些修改。任务说明成为一个把控文件，有助于管理并使船舶收购团队按计划行事。

4.1.10 船舶设计

所有参与船舶融资的部门都应该关心设计过程。传统上，设计过程分为四个阶段：概念、初稿、合同和详细设计。概念设计是可引入创新的起始阶段。该阶段很少涉及绘图、计算和设计，但却是战略计划中概念和目标开始成型的阶段。重要的是，在该阶段中有机会增加或开发创新特征及其对船舶的经济影响，甚至预测未来的竞争情况。

初稿设计阶段将确定船舶主要特征。从财务的角度来看，应该对这一阶段的工作进行监督，以确保战略计划和任务说明中的目标得到遵守，特别是有关成本、收入和收益率的事项。在此阶段，将确定船舶的容积、重量以及所需的功率。因此，此阶段将第一次产生对船舶建造成本的合理估计。此时也可以估算燃料和润滑油消耗量，这是最大的单项运营成本。在该阶段期间可确定船舶的运载能力（即船舶的营收能力）。无论是载重型货物还是容量货物、液体或干散货吨数、集装箱数、汽车或卡车、托盘或乘客的数量都必须符合任务说明中规定的目标。在这个阶段，过高的成本和（或）不足的创收能力将会显现出来。如有必要，可以在该早期阶段改变设计和（或）目标。合同设计阶段制定明确的规格书和一套详细的图纸，使得造船厂可以引用固定价格用于合同。详细设计由建造者在合同签订之后再开发。

4.1.11 船舶融资来源

买方有三个主要资金来源支持收购船舶：债权融资、股权融资和财政拨款。这三个概念性资金来源下有很多衍生形式。对此，之后会更详细地讨论。债权融资包括银行贷款、债券发行、造船厂信贷、私募和公募、银团贷款、高收益公司债券（垃圾债券）、租赁和其他债务工具。股权包括所有者权益、有限合伙、股份出售、资产出售、现金流和首次公开募股。还有融合债务和股权的混合模式。这些包括可转换债务、带有认股权证的债务、K/S 以及 K/G 有限合伙基金、封金计划、税收支持、易货贸易和其他不常见的形式。拨款和赠款包括政府扶持和拨款、政府贷款担保、现金补助、补贴、优惠税收减免、债务延期还款、利率补贴等许多类似形式。

决定使用哪种方法或方法组合取决于许多因素。哈佛商学院建议在选择融资方法前要分析五个重要因素。即，FRICT 法：灵活性（Flexibility）、风险（Risk）、收入（Income）、控制（Control）和时机（Timing）。信用评级由信用评级机构发布。如果借款人没有信用评级，潜在贷款人将评估借款人的信用。三大信用评级机构是穆迪（Moody's Investor Services）、标准普尔（Standard & Poor's Rating Services）和惠誉国际（Fitch Ratings），三者共控制着 95%的业务。评级机构对金融机构、保险公司、券商和公司进行评级。在船舶融资中，对公司的评级最有意义的。根据船公司的信誉发布信用评级，即贷款是否得以偿还或公司是否会存在贷款违约。评级范围最佳的为 AAA，最差的是 D。评级惠誉或标准普尔的 BBB-（穆迪为 Baa3）被认为低于投资等级或存在投机/风险。评级对航运公司在寻找造船贷款时的重要意义在于其决定公司可通过哪种方式取得成功融资。应考虑的因素和可能的融资方法包括：

条　　件	融资方式
未使用的税收折旧	租赁
超额债务	股权
潜在的商业风险	股权
卖方市场	造船厂信贷
强大的收益能力	债权
可预见的收益	债权
长期，固定利率	债券
买方市场	出口信贷
低股价	混合
高风险	垃圾债券、夹层融资

4.1.12 船舶融资

船舶融资为新船建造或重大改建提供资金来源。更为典型的情况是，船舶的买方寻求借款人或投资者的资金。但是，船舶的买方或投资者可以从自己的资产中提供资金，比如实物资产或投资清算或留存收益。察觉在航运方面有投资机会的非船东/经营者和投资者几乎总是寻求资金以分摊新造船成本。银行、保险公司、养老基金和寻找机会使其存款获得收益的类似组织将参与造船。

船舶的买方有时会分两个阶段完成融资，即为船舶建造提供过桥式融资，继而提供长期融资。这可能由同一贷款人提供。过桥式、临时或建造融资可能来自一家或多家实体，如造船厂融资、造船厂的银行或造船厂所在国的中央或政府银行。这是为了刺激或鼓励该国家的船舶建造。过桥式融资覆盖了建造期。在造船合同中通常约定买方在建造期间提供分期付款。这些付款与合同定义的里程碑事件一一对应，如合同签订、龙骨铺设、切钢板及机器设备运至船厂、开工建造、船体钢结构与其他工作完成特定比例、成功完成试航及交船。第三方或船东在船厂的检验人员签署以确认支付里程碑已完成。

根据合同条款的规定和合同管辖法律（有些情况按建造地法律），在某一特定节点下，新船的所有权由建造方转移给买方。所有权转移可能在建造期间、竣工时、全额支付合同价格和附加费时、船舶完成注册（挂旗）或在正式签署船舶交接验收协议时进行。在这个时候，长期或永久的船舶融资应该到位。

4.1.13 选择船舶建造的资金来源

船东规划新造船时有很多资金来源。对于船东来说，商业银行的船舶抵押贷款是最常见的来源。随着信贷紧缩，银行贷款储备更加保守，在周期性经济和市场推力的作用下，船东不得不转向其他资源。租赁融资填补了一些空缺。航运转而投向股权投资者进行融资和公开市场进行大额融资。来自不同实体的资金可用性将取决于许多因素，如国际和国内经济状况、航运业的健康程度（特别是船舶细分市场，例如油轮、散货船、集装箱船、邮轮）、供过于求或者船舶类型的稀缺性、船东的历史和经济健康状况、其商业计划的质量及商业机会、风险等诸多因素。这些将决定哪些贷款机构更有可能吸引到优良的资金来源。这些来源包括：商业银行、商业信贷公司、出口信贷机构（ECA）、政府或中央银行、政府补贴、高风险投资者、混合融资计划、保险公司、商业投资银行、伊斯兰银行、租赁公司、有限合伙、业主有限合伙（MLP）、夹层融资、抵押贷款银行、国际银行、所有者权益、合伙、养老基金、私募、公开市场、船厂信贷、银团贷款、承销商和财富管理银行，以及在一些不常见的情况下的封金计划和易货贸易。

商业银行贷款以约定的利率，在固定时间的定期还款的具有必要的担保（通常为抵押）的船舶抵押贷款的形式提供。担保可能包括：第一顺位抵押、第二顺位抵押（次级贷款）、转让租金（假设船东将出租船舶）、公司和/或个人担保以及转让保险。一家银行在考虑是否提供贷款时会考虑：公司历史、管理特点、资金使用情况和项目性质。银行还将考虑借款人的财务健康状况：（1）流动比率（流动资产和负债）；（2）利息收益；（3）负债股权比率；（4）债务总额；（5）经营比率和任何有保证的现金流租赁合同。

4.1.14 债务融资

任何需要还款的融资形式实际上都是债务融资。这一般是指担保和无担保贷款或债券。借款资金通常是最便宜但最严格的船舶融资形式。最常见的债务融资是商业或政府来源的债务融资。此类贷款几乎总是附带船舶抵押和其他形式的抵押担保。银行和类似贷款从未全额覆盖所需资金。由于其可用性受到限制，此类贷款金额仅占新船价值的60%—80%。银行不全额放贷给新船建造有两个主要原因：第一，银行希望船东慎重对待风险；第二，如果发生清算，银行更有可能全额收回贷款。

商业银行贷款是迄今为止最常见的船舶融资方式。传统的来源是商业银行和船舶融资银行、投资银行、政府或中央银行、机构投资者、财务公司、养老基金、保险公司、新船组件制造商、供应商和个人投资者。银行可能会联合起来运作一个项目，即银团贷款。船东也可以在公开市场上发行债券。商业银行贷款、保险公司和养老基金募集的资金以及债券，被视为高级债务，这意味着在违约的情况下，其受偿顺位通常高于夹层或次级债务。

对于船东来说，债务融资的优势包括：

1. 保持对航运公司的业务运营和所有权的控制。

2. 税收优惠，其中商业贷款利息可从税收中扣除，这就降低了实际的贷款利率成本。

缺点包括：

1. 当经济状况消极影响船东贷款或船东信用评级恶化时，贷款利率较高。

2. 不论航运业的成败如何，都要对贷款人履行还款义务。对贷款人的还款义务优先于对任何股权投资者的义务。

3. 信用评级（穆迪或标准普尔等机构所给出的评级）恶化，导致当前或将来的贷款利率上升。

4.1.15 银团贷款

遇到高额造船贷款时，商业银行倾向于通过组建一批银行来分摊贷款和风险，即“银团”。一家商业或投资银行（“安排行”）组织参与银行。放款行向安排行支付费用。

一家银行承担牵头银行的职责，负责管理贷款流程、与船公司进行联系并准备文件。牵头银行还负责协调借款人的需求与参与行提供部分资金的意愿。如果银团由大量较小或缺乏经验的银行组成，则该组织变得笨拙且过程需要花费时间。更有效率的银团只有少数几个（如 4—5 个）大型且有经验的银行组成。在这两种情况下，牵头银行都可以获得设立银团的费用并持续管理贷款事项。

银团分为三种类型：（1）全额认购；（2）尽力代销；（3）协会贷款。在全额认购型银团中，安排行对全部款项作出保证承诺，然后将贷款分散到其他参与银行。在尽力代销型银团中，只有部分贷款由安排行保证，其余部分的可能或无法实现。如果无法实现，交易可能会失败或必须重新安排。在协会贷款型银团中，更小的贷款被划分给几个规模和类型类似的银行，贷款管理费的分摊份额相同或几乎相同。

4.1.16 夹层融资

为了募集到比使用第一顺位抵押贷款更多的资金，当银行或其他贷款人不愿提供有效资金时，船东可以使用夹层融资，该种形式的债务等级低于高级债务，但优于普通股。如果借款公司违约，次级贷款人需要承受在高级债务全部得以清偿后才能够全额收回贷款的风险。投资人愿意承担这个风险，因为高利率带来高回报率。还有其他好处，如转换为股权。债务可以是次级抵押贷款形式，也可以是有担保和无担保贷款、股票、垃圾债券、次级贷款或优先股。航运公司的优势包括：（1）获得高级贷款人不准备提供的资金来源；（2）可以获得更灵活的还款期限；（3）可以减轻高级贷款人要求的保证契约和财务标准；以及（4）它将对债务融资的依赖分散到多个渠道。此类夹层融资通常提供给小型船舶公司。非银行贷款人倾向于为被传统银行回避的借款人提供贷款。该类借款人包括较小的船舶、较小的交易、财务情况较差的船东或非传统注册登记的船舶。这些借款人可能需要提供其他降低风险的方法，如公司担保、个人担保或额外担保。因此，夹层融资的费率较高。夹层贷款人对船舶建造过程的影响较小。

4.1.17 债券融资

船东可以通过发行债券募集资金。债券融资是较长期的债务工具（即还款期限长于一年），但需在指定日期还款。然而，在某些情况下，债券可能有一个允许发行人提前赎回债券的看涨期权。借款人的造船债券是以特定目的和特定利率发行的债务证明。

4.1.18 高收益（“垃圾”）融资

对于某些航运公司，例如评级低于投资级的航运公司，可以通过高收益（垃圾）债券融资获得资金，而且能获得无法从商业银行处得到的杠杆能力。虽然借款人支付较高的利率，但其对航运公司的优势在于公司不用通过采用股权融资而削减自身股权。垃圾债券融资提供更高的利率来补偿贷款人所面临的更高风险。在金融危机时期，船东难以获得银行融资，便采取高收益（垃圾）债券融资。同时，寻求更高收益率贷款机会的投资者也愿意接受借款人出现问题时给予借款人某些权利的“低门槛”条款。高收益债券通常比传统银行贷款（7—10 年）具有更长的还款期限（10 年）。高收益债券与商业银行贷款的不同之处还在于还款的分期或不分期。当不分期还款时，借款人只在债券存续期间内支付利息，并在到期时偿还本金（所谓的期末整付）。一个例外是，当债券具有分期属性时，借款人在贷款期间分期支付一部分本金。

4.1.19 船厂信用贷款

造船融资的另一个来源就是船厂信贷，这是船厂争取造船订单的一种方式。这种融资可能是：(1) 买方的信贷（最常见的造船信贷形式），直接向买方提供贷款，以使其能在交船前支付价款；或 (2) 建造商或供应商的信贷，向船厂提供贷款，同意船厂延期还款，即在船舶交付之后的一段时间内再还款。有时政府支付或补贴船厂信用的利率作为吸引订单的办法。政府也提供了造船信贷来促进国内船厂的工作。这种信贷实际上是一种伪装的补贴形式，而经合组织和韩国进出口银行（KEXIM）、美国进出口银行（EXIM）、中国进出口银行（CEXIM）、英国出口信贷担保局（ECGD）、赫尔梅斯出口信用保险（德国）和中国进出口银行（EIBC）等国家信用机构则倡导公平竞争，经合组织和世界贸易组织也尝试维护公平的贸易原则。

4.1.20 租赁融资

租赁是一种不通过股东投入而增加资产的方法。这也是航运公司通过放弃可能无法使用的税收优惠来获得较低融资率的方法。出租人（船东）能够从税收中扣除折旧。对于公司税较少或不需缴纳公司税的离岸公司来说，这种交易的利益可能是零。几十年来，租赁融资已经是船舶融资的主要来源。长期租约甚至可被视为一种融资租赁。融资租赁（有时称为“干租赁”）是全额支付租赁，由出租人构建租赁以提供船舶使用权并收回船舶的全部成本。承租人负责偿付租金，并承担船舶的所有运营成本，包括保养、维修、保险、船员成本、仓储和供应商，以及其他运营成本。出租人是船舶的所有者，并且将船舶“出租”给船公司。租赁期限为一段特定的期限，并按期（如每月、每季度或每年定期）付款。承租人可以选择在期限终止时以更低的价格续租。

在租赁期间，出租人拥有船舶并出租给船公司。出租人通常在其他业务中有其他应纳税所得额，而作为所有者，其对折旧、利息享有税收抵免，并且享有诸如投资税收减免的投资激励。出租人利用这些税收优惠，可以将其中一些税收优惠转递给船公司。除非另有约定，出租人的收益还包括在租赁期末获得船舶的剩余价值。出租人继而可以转租或出售船舶。经营租赁有时被称为“湿租赁”，出租人负责提供运营成本并维护船舶、给船舶投保、招募船员。

大多数船舶租赁是“杠杆租赁”，投资者提供船舶的一部分购买价格，比例为20%—40%。船舶的剩余价格被提为债务，并通过抵押和将租金转让给融资银行的方式提供担保。在融资租赁中，银行总是坚持“绝对责任”（hell or high water）条款（即无论遇到什么困难，都必须支付租金）。作为所有者的投资者享有折旧、利息和投资、税收抵免和剩余价值等利益。租赁的关键问题是谁在什么条件下保留剩余价值。

表外融资是一种融资技术，使得资产和债务都不会出现在承租人的报表上，使得承租人能够获得更多借款。多年来，在美国，大型油轮和参与租约的大型石油公司，尤其喜欢租约不会出现在资产负债表上，从而不阻碍其进一步借款。美国法律和一般公认会计原则（GAAP）现在禁止这种做法，尽管在世界许多地方并没有此类规定。然而，富有经验的贷款人在进行尽职调查时总会询问任何存续租船债务的细节。

国际会计准则的制定者多年来一直在尝试改变租赁会计制度。他们希望船公司在其资产负债表上记录租赁债务。航运业反对这些建议，认为期租不是租赁，即使其涉及资产（船舶），但同时也是服务合同。这导致了区分资产负债表债务的复杂性。在这些问题得以解决之前，船舶融资人或投资者应谨慎行事，确定借款人的全部债务，并确保在放款前对交易有足够的所有者权益。

综上所述：

1. 通常租赁无需股东的股权投入即可增加资产；

2. 租赁下的债务往往不出现在资产负债表上；

3. 由于并不总是长期的债务，公司可以增加借款；

4. 所有者不能利用资产价值的变动（即买卖资产）；

5. 租赁提供税收优惠。

4.1.21 利率

在进行贷款时，须向贷款人支付利息和还款。而伊斯兰金融是一个例外，因为利息的概念违背伊斯兰法。费率可以是固定或浮动的。贷款协议确定了要支付的利息类型和金额。在美国和英国，伦敦银行同业拆借利率（LIBOR）通常用于浮动利率。在欧洲，欧洲银行同业拆借利率（Euribor）有时被当作指数。浮动利率与指数绑定（通常为伦敦银行同业拆借利率），伦敦银行同业拆借利率是伦敦主要银行愿意在其他银行里储存款项并向其他银行收费的平均利率。伦敦银行同业拆借利率由洲际交易所每日设定。利率上限允许船东保护自己免受由于利率上升而增加的债务融资成本，同时也允许他们保留较低利率的利益。利率上限的买方必须向上限卖方支付先期溢价。利率下限保护其持有人对抗利率下降的趋势。利率上下限是上限和下限的组合：借款人在利率下限高于实际水平时支付实际利率与利率下限之间的差额的协议。这使得利率上下限的买家能够固定支付其负债的最高和最低税率。例如，借款人将在一个级别（如 9%）买入上限，并在另一个级别（如 6%）上出售下限。通过买入上限，当利率超过 9%时，他们将得到保护；但通过承诺支付至少 6%的利率，当利率低于该水平时，他们也不会获得收益。通常情况下，利率上下限是以零成本为基础的，即在上限所应支付的溢价被在下限所应获得的溢价所抵销。减少封顶所导致的额外成本的方法是安排两头封。利率互换最简单的形式是在固定利率付款和浮动利率付款之间互换，通常与诸如伦敦银行同业拆借利率等指数相关联。对于拥有与伦敦银行同业拆借利率相关联借款的船东，可以使用互换将浮动利率贷款转换为固定利率贷款。船东将在交换时收到浮动利率付款，这抵销了借款中浮动利率的利息成本。船东在互换情况下支付的固定利率成为借款的有效成本，并为船东提供对抗利率上升的保护。利率差在一个无风险利率（即伦敦银行同业拆借利率）外再支付一个利率。利率互换是银行和公司之间的交易，借款人把浮动利率贷款转换为固定利率贷款。这样做的优点是，一家公司可以获得较低的固定利率，而另一家公司可能会获得较低的浮动利率，因此它们相互交易。最常见的交换类型被称为“单纯利率交换”（plain vanilla swap）。此类互换中，公司通常以浮动利率付款交换固定利率付款。本金不进行交换，被称为“名义本金额”。如果两个交易双方交换利息现金流（以固定利率换浮动利率），则这两种现金流称为“两条腿”（互换息差套利策略）。

4.1.22 船舶抵押和其他贷款安全

优先级贷款的贷款人以第一顺位或优先抵押作为其所需担保措施的一部分。抵押的目的是创建优先权的公开记录，最重要的是确定此抵押权优先于可能存在或对船舶产生任何影响的其他优先权或索赔。在发生违约或破产的情况下，第一抵押权持有人位列任何未付船员工资（此项是排首位的）之后，在清偿顺序中排第二位。这也是贷款人与船东就经营、维护、保险和交易区域等事项达成协议的基础。必须在有经验的律师的协助下执行抵押。这种船舶抵押在船舶本国港口的当局进行登记。船舶的文件上注明抵押权的存在，也必须张贴在驾驶室。次级抵押是劣后抵押，如果是违约，其只有在第一顺位抵押得以完全清偿后才能支付。

根据贷款协议，借款人通常会同意转让收入以支付利息和还款。如果发生灾祸导致保险索赔，贷款协议可能要求转让保险收益，其中可能包括船体险、保赔保险、战争险和收入损失保险。贷款协议还可能包含与船舶运营有关的事项和维护要求，并将记录保险的类型和价值。交易限制包括可能会规定船舶在世界范围内的可航水域。

贷款文件将包括以下信息：

1. 船旗国背书的记录；
2. 登记日期和时间；
3. 适用法律；
4. 优先权的可执行性；
5. 契约，如：

(a) 定义；

(b) 船舶描述；

(c) 保险类型和金额；

(d) 交易限制（如有）；

(e) 维护和修理标准；

(f) 遵守规定；

(g) 支付开销；

(h) 支付未来的船舶优先权；

(i) 船舶上张贴抵押信息；

(j) 发生违约时的付款；

(k) 发生违约时，对其他贷款人救济措施，包括占有船舶和船东的委托书；

(l) 申请保险收益；

(m) 申请清算收益。

清算收益通常按以下顺序进行分配：

1. 代表船东提前支付的费用；

2. 高级债务；

3. 次级债务；

4. 债权人；

5. 船东。

如果船舶被查封、损坏或扣留，船东有义务通知抵押权人。未经抵押权人允许，船东不得出售、遗弃、长期出租或重新抵押该船舶。第二顺位抵押权人并不优先于较早登记的抵押、修理人留置权或任何船舶优先权。贷款人要求的其他形式的担保可能包括：

1. 转让确定性收入；

2. 转让确定性保险收益，包括船体险、保赔保险、战争险和收入损失保险；

3. 公司担保；

4. 个人担保。

绝大多数情况下，抵押贷款文件下的安全维护要求，如果船舶的价值低于约定的贷款估值价值，则船东须提供额外的担保。该最大贷款与估值比率契约是大多数船舶融资交易中最重要的契约。市场下滑时的船舶估值问题在于传统的估值方法是目前市场的潜在价格，但可能难以找到代表性的价格。船舶评估由经过批准的估值专家以“愿意的卖家、愿意的买家”为依据提供。这种方法允许一些情况的存在，例如在疲弱的市场中可能没有“愿意的卖家”，因此感知到的市场价格与价值不同。贷款协议将包含一个最小值限制，如果船舶的价值低于剩余债务的一定百分比，如 120%，那么贷款人可能需要额外担保，如果不能提供，则取消原抵押物的赎回权。

潜在船东应向潜在贷款人出示的文件包括：

1. 背景备忘录：

(a) 公司所有权；

(b) 公司结构；

(c) 公司历史；

(d) 当前和未来的战略；

(e) 管理团队；

(f) 业务或经营理念；

2. 交易详情；

3. 船舶细节；

4. 船舶经纪人估价（如有）；

5. 借款人的财务报表；

6. 公司担保人的财务报表；

7. 个人担保人的财务报表；

8. 船队清单和雇佣详情；

9. 现金流预测；

10. 推荐的期租（如有）；

11. 推荐的船舶建造合同；

12. 来自银行家、经纪人、承租人、供应商和代理人的介绍信。

4.1.23 出口信贷机构（ECA）

船东或寻求协助船东资助其项目的船厂的另一个资金来源是依靠出口信贷机构（有时称为进出口银行，比如美国）或投资保险机构。最发达的工业国家的出口信贷机构主要是为了促进本国的制造业。出口信贷机构可能是私人机构或政府机构。出口信贷机构可以向项目提供直接贷款、向商业银行提供中介贷款、补贴贷款利率或提供贷款担保。在造船领域，出口信贷机构提供的利益通常与特定的本国建造船舶挂钩。

4.1.24 混合融资方案

有一些混合船舶融资计划不能简单地被归入债务或股权类别。例如，德国K/G制度和丹麦DIFKO制度都利用税收优惠待遇，均为独特的、有政府赞助的、混合型有限合伙。这些有限合伙是富有的个人通过投资航运来庇护其应纳税所得的方法。这种形式在20世纪80年代首次出现在挪威（K/S）、丹麦（DIFKO）、德国（K/G）以及某种程度上在英国（商业扩张计划），都是一些高个人所得税的国家。由于大型企业投资者的注入和挪威税法的变化，挪威的K/S（Kommandittselskap）市场在20世纪90年代崩溃。

K/G制度是一种德国的有限合伙形式，德国纳税人可以通过此制度投资德国籍船舶，且投资人的责任以出资额为限。对德国纳税人特别是较高纳税额的纳税人来说，这样做的好处是他们可以用投资损失和减值抵扣税款。这种加速减值（Sonderabschreibung）允许在8.33%的最高减值比例基础上，第一年再减值40%，并在前五年再减值82%。K/G制度的特点包括：

1. Kommanditgesellschaft是有限合伙；
2. "零售"高净值个人的股权融资（如医生和牙医，占投资额的30%—40%）；
3. 其余60%—70%来自银行；
4. 投资期为12—25年；
5. 较大的税收优惠政策；
6. 主要是较小的船舶。

2008年以来，K/G制度由于运力过剩和经济衰退而失去了生存能力，并且承受了重大压力。到2010年，该制度已经失去投资者的青睐。

A/G是股份有限公司，而GmbH（Gesellschaft mit beschränkter Haftung）是私人有限责任公司。

DIFKO是具有税收优惠的有限合伙，有时被称为丹麦的"金钱机器"，是一种通过三级安排为丹麦建造船舶提供资金的税务投资公司，即：

1. 一个K/S合伙企业；
2. 船舶信贷；
3. 丹麦债券计划（船东将其资金存入账户，凭此以较低的利率提取贷款—

船舶信贷利率与长期债券利率之间的差额）。

跨国公司可以通过封金计划在禁止出口该国货币的国家中获得利益。在这种情况下，当这些国家有造船业时，这些公司能够提供当地的资金来为建造出口船舶提供当地货币资金，如波兰—百事可乐国际公司（Polish-Pepsico International）建造的散货船，以及20世纪80年代麦道公司（McDonnell-Douglas）为德尔蒙公司（Del Monte）在西班牙建造冷冻货船提供当地货币资金。

易货贸易交易通常是以政府对政府的方式进行的，其中粮食、石油和天然气等基本商品被用来交换诸如船舶等制成品。在现代国际贸易中，虽然此种方式较为罕见、无效率且落后，但在有些地方仍然存在。

4.1.25 伊斯兰银行金融

伊斯兰银行融资以传统的伊斯兰原则为基础。伊斯兰融资是根据伊斯兰法（sharia）进行金钱投资的总称。穆斯林国家的政府和企业希望利用资金和收入（特别是出售石油和化学品的收入）协助穆斯林国家的基础设施建设，并以符合伊斯兰教价值的方式援助穆斯林企业。伊斯兰银行在大多数穆斯林国家拥有庞大而稳定的客户群，特别是在科威特、卡塔尔、马来西亚、阿联酋、伊朗、巴基斯坦、尼日利亚和沙特阿拉伯。

伊斯兰银行融资的一个基本特征是禁止收取利息（riba），银行所获得的任何资金回报应源于银行所承担的商业风险而产生的收益。这意味着银行分享了客户投资而产生了风险和回报。因此，银行的回报是基于客户的成功投资，而不是基于金融市场利率的收入。伊斯兰法律也禁止不确定性（Gharar）和直接投机（maisir）。禁止为不符合伊斯兰原则的项目提供融资。不同形式的伊斯兰融资适用于不同类型的船舶融资。例如，用制造加利润许可协议（istisna）的方式资助新造船，船舶的所有权在交付时直接转移给买方。对于二手船的买卖则使用伊吉拉租赁交易（Ijara），这种方式也可用于租赁。关于苏库克（Sukuk）是否严格符合伊斯兰教原则存在观点分歧。另一种方式是以固定价格租赁（光租），承租人以预先约定的价格和日期购买船舶。

理论上，由于被认为是投机（即赌博），也因将货币（交易）视为商品，伊斯兰银行原则（例如货币期货和远期交易）禁止一些西方银行业务。根据伊斯兰银行的原则，货币不被视为像小麦或石油那样的商品：它必须用于生产力。货币互换在没有利率互换的前提下是可以接受的。伊斯兰银行在管理流动资金（特别是短期债券）时较为困难。

阿拉伯海湾的伊斯兰银行市场拥有数千亿美元。存款人将其资金以无息存款的方式存入银行，并享有该银行收益的份额。伊斯兰银行从存款人处可以获得固有低成本的资金，并因此获益匪浅。银行内部有伊斯兰学者（顾问）组成的理事会审查运营和操作，并担任顾问。

表 4.1　伊斯兰金融术语

Beial urbun	只被受伊斯兰教法罕百里（Hanbali）学派接受。一种伊斯兰期权。伊斯兰投资者代表实际购买者购买商品，并保留实际购买者存款的 10%。
Beibi salam Beibisalif	远期融资交易，提供购买原材料流动资金。Salam 对货物进行认定。Salif 指的是通用商品。货物在销售时必须存在，因此不适用于造船交易。
Gharar	不确定性：过度的不确定性、风险或模棱两可的结果。
Ijara	相当于租赁，银行购买资产并出租给第三方。
Ijara irta	租赁购买。
Istisna	伊斯兰机构下达订单，建造船舶，以约定的日期、约定的价格出售。
Joalah	仅仅是提供服务的费用。
Mudaraba	参与者订购的隐名合伙基金：银行管理投资（即受托人融资），一定比例的利润交给投资者客户，银行收取费用，基金份额可以买卖。
Muqarada	发行给金融项目的债券。
Murabaha	项目融资的成本加成方法，其中包括诚实的成本声明。
Musharaka	通过建立特殊目的公司提供风险投资的燃料合作关系；银行和客户是股东，分享利润和损失（即股权融资）。
Riba	“增加，增长”（即利息）。

4.1.26　政府补助

政府补助是为了帮助和刺激国内造船业或航运业。这种资助有许多形式，包括但不限于：

1. 政府贷款；

2. 补贴利率；

3. 向船东提供现金补贴；

4. 向造船厂提供现金补贴；

5. 向配套产业提供现金补贴或信贷；

6. 与造船协议相关的经营补贴；

7. 优惠税收优惠：减免税款、递延税款、先期贷款核销、加速折旧、免税储备；

8. 保证私人贷款，即风险转移；

9. 有利的贷款条件：低利率、长宽限期、低或无首付、超过 100% 的融资、仅以收益偿付、长期贷款期限、大额尾付贷款、很少或不需要担保或抵押物；

10. 注销过往损失；

11. 延期偿还债务；

12. 培训资金；

13. 进口材料免征关税；

14. 造船研发基金；

15. 船舶拆船补贴；

16. 偿还前给予宽限期；

17. 重组援助；

18. 破产和关闭援助；

19. 区域或其他投资援助；

20. 研发援助；

21. 环保援助。

4.1.27 股权融资

船舶融资的另一个资金来源是股权融资。船东投资自有资金或出售公司权益。换句话说，公司所有人放弃了公司的一部分所有权。股权融资是筹集资金用于建造新船舶的另一种方法，特别是当公司无法再借债或涉及风险较大的航运投资时。这里的权益指的是对船公司的利润或未来价值持有的所有权或股份。股权投资回报的来源可能来自船公司的留存收益，也可能来自现金收入。它可能涉及资产出售，也可能涉及出售公司股票（普通股或优先股），最后还可能涉及设立有限合伙关系。

出售股份可能涉及普通股、优先股或可转换优先股。普通股拥有可影响船公司管理的表决权。优先股没有表决权，但有比其他股东优先获得股息的优待。可转换优先股是可转换为规定数量普通股的优先股，是股东的另一选择。大型上市公司的许多股东通过选举董事会成员的方式行使表决权。公司经理和董事会成员对股东负有受托人义务。

在美国，经常使用“common stock”（普通股）一词。其他地方则称为“voting share”（表决权股份）或“ordinary share”（普通股）。普通股分为有表决权和无表决权两种。普通股持有人的股息是不确定的，取决于收益、资本（即再投资）的需要以及董事会的决定，所有这些决定都在借款协议中有合法的特别约定。优先股的特征在于分配股息时有优先权、在清算时对资产有优先权、可转换为普通股、可赎回、允许公司回购股份、无投票权、通常具有固定股息（即面值），但可能有一个和指数绑定的浮动的利率；累积优先股允许积累任何未付的股息以供将来支付。普通股和优先股有许多变形，在表决权、可转换性、可兑换性、赎回日期、或当无赎回日期时，则有其他特权（持有人可能要求公司赎回股份）等其他特征上很多差异。每个国家，如英国、德国、美国、巴西、加拿大等国家，对发行优先股都有不同的具体限制和要求。

4.1.28 公开发行

一家私营船公司可以通过上市募集资金进行船队扩张或更换。它通过向机构投资者提供公司股票，从而向证券交易所的公众提供股票。这个过程称为首次公开募股（IPO），即股票发行或“上市”。IPO 的优势在于可以为新建船舶、船队扩张或更新提供大量资金。其缺点是认购、法律、审计和其他费用可高达募集资金的 1%—8%。这个过程昂贵、耗时、复杂，甚至可能不能成功募集所需资金（即认购不足）。

一家公司通过公开发行出售股票时，投资银行或投资银团将担任承销商，同意将股票出售给投资者，并获得管理和承销费用。需要准备招股说明书、确定初始发行的价格。如果价格定得太低，公司可能会亏损太多。如果设定太高，发行人可能会遭遇认购不足。招股说明书须提交政府部门批准。美国纽约证券交易所（NYSE）和纳斯达克证券市场（NASDAQ）是首次公开募股的主要交易市场，但香港、上海和深圳的交易所已逐渐超过了美国的交易所。东京、奥斯陆和哥本哈根的交易所对于航运企业上市也很重要。招股说明书必须向公众公开有关公司的详细信息、财务状况、管理层和资金的预期用途。公开这些保密信息是公开募股的缺点之一。

4.1.29 私募配售

为船舶投资增加股权的另一种方法是通过私募配售市场融资，使用诸如财产及人寿保险公司、私营和公共部门养老基金、共同基金和财务公司等机构。私募市场上的资金非常庞大，金额高达数10亿美元。为了进入这个市场，船东必须找到一个在该领域有资深成功经验的投资银行或顾问。虽然政府有管理私募配售的规定，但并不像公开发行那样有众多限制。私募发行也对投资者团体开放，可以是股票、债券、认股权证或期票等形式。

随着2008年开始的金融危机和船舶融资资源的枯竭，2012年至2013年间，私募股权投资者和船东开始合并。在2013年，船东寻求私募股权融资。但是，由于存在经营方式的根本性脱节，这个过程出现了困难。一方面，船东通常完全控制运营、投资决策、租赁和报告制度（或没有报告）等。而另一方面，尽管需要船东的经验和专业知识，私募股权公司仍希望控制投资和夺得决策权，并参与经营和租赁决策。他们更喜欢透明度和全面的报告。此外，一旦达到目标，他们就会出售资产，这与传统船东的经营模式相反。

4.1.30 风险投资

船东的另一个造船资金来源是风险投资家。风险投资是一种私募股权，有时被称为“天使投资”。风险投资、初期投资、种子基金或A轮募资对于新的小型企业至关重要。新的小型企业年限不够，无法进入公共市场或获得贷款和债务融资。风险投资家最初提供种子资金，而在启动、增长和扩张后退出风投。新的船东必须有良好的经营计划、富有经验管理团队和扎实的商业机会，比如租约，才能吸引风险投资。

4.1.31 业主有限合伙（MLP）

对于航运投资者来说，享受一定税收优惠的一个非传统方法是进入业主有限合伙。这种有限合伙关系因具备流动性，所以可在交易所进行交易。IPO 也可通过业主有限合伙的形式进行。投资者（合伙人）的优势在于不必支付公司税，并能够按照其持股比例进行折旧。业主有限合伙需要按季向有限合伙人支付固定分红，但这种分红需要征税。业主有限合伙取决于现金流的可预测性和稳定性。由于航运行业的不稳定性，特别是在油轮和散货行业，经常出现分红风险。接触业主有限合伙企业时应保持谨慎。

4.1.32 造船合同的财务要素

造船合同可能是标准合同，其中一些标准合同对船厂有利，因此受到船厂的青睐。其他则偏向于船东。使用标准合同时，在双方谈判阶段，常常会有修改和附加条款。

一些最常见的标准合同包括：

1. 波罗的海国际航运公会（BIMCO）的 NEWBUILDCON 标准合同；
2. 西欧造船公会（AWES）标准合同；
3. 美国海事局（MARAD）标准合同；
4. 日本船东协会（SAJ）标准合同；
5. 中国海事仲裁协会（CMAC）标准合同（上海格式）；
6. 挪威标准合同。

或者，造船合同可以由船东有经验的律师或船厂的法律部门起草。无论是标准格式还是特别草拟，合同通常都以特定条款的谈判为主题。无论如何，所有造船合同都有一些共同的影响船舶融资的基本要素，其包括：

1. 每艘船的价格；
2. 付款的货币；
3. 期权：任何可选附加船舶的价格（如有）；
4. 更改合同的额外费用或信用额度；
5. 延期交船的罚则，速度、燃油消耗、载重吨和船舶其他特征的缺陷；

6. 进度款时间表；

7. 争议解决：调解、仲裁或法院；

8. 加速条款（如有）；

9. 如果需要额外的工作，单位价格；

10. 如果变更破坏了工作时间表，船厂随之产生费用；

11. 在施工期结束时留置以覆盖保证工作；

12. 保险：保险金额、类型、保险收益的指定受益人和分配制度；

13. 履约担保函（选择管辖权至关重要，因为执行有时会比较困难）；

14. 由买方接受的银行签发的还款保函，并在合同解除时退还进度款；

15. 税收、关税、费用、船级社费用、注册费等；

16. 交货时燃油和润滑油。

以上所有这些以及合同和规格书中的许多其他条款将会影响到船厂资金流动的数量和时间。

船东现场代表的职责之一是监督施工进度，并向船东提供及时的建议，尽可能明确工程里程碑何时到达、相应的款项何时支付。

4.1.33 进度款

造船合同的一个重要组成部分涉及船东在建造船舶期间支付给船厂的进度款。款项金额与付款时间是合同谈判时最密切关注的问题。船东可能希望预付款越少越好，并且可以随时调整付款进度，而船厂则希望能够尽早确认付款进度。解决这个问题最公平的方法是在设计付款进度的时候保障船厂能够及时获得建造成本支出费用。

第二个问题是选择能够准确定义的付款里程碑，例如合同签订、切钢板、主机送达船厂以及成功完成海上试航。例如船体钢机构工程完成40%、电气工程完成60%的里程碑就并不确定，此类里程碑描述应该避免。波罗的海国际航运公会的标准新造船合同（NEWBUILDCON）建议，“在提供还款保函后的五（5）个银行日内”，支付第一笔款项。最后一笔分期付款应在“交船时到期并支付”，“由于修改而到期或可退还的金额……应从原始分期付款中增加或扣减”。期间进度款应由船东和造船厂商定。

4.1.34 履约担保函或保证函

有时船东想要财务保证，担保造船厂将按照计划和规格书及时交付船舶，并通过监管机构的批准。为降低船东的风险，船东会要求造船厂提供履约保证金，有时称为“保函”或“履约担保”，或如果由银行出具，则称为“银行担保”。船东的担心在于船厂可能最终会破产，无法支付人工费用或物资。自1932年以来，美国联邦政府和许多国家和市政建设项目必须得到履约保证金的支持。

造船厂或承包商可从银行或保险公司处获得此类担保。履约担保的成本取决于担保的种类、担保的金额、最重要的是申请人的风险。保函的出具人将密切关注项目、船厂的风险历史、索赔诉讼。出具人将分配保函价格。这通常可能会花费项目价格的1%—15%之间。保函的价格随之转交给船东。“违约金额”（penal sum）是指该保函可支付的最高金额。船东是债权人，造船厂是债务人，保函的出具人是担保人。如果债权人提出索赔，担保人确定索赔有效，其将向债权人支付约定的违约金额。然后，担保人将尝试向船厂追回所支付的金额及诉讼费。

4.1.35 还款保函

造船合同应包含退款保证条款。合同签订后，在建造期间，船东将不断付款。如果造船厂破产或宣布破产或违约，船东将要求退还其已支付的进度款。通常的程序是造船厂与其银行安排向船东提供还款保函。重要的是银行保函应有正确的措辞和授权人员的签字。如果船东为船舶提供融资，贷款协议将包含一个条款，规定造船合同应有退款保证，同时相应收益应支付给贷款人。

4.2 结 论

由于船舶融资涉及大量投资，因此必须小心谨慎对待。全球金融状况和航运业的经济状况不断变化，并造成风险。特别现实的是，投资期限和资产寿命都很长，并可能会经历一个或多个市场周期。一个时期中最好的融资策略在另一个时期内可能就不是正确方案。回报可能非常丰厚，但风险也真实存在。因此，船东/买家应研究所有的融资方式、权衡风险并充分利用其能获得的最专业的协助，特别是投资银行家和海事律师的协助。

参考文献

A Guide to the European Loan Market, Standard & Poor's, New York, 2010.

Bartsch, G.; *Finance & Investment Briefing*, Watson, Farley & Williams, Hamburg, 2012.

Cleary, T.; *The Art of War*, translated, Shambhala Pocket Classics, Boston, MA, 1991.

Curtis, S.; *The Law of Shipbuilding Contracts*, Lloyd's of London Press, London, 1991.

Debt Finance Issue, Marine Money, Stamford, CT, 1996.

Duru, O.; *The Ship Mortgage Crisis*, The Maritime Executive, 2014.

El-Gamal, M.A.; *A Basic Guide to Contemporary Islamic Banking and Finance*, Rice University, Houston, TX, 2000.

Hunt, E.C. and Butman, B.S.; *Marine Engineering Economics and Cost Analysis*, Cornell Maritime Press, Centreville, MD 1994.

Hussain, M.; *Legal Aspects of Islamic Finance*, Stephenson Harwood, London, 2002.

Islamic Finance, Special Report, Financial Times, London, 2007.

Kokkinos, G.A.; *Handbook on Shipping Finance—Theory and Practice*, Athens, 2004.

Ma. S.; *Maritime Economics*, WMU, Malmo, Sweden, 2007.

McGroarty, R.D.; *Koranic Structures*, Lloyds Shipping Economists, 2008.

Orfanidis, A.; *Shipping Finance*, *Approach to the Hellenic Market*, Athens, 2004.

Paine, F.; *The Financing of Ship Acquisitions*, Fairplay, Survey 1989.

Proceedings of the 6th International Ship Finance Conference, Lloyd's of London Press Ltd., London, 1994.

Risk Management in the Marine Transportation System, Transportation Research Board, NRC, Washington, DC, 1999.

Shipbuilding Contracts and Related Ship Finance Issues, Maritime Business Forum, London Shipping Law Centre, Inc & Co., London, 2010.

Shipping Market Review 2014, Danish Ship Finance A/S, Copenhagen, 2014.

Sloggett, J.E.; *Shipping Finance*, Fairplay Publications, Survey 1998.

Stokes, P.; *Ship Finance*; *Credit Expansion and the Boom-Bust Cycle*, Lloyd's of London Press, London, 1992.

Stopford, M.; *Maritime Economics*, 2nd Edition, Routledge, London, 1997.

Sundararajan, V. and Errico, L.; *Islamic Financial Institutions and Products in the*

Global Financial System, IMF Working Paper WP/02/192, 2002.

Tevis, R. L.; *The Functions of Lease Financing*, ASME, New York, 1968.

The Credit Rating Controversy, Council on Foreign Relations, Washington, DC, 2015.

Utmark, G.; *Hedge Funds—Take Two*, Marine Money, Stamford, CT. *Where's the Money*?, The Baltic, 2010.

Zannetos, Z. S.; *The Theory of Oil Tanker Ships Rates*, MIT Press, Cambridge, MA, 1966.

第五章

航运债务融资

乔治·帕莱克拉萨斯（George Paleokrassas）

5.1 简 介

当贷款人向船东贷款时，贷款人需要确保对借款人的破产、未能及时履行义务以及船舶损失或船舶被其他债权人予以权利限制时有充分的保护和担保。船东的根本目标是提高投资的回报率，故船东会试图限制贷款人对其业务的干扰，并保持在业务和船舶经营方面最大的灵活性。

在当前银行流动性有限、银行受到监管机构更严监管和更大压力（以及自身内部风险，合规和反洗钱部门在银行内扮演越来越突出的角色）的情况下，航运业一直被认为是资本密集型和风险性强的行业，债务融资变得越来越难获得。这特别适用于船东，因为船东的船队或运营规模、缺乏公司结构或集团的最终受益所有权缺乏透明度会导致船东不符合许多银行所要求的最低客户标准。在日益谨慎的气氛中，银行需要确保他们所提供的贷款不违反有关制裁、避税和股权的任何国际或地方法律法规，也要符合他们所需遵守的资本充足率要求。船舶债务融资的基本原则是贷款人提供债务融资，借款人提供的船舶和其他抵押物可以保障船舶收益偿还贷款。

5.2 债务融资类型

航运业传统上通过船东的私募股权进行融资。近几十年来市场对更多吨位的需求、船东希望提升航运投资回报率以及全球金融体系的发展，导致船东转向其他资金来源，包括债务融资，其主要类型将在下面讨论。

5.2.1 标准贷款设施

贷款融资是最常见的船舶融资类型。船东从贷款人（大多数情况下是银行）借款，并承诺在一定时间内偿还贷款。交易条款将在贷款协议中予以反映，包括以下主要特点。

5.2.1.1 贷款人

尽管船舶投资远非低风险投资（盈利和资产价值不断波动，船舶不断在全球不同港口之间航行），但这种投资仍然是一种担保贷款形式，有潜在收益作为还款来源，因此金融机构和个人投资者在历史上均被其吸引并作为贷款人提供航运贷款。船舶融资贷款是许多国际银行的投资组合之一，特别是在有航运背景的国家。其许多银行已经设立专门从事航运资产融资的专业部门。

5.2.1.2 银团

贷款银团是受贷款人在几个参与者之间分散大型项目风险的需求所驱动。一家银团贷款额度由一组贷款人提供，由其中一个或多个贷款人担任安排行（通常是银团的借款银行或与各银团贷款人关系最密切的银行）。贷款通常由一位贷款人作为贷款代理行进行管理，并由借款人向其支付费用。银行为获得增效利益而将代理职责进行外包，或者出于责任承担的考虑设立单独部门来履行代理职能，此类情况变得越来越普遍（以便在同一个银行内有一个单独的团队承担贷款职能，另一个团队承担代理职能，两个团队之间设有严格的“防火墙”）。

各贷款人可能有不同风险，为规范贷款人之间的事务，贷款协议规定了代理人可以单独行使的权力以及需要全部或约定大多数贷款人授权才能行使的权力。重大决策通常需要一致通过，包括偿还贷款方式（或贷款期限）的任何变更，或贷款保证金的任何减少，或贷款担保的释放。某些“保留”事项需要所有贷款人一致决定，这意味着任何一个贷款人可以通过拒绝同意这些事项来获得控制其他银行通过特定决定的权力，而这是想要找到一种退出贷款的方式并通常希望另一家银行或借款人能够购买其在贷款中的份额的银行经常使用的一种策略。担保措施通常被授予给一个指定的担保受托人或代理人，随后该担保受托人或代理人将受托持有担保物并为贷款人进行管理。

在银团贷款中，贷款人的义务是独立的。每个贷款人有义务发放其在贷款中的份额，如果其他贷款人没有参与其中，则不承担责任。银团的一个优点是，当贷款人希望将其贷款份额（无论是全部还是部分）进行转让时，银团贷款协议规定了相对方便地将任一贷款人的全部或部分份额转移给新的或现有的贷款人的程序（文件要求也有限）。可以理解，船东可能希望在这方面限制贷款人的自由，因为船东希望在贷款人群体的组成方面有一定的话语权。另外，更多的贷款人坚持拥有不受约束的转让其航运贷款份额的权利，在贷款人寻求出售或转让其全部或部分航运贷款组合（在过去几年已经有此类转移投资组合的一些例子），或出售其不良贷款份额或出售贷款人想终止与其贷款关系的客户的贷款时，以上权利显示出重要价值。

5.2.1.3 借款人

根据船东集团的结构，贷款协议项下的借款人几乎总是：

(a) 单一目的公司（SPC），唯一资产是融资船舶本身的一个实体；或者

(b) 一个作为一批姐妹船登记船东的公司（例如，不使用单一目的公司的渡轮公司）；或者

(c) 控股公司—拥有该船舶的特殊目的公司的直接或受益股东。

在（c）的情况下，控股公司将向通常作为抵押担保人参与的船舶公司转发贷款（即控股公司自行向船舶公司借出其从贷款人方面收到的贷款，从而将贷款发放给船舶公司）。在航运业中使用单一目的船公司是非常普遍的，这可以作为船东试图限制其责任的一种方式，主要是作为确保每艘船的业务管理方便的一种方式，并在此过程中将每艘船舶与其他“姐妹船”的责任相互隔离。英国法律允许使用这种结构，尽管这种结构对船舶免受姐妹船被扣押影响的保护程度取决于船舶扣押地的司法制度。所以，南非等国就允许债权人以与“相关”船舶有着相同的最终受益船东而扣押船舶。某些其他司法管辖区，如法国，允许债权人刺穿特殊目的公司的公司面纱，使得该集团的其他船东在特殊目的公司没有适当遵守其治理原则时也承担特殊目的公司的责任，例如当集团可以自

由地将船舶收益用以履行其他船舶的责任时。

5.2.1.4 融资船舶：新造船和二手船

如果进行融资的船舶是新造船，则该贷款额度的一部分可以在船舶建造期间向船厂提供交船前或“里程碑式”款项的融资（这通常称为“交船前融资”）。在交船前融资中，贷款人对船厂的声誉有一定要求，特别是后者根据合同条款完成新造船建造的能力（包括其建造船舶的资金能力），并确保借款人从其公司管理人员或其他专业经理人中任命的现场小组对船舶建造进行适当监督。此外，贷款人将审查银行的信用情况，以保证船厂在合同项下的还款义务以及该银行提供的担保（通常称为“还款保函”）的有效性。因为在几乎所有情况下，新造船的所有权仅在建造完成时（船厂向借款人交付所有权时）才转移给借款人，在交船前融资中，贷款人将要求借款人提供担保，确保借款人将其在船舶建造合同以及还款保函项下的权利转让给贷款人。

2008 年的信贷危机之前，市场可提供大量新造船的交船前及交船后融资。(交船后融资是指在交付新造船时预先提供的贷款额度。过去，交船后融资将对同一艘船舶的交船前融资进行再融资，对向买方交付新造船时应支付的最后一笔价款提供融资)。自 2008 年以来，这种情况已经发生了变化，许多银行根本没有提供或者大幅度限制交船前融资。在此期间，大多数船东使用自有资金为交船前的进度款提供资金，并且已经获得了仅可以在新造船向其船东/买方交付时才能提取的债务融资。在此期间，船厂已经接受了增加在新造船交付节点应付合同价款的比例，从而减少了在交船前建造阶段船东需要用自有资金支付的款项比例，这在一定程度上减轻了交船前融资受限所带来的影响。交船后融资可通过新造船的抵押（在其交付给买方时）以及其他贷款人在船舶融资交易中常用的担保措施（见下文详述）进行担保。

除建造新船外，船东可以选择通过收购二手船增加其吨位规模。在这种情况下，贷款人将会获取关于船舶状况的调查报告，要求审查相应船级社的记录，并要求其律师取得证据，证明在借款人收购时，船舶具有贷款人可以接受的船旗、借款人为登记船东、船舶没有留置权和其他产权负担。此外，贷款人将要求其抵押权已经在船舶登记处妥善注册了必要的优先权（以及确保已收到贷款额度的所有其他担保)。融资船舶的收入能力也应满足一定要求，如果船舶附有长期租约（大多数情况下是 12 个月以上的租船期），贷款人将寻求受让借款人在该租约项下的权利。

5.2.1.5 贷款金额

借款人可以从银行获得的用以收购船舶的贷款金额，一般通过参照船舶的购买价格以及船舶的市场价值来确定（由独立船舶经纪人或由贷款人指定或认可的船舶经纪人计算)。在某些情况下，贷款人仅考虑船舶独立评估的市场价值（忽视购买价格以确定贷款人可提供的最高贷款额度)。贷款人还可以考虑船舶将要进行的任何业务，以确定贷款的数量和期限。贷款协议规定了如何确定船舶价值的机制，以确定贷款的初始金额（如上所述)，并确定符合贷款协议中规定的最低价值/资产担保比例。这要求借款人确保，任何时候，担保价值（主要由融资船舶的市场价值组成）均应维持高于未偿还贷款金额的指定百分比。可能出现的任何差额都必须通过提前还款或提供额外担保来弥补。

5.2.1.6 先决条件

贷款人发放贷款的承诺总是要满足某些先决条件，包括没有违约事件、满足最低价值/资产担保要求、贷款人的“了解您的客户”要求、必要担保措施的审批登记、提供有效的船舶证书和贷款人收到确认借款人和向借款人提供担保的任何其他方的适当注册和有效存续的法律意见书，以及贷款人所持担保措施的有效性和可执行性。

5.2.1.7 货币

由于航运业的大部分收入以美元计算并支付，因此借款人希望确保其贷款也以美元发放，以避免汇率风险。然而，根据借款人的需要，贷款可以以另一种货币（例如欧元、英镑或日元，因为在某些情况下，日本船厂会要求由其建造的新造船合同或购买价格以日元支付）发放或计价。在后一种情况下，贷款协议将包括赋予借款人将贷款转换为其他货币（双币种选择权）或多种货币（多种货币选择权）之一的权利。双重或多货币选择将允许借款人从适用于相关时间的或可选货币之一的低利率中获益，同时也使其承受汇率波动风险。借款人可以使用其他衍生工具（由某些贷款人提供的贷款额度）来处理以美元以外的货币进行的任何支付义务。如上例所示，船东在日本订购新造船并需要以日元支付购买价，而其从欧洲或美国的贷款人获得的贷款则以美元计价。

5.2.1.8 借款和偿还贷款融资

定期贷款以一次或多次付款方式提供给借款人，并在固定期间分期付款（通常为季度或半年度）。付款时间表是考虑预计收入（不论是长期船舶雇佣还是其他方式）以及融资船龄来确定的。最终的还款日期还需要支付最终的“气球”尾款（与贷款到期时的预期船舶市场价值或者某些情况下的预期拆船价值相关）。

对于希望获得其营运资金需求的借款人，或者拥有“战争基金”的希望为其未来再确定收购的船舶获得融资的借款人（有时被称为“狩猎执照”），循环贷款也是合适的。相对于定期贷款额度（任何偿还金额不能续借），循环贷款设立最大的贷款金额，贷款人可以在贷款的期限内借款、偿还和重新借款。借款人支付承诺费以维持贷款的可用性，并根据其现金流需求或其在市场上识别的收购机会，灵活地决定借款的频率和金额。整个贷款必须在某一日期之前偿还，或者在减少循环贷款的情况下，可以提取或待提取的最高金额将在贷款额度的期限内按固定日期减少，并在贷款到期之日全部偿还。

贷款协议还载有特别偿还的条款。借款人通常有权在利息支付日提前偿还部分或全部款项，并事先通知贷款人，而且不会产生额外成本。如果提前还款不是在利息支付日进行，贷款人有权就任何融资违约损失获得借款人的赔偿。如果融资船舶出售或发生保险全损理赔以及违反最低价值/资产上限要求（如上所述）的情况，将会产生借款人强制性提前还款的义务。其他重要的事件或情况（例如，借款人或公司担保人的控制权变更，或者为建造新造船提供的交船前贷款在造船合同取消、终止或撤销的情况下）也将作为引发强制性提前还款的事件纳入贷款协议。

5.2.1.9 利息

贷款利息将按照每年的百分比率计算，并以浮动或固定利率计算。大多数贷款会约定浮动利率，这取决于贷款人在银行间市场或其他可供贷款人使用资金来源的每个利息支付日（转借给借款人的资金成本）获得资金的费用。在固定利率贷款中，商定的统一利率适用于整个贷款期间。银行通常不会向借款人（与贷款一起）提供让借款人能够固定贷款利率的衍生工具。浮动利率表示为伦敦银行同业拆借利率［或欧元同业拆借利率（Euribor），如果该贷款以欧元发放］，商定保证金和某些情况下强制性成本（即贷款人遵守其所在中央银行和/或任何如金融服务管理局或欧洲中央银行等其他适用的监管机构所要求的费用）。如果借款人没有履行贷款协议项下的任何一项付款义务，则应按照增加的利率支付罚息（通常比上述方式计算的贷款利率增加1%至2%）。

如果伦敦银行同业拆借利率（或欧元同业拆借利率）不可用、贷款人无法获得当时提供贷款所约定的货币资金，或如果贷款人的融资成本高于适用的伦敦银行同业拆借利率（或欧元同业拆借利率），贷款协议还规定了确定替代利率的商定机制。这种事件被称为“市场中断事件”，贷款协议条款通常有权让贷款人在贷款尚未发放时取消其贷款（或其任何部分）的承诺，或者在贷款已发放时由借款人提前还款。如果在指定的谈判期限（通常最多30天）内，即在贷款人和借款人就市场中断事件持续时间内所适用替代利率的协商期间，没有达成替代利率的协议，则将出现借款人强制性提前还款的义务。

该贷款的账龄分为连续的利息期（通常为1个月，2个月，3个月，6个月，或在某些情况下为九个月甚至十二个月的期限），所适用的利率将参照该期间确定。利息在每个资金成本支付日予以支付，通常情况下，如果资金成本支付期间超过三个月时则该利息期为每三个月一次。

5.2.1.10 陈述和保证

作为借款人尽职调查过程的一部分，贷款人要求借款人在履行贷款协议时对其法律、财务和监管事务作出某些声明。标准的陈述和保证将包括：

(a) 借款人的企业和税收良好；

(b) 借款人的公司授权；

(c) 获得和保持任何必要的政府审批（或任何其他适用的监管机构的审批）；

(d) 不存在冲突（借款人根据交易文件承担的义务并不违反任何法律、法规或借款人自己的章程文件）；

（e）借款人根据贷款凭证的义务的有效性和可执行性；

（f）没有任何违约事件；

（g）借款人没有任何诉讼或破产程序；

（h）提供给贷款人的所有财务信息的准确性。

借款人将在提取贷款（或其各部分）时确认这些声明。在每个利息期开始时，也将视为借款人重复确认了这些声明。

5.2.1.11 契约

贷款协议契约条款基本上是借款人为满足贷款人的要求而做出的承诺，即借款人能够满足还款和其他义务，以贷款人为受益人的担保不会受到损害等。贷款协议包括一般、公司、财务和船舶相关的正面或负面保证契约。借款人承诺维持其有效的法律存在和任何所需的同意、保持良好的信誉、遵守法律及其税务义务、向贷款人提供其财务报表和其他所需的财务信息并就任何违约事件通知贷款人。借款人也可能需要遵守某些财务契约（通常是借款人或控股公司的担保人），或者贷款期间内在贷款人（和/或与其他银行或金融机构）的账户中保留最低金额的现金。

由于船舶是交易的主要担保，贷款协议包含有关船舶所有权、船旗、船级社、适航性、雇佣和保险方面的广泛契约事项。借款人将进一步承诺不采取某些行动，例如出售其资产、向其股东支付股息或其他分配，或引发任何进一步的财务负债（尽管在某些情况下，特别是在借款人为控股公司，在满足某些条件时允许支付股息和进一步财务负债）。随着税收、全球金融和贸易条例变得更加复杂和广泛，涉及借款人遵守环境法律、制裁、洗钱立法和“美国外国账户税务合规法（FATCA）”要求的复杂条款已经被引入并且现在常见于贷款协议之中。

5.2.1.12 适用法律和管辖权

鉴于船舶贷款的多重管辖性质以及与航运相关的协议和其他合同中英国法律的首要地位，大多数贷款协议适用英国法律，争议受英国法院的管辖。这方面有一个例外，例如，由美国对外发放贷款的银行通常会要求其贷款协议适用

在租赁交易中，船舶所有权和经营所产生的风险由承租人承担，承租人本身与借款人在标准债务融资下的地位相似。一旦所有的租金付款已经支付，出租人有义务将船舶的所有权转让给承租人，因为船舶的经营者意图获得船舶剩余价值的利益。承租人在租赁期间的特定时间有权选择以固定价格购买船舶，这并不罕见。购买选择权的金额通常等于从选择权行权之日起至租赁期限届满之前的租金或租赁付款总额。

5.2.3 债券

以上有关银团贷款融资的章节总结介绍了一个以上的贷款人可能参与的债务融资方式。这种银团贷款的一个替代方案是由借款人发行债券，通常只包括适用于债券的主要条款，如本金、适用利率及其到期日，而有关发行人承担的义务的其他详细条款则在一份主协议中载明，如契约或（在希腊）一个计划。主协议并不要求每个债券持有人签署，因此该结构确保债券及其所附带的权利易于转移。同时，各种公司信息、财务和其他契约可以包含在契约或计划中。

债券与股票具有一定的共同特征，因为它们都可以在有组织的交易所或市场上交易，并被认为是流动性工具。发行债券（与发行股票相比）的一个优点是，公司法中规定了每种融资工具的基本特征的某些限制在适用于股票的同等程度上并不适用于债券原适用于股份的那些限制，因为债券仍然是债务工具。然而，根据交易的具体情况、投资者的特点、发行人所针对的投资者等，发行公司可能会以多种不同的方式设计债券的结构。

相较于股东，债券持有人的一个优势是，作为公司的债权人，债券持有人在公司破产或解散时在公司的资产（或处置这些资产所得的收益）方面优先于股东。债券可能劣后于发行人发行的其他形式的债务，使债券在这方面与股份类似，股东只在发行人所有债权人之后可以对剩余资产主张权利。这种类型的债券对于主要投资于股权的，但不满足传统股票的基本或“普通型”性质的投资者是有吸引力的。这些工具授予其持有人分享发行公司利润的权利，尽管他们提供的回报确定性较低，因为它们是无担保的，并且取决于发行公司的资产超过其对债权人的负债。由于这类结构性债券持有人同意劣后于公司其他债权人，例如贷款机构的贷款人，他们通常能够协商更高的利率和更有利的投资回报，而不是适用于优先级贷款额度的回报。在某些情况下，航运公司发行的债券具有担保，从而使债券持有人相对同一公司的股东或其他无担保债权人有明显的优先权。执行抵押资产的收益将首先用于偿还有担保债权人（作为担保债券持有人），只有这样处理之后才能向无担保债权人偿还。

20 世纪 90 年代末有大量航运公司在美国资本市场发行债券。许多发行人最终以折扣回购其债券（在某些情况下是很大的折扣），因为他们无法支付适用于债券的券息（即商定的利息支付），或因为他们声称无法满足未来券息的支付。然而，这些债券的发行为资本市场分析师设立了一个追踪市场，特别是在美国和挪威。这一发展反过来又为航运公司在 2003 年以发行股本形式回归资本市场奠定基础。

随着 2008 年以后债务融资的可用性显著降低，航运公司再次看到了资本市场的额外资本来源。随着债券市场的低利率，债券发行机会再次出现，航运公司在美国和挪威资本市场发行债券。债券对投资者具有吸引力，发行人可以通过其资产的长期雇佣来显示其具备支付券息所需的现金流。这就是为什么在海上工程、液化天然气、石油和天然气和集装箱等习惯长期雇佣资产安排的航运产业中的公司，一直在密切注意债券发行或事实上已经发行债券。

5.2.4 夹层融资

夹层结构代表债务和股本特征的组合（在许多情况下，它被视为代表“准股权”）。提供这种类型融资的金融机构与借款人、其股东和优先贷款人（即其提供的融资在偿还和担保方面将具有优先性）达成协议。夹层贷款人将签订一份劣后级或次级融资协议，规定贷款人的获偿能力，通常仅在优先级贷款已被偿还和经营费用已支付后从由借款人产生的盈余收入中获得偿还。在没有这种盈余的情况下，根据次级融资协议，借款人不会向夹层贷款人偿还款项。优先贷款人和股东之间的夹层贷款人将获得与优先贷款人相比显著更高风险水平的回报，以更高的利息回报率、费用或“分成”（借款人的利润或收入的商定百分比，通常高于某一门槛），甚至是将其债务转换为借款人股份的权利等形式获得更高的回报。任何此类费用或促销将在实现某些目标（参照内部收益率、净头寸、收入等）的条件下支付，并允许夹层贷款人分享借款人的利润或接收借款人的股份（或在规定期限内，以权证形式，以预先约定的价格购买股票的权利）。

如上所述，夹层贷款人的地位与股权持有人的地位相似，因为贷款人有权参与分配借款人的利润，即使严格来说，贷款人是考虑到借款人破产的常见风险，期望其债务得以足额偿还的债权人。虽然优先贷款人也面临借款人破产的风险，但他们的敞口较少，因为它们总是处于夹层贷款人的前列（在借款人的现金流和担保权上）。优先贷款人（几乎总是提供大部分贷款）所处的更安全的地位反映在他们的回报金额（通常显著低于夹层贷款人），而且他们通常不会有权参与分配借款人的任何利润。虽然有一些专门向航运公司提供夹层贷款的提供商，但在许多情况下，同一银团贷款人将同时提供优先级贷款和夹层贷款，而每个银行参与优先级或夹层贷款的程度将会有所不同，并取决于其风险偏好。

5.2.5　出口信贷机构

中国、日本、韩国、挪威、荷兰等在造船业有悠久传统的国家，力图支持当地的造船业，并通过出口信贷机构增加对在这些国家经营的船厂建造船舶或机械设备的需求。出口信贷机构（ECA）通常是政府控制的组织，向潜在投资者提供融资或保险。正在考虑是否应该下订单的航运公司，在决策过程中，将越来越多地受到出口信贷机构新造船融资（或为该融资的保险或其他担保）的影响。

几乎所有经合组织成员国也是经合组织出口信贷和信贷担保或出口信贷集团工作组的成员，这说明了出口信贷机构的重要性。其目标是审查和评估出口信贷机构有关政策和制定共同指导原则。因此，经合组织更新了关于官方支持出口信贷的安排，规定了出口信贷机构支持融资的各方面规则，其中包括最大偿还期限和利息支付频率。

每个出口信贷机构将通过参加银团或通过提供保函担保商业银行贷款来为新造船的部分收购成本提供融资。最近，我们看到一些债务贷款的案例，其中一个出口信贷机构通过向借款人提供债务资金，而另一个出口信贷机构就其参与的债务贷款向商业贷款机构提供保函从而参与该贷款。

一个或多个出口信贷机构参与债务贷款通常会导致借款人为出口信贷机构资助或担保的贷款部分支付较低的利率，并允许借款人可以从商业贷款人处获得比该金额更高的融资金额，特别是在当前市场上（考虑到商业贷款人将把出口信贷机构参与的债务贷款认定为已将借款人的违约风险转移给出口信贷机构，这被认为其面临的风险等同于主权国家的违约风险)。然而，为使出口信贷机构能够参与债务融资需要支付很高的成本（以费用和担保费的形式)，商业银行提供的银团债务中则没有该成本。

商业贷款人在为航运公司提供融资方面具有良好记录的专业性将被作为银团贷款人之一的出口信贷机构所依赖。其中一家商业贷款人将安排该贷款并引入出口信贷机构。安排行通常也将担任该贷款的代理人并作为担保受托人或代理人。近年来，我们已经看到一些出口信贷机构，特别是在远东地区的出口信贷机构，与某些船东制定了直接的债务融资安排（而不是与传统上一直是船东的贷款人的商业贷款人一起制定)，但通常之前其已参与同一船东（由商业贷款人安排）的债务融资。

5.3 担保方案

贷款人在确定其在任何特定交易中的风险评估方面的关键考虑事项是借款人及其集团可以提供的担保方案。这方面的一个显著的发展是公司担保而非个人担保的增加，原因是采用公司结构的航运集团在增加，以及作为贷款人担保一揽子安排的一部分股权质押要求频率的增加。贷款人将始终需要向有关司法管辖区当地律师咨询任何可能的完善要求，因为这将对确保贷款人在强制执行情况下对无担保债权人的优先权至关重要。

5.3.1 船舶抵押

船舶抵押是贷款人的保障基石，因为它赋予贷款人对船舶本身的权利，而不是对船东个体的权利。这些权利赋予抵押权人在违约情况下占有和出售该船舶的重大权利，即使抵押权人试图强制执行其担保方案时，司法管辖区可能会将这些补救办法的有效性变得复杂。

（一）抵押类型和登记

船舶抵押通常适用船旗国法律，分为法定抵押和“优先”抵押两类。法定抵押通常是对于船舶的详情简短概述和担保债务的基础。这是英国的抵押形式，在大多数基于英国法律制度的司法管辖区采用了这种抵押形式，如塞浦路斯、马耳他、香港、巴哈马和新加坡。鉴于法定抵押对交易各方需求的适应范围有限，在这些司法管辖区已经形成了一种惯例，即就法定抵押签订单独的“契约”。这包含了契约和其他条款，其中可以看到未以英国法律为基础的法律制度所存在的抵押形式，特别是在希腊、利比里亚、马绍尔群岛和巴拿马登记船舶的抵押。与所有的担保方案一样，不同管辖区的完善和登记要求会有不同，建议贷款人获得并遵循当地的法律咨询意见，以确保抵押担保保持优先性（在英国，与大多数司法管辖区一样，船舶抵押参照登记的日期和时间确定）以及抵押所赋予的重大权利。

（二）抵押权人的主要权利

贷款人的主要补救措施之一是占有抵押船舶的权利，这可以通过实际上或建设性地向船东和任何承租人发出通知的方式得以实现。然而，在实践中很少有贷款人行使这种权利，因为虽然接管船舶让贷款人有权收取船舶的收益，但接管船舶的抵押权人也需要对船舶的贸易债务负责，而贷款人通常没有准确确定贸易债务的能力。贷款人也可以选择通过扣押抵押船舶并进行出售，通常以拍卖或通过法院批准的其他程序进行出售。但抵押权的强制执行是贷款人最后的一种选择，除非贷款人对借款人和/或其经营业务和偿还贷款的能力完全丧失了信心，否则贷款人很少作出抵押权的强制执行决定。强制执行的公开性、强制执行的实际风险和困难以及潜在巨大账面损失的具体化，都是阻止贷款人采取这种行动的重要原因。对于每次抵押执行，还有数十种其他解决方案，包括债务的重组或其他处置、将船舶转让给贷款人的其他客户（通常被称为“白骑士”），在某些情况下解决方案还涉及债务减免。

5.3.2 收益、租金、保险、议定补偿的转让

为了确保在违约的情况下可以要求船舶承租人和任何其他应当支付到期收益的一方向贷款人支付任何收益（不存在借款人或其清算人的任何权利主张），贷款人通常会要求由其受让抵押船舶的保险收益和利益。这种转让一般涵盖以

下类别的收入：收益、租金（在长期租赁的情况下，可通过签订单独明确的租船转让文件）、保险和议定赔偿。如需符合英国法律下的法定转让而非公平转让，则必须满足以下要求，即转让必须：

(a) 以书面形式作出；

(b) 由转让人签署；

(c) 为绝对转让；

(d) 通知债务人（在转让收益的情况下为承租人，在转让保险时则为保险人）。

最终要求确定转让生效的日期，并确定此类转让的优先级。

5.3.3 账户抵押或质押

贷款人控制船舶收入的另一种手段是通过将收取收入的账户信贷额度进行抵押或质押，借款人也可以要求借款人从该账户中定期付款到一个禁止支出的监管账户。贷款人可能要求收益账户在整个贷款期限内均保持最低余额。

5.3.4 股权抵押或质押

作为其船舶交易担保措施的一部分，贷款人越来越多地接受对单船公司的股权的抵押或质押。虽然很少行使这种抵押或质押权，但贷款人可以在借款人违约时出售单船公司，从而允许船舶仍保持着有益的租船状态（为此，租约租赁在销售船舶或在被扣押后必须终止）。

5.3.5 交船前担保转让

如上所述（尽管在目前环境下不太常见），提供交船前贷款的贷款人将设法控制和保持其仍处于建设中的资产的担保价值。这通常通过造船合同的转让来完成，贷款人通过该方式旨在限制对造船合同的任何可能会影响船舶的价值或规格、或贷款人所享有担保措施的可用性和有效性以及还款保函修改。

5.4 结　论

如本章所述，多年来银行业和债务市场的发展使得船东们在决定如何构建涉及船舶债务融资交易的过程中有了更多的选择。船东在进行单艘或多艘船舶融资时将考虑是否通过标准贷款或信贷机构（以及是否由出口代理机构支持）、租赁结构、债券发行或标准贷款或信贷机构之外的夹层贷款。在每种情况下的选择将取决于一些因素，如贷款人的风险偏好、借款人的商业需求、双方的相对议价能力和在相关时间内的市场情况。

参考文献

Arrangement on Officially Supported Export Credits(10 January 2015).

Publication of the Trade and Agriculture Directorate of the Organisation for Economic Co-operation and Development.

Orestis Schinas，Carsten Grau and Max Johns Eds.(2015) *HSBA Handbook on Ship Finance*, Euromoney Books.

Russel(2006) *Shipping Finance*, *3rd Edition*, Stephenson Harwood，London.

Loan Market Association，*Users Guide to Investment Grade Primary Documentation*, (last updated 12 December 2014).

Loan Market Association，*Summary Note on FATCA*(last updated 9 June 2014).

第六章

航运债券市场

班兹尔·卡拉察斯（Basil M.Karatzas）

6.1 简　介

对于船东而言，向航运银行借款已成为拉动航运业金融杠杆最主要方式。数十年来，资本市场也成为大型、更富经验的船东的借款来源，预计未来进入这些市场将会变得越来越重要。本章针对航运业中的公共债务市场进行介绍，讨论其与航运借款的不同及优劣势，以及船东为成功驾驭公共债务市场所需考虑的主要因素。

6.2 债券的基本概念

债券是一种可转让债务票据，其中借款人（债务发行人或债务人）通过委托承销或咨询公司发行证券（债券或契约）向投资者（债权人或债券持有人）借款。债券在原则上与贷款相似，在此两种情况下都有借款人、贷款人和一笔资金的诚意交换（借款），承诺将按照某些预先商定的条件和资本成本偿还，而并不与市场状况直接挂钩。然而，债券和贷款之间存在实际和逻辑方面的差异，其主要区别在于，债券有一个二级公开市场，使得债券持有人（投资者）可在债券存续期间对其进行交易（因此是“可转让”的）。实际上，从借款人的角度来看，这意味着在债券期间可以发生贷款人的变更，而不影响相关贷款协议下的条款；在贷款的情况下，贷款人在整个贷款期间通常保持不变。由于债券是可交易票据，是比贷款更具流动性的资产，吸引更广泛市场中的投资者，这些投资者可通过银行系统获得比传统贷款人更大的借贷能力并承担更大的风险。

然而，债券作为可交易票据，需要在债务期间公开其交易条款、契约和相关信息（反映出借款金额将被偿还的确定性）。此外，由于债券是可在二级市场中进行交易的票据，尽管债券是债务票据，它们实际上类似于股票。

债券最初发行时所借入的金额称为“本金”（或面值，指票据的票面价值）；必须将本金偿还给投资者的期限称为“到期”；到期日指最近一次偿还本金的日期。借款人在一个日历年内使用本金所应支付的“价格”称为“票息”（相当于贷款的“年利率”）；通常每年或每半年支付一次利息，称为“票息支付”，通常在债券到期前保持不变。从承销商处购买债券的原始买家构成一级市场，而其后投资者之间的交易构成二级市场。债券通常以 1 000 美元的面值发行。通常情况下，市场状况预期会在债券到期前发生变化，借款人在债券下的履约能力很有可能会随之变化。由于票息支付情况不变，投资者可能会更改其对债券“价值”的观点，后者将因投资者在二级市场中愿意就原 1 000 美元的投资支付的价格而发生波动——以拥有继续收取相同的票息的权利。当市场状况恶化或借款人的偿付能力恶化时，债券价值下降（以折扣方式进行交易）；在这种情况下，收益率增加（票息保持不变，因此以较小的投资就能收到相同的票息支付），因此债券的价值和收益反方向变动。同样，交易价格超过其面值的债券被称为溢价交易，其收益相应下降。年利率除以债券的当前市场价值称为“当期收益”或“现时收益率”。将所有未来票息金额与到期日应偿还的本金之和除以债券的当前市场价值，称为“到期收益”或“赎回收益率”，反映出债券的内部收益率。

6.3 债券发行示例

船东“大船先生”在债券市场上借款 1 000 万美元，期限为六年。假设：发行时每年的票息为 8%，因此每年到期利息为 80 万美元（通常是在期末支付欠款）；在债务期间，借款人为使用 1 000 万美元要支付利息 480 万美元；对于固定利率的大额尾付债券来说，借款的本金将于第六年年底的到期日到期。由于债券通常以 1 000 美元面值发行，在此假设下，将发行 1 万张面值 1 000 美元的债券（财经媒体中宣布的债券价格为 100 美元）。因此一位原始债券投资者“早鸟先生”，最低可以购买 1 000 美元的债券（如果需要，也可以购买该面额的倍数）。如果约定票息以每半年的方式支付，则自发行之日起，每 6 个月期末应支付 40 万美元。对于 1 000 美元债券的原始投资者而言，每年应收两次票息，每次 40 美元。

6.4 二级市场债券定价示例

“大船先生”发行债券已有一年，假设市场有所改善，可能因为运价有所改善；或是因为整体利率环境受益于扩张性货币政策、利率普遍下降，因此“大船先生”履行其未来债券义务的能力增加。因此，“大船先生”年利率为 8%的债券看起来比较有吸引力，二级市场的投资者现在有更强烈的意愿购买这些债券。假设他们将债券的价格推高到 125 美元（原面值为 100 美元），导致收益率从目前的 8%下跌到 6.4%（即按照收益率 6.4%来算，投资 1 250 美元，每年将获得两次票息支付，每次 40 美元）。债券本身的条款没有变化，而“大船先生”仍然负责支付每年 8%的票息，虽然他的财富有所增加。然而，尽管原始投资者“早鸟先生”（以 100 美元购入债券）借款给“大船先生”获得 8%的票息，但新的贷款人“晚睡先生”获得的是 6.4%的票息（以单价 125 美元购入债券）。这对“大船先生”的现金流量没有重大影响，但现在他有一个更好的新“基准”，理论上他可以用更具竞争力的条件发行新债券（票息为 6.5%）。

6.5 发行航运债券

“大船先生”评估了所有能为航运业务获得债务融资的选择，并认为发行债券是最佳手段，通常必须留有一个注册承销商（投资银行或顾问）用以咨询如何最佳推进、实际进入投资人圈并以船东名义募集资金。对于公开发行的债券来说，承销商必须准备数百页的投资案例，向投资者提供有关债券和商业机会的相关信息，其中包含描述借款人、市场、发行目的、收益使用情况、还款期限、所涉资产和业务。投资案例文件（称为募集说明书）需提交给发行所在地的主管及监管机构（如美国的证券交易委员会（SEC），美国是全球最活跃的债务市场之一）。投资者通过承销商直接购买首次发行的债券（统称为一级市场）；未来，他们将能够与二级市场的其他投资者交易债券，交易代理人将追踪债券所有权、票息支付情况等事宜。

6.6 提交募集说明书

如果借款人旨在通过私募向一两个合格的投资者（债权人）私下发行债券，则大多数时候不需要向监管机构提交材料，这种私人债券可能非常类似于定制贷款，不同之处仅在于债权人不是银行（持有银行牌照的债权人），而是机构投资者、家族企业，甚至是富有的个人。较之公开发行的债券或航运贷款，私募发行可能在设计条款和契约时更具灵活性，但通常私募发行最适合于较小金额的借款，且在二级市场出售贷款时有非常多的限制。对于私募发行，贷款人必须是合格或被认可的投资者（高净值个人或专业投资者），因此不能发行给广泛的市场零售投资者。此外，在某些贷款活动受监管机构严格管制的法域（比如德国），私募发行需要获得特别许可。

6.7 获得信用评级

对于公共债券发行来说，通常强烈建议采用信用评级，虽然并不强制性。必须聘请独立的信用评级机构（代理机构）深入了解发行的细节，并给予信用评级，即债权人按募集说明书中概述的条款得到赔偿的可能性。信用评级范围可以从最高级别（即证明债券持有人将几乎肯定能得到偿还，比如“AAA”或类似的投资等级范围）到债券持有人将被偿还的概率充满投机性（“D”或其他类似的评级，即“垃圾”债券）。标准普尔（S&P）或穆迪等主要信用评级机构可以从事信用评级，但通常情况下，也可接受一些不甚知名的本地（例如 Credit Reform）或专门从事航运业评级的评级机构。正如人们所期待的那样，获得的评级越高，融资成本就越低，因为债券持有人将看到发行条款会被遵守、本金及票息会得到按时支付的可能性程度更高。但是，需谨记的是在对债券进行评级时，债券所属行业的市场波动性必须纳入信用评级模型。考虑到航运业的波动（运价的差异，例如波罗的海干散货指数在过去五年中的变动）高于其他大多数行业，行业中几乎没有债券实际可以达到投资级的评级（尤其是在上层梯队中）。正如人们所期望的那样，主流船公司在债券评级中可获得更高等级（投资级，或靠近该级别），反映出其业务模式的特征使得这些债券的表现不太容易受到市场波动的影响。通常对信用评级有积极影响的特征包括与最终用户承租人（例如采矿主、主流石油公司、钢铁厂）、具有较高信誉的贸易商或进出口商签订的长期合同；辅助特征

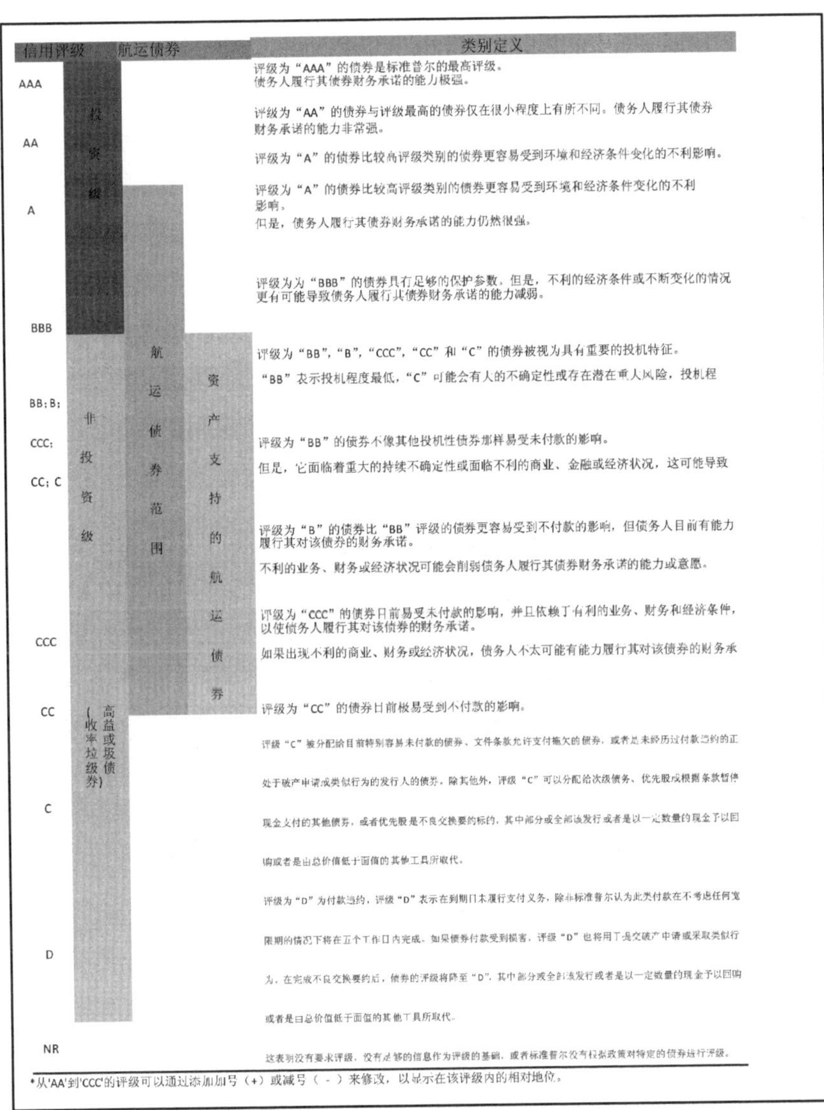

图 6.1 债券的信用评级和航运债券的典型分布（资料来源：从“AA”到“CCC”的评级可以通过添加加号（+）或减号（-）来修改，以显示在该评级内的相对地位）。

是债券发行人受益于战略优势，如可使用港口和港口设施，以及从业于利基或受保护的市场（例如从事沿海或班轮业务）。当船舶公司的业务主要是大宗商品运输时（尤其是波动较大的干散货和原油油轮市场，船舶从事不定期租船运输并完全暴露于现货市场），其债券的评级往往达不到可投资级别。非投资级债券被统称为“高收益债券”，反映其借款成本（票息）较高；也被贬称为“垃圾债券”，反映出其违约和本金损失（或其部分）的概率较高（见图 6.1）。

6.8 选择承销商

在公开市场上发行债券需要选择并委托承销商（投资银行）以向发行人提供意见并向投资者宣传业务前景。对于主流航运公司，可以聘请家喻户晓的投资银行（如高盛、花旗银行、摩根士丹利）。由主流船公司发行并由知名投资银行承销的航运债券较之其他债券的不同之处在于：

（1）已有大量关于发行人的公开资料，而且其在资本市场的历史记录已是众所周知的（通常其早期发行的债券已在二级市场上交易）；（2）发行时通常要募集大笔资金（数亿美元）；（3）这些债券质量较高，可以通过现金流（例如运营收益）进行证券化，因此主要投资银行可联系到的大型机构投资者（即使不特别关注航运业）都可能感兴趣。然而，对于小型船东发行的航运债券，由于可追踪的业务记录较少，募集资金较少（少于 1 亿美元）或仅由资产（船舶）作为担保，因此通常较小的专业承销商可能是该类船东更好的选择。这些较小的发行人提供的航运债券通常处于边缘投资级别或更低级别（因此具有较高的风险），并要求具有航运市场专长的承销商，以便向利基投资者传达债券的行业特征。这样的专业承销商可以是投资银行，它们或是已在几个航运周期内发行和交易航运债券并已经建立了声誉，或是可以接触到对这种高风险债券有投资兴趣的特定投资者群体；例如，其受托任务是进行较高风险投资的投资者，或是熟知航运业的投资者，例如挪威投资者，他们已经熟悉公共航运投资（奥斯陆证券交易所）或私募股权（KS 基金以及销售和租赁交易），这群投资者更有可能购买航运债券。选择最好的承销商是一个需要认真考虑的决定，要考虑许多因素，如航运市场专长、能成功接触到有适当风险承受能力的投资者、可追踪记录、敬业精神和专业水平。根据经验，较小的专业承销商可能是新手进入公共债务市场时的最佳选择，随着发行人对公共市场熟悉程度的增加、其追踪记录的累积以及筹集更多资金的需求和能力，那时更大的主承销商可能会提供更好的前景。

6.9 发行航运债券的时机

如前所述，无论是通过资产还是现金流量作为担保，绝大多数航运债券的信用评级都低于投资级别，其中较好的类别接近投资级的边界。具有较高违约风险的债务特征的债券必须具有足够高的票息，以吸引债权人接受此类风险（高收益债券）。

既然票息通常较高，那么对于航运借款人来说何时发行债券是一个可行的选择呢？显然，当银行贷款便宜时，发行（昂贵的）债券不仅仅是考虑经济因素（但如果发行人试图建立更广泛的财务基础或积累处理公共资本市场的记录，则也合乎情理）。然而，由于债务投资者对风险的承受力可能有所变化，而且风险溢价将下降，因此可能存在一个转折点，此时低票息（6%—8%的票息）对于借款人来说已经足够有吸引力或已经是更好的替代性选择。作为极端例子，当航运银行的流动性充足、资金成本低时，航运债券对于大多数航运公司来说都不是理想选择。同样，当投资者寻求安全性最高的贷款时，航运债券也不是最佳选择。当世界各国经济蓬勃发展，且新技术和思维模式转变，使得投资者投资信心骤增时，新的主导投资理论是承担“风险”，那么投资者对于航运以及航运债券的相关风险会持一个更标准化的看法。对航运债券颇具投资兴趣的一个明显例子是20世纪90年代后期的高收益时代。那时是美国历史上经济增长强劲的年份，股票指数不断上涨，新技术以及互联网时代给零售投资者带来希望，使得他们把每日的投资当成习惯；那时也是中国加入世界贸易组织的年代，大众都期望一个新兴的巨大市场加入世界舞台。近15年后，随着金融危机的加剧，迫使全球各国政府和中央银行开始采用空前的扩张性政策和极低的利率，在这一时期中，相比而言，航运债券的前景已经成为一种极有吸引力的投资。

对于成熟的航运公司，例如马士基、商船三井、日本邮船，以及其他一些旗鼓相当的航运公司来说，债券市场通常在航运周期的各个阶段都可使用。当然，在现行市场条件下，需要考虑利息费用（票息）。对于较小的航运公司和资产担保的航运债券来说，机会敞口偶尔出现，且相对较小，而且必须与投资者的风险承受能力相吻合，不但使投资者能够满足于在承担航运业务相对较高风险的时候仅获得相对较低的票息，而且同时保证相对足够低的票息，以免在航运周期内给公司造成不可负担的债务。

6.10 航运债券和利息费用

根据整体市场情况，航运业的垃圾债券的收益通常必须比无风险利率高出几百个基点，以补偿行业风险；也就是说，航运高收益债券的收益率至少要达到6%，更典型的是在7%—9%之间，12%或更高的票息也并不是闻所未闻的。近期航运债券市场的条款和票息的几个代表性例子如下。2009年，位于纽约的油轮船东通用海事公司在其重组过程中发行了3亿美元票息为12%的高级无担保债券，反映出油轮市场的疲软状态和发行人的具体情况。2013年，Teekay液化天然气公司在挪威债券市场上发行了1.5亿美元票息为6.43%的优先级无担保债券，反映了其在市场上颇受欢迎的状态，以及能源和天然气运输业务的风险相对较低。2013年，Navios Maritime Acquisition公司发行了大约6.70亿美元票息为8.13%的航运债券，以一支超大型油轮船队及其租金收入作为担保。2014年，位于美国并由私募投资公司资助的Ridgebury Tankers公司在挪威市场上以6.75%的票息发行以资产作为担保的债券，其杠杆率为65%（占指定船舶现行价值的65%），比主流的船舶借贷条件略好，却有两个强大的优势：(1) 本金在到期日到期（而任何船舶抵押贷款安排都有一个摊销时间计划）；(2) 没有租约限制或期租要求以限制公司在运价强劲（实际也真的发生了）时进入相应市场。

6.11 航运债券成本考虑因素

即使是票息为6%的低收益航运债券，如果同期中央银行的利率为历史低点（通常为0.50%），美国国库券的利率也仅为0.25%，则对于航运业来说高于5%的风险溢价就有意义。相对较高的风险溢价与行业相关，这部分可以由其波动性和波罗的海干散货指数（BDI）在航运业下行周期的几年内在最高 13 000 点与最低 600 点之间的波动来解释。高收益债券的利息成本也高，导致航运公司在运费低迷的市场中难以幸存，因为运费收入可能不足以支付运营成本及票息。20 世纪 90 年代，由于运费市场疲软使得债务无法偿还，高收益债券的发行次数高达 35 次[1]，而其中大部分在发行不久就成为坏账。

除了对航运债券定价的实证观察外，对这一主题进行适当的学术研究也证明，决定全球货运公司的航运债券利差的主要因素是债券发行的流动性、股票市场的波动性、债券市场的周期性、运费收益以及债券信用评级。[2]为了考虑以相对较高的成本发行航运债券，船东必须有一定的融资选择，而且从经济的角度看，所有这些融资选择的成本都必须相对较高。在 21 世纪前十年的大部分时间里，由于航运银行的贷款条件更激进（杠杆率较高、利润薄弱、宽松的契约等），流动资金很充裕，因此较小船东发行的航运债券也非常有限。这是合乎逻辑的，因为当时典型的航运贷款平均杠杆为 75%，利差为 200 bp（LIBOR + 2%），外加大额尾付本金；较小船东如发行航运债券那成本明显要比这更昂贵。然而，雷曼兄弟倒闭后，银行停止向非顶级船东发放贷款，债务融资所要求的信贷资金利率更高、条件更严格，那时航运债券再次成为可行的替代性方案。

6.12　与航运贷款的差异

航运债券是债务工具，因此在概念上与航运贷款非常相似。在这两种情况下，最终都要偿还借款，而且在这两种情况下，借款成本主要与借款人的信誉相关，其次与投资业绩或市场状况相关。但是，航运贷款和航运债券之间存在重大差异，根据具体情况，借款人可能会在寻求航运贷款或发行航运债券之间有所偏好。

当“大船先生”向航运银行借钱来收购新船时，银行是否给予贷款的决定基于银行自身管理层设定的资格标准。这些标准可以是客观的，适用于银行所有客户的量化标准，例如杠杆率或是与伦敦银行同业拆息的最低息差。但是，在考虑是否给予贷款时，银行信贷委员会也可能考虑“软化”的主观标准，例如银行与借款人关系的程度和时间、互补的商业机会（例如交叉销售私人财富产品）以及借款人对银行的整体战略价值。对于发行债券而言，由于一级市场中会有多名买家，而二级市场又会有更多的投资者，所以与债券质量有关的标准必须客观，才能使众多投资者满意。因此，航运贷款通常是双边合同，“个人因素”占一定比重，而航运债券则是基于定量决策的多方协议。

航运银行向借款人收集的信息通常是专有保密信息，而与债券借款人和债券相关的信息属于公有领域，需向有关部门申报。银行有自己的信贷委员会来评估借款人的信用，而第三方评级机构经常参与评估债券以及借款人履行债务的可能性。就便利性而言，航运银行在考虑放款时间时需要考虑多个因素，但一般来说，发行债券在准备及申报文件方面要耗费更长的时间，主要涉及与投资者沟通、进行路演和获得注资承诺。债券的相关成本和费用相应要高于典型的航运贷款需支付的手续费和承诺费。因此，航运贷款取决于并能确保双方之间的隐私和自由裁量，较之于信息公开的航运债券，通常更具时间和成本效益，而进入公共市场所需的时间和成本更高。根据经验，航运债券的发行需要大约 1 个月或更多的时间，并且可能花费比贷款多 2 倍的费用。然而，对于本金为数亿美元的航运债券，其成本定价非常有竞争力，并且已被调整得非常合理（占本金总额的 2%—3%，仅略高于大多数航运银行就较小贷款所收取的手续费）。

鉴于航运贷款：（a）可以通过个人关系和辅助因素来促进；（b）不要求公开披露；（c）兼具时间和成本效益，人们可能会认为航运债券应该是“大船先生”最后才考虑使用的途径。实际上，传统的航运贷款（船舶抵押）在独立、较小的船东航运债务融资市场中占主导地位。然而，航运债券也备受推崇。在整个商业周期中，航运银行的贷款能力可能受到限制，不能向大型船东提供充足的贷款，或无法提供有效的流动性来满足市场需求，抑或是不满意潜在买家的信用水平（与市场行情有关）。发行债券通常非常有利于同时开拓公共资本市场的深度和广度，在其中可以募集相对较大的金额，同时不同的投资者对信贷质量、资产类别集中度和地理焦点有不同程度的需求。

根据航运银行的标准，船舶贷款可以小至几百万美元。像任何其他类型的公开交易证券一样，航运债券必须有足够的体量，以吸引机构投资者，并维持二级市场中持续的交易活动（流动性）。因此，债券发行要么作为独立发行（基于市场条件，通常超过 5 000 万美元），要么是相同发行人所发行的一系列数额较小的债券。然而，在航运市场中，发行的数额仍可能非常小，这往往是因为航运债券仅是公共债券市场的一小部分，而且许多航运债券的发行人相对规模较小；因此，也必须接纳较小的发行人。需指出的是，对于大型航运企业或者拥有大型船队的船东来说，由于其拥有长期成熟的业务、可证明的业绩记录和商业模式，因此经常得到最多的关注，能获得最好的定价和发行条件，包括较小的交易费用。

船东青睐航运债券的一个原因是，全部借款（本金）通常在到期日一次性偿还（而典型的船舶抵押贷款要求至少在借款期间分批偿还）。在上述债券发行示例中，发行债券募集的 10 亿美元将于第六年年底到期，而如果是相似的航运贷款的话，则同期平均摊销后须额外支付每日 4 566 美元的本金。本金到期一次性偿还的模式可以释放现金流用于投资其他项目，或降低经营船舶的成本。在航运市场疲软到几乎难以负担船舶经营费用时，较低的成本基础可能是最重要的优势。

虽然都不希望看到借款人违约，但这种情况在航运市场中时有发生。在债务违约的情况下，不同的债权人将直接导致债务人有不同的选择。当发生违约时，如果债权人是一家航运银行（或银行集团），双方之间的协商通常是私密、双边且谨慎的，因为双方都试图找到最佳解决方案。谈判的结果可以是主观的，因为个人因素和商业关系可以主导谈判，通常只需取悦一位债权人（航运银行，如果是银团贷款的话，则是一群利益一致的债权人）。根据经验，航运银行倾向于通过谈判交锋达成解决方案，在这种情况下，可以探讨多种选择。而当债券违约发生时，标准路径是债券发行地（并在招股说明书中注明）的法律优先于个体谈判，和解的耐心和意向都较低。如果发生债券违约，债券持有人会设立一个代表其利益的委员会（不同类型的债权人在委员会中有自身的代表），并聘请法律顾问和财务顾问以最优化其利益。

债券持有人可能是零售投资者（投资于债券但没有持有大量份额的小额贷款人）或机构投资者（其中一个或几个可占据主导地位，从而控制债权人委员会）。当债券持有人是机构投资者时，他们是专业的资金管理者，主要由投资回报率和内部专业知识驱动，并能接触到专家顾问和破产律师（很有可能，他们在之前已经在航运或其他行业中，处理过债券违约事宜）。过去，主要是在 20 世纪 90 年代的违约期间，大多零售投资者并没有显示出强烈的代表性和立场，或者持有债券的投资银行出于自身原因考虑，愿意接受损失。然而，根据经验，当违约发生后如债权人委员会由机构投资者控制时，通常借款人可以寄望于通过穷尽所有方法和法律途径，凭借更强有力的谈判和专业努力来追回尽可能多的资金。

6.13 基于担保的航运债券分类

债券作为标准债务工具，必须向债权人提供一些保障，让借款人能够按约履行，支付票息、偿还本金。不论从主观还是客观来看，债券发行人可以提供的保障越高，债券受欢迎程度越好，可获得的本金越高，票息越低。主观决定因素可以是船东从业的时间长短（这在航运业内是一个主观标准，因为通常来说，不需要有正式的公司，而仅通过离岸实体就可以持有很多船舶）、识别度、行业声誉或业务记录。然而，客观标准通常对债券发行的权重更高，通常是评估发行方的整体信用状况或为担保债券履行而提供的抵押物的形式。

对于长期运营并进入公共资本市场的主要船东公司，比如马士基、商船三井和日本邮船等公司来说，通常可以轻松且非常有竞争力地进入公共债券市场，并在其中发行债券，可以募集数十亿美元的本金、获得有竞争力的价格、低发行费（占发行的百分比）和交易相对活跃的二级市场。大型公司通常发行公司债券，这意味着母公司根据其信用评级和商业追踪记录对其债务负责，而不必为债券提供特定资产（船舶）形式的担保。较之其他形式的债务，公司债券当然可在“啄食顺序”中拥有自己排位，当违约发生后，在债权人的“啄食顺序”中可居于优先或从属地位。但是，当违约发生后，债权人没有权利扣押特定船舶作为保障。从主流航运公司定期进入债券市场的例子来看，马士基在2009年至2014年期间，分别11次以5种不同的货币发行了60亿美元的公司债券，清偿期限从5年到10年不等，平均票息率为3.68%。请参见附表（表6.1，马士基发行的选择性债券）。

大多数寻求进入公共债务市场的航运公司的营业历史相对较短（绝大部分少于10年），并且经常没有适当的公司架构、坚实的公司治理基础，甚至统一经审计的财务报表。对于这样的船东来说，仅提供公司“承诺”，以担保就其能勤勉履行新发公司债券下的义务，并不足以成功募集到资金。这种劣势对于商品化及波动性较强的干散货和原油油轮行业更加致命，特别是由于船舶在现货市场交易时完全暴露于市场波动中：债券持有人准备承担风险（且几乎肯定会发生），但并不是股权投资者所应准备承担的风险。在这种情况下，当对偿还的“承诺”或“信念”不够强时，可以向债权人提供硬通货（船舶）和/或与该等船舶有关的收益作为担保，为债券提供切实的担保。因此，如果发生违约，债权人（在切实可行的范围内）对募集说明书中实际指定的船舶拥有合法权利。在这种情况下，可以提供某些船舶作为抵押物，就如同提供给银行作为航运贷款的抵押一样。此外，如果希望且可行的话，在发行债券时，借款人可以提供附加抵押物，较为理想的是已指定船舶在定期租约下的收入。在这种情况下，债券持有人同时拥有船舶及其租金收益作为担保，为此债券持有人需提供较低的利息并募集较高的债券总额，因为此时违约的可能性较低，因违约而导致的资本风险也较低，这种债券被称为被担保或资产支持性债券（相比之下，前述公司债券则通过母公司的现金流来担保）。此外，资产支持性债券与典型的航运贷款也具有直接可比性（第一顺位船舶抵押权，即特定船舶被质押，作为航运贷款的担保）。

作为一个变种，航运业中的资产支持性债券并不总是由船东发行。航运银行可以选择基于他们所持有的航运抵押物发行债券，以便从公共资本市场为其自身募集资本；在雷曼兄弟倒台之前的金融工程设计中，这种债券是有效抵押贷款债券（CLO），但将航运贷款作为担保措施的债券市场从未消失。如前所述，资产支持性的航运债券相对昂贵；任何债券发行，为了具有经济价值，应该实现溢价定价（低利率）——当航运银行以 LIBOR + 2% 为贷款利率时，这只是海市蜃楼。在德国，特殊情况是 *Schiffspfandbriefgesetz*（Pfandbrief 法案或“船舶抵押型债券法”），该法案特别规定允许航运银行发行以船舶为抵押的债券。在雷曼兄弟之前，这种做法较为有限，只有像德国航运贷款银行（DVB Bank SE）[3]这样的大型批发银行才会使用，较之大多数传统零售/航运银行，这些银行的集资成本较高。后雷曼兄弟时期，更多的德国银行选择根据 Pfandbrief 法案来发行航运债券，比如 Commerzbank AG[4] 和 HSH Nordbank AG。[5, 6]

表 6.1　马士基发行的选择性债券

发行人名称	发行时间	本　金	币　种	等值美元	票息率	票息描述	到期日
马士基	2014.9.16	750 000 000	美元	$750 000 000	2.55%	2.55%	2019.9.1
马士基	2014.9.16	500 000 000	美元	$500 000 000	3.75%	3.75%	2024.9.1
马士基	2013.3.26	300 000 000	英镑	$456 450 000	4.00%	4.00%	2025.4.4
马士基	2012.10.26	1 400 000 000	瑞典克朗	$208 460 000	3.75%	3.75%	2018.2.26
马士基	2012.10.26	1 100 000 000	瑞典克朗	$163 790 000	2.50%	STIBOR + 2.10%	2018.2.26
马士基	2012.8.28	750 000 000	欧元	$938 475 000	3.38%	3.38%	2019.8.28
马士基	2012.3.22	3 000 000 000	挪威克朗	$521 100 000	2.50%	NIBOR + 2.10%	2017.3.22
马士基	2010.11.24	500 000 000	欧元	$676 300 000	4.38%	4.38%	2017.11.24
马士基	2009.12.16	2 000 000 000	挪威克朗	$344 400 000	2.50%	NIBOR + 1.85%	2014.12.16
马士基	2009.12.16	2 000 000 000	挪威克朗	$344 400 000	6.25%	6.25%	2016.12.16
马士基	2019.10.30	750 000 000	欧元	$1 106 850 000	4.88%	4.88%	2014.10.30
总　计				$6 010 225 000	3.68%	均值	

6.14 契约和特殊条件

债券作为债务工具，受“信用 4C”标准的规制：品质（Character）、能力（Capacity）、担保物（Collateral）和契约（Covenants）决定债务是否全部可得，如果是，那么在什么条件下可使用。品质（或信用）代表借款人及其过去业绩的记录，比如过去借贷及偿还记录、整体信誉、履行享有良好的市场声誉。能力代表着根据现金流、资产、借款和偿还债务的财务能力来良好的履行债务的能力。担保物是指借款人可以作为债务担保的有形资产，债务人在违约的情况下仍不可撤销的担保物；在资产支持性债券的情况下，船舶资产本身被作为债券的担保物。最后，契约代表债务人在债务协议下准备接受的特殊条款、条件和限制，以向债权人提供额外的保证。契约可以是肯定性契约或否定性契约；也就是说，在前者的情况下，债务人有义务采取某些行动或承担义务；通常，对于航运债券，这可能是按期支付票息，或按照收益或现金流量将负债比率维持在某一水平内。更有趣的是否定性契约，此类契约规定了债务人不得进行的某些行为，例如出售资产（不论是不是抵押资产）、宣布和支付股息，或获得新的债务融资（在某些限制条件下）。

6.15 航运债券的类型

债券可以分为几大类，一般来说，在公共债券市场中每个子类别都有其自身的市场。下述就债券主要分类的分析中，将特别强调其中尤其适合航运公司的子类。

6.15.1 基于到期日的债券类型

到期日为一年以内的债券称为短期债券（bills）；到期日为 1 年至 5 年的称为中期债券（notes）；那些长于 5 年的则称为长期债券（bonds）。基于到期日的分类并不是绝对的。在航运业中，罕有到期日少于一年的债券，大多数航运债券的到期日为 3 至 8 年。在本章中，不管期限如何，我们选择使用“债券”

(bonds)一词，也是因为充分认识到不应刻板理解期限的问题。2013 年 6 月，瑞典的 Rederi AB Transatlanic 公司发行了相当于 2，200 万美元（6 个月到期，成本为 10%）的短期债券，这也是其为公司一般运营目的，选择先发行短期债券直到其可以进行长期融资的一个典型例子。到期日一个更加典型的例子是，在 2014 年 11 月，美国上市公司 Star Bulk 发行了 2 亿美元票息为 8%的 5 年期高级无担保债券，而同年 9 月，马士基在美国发行了 2 亿美元票息为 3.45%的 10 年期债券。

6.15.2 发行人或货币的来源

美元是航运业的主要货币，在绝大多数交易中被用于收取运费、支付花销。然而，有时候债券是以另一种货币发行的，因为发行人的大部分业务以该货币计价。此外，在利率更有利、投资者胃口更大、市场条件更好的情况下，债券发行人也可能选择以其他非美元货币发行债券。航运债券的典型替代货币是：挪威克朗（2014 年，美国上市公司 GasLog 发行 5 亿挪威克朗的票息为 5.99%于 2018 年到期的债券）；新加坡元（2012 年，新加坡东方海皇集团（Neptune Orient Lines，NOL）以 4.4%的票息发行 3 亿新元，2019 年到期）；欧元（位于德国的 Hapag Lloyd 在 2014 年发行了 2 亿欧元的票息为 7.5%于 2019 年到期的债券）；人民币，以及离岸人民币（例如香港的点心债券；中远在 2010 年发行了 50 亿元人民币的票息为 4.35%于 2020 年到期的债券）；日元是日本主流班船公司商船三井、日本邮船和川崎汽船在发行债券时所偏爱货币。对于利用有利的利率、市场条件而以当地货币发行债券的国际船东来说，还需要特别努力并考虑使用货币对冲工具，以免在波动频繁的航运市场中承担复合的额外风险，确保借款人最终没有义务以升值货币支付票息和本金。

6.15.3 债务偿还时间表

债券也可以根据本金的偿还时间进行分类，固定票息债券在预定的时间间隔内支付稳定的票面利息，而在到期日才一次性偿还本金（大额尾付）。对于零票息债券而言，所有利息及本金均在到期日一次性偿还（2014 年，商船三井在美国发行总额 5 亿美元、到期日分别为 2018 年及 2020 年的零票息债券，反映出其强劲的市场地位）；而在年金债券下，本金在债券期间逐步偿还，而对于加息债券来说，随着时间的推移，所应支付的利息和本金也逐步增加。一种有趣的债券类型是永久债券，其本金额永远不用偿还，而需永久（或至少在债券未偿还期间内）支付票息。

最常见的航运债券类型是固定票息债券，因为零票息债券需要强大的发行人，而年金和加息债券并不总能在波动的航运市场中及时保障现金流。永久债券[7]，实际上为准股权，则需要最强的信贷，并假设发行人将永远经营下去；这样的债券在航运界很少见，通常是拥有强大资产负债表的船东或与附属于政府且有长期可盈利租约的船东。永久债券也可能与资本重组相关联，当借款人不能同时还本付息时，永久性的票息付款进度暂时符合贷款人和借款人的利益。[8] 2013 年，位于比利时的欧洲海运公司（Euronav）发行了 1.5 亿美元票息 6%的永久可转换债券。[9] 2012 年，在海工领域颇为活跃的瑞柏控股（Swiber Holdings）和毅之安控股（Ezion Holdings）分别发行了 8 000 万新加坡元、票息 9.75%及 1.25 亿新加坡元、票息 7.8%的永久债券。

6.15.4 利率承诺

债券可以在整个到期期间分别使用固定利率或可变利率，其中有效利率与基准利率相关，例如 LIBOR，或者在浮动利率债券通胀相关债券的情况下，与通膨率加一个商定的恒定溢价（利差）有关。在低利率情况下，固定利率债券绝对是优先选择，因为它锁定了较低的融资成本，即使利率走高也没有任何利率风险。实际上，在航运业内，绝大多数债券都使用浮动利率，因为债券持有人通常不希望在这个不稳定的行业中复合承担信用风险与利率风险。

6.15.5 期权特征

如本章前面所述，债券是承担利息并保证在到期日偿还本金的债务责任。然而，可能存在可以根据明确的参数赋予发行人或债券持有人某些权利的触发机制。发行人如果发现较便宜的资本来源，或是管理层决定偿还本金时，则可能有权在到期日之前赎回债券。可赎回债券可以按固定价格在固定日期赎回，并且其票息通常高于其他可比类型的债券，所有这些债券都是相同的，因为它们给予借款人相同的选择权。相反，也有可回售债券，即债券持有人有权要求（或迫使）发行人以固定价格和日期回购的债券。实践中，航运债券通常是可赎回的，罕见可回售债券。

此外，债券可能附有以预定利率（可转换债券）转换为股权的权利或保证。当财务比率脱离预定的波段时，可触发债券转换为股权，通常的触发事项有经过一段时间后发行人的财务状况恶化，或者发行人的股价走高并超过预定阈值。可转换债券对贷款人实际上是“甜头交易”，因为它们承诺基于债券支付利息，但也允许当市场或借款人的情况发展至有利地位时基于股权上行参与交易。航运债券本质上具有风险性，因此通常需要为债券买家提供“甜味剂”。可转换股权是能给债券持有人提供更好回报的最常见方式，且至少最初不会损害发行人的现金流。

6.15.6 受偿等级

债券持有人作为公司的贷款人，在发生违约或破产的情况下，可就公司财产优先于所有者（股东），依据其对公司的投资获得赔偿。但是，如果公司的剩余资产不足以清偿所有债权人时，并不是所有的债权人或债券持有人在索赔人的索赔顺序中享有同等顺位或平等的权利。在索赔人名单（受偿等级）中排名较高的债券持有人有权在清算收益归于较低顺位的债权人之前，首先全部或部分得到清偿。正如人们所期望的那样，债券的受偿等级越高则更具优先性，因此它们的票息也较低和/或就面值的折扣或溢价较小。

高级担保债券是债券等级中最安全的债券，基于航运资产（资产支持性债券）或以指定资产或航线的现金流（长期租约和其他合同）实现证券化。通常，这些是最常见的航运债券，由相对较新的船东发行，并由一组船舶作为抵押。

优先级无担保债券是公司债券，不直接以航运资产或以指定资产或航线的现金流为担保，但相信借款人可以履行义务；在清算时，优先级无担保债券享有优先于所有其他无担保债券持有人获得清偿的权利。优先级无担保航运债券通常由资信较好的航运公司发行，或在债券投资者有强烈投资偏好的时候发行，此时投资者更愿意承担风险。次级债券是受偿等级最低的债券，这种类型的债券在航运中很罕见，如果有也是由那些非常成熟且资本结构优良、拥有可靠资产负债表的航运公司发行。

6.16 结 论

航运债券只是船东可用来获取财务杠杆的财务工具箱中的另一个工具。2008 年全球金融危机之前，航运银行能够充足且廉价地提供航运贷款，因此航运债券大多被主流航运公司使用，用以发行低票息的公司债券；在那样的环境下，航运债券，特别是资产支持性债券，对于大多数机会有限的船公司而言，还是一个新奇事物。航运银行缺乏贷款能力以及相对较大的利差，为许多船公司开辟了一个更加积极选用航运债券的窗口，并使市场复兴。预计传统航运银行现在必须关注新的且更严格的规定，因此必须与其他形式的债务融资相结合来填补资金缺口。部分是出于必要性，部分是由于船东的越来越精于财务，航运债券预计将成为更加活跃的市场，也是许多船东所追求的活跃工具，包括那些仍处于业务早期和成长期的船东们。

注释

1.《交通经济学研究》第 21 卷，《海运：希腊范式》，编者：Athanasios Pallis；JAI 出版社（Elsevier），2007。
2. 信贷的决定因素导致全球航运债券的变化；Manolis G.Kavussanos，Dimitris A. Tsouknidis；运输部分 E（Elsevier），2014。
3. http://www.dvbbank.com/media/press-releases/pr2010/29-11-2010.aspx?sc_lang=en.
4. http://www.bloomberg.com/news/articles/2013-07-21/ex-commerzbank-banker-pitches-bonds-backed-by-german-ship-loans.
5. http://www.coveredbondnews.com/Article/3423760/HSH-Nordbank-shows-ships-are-in.html.
6. https://www.hsh-nordbank.com/en/presse/pressemitteilungen/2013/press_release_detail_3098112.jsp.
7. http://tradehaven.net/market/sgd-new-issue-review-ezion-7-perpetual/.
8. http://www.law360.com/articles/590133/french-shipper-raises-130m-in-perpetual-debt-issuance.
9. http://rmkmaritime.com/press/PressRelease_issuancePCP_ENG.pdf.

第七章

公募和私募股权融资

杰弗里·普瑞博尔（Jeffrey Pribor）

塞西莉·林德（Cecilie Lind）

7.1 简 介

公募和私募股权融资与银行债务和其他替代性债务融资一起构成了船舶融资的可用资金来源。尽管是一个非典型的船舶融资渠道，资本市场和私人投资者还是给上市和非上市船公司提供了如图 7.1 所示的大量机会，虽然其中一些解决方案更有利和更适合。如图 7.1 所示，非上市公司可以通过首次公开募股的方式在公开市场发行普通股，或选择定向增发。上市公司可通过上市后私募投资（PIPE）、后续发行或股权相关证券比如说可转换债券的形式在公开市场获得额外资本。具体策略的执行取决于市场情况、投资者兴趣、结构化考虑以及市场动态。本章重点关注的是对于非上市船公司来说，可用的且相关度最高的权益类产品，强调了上市公司与非上市公司的利弊、首次公开募股的结构和进程以及航运领域私募股权的作用。

7.2 股 票

7.2.1 股票概述

股票是一类机构和/或个人投资者都可以在非监管和监管的公开市场购买公司股份的资产。在股票的资产类别范畴中，不同类型的股票取决于发行股票的

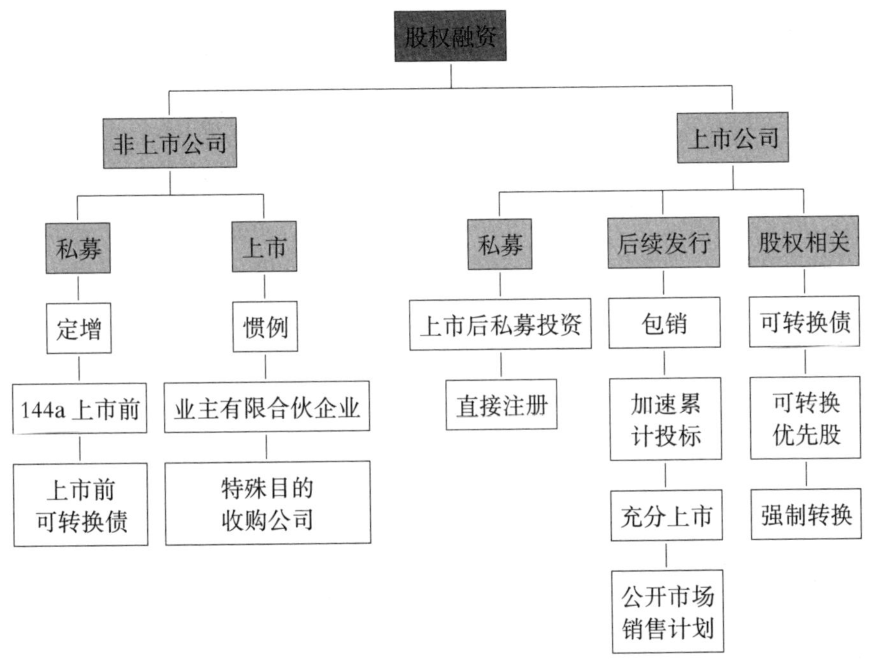

图 7.1　上市和非上市公司可用的权益类选择（资料来源：杰富瑞）

公司类型以及股票特权。在航运业股票领域，对投资者来说股票的主要类型是C股份有限公司发行的普通股和优先股（清算时优先股比普通股等级更高），以及业主有限合伙（MLP）发行的份额。

C股份有限公司。C股份有限公司是一个与其所有者分开纳税的法定商业实体，又是大公司最常见的组织形式。C股份有限公司股东所拥有的该公司股票使其有权选举产生董事会，对某些战略决策投票，以及对企业盈利享有权利，除非是再投资到商业活动中用于企业发展，企业盈利以股息的形式分配。

有限合伙（LP）和业主有限合伙（MLP）。有限合伙是另一种企业形式，其中业主有限合伙是一种可以公开交易的有限合伙。有限合伙被构造成纳税中间实体，因此避免了双重征税。有限合伙的结构通常被企业用于投资与自然资源有关的行业以及房地产开发行业。在有限合伙和业主有限合伙中有两类合伙人：有限合伙人和普通合伙人。有限合伙人是指向合伙企业提供资本的个人投资者或投资者集团；换句话说，有限合伙人持有“份额”，并从合伙企业现金流中获得定期收入分配。普通合伙人负责管理合伙企业的商业活动，然后在理想状态下获得与该实体业绩相关的报酬。业主有限合伙有资格要求，需满足符合条件的收入标准，即要求至少有90%的总收入来源于房地产、矿产和自然资源（可再生资源除外）。许多业主有限合伙重点关注供应链中的中游行业，将其作为收入规则的资格判断，其中包括这些资源的仓储和运输，但不允许在零售环节向最终的使用者销售这些资源。管道和仓储设施是常见的业主有限合伙，因这些企业资产往往订立了合适的长期合同，有着可见和有前景的稳定现金流。然而，在船舶以长期租约形式租出的航运业中，业主有限合伙也十分常见。业主有限合伙的结构优点是把税收优惠、有限合伙较低的资本成本，以及上市公司的流动性和灵活性结合起来，因为利润只有在份额持有人获得分配时才需纳税。业主有限合伙和C股份有限公司结构的区别和概述体现在图7.2中。税收优惠对于航运业的业主有限合伙来说不那么重要，因为船公司倾向于登记在税制更有利的司法管辖权区域，因此即便是构造为C股份有限公司或其他同等主体也无需承担沉重的税收负担。这也给了航运业的业主有限合伙一个有利条件，即只需要提交表格1099用于税务报告，而对于传统的业主有限合伙需要提交更复杂的表格K-1。与C股份有限公司相比，业主有限合伙因现金分配政策或慷

C股份有限公司与业主有限合伙的结构比较

	传统业主有限合伙	C股份有限公司
公司税收	×	√
份额持有人/股东税收	√	√
分配/股息的税盾	√	×
税收报告	K-1	1099
普通合伙人	√	×
激励分配权	√	×
投票权	×	√

典型业主有限合伙结构

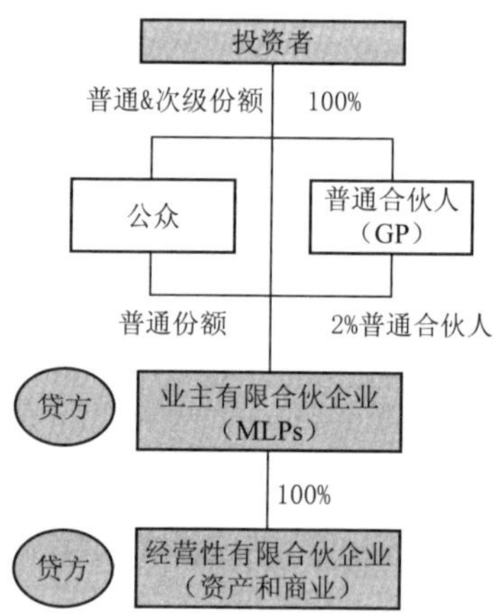

投资者
普通&次级份额
100%
公众
普通合伙人（GP）
普通份额
2%普通合伙人
贷方
业主有限合伙企业（MLPs）
100%
贷方
经营性有限合伙企业（资产和商业）

图7.2

慨的股息分配政策，分配在收入中占比很高，因此导致业主有限合伙的股息率较高。投资者对收益率的强烈兴趣，和基于收益率估值的溢价，在过去几年驱动着航运业的业主有限合伙结构化浪潮。

特定目标收购公司（SPAC）。特定目标收购公司通常被称为“空壳公司”，或一种“空白支票公司”，是处于发展阶段的公司，其商业目的是上市过程中收购另外一家公司。特定目标收购公司一般存在 18—24 个月用于完成特殊要求的收购。如果特定目标收购公司未能成功收购，实收款项，加上利息收入，必须返还给投资者。为了加快非上市公司购买上市实体的进程，特定目标收购公司通常用于反向收购。反向收购允许非上市公司在不另行筹集资本的情况下实现上市。

成为一家上市公司的利弊。成为一家上市公司有着一系列的利弊，决定着企业结构和多样化融资途径相关的关键决策（见图 7.3）。

利处	弊端
较高的公司估值	大量的上市要求
资金支持发展	商业的透明度
增长的流动性、改善融资渠道以及减少替代性融资途径的需求	昂贵的过程
更经济的筹资	来自市场关注短期回报和达到收入预估的压力
股票可作为资产和收购的货币	增强的管理监督
人力资源	收购和创始人/管理者失去控制的风险
创始人、投资人和股东的退出和退休策略	
公共信用	

图 7.3　上市的利弊（资料来源：杰富瑞）

利处：

较高的公司估值。上市公司比起同样的非上市公司有着更高的市场价值。公司的市场流动性是提升上市公司估值的关键因素，上市公司中的投资买卖或交易容易，与此相反对非上市公司的投资交易通常需要经历更持久和更昂贵的过程。假设其他条件相同，与非上市的公司相比，除了市场流动性，适当的管

理结构、容易获取的审计财务、遵守管理制度、透明、优先处理流动和市场机会，进入资本市场的途径同样也是驱动上市公司较高估值溢价的因素。

*资金支持发展。*上市的过程可注入大量现金用以支持多样化的商业举措和收购，使得该公司可能会更容易执行其发展战略。

*增长的流动性、改善融资渠道以及减少替代性融资途径的需求。*公共股票的渠道创设了公司融资的另外一种途径。私募股权有时难以获得和多元化债务结构不可行，但成为一家上市公司能够广泛撒网寻找资金提供者。这使得公司在财务增长的多样化选择问题上更加灵活，因此，提高了公司的谈判地位以及加强了公司的资产负债表。

*更经济的筹资。*平均来说，上市公司的资本成本一向较低，尤其是股票相关。与非上市公司的股权相比，投资者更愿意购买具有流动性和容易交易的上市公司较小份额的股票。这从本质上降低了上市公司的资本成本。另外，因为上市公司有着较高的估值，能够以出售较少的股票筹集到某一金额的资本，从而实现较少的股权稀释。

*股票可作为资产和收购的货币。*相比非上市公司，使用股票作为并购交易的对价再一次为上市公司提供了较大的灵活性。这一方式使得以较低的收购成本和较容易的过程同时保留了公司的现金状态实现了增长。

*人力资源。*上市公司能够以其股票创设员工激励方案吸引人才和留住人才。尽管非上市公司也可以向员工提供私营企业的股权，但对于员工来说，因为该股权的流动性受限很难将其货币化。

*创始人、投资人和股东的退出和退休策略。*上市公司优良的灵活性和流动性，在其创始人或投资者考虑退出策略时尤为重要。上市公司的退出窗口更可用和可见。

*公共信用。*上市的过程用多种方式进行“品牌宣传”增加公司的社会知名度，分析师开始报道，随之提高了该公司的透明度。信用的提高带来了较好的供应商和客户合同，同时也可能吸引和留住高级管理人才，这些管理人才在他们的就业机会中寻求声誉、信誉和专业发展。

弊端：

*大量的上市要求。*上市公司需遵守管理上市公司公开交易机构制定的报告

要求。这些上市要求很广泛，且长期满足这些要求的费用很贵。

商业的透明度。上市要求必须向公众分享敏感信息，可能会泄露商业秘密、竞争和保密信息。更多的可用信息包括披露与客户和供应商的合同及收益状况可能会降低该公司的议价能力。

昂贵的过程。上市过程昂贵和费时，昂贵的费用涉及必要的管理、法律、会计、提交文件、打印和报销的各个方面。另外，还有一个风险是 IPO 可能不成功，意味着在路演过程中产生的所有费用和开支大部分都将难以收回。

来自市场关注短期回报和达到收入预估的压力。上市公司更关注短期回报而非长期发展战略，对市场压力的反应是满足或超出目前收入预估。公众投资者通常有着短期投资目标，有时以减少长期机会为代价，因此给上市公司管理者施加要求即刻正面回报的压力驱动股票价格增加，与之相反的是有意义的长期战略决策估值在即时收入方面的影响是负面的。另外，非上市公司因其财务业绩无需公开而免于被公开分析。

增强的管理监督。随同收入回报的估值，上市公司也需要服从不断增强的管理监督。透明度的提高促进了公众对管理者作用、行为和报酬的监督。另外，上市公司的民事责任，以及管理者和董事做出的任何虚假或具有误导性陈述暴露的风险较高。风险的升高、更集中的市场和媒体的注意力，造成管理者花费较少的时间去处理能够给财务业绩带来积极影响的公司运营方面的问题，而是把更多的时间用在了处理公共管理和应对市场压力。

收购和创始人/管理者失去控制的风险。上市公司暴露在试图通过温和的要约方式进行的敌意收购风险中，然后上市公司突然发现股东的出售行为违背其意愿。为了保护上市公司免于被敌意收购，制定了各种各样的保护措施，比如说“黄金降落伞”、绝对多数规则、交错选举董事条款、双重股权结构和毒丸计划，然而前述保护措施并不总是完全有效，且需要时间和努力才能执行成功。

7.2.2 航运业股票

航运业股票格局的演变（2000—2015）。传统的商业银行贷款依旧是船公司最主流的融资渠道；然而，过去十年已经可以看到融资渠道在变宽。因为在 2000 年初之前，IPO 寥寥无几，股票在航运业中的作用也一直低微。高位运价

和强劲的全球贸易基础，尤其是中国经济的工业化带动了对原材料的强劲需求，支持了高租船费率并推高了航运资产价值，与此同时，反过来又带动了乐观的公司估值。这些稳健的基础使得船公司能够承诺投资者高股息率和潜在的资本增值。随着航运业与股票市场关系的发展，上市船公司的组成和特征也随之演变。2000年初，船公司的船队规模小，通常少于十艘船舶，有足够的动力去上市。过去几年，航运业股票格局发生了改变，经营干散货船、原油船的主流船公司或集装箱航运部门意识到广泛的规模经济是必需的。因此，大规模的水上船舶和/或签订新造船合约成了在股市上成功发行的关键。同时，过去几年，在不考虑规模的情况下，只有某些运营液化石油气和液化天然气的小众市场的船公司成功发行了IPO，多数这些船公司对原始投资者有着强烈的吸引力，有着高区间的定价和强劲的二级市场交易；投资者兴趣并不直接是对船公司本身，还有能源市场上它们的“代理”价值（原油、页岩、天然气等）。

航运市场/交易所。航运资本市场的活动存在于场外交易市场（OTC）和证券交易所。对船公司来说最活跃的证券交易所是纽约证券交易所（NYSE）、纳斯达克证券市场（NASDAQ）、奥斯陆证券交易所（OB）、伦敦证券交易所（LSE）、东京证券交易所（TSE）以及香港证券交易所（SEHK）。每个证券交易所往往都迎合本土的船公司；举例来说，大多数斯堪的纳维亚航运相关的上市公司都是在奥斯陆证券交易所，与此同时，亚洲上市的船公司都是在东京证券交易所或香港证券交易所。

纽约证券交易所/纳斯达克证券市场。纽约证券交易所和纳斯达克证券市场不仅迎合美国船公司，还迎合那些试图进入美国广泛而发达的资本市场的国际公司。美国证券交易委员会（SEC）监管在纽约证券交易所和纳斯达克证券市场上市的上市公司的证券交易，并要求这些公司持续遵守上市要求。这些要求包括全面的上市报告、最低的财务标准，比如说最低的股价或最少的股数，以及其他透明度和维持规则。对于通常在相对不透明的跨国商业环境中运营的以及公司大多数信息处于保密状态的船公司来说，证券交易管理委员会的透明度规则在接受过程中不断受到挑战。这通常也是船公司在受监管的交易所追求IPO的主要障碍。

场外交易。航运领域最活跃的场外交易市场是挪威场外交易市场（NOTC）。

对于大多数发行人来说，时间就是金钱，考虑到潜在 IPO 后续发行有可行的短期窗口，进入市场的速度和执行的容易度是非常重要的因素。像纽约证券交易所或奥斯陆证券交易所一样，挪威场外交易市场向发行者提供了一些进入证券交易市场关键的有利条件。作为场外交易的挪威场外交易市场制定了较少的监管要求。举例来说，挪威场外交易市场不要求季度申报。较少的监管障碍和持续要求大大加快了进程。挪威场外交易市场的另外一个优势是相关的上市成本比其他证券交易所低。场外交易也被视为一个有吸引力的进入另外一个市场的切入点。举例来说，挪威场外交易市场给公司提供了进入挪威投资者群体的渠道，因航运业在挪威经济中占重要作用该群体一直被航运业密切关注。然而，如果公司只在场外交易市场挂牌，公司的管理者通常计划随后转到一个受监管的证券交易所。这主要是因为场外交易市场挂牌公司的流动性较差，给公司带来重大限制。

7.2.3 首次公开募股

公司上市的过程苛刻、费时并涉及多方合作，包括律师、会计师、投资银行、公司管理者和董事会（参见图 7.4）。该过程可分为四个主要阶段：

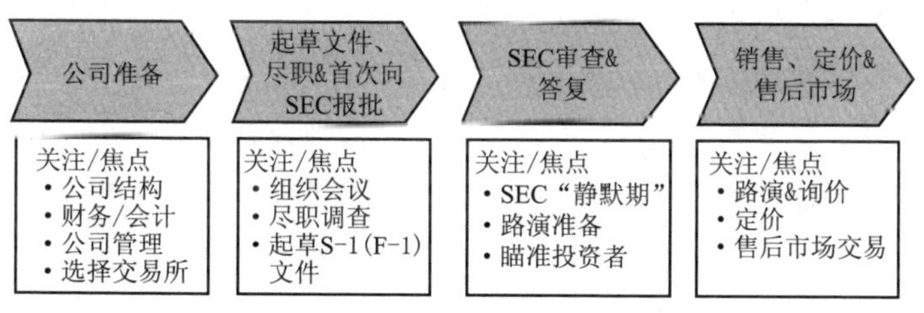

图 7.4 美国资深交易所 IPO 过程（资料来源：杰富瑞）

1. 公司准备；
2. 起草文件、尽职调查和首次向美国证券交易委员会报批；
3. 美国证券交易委员会审查和答复；
4. 营销、定价和售后市场。

公司准备。公司准备阶段的关键是分析公司用以确定最适合的企业和资本结构。虽然不是必要，但多数会建议在 IPO 之前将公司设计为 C 股份有限公

司。如果公司因此要从S股份有限公司等其他实体结构转换为C股份有限公司，则要进行调整并报告由此产生的税收（S股份有限公司不支付企业税收，作为替代把该责任转嫁到股东身上）。批准的股权资本也要因此调整成能反映出IPO所要求的普通股的股份数额。第一阶段也包括初步会计工作，即如果没有全部审计需准备历史审计，以及准备根据如萨班斯—奥克斯等监管要求的特定陈述。美国证券交易委员会要求公司报告特定期间的数据，与公司管理者如何估算公司的内部或外部业绩相一致。陷阱在于公司无意中呈现了自己不同的细分数据。审计师通常指导公司在向美国证券交易委员会提交资料之前采用最好的方式编制收入和费用报告，以便在报告期间将要求最小化。聘请一家熟悉IPO进程的会计师事务所通常有助于开启IPO进程，还能向公司提供重要指导。该过程的另外一个关键决策点是选择一家最适合公司上市的交易所，以适当的激励和薪酬分布重新管理关键的管理合同以及重构普遍的公司治理结构，创建法律和商业尽职调查要求的组织文件。公司还需选择一家投资银行作为主承销商、潜在额外承销商和共同管理人。选择承销商时公司需要考虑的关键因素包括该公司之前的上市和证券交易经验、相关的研究分析师、行业经验、投资者关系和分配模式，以及有多少精力能用于公司。承销商的数量通常取决于拟发行的规模大小，目标是达到控制和责任的最优水平，同时加入业绩相关的竞争意识。另外，联合管理主要用于支持售后市场，并对提高零售分销有利。

起草文件、尽职调查和首次向美国证券交易委员会报批。第二阶段的重点是工作组审核尽职调查资料、确定最终的结构和交易的时间，以及准备估值和营销资料。工作组一般包括公司、公司顾问、承销商和承销商顾问。尽职调查包括公司商业、法律和财务各方面，因其用于帮助确保公开文件提供了完整和准确的公司运营、财务和预期前景，在发行过程中至关重要。公司和承销商的顾问需起草初步招股书，对于美国公司是指S-1注册登记说明书，对于非美国的发行人是指F-1注册登记说明书，并向美国证券交易委员会提交，可以公开提交，也可以秘密提交，取决于管理者的偏好。美国乔布斯法案（JOBS）已于2012年4月生效，规定新兴成长型公司（EGC）有监管救济，即允许秘密提交，以及市场测试的能力和继续非交易的路演等其他优惠。法案的目的是创造更多的工作机会，促进小型、快速发展企业快速进入资本市场。

美国证券交易委员会审查和答复。 美国证券交易委员会通常需要大约4—6周的时间对提交的S-1或F-1进行初步审查。一旦提交注册登记说明书，通常在路演之前会有2—3轮的美国证券交易委员会问答过程。审查过程中美国证券交易委员会的主要目标集中在公司向公众披露和公平陈述，而不关注此次发行是否代表了一个“好的投资”。这一阶段很重要，通常也被称为“静默期”（或“等待期”），在美国证券交易委员会完成审核并宣布注册登记说明书生效期间，公司可继续以“正常业务”进行沟通，但禁止向公众发表与IPO相关的内容。在该阶段不遵守联邦沟通限制的行为被称为“抢跑”，根据问题中的公司类型会导致不同的结果。举例来说，如果违反了静默期，美国证券交易委员会将增加一个“冷静期”、处以罚款和实施解除权。该过程结束，路演开始之前，会对S-1或F-1进行最后修改，包括申请的价格区间和发行的股份数额。

营销、定价和售后市场。 上市进程的第四个及最后一个阶段中，管理者和承销商负责覆盖潜在投资者所在地的主要地理区域的路演。承销商将收到投资者的反馈，然后强化有迹象的兴趣点。最终定价取决于投资者的整体需求，然后选择一个能保证售后市场交易强劲的价格。对于航运业IPO来说，选择一个承销商的重要因素是，考虑它们在航运业的知识和经验，处理船东关心的IPO进程和完成上市要求中积累的经验，以及与目标船舶投资者之间建立的联系。

IPO的售后市场交易。 如图7.5所示，业主有限合伙和公司都关注的液化天然气和液化石油气领域，在过去几年，在航运业IPO后的售后市场交易中表现最好。为了促进完全的二次发行，公司在售后市场表现良好很重要。如果售

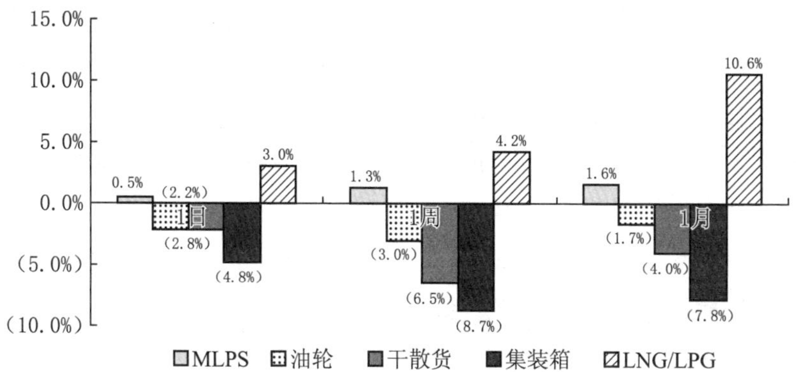

图7.5　售后市场交易：航运业首次公开募股2008—2014（资料来源：杰富瑞）

后市场的交易量很少，考虑到折旧和流动性，投资者可能会谨慎投资任何后续的发行。良好的平衡应适度将 IPO 以股价的 10%左右打折，保持投资者对回报的满意度，同时确保公司的合适估值。同样的思路，足够的流通股对吸引投资者和减少股票价格的波动十分重要。“流通股”是指未被公司内部人员、董事或拥有 10%及以上表决权的股东持有的流通在外的股票。在传统 IPO 中，流通股一般占股价的 20%—30%。

什么造就了好的 IPO？ 一个理想的 IPO 是由一个好的 IPO 发行人伴随着高效的、简化的流程带来的有利结果组成的。好的 IPO 发行人一般有着某些共同特征。举例来说，一个很受尊重的、资深的管理团队，有着扎实的业绩记录，以及有着如下经验，即在处理投资者担忧和媒体关注时往往能通过一个 IPO 进程增加公司的诚信。有保荐人支持的公司也能增加投资者的兴趣，因金融保荐人被认为是“有经验的下注人”，一般能增强投资者对公司和其基础运用能力以及金融理智方面的信心。有担保的新造船合约和期权和/或价格有利的二手收购交易，也是投资者认为公司具有强劲增长的趋势并作为资本增值途径的有利特征。另外，一个好的 IPO 的特征是公司交易对手的组成。一个多样化的、知名的交易对手组合能更好地保护投资者免受某一交易对手违反其租约带来的不利影响。另外，投资者大体偏好有着清晰租船策略、作为交易对手有着良好声誉且愿意披露的船公司。

仅拥有理想的 IPO 发行人并不能保证 IPO 成功。IPO 进程的多方面因素和市场动态通常有助于带来有利结果的产生。航运业 IPO 成功发行的机会窗口并不是在一年的任何时候或经济周期的任一点都是可用的。航运业 IPO 的成功发行需要在合适的点达到确定的市场动态。变量包括同时发行 IPO 的可比较公司数量，总体经济趋势影响投资者的投资兴趣等。合适的定价对 IPO 的成功发行也至关重要，可以售后市场交易的股票进行估价。若发行人目的是调动售后市场交易的积极性从而吸引对未来后续发行股票的兴趣，同时避免大幅交易，则公司须留有资金。尤其是业主有限合伙，其成长通常依赖于预期股权融资在下降时融资向期待投资者提供增长，积极的售后市场交易对业主有限合伙的成长前景也是必不可少的。

航运业 IPO 市场。 任何领域，航运业 IPO 在没有开放的机会窗口情况下都

不可能发行，开放的机会窗口取决于多种行业趋势，比如说目前的运价、运价的预期以及与整体经济周期和国际贸易相关的全球宏观基础。在股市上经常可以看到，由于有利的市场动态和特定行业基础驱动因素的带动，在某些领域运营的船公司试图进入股市。举例来说，2013 年 7 月和 2015 年 7 月之间美国发行 IPO 的船公司，大致半数都是在天然气运输领域。

因投资者对该行业基础缺乏基本了解以及该行业不透明的惯例和商业动态，投资者对航运业股票的兴趣一直都有限。另外，阻碍投资者对船公司理解的还包括绝对短缺的能提高投资者理解力的股票分析师的相关报道。在过去几年，因更多的股票分析师开始报道这一领域，该趋势已经慢慢被扭转，投资者不仅接触到相关研究，还获得了关于该领域更广泛的观点和展望。美国乔布斯法案通过减少监管要求，也支持 IPO 的活动。

避开陷阱。公司需要避开这样陷阱，即一个公司评估其公司概况和行业动态，去确定其是否符合一个好的 IPO 发行人。其弊端是，平庸的行业地位和客户高度集中使得该公司特别容易被投资者监督。未决的重要诉讼、混乱的财务和审计问题，也会导致不符合预期的 IPO。

7.2.4　航运业股票估值

虽然公开交易的船公司估值指标的范围相当有限，关键指标取决于公司的法律形态、资产类型和商业模式。通常，在拥有/运营的资产具有高流动性（例如干散货船和原油船）的航运细分行业运营的有限责任公司和 C 股份有限公司以基础资产进行估值。在拥有/运营的资产具有低流动性（例如集装箱船、液化天然气船、液化石油气船、钻井船、平台供应船）的航运细分行业运营的有限责任公司和 C 股份有限公司通常基于盈利进行估值。业主有限合伙通常的运营模式围绕着长期租约提供了可见的息前收益—税息折旧及摊销前利润，通常以他们各自的股息率进行估值。

资产净值（NAV）。如前文所述，有限责任公司拥有/运营高流动性的船舶，比如说干散货船和原油船，就此而言往往基于基础资产或净资产值进行估值。虽然源自资产净值的计算结果因使用的投入而不同，但定义保持不变：公司的流动价值。

资产净值（方法一）	资产净值（方法二）
经营船队价值　$XXX，XXX，XXX 新建船队价值 －剩余的资本支出	经营船队价值　$XXX，XXX，XXX 在建船舶 合同价值
资产总值　$XXX，XXX，XXX 租船调整	**资产总值**　$XXX，XXX，XXX 租船调整
调整后的资产价值　$XXX，XXX，XXX －债务 －少数股东权益 ＋现金	**调整后的资产价值**　$XXX，XXX，XXX －债务 －少数股东权益 ＋现金
资产净值　$XXX，XXX，XXX	**资产净值**　$XXX，XXX，XXX

图 7.6　净资产计算方式（资料来源：杰富瑞）

如图 7.6 所述，有两种大体相同的方式去计算船公司的资产净值。第一种方式包括经营船队和新建船队的总计市场价值，减去剩余的新建船队的资本支出，加上租船调整（租船费率和目前租船市场价值之间的差额，以与租船对方违约风险相当的费率进行折算），减去债务，加上现金。第二种方式是把所有经营船队的市场价值求和，加上建造过程产生的费用，加上改变的合同价值（新造船队市场价值和购买价格的差异），加上租船调整，减去债务，加上现金。很有可能，航运业股票估值中最受关注比率—价格/资产净值，指相关的股票价值要么以其资产股票价值的溢价交易，要么以折扣进行交易。如果一家上市船公司以资产净值的溢价进行交易，则其收购船舶或其他船公司时可以其股份作为对价代替现金使用。

*预期盈利：息前收益—税息折旧及摊销前利润。*另一个被投资者在航运业股票中关注的估值指标是预期盈利，更具体地说是预期息前收益—税息折旧及摊销前利润。投资者通常以企业价值/预期息前收益—税息折旧及摊销前利润乘上基数评估预期息前收益—税息折旧及摊销前利润。为了评估特定股票交易的 EA/EBITDA 倍数在高或低处，投资者需要将其分别与可比较的公司进行比较。通常，较高的倍数是企业包含更高增长的特征，同时，较低的倍数是增长较少或没有增长的标志。

*股息收益率。注册*为业主有限合伙形式的船公司的第三个关键估值指标为

股息收益率。在今天的市场上，因有公司担保长期、稳定的现金流，业主有限合伙已经成为有吸引力的投资实体，向投资者按季度支付，与管理激励项目结合以便绑定公司的管理层和股东利益。投资者在远期基础上评估股息收益率，然后通常以最近一季度的年度化的股息进行计算。股息收益率表现为目前股票价格的百分比。

7.3 私募股权

7.3.1 私募股权概述

自从 2008 年全球金融危机后经济滑坡，航运业经历了来自金融投资者史无前例的融资利息水平，即对冲基金和私募股权基金。对冲基金是资本集中投向证券和其他金融工具的私募投资基金。这些基金通常从事如下活动，比如说，基于活跃交易的创造性投资、长短期相结合的投资，以及为了增加投资收益的借贷资金。对冲基金因赎回受限（“大门”），往往流动性较差，通常会给投资者带来不利影响。对冲基金通常仅被个人投资者或者是资产重大的实体用作投资工具，被老练的投资者认购。

私募投资公司是一个投资管理公司，以多样化的投资策略投向私募股权运营公司。私募投资公司通常为特定基金筹集资金池，然后公司以权益出资的形式将资金投向符合既定策略的投资交易中。投资者通常包括私募投资公司的合伙人、超高净值个人、机构和主权财富基金。私募基金往往包含长期投资者承诺和比对冲基金更少的流动性。私募投资公司花费数年去投资全部的基金资产，一般私募基金对任何规定公司的投资期限是 3—5 年，有时投资锁定长达 10 年。

7.3.2 航运业私募股权

与公众投资者相反，金融投资者投向一家公司资本结构中的多种权益，包括股票、低级权益、信贷、可转换债和夹层融资。在过去几年，在航运领域一直活跃的金融投资者是私募投资公司，或者是着眼于不良债权和/或特殊情况的特殊目的基金公司。全球性的经济滑坡在航运业表现为，在 2008 年年末短短几个月的时间内，全球经济从史无前例的顶峰处直线下降至深渊。许多高杠杆船舶资产价值下滑（如图 7.7 所示），与这些资产相关的许多债务沉没，然后成为不良债务。结果是，随着全球贸易水平的恢复，以及船舶供给平衡的自我矫正，私募投资公司为了从该领域预测的反弹中最终获利，开始全部买进债务和/或实物资产。另外，航运业一直吸引着有着高波动性策略的私募投资公司和对冲基金。该行业有着高度周期和季节性，为波动性提供了充足的机会。

通常，私募投资公司投资航运业，以与现有的船公司成立合资企业的形式（JV）。以这种方式，私募投资公司能够接触到商业性和技术性的航运管理能力以及有经验的业内人士的资源。在其他例子中，私募投资公司会聘请航运方面的专家处理商业业务，而非与现有的业内人士合作。船公司和私募基金的合资企业通常在每一个案子中都是“定制”的，因此也是不同的。决定合资企业性质的关键因素是船公司方合伙人投入多少资本。零到最小的投入资本使得合资企业很难创设，然后一旦成功，董事会和其他控制机构几乎全部依赖私募基金合伙人。另一个重要因素是船公司方合伙人平台的稳健性。如果合伙人是颇具规模的，配备有经验的个人，创设一家合资企业往往很容易，因为能够提高合资企业合伙人行业的专有技术和商誉。

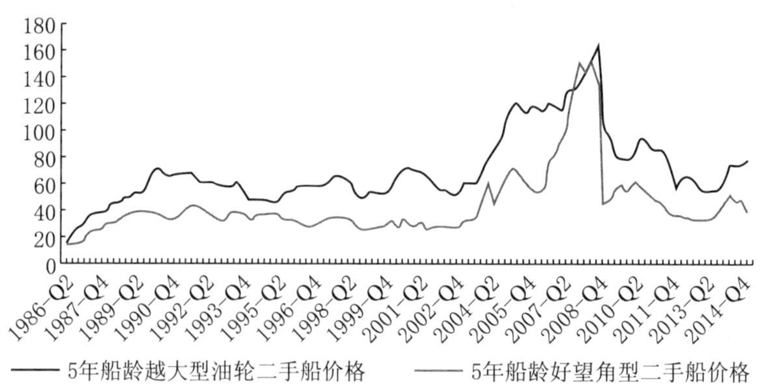

图 7.7　超大型油轮、好望角型和 180 000 载重吨干散货船的二手船价格（资料来源：杰富瑞）

对合资企业来说，关键点围绕着对投资决策、日常管理问题和最终退出决策的控制。大多数情况下，私募基金合伙人控制着董事会，除非船公司方合伙人投资合资企业达到 50%或近乎 50%。船公司方合伙人投资合资企业占到 50%

的情况少到闻所未闻。船舶和相关供给的管理结构是一个常见的关键点，因许多合资企业运营方期望与现有的外部管理公司一起管理资产，并由合资企业承担费用。另外，当私募基金合伙人期望船公司方合伙人不要参与合资企业之外的其他航运活动和投资时，矛盾产生。合资企业的经济起始于相关的资本投入，然后多数情况下以“促销”的形式增长，也被称为“附带权益”，在这种情况下，船公司方合伙人可以获得优先回报。这些条款都是可以灵活协商的，但是，典型的条款应当包含在私募基金合伙人最低要求实现之后，船公司方合伙人优先获得回报。

典型的退出策略包括 IPO，兼并和收购及分拆成上市股票。图 7.8 比较了退出途径中 IPO 和出售的影响。追求某个或另一个决策在很大程度上取决于金融投资者期望得到什么，比如说，期望的流动性水平、估值和上行潜力、确定性和暴露的市场风险。在过去几年，一直有许多私募基金支持的船公司完成不同退出策略的例子。

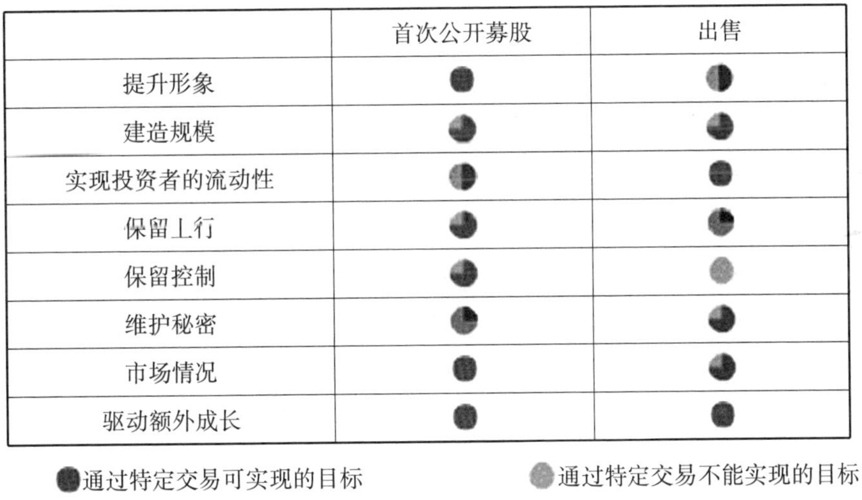

	首次公开募股	出售
提升形象	●	◑
建造规模	◕	◕
实现投资者的流动性	◑	●
保留上行	◕	◔
保留控制	◕	○
维护秘密	◔	◕
市场情况	●	◕
驱动额外成长	●	●

●通过特定交易可实现的目标　　○通过特定交易不能实现的目标

图 7.8　货币化的投资（资料来源：杰富瑞）

戈登和安伯航运[1]。2010 年，戈登——一家关注运输行业的私募投资公司，设立了安伯航运，拥有船舶并运营节能高效的中端产品和化学品运输船，试图从航运业中低价值资产中获利。安伯在 2013 年 7 月上市，首次公开募股 1.4 亿

美元，是 2012 年 3 月以来首例航运业 IPO，也是自 2010 年 3 月以来首例增长的航运业 IPO。戈登选择了经验丰富的前知名上市海事公司的 CFO 带领的海事管理团队，既有丰富的运营经验，也有为上市船公司工作的经验。

诺贝尔航运的沃森投资[2]。深度价值投资者沃森在 2012 年购买了引入粉单市场（pink sheet system）的诺贝尔航运的多数股份，然后成为全球最大的灵便型液化石油气船的船东和运营者。沃森在 2013 年 11 月在纽约证券交易所上市，被认为是高度成功的 IPO，定价较高，并行使了超额配售选择权。

奥斯卡私募股权/奥佩拉航运/太阳航运[3]。奥斯卡私募股权是全球范围内最活跃的私募投资公司，管理的资产超过 400 亿美元，尤其是在航运业，延伸到许多细分航运领域，包括干散货船、油轮和海上船舶。然而，与行业资深合伙人奥佩拉航运成立的奥斯卡合资企业，约定以有利价格出售太阳航运的股份，奥佩拉航运是对私募基金领域有着较多兴趣的典型代表之一，因奥佩拉能够以太阳航运的股份交换合资企业拥有的资产并获得流动资本，借此允许合资企业成功退出该投资。最初，奥斯卡和其合伙人计划在 2014 年上半年将公司上市。然而，因提交申请的 IPO 积压很多、干散货船运价平淡等股票资本市场情况，奥佩拉上市的机会消失，并面临着投资者考虑其他替代的可能退出方式。2014 年 6 月，奥佩拉同意与太阳航运合并，太阳航运是一家上市的干散货船公司，其行业资深合伙人之一是该公司的前主席。合并创造了最大的在美国上市的干散货船公司，全部运输船队有 69 艘船舶，是全球最大的环保船队之一。这次合并，太阳航运向奥斯卡发行了 5 410 万份普通股，作为成为其合伙人的交易对价。虽然奥佩拉更期望以 IPO 的方式退出，但与太阳航运的合并被证实为最优退出方案，给奥佩拉的股东提供了流动资本，给太阳航运的股东提供了内在增长并提升了高级管理层（行业资深合伙人以 CEO 和董事长的身份加入）以及市场资本化水平。

7.3.3 其他

私募投资公司和公司管理层的关系。私募投资公司通常很活跃，为了确保投资成功和成功退出，处理好它们与公司管理层之间的关系很重要。因私募投资公司期望能在它们退出时提供满意的投资回报，该金融投资者试图替换管理层人员或配置运营合伙人，目的是彻底把控运营和策略的变化。对投资组合公司的介入程度因私募投资公司、偏好投资和运营方式的不同而不同。另外，一家私募投资公司的基金可购买许多不同公司的股票，这些公司之间可能会互相交易，由此导致一些利益上的冲突。因此，基金运营协议往往设置特定条款，设定了一旦这种情况发生投资者应如何行动，以及包括关于附属机构交易管理的条款。

7.4 结 论

在过去的十年里，公开股票市场和私募投资公司的作用在海事领域逐步加强，但和很多事情一样，时机是关键。许多船公司成功进入公开股票市场和私募股权市场，很大程度上取决于经济周期的当下位置和长期的海事基础、竞争激烈的市场、可替代的投资机会以及投资者的信心。除把握时机以外，在瞄准其他股票或私募股权作为潜在资金来源之前，船公司还需仔细考虑成为一家上市公司、引入外部投资者所带来的可能结果和要求。

注释

1. “戈登”“安伯航运”为代码。
2. “沃森”“诺贝尔航运”为代码。
3. “奥斯卡私募股权”“奥佩拉航运”“太阳航运”为代码。

参考文献

Clarksons Research.
Bloomberg L.P.
Jefferies LLC Materials.
Latham & Watkins LLP From Red Herring to Green Shoe：The Path to a Successful IPO，2014.

第八章

航运业的结构化融资

扬尼斯·亚历克索普洛斯（Ioannis Alexopoulos）
尼克斯·斯特拉蒂斯（Nikos Stratis）

8.1 不断变化的船舶融资市场格局

航运业的主要特征是资本高度密集。国际船东界总是需要大量资本以给其船队现代化和扩张战略提供资金并对现有贸易船队进行再融资。通常，船东的船舶融资需求可以通过他们自身（或家人、朋友）的股本资源和银行的债务融资予以满足，与其他可替代的资金来源相比，这也是最便宜的外部资本形式。随着中国2001年正式加入世界贸易组织，因被需要支持和促进金砖四国（巴西、俄罗斯、印度和中国）的巨大增长，国际船东界面临着增长的服务需求。

2001年至2008年期间，是世界经济基本面和增长强劲的时期，贸易和航运在全球化的环境中起到关键性作用。为了满足航运服务的增长需求，国际船东着手于大规模的船队扩张和现代化进程，向日本、中国和韩国下了大量的新船订单。

船队的巨大增长主要依赖于银行债务的投资，而且大部分来自欧洲的银行组织。德国、斯堪的纳维亚（挪威和瑞典）、法国、英国和荷兰的银行在2001年至2008年的船舶融资市场占主要地位，以有吸引力（对船东来说）的杠杆和定价条款承担了巨额资本总量。在干散货船航运运费市场到达顶峰期（2008年5月），航运银行的竞争已经把利润水平压缩至100基点以下，与此同时，融资额达到船舶公允市场价值的80%—85%正变成一种常态。运费市场的力量与现成的、低价的债务融资，以及来自资本市场（美国为主）充裕的股本相结合，造成了资产价值的不断增长，最终形成了泡沫。

非理性的繁荣需要以某种方式结束，然后在 2008 年 9 月 15 日随着美国雷曼兄弟因次贷危机破产而突然、激烈地发生了。雷曼兄弟的破产给全球银行间市场、全球贸易和经济带来的灾难性影响，以及随后出现的欧洲国家债务危机，给船舶融资行业带来了变革性的影响。传统的欧洲船舶银行，被各自国家政府纾困，不再对船舶行业做出承诺。2008 年之后，多数全球性的船舶融资银行，其中主要是欧洲的和惯常支持国际船舶行业的银行，因多数没有足够的资本适当支持资本密集型的船舶业务，开始大量去杠杆。

在 2008 年至 2015 年期间，一些传统的船舶银行或者完全退出航运市场，或者开始逐步减少其资产组合和整体航运风险。遗憾的是，随后出现的缺口没能被新加入的船舶银行充分弥补；有一些新加入者，其中多数是来自美国和澳大利亚。考虑到后雷曼时代“单纯功能”的优先债务融资的有限性，全球船东界加大了资本结构多元化力度，探索并成功采用了替代性融资结构。

韩国、中国和日本（程度较轻）政府控制着融资机构和出口信贷机构（ECA），代表着一种已经被国际船东界成功采用的替代性的资金来源。这些机构在各自国家快速介入和支持新建船项目。而且，其他替代性融资结构，比如说租赁和夹层融资在过去六年已经被广泛探索并用以补充船公司的资本构成。这些资本形式对于船东来说一直都是可用的，但在前雷曼时代，很大程度上被偏爱便宜、简单、现成的银行融资的航运界忽略。

整体上来说，在不稳定的航运和船舶融资环境中，传统的债务融资变得罕见，船东为了保证公司的生存和发展，已经适应并变得更加灵活和更有创造力。本章分析了在该趋势下的结构化融资工具（也即复杂的金融交易），尤其是出口信贷机构支持的船舶融资、租赁和夹层融资。

8.2 出口信贷机构

8.2.1 什么是出口信贷机构？

出口信贷机构多数是政府控制或准政府的组织，其作用是通过扩大出口信贷结构，支持各自国家的货物和服务出口。由于牵涉政府，又鼓励制造业、工业产值和租赁，出口信贷受该国出口政策的驱使，也是该国的经济基础。尤其是在金融危机和经济活动放缓时期，出口信贷机构的参与构成必要的促进贸易和刺激出口的催化剂，实现政府对国内行业的必要支持。

出口信贷在一些行业的项目融资和资产融资中作为资金来源促进出口已经有一段时间了，比如说，通信行业、技术、石油和天然气、矿产与金属、基础设施、动力与能源以及运输（民用航空、海上工业、邮轮和海事）。主要造船国家的出口信贷机构通过投资他们自己国家的新造船项目已经给国际船东界提供了多年的支持（见表 8.1）。

表 8.1　海事、邮轮和海上航运领域中最重要的出口信贷机构

地　区	国　家	出口信贷机构
亚　洲	韩　国	韩国贸易保险公司（K-SURE） 韩国进出口银行（KEXIM）
	中　国	中国出口信用保险公司（SINOSURE） 中国进出口银行（CEXIM）
	日　本	日本出口和投资保险组织（NEXI） 日本国际合作银行（JBIC）
欧　盟	德　国	裕利安怡信用保险机构（HERMES）
	挪　威	挪威出口担保机构（GIEK）
	法　国	科法斯（COFACE）
	意大利	意大利外贸保险服务公司（SACE）
澳大利亚	澳大利亚	出口融资和保险公司（EFIC）

8.2.2　出口信贷机构在船舶融资中的作用

国际金融危机之前，尤其是 2000 年至 2008 年期间，出口信贷机构在船舶融资中的作用相当受限。该期间，来自国际和本地船舶银行投向船东新造船项目的传统债务融资资金是现成可用的（大规模和有吸引力的价格）。然而，2008 年金融市场史无前例的危机，以及航运业运价和资产价值之间的剧烈调整，给这些银行带来了不利影响。

受金融危机和航运危机的影响，一些船舶银行面临着航运投资组合和增加的管理（《巴塞尔协议 III》）限制方面的大难题，迫使它们不得不减少贷款规模或者是彻底退出航运业。信贷紧缩给航运界遗留了一个大的资金缺口，尤其是对于新造船目前仍处于建造中的航运项目。出口信贷机构的迅速介入，以直接向船东投资或出具出口信贷机构保函/保单（向商业银行）担保、管理商业和/或政策风险的方式，提供了大部分必要资金，填补了资金缺口并支持了本地造船活动。

总的来说，在过去几年中，随着银行贷款资金紧缩，船东增加了其在出口信贷融资方面的利息。出口信贷机构满足了这些增长的需求，我们也见证了贷款量的大量增长，尤其是来自重要造船国家的出口信贷机构，比如韩国和中国。出口信贷机构支持融资方面的强劲增长，在《海贸亚洲周刊》公布的数据上反应明显，该周刊表明中国进出口银行向船舶行业发放了 140 亿美元的贷款，超过 2011 年的 110 亿美元和 2012 年的 120 亿美元。

目前，出口信贷融资被认为是船舶行业的重要资金来源，尤其是对于费用高昂和资本密集的海事项目。目前状况下，商业银行很难支持如此昂贵的项目，因此我们看到出口信贷机构在这些"高价值"项目中的作用越来越重要，比如说邮轮、海洋工程、液化天然气船、液化石油气船以及传统行业。表 8.2 提供了一些最近公开报道的出口信贷机构已经达成的业务。

表 8.2　海事、邮轮和海洋工程领域已经达成的出口信贷机构业务的公开报道案例

领域	航运公司	单位（10 亿）	出口信贷机构	新造船项目
邮轮	挪威邮轮班轮	0.91 美元	裕利安怡	2 艘邮轮
海洋工程	Ocean Rig	1.35 美元	挪威出口担保机构和韩国进出口银行	3 艘深水钻探船
邮轮	皇家加勒比邮轮公司	0.89 欧元	科法斯	1 艘巨型邮轮
海运	Scorpio Bulkers	0.23 美元	中国进出口银行	7 艘好望角型船
液化天然气船	尼日利亚液化天然气有限公司	0.72 美元	韩国进出口银行和韩国贸易保险公司	6 艘液化天然气船舶
邮轮	丽星邮轮	0.60 欧元	裕利安怡	2 艘邮轮
液化石油气船	多里安液化石油气公司	0.5 美元	韩国进出口银行和韩国贸易保险公司	18 艘液化石油气船舶

8.2.3 出口信贷机构支持的船舶融资结构

海事项目中出口信贷机构有两种主要参与形式。船东用出口信贷机构出具的保函或保单从国际商业银行处筹集资金，或者直接从出口信贷机构处筹集资金。在第一种模式中，即“出口信贷机构担保”融资结构下，出口信贷机构通过出具保函/保险产品推动和促进海事资产的出口。外国商业银行在出口信贷机构保函/保单的支持下，向海外建造海事资产的买方/进口方提供必要的融资。在这种安排下，出口信贷机构有效保证商业银行在船东付款违约的情况下收到付款（当然规定满足保单的条件和要求），无论是否与破产事件、其他商业事件或其他政策事件相关。因保函/保险的范围由出口信贷机构的政府支持，商业银行的受担保的风险不再被认为和当作航运风险，而被认作为主权风险。韩国贸易保险公司、中国出口信用保险公司以及日本出口和投资保险组织通常是这种“出口信贷机构担保”融资机制的供应商。

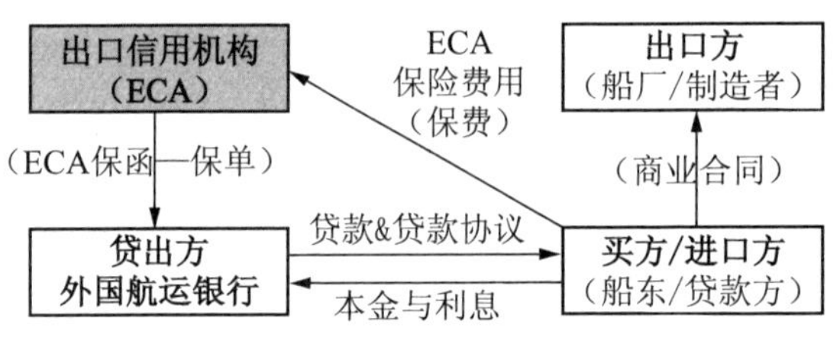

图 8.1 出口信贷机构保证融资结构

图 8.1 提供了一种基本的出口信贷机构担保/保险融资结构的框架。应当注意的是，出口信贷机构保函涉及的保单相关成本须由船东承担；这些成本中最典型的是出口信贷机构担保费用（出口信贷机构保费）。这些费用总额以进口方国家风险为基础计算。然而，在航运业，因行业具有国际化元素和不同司法管辖权共同作用，出口信贷机构首先须选定国家用以分配这种融资风险，出口信贷机构保费也将随之确定。

作为出口信贷机构担保/保险融资结构的替代方案，出口方（造船）所在国家的进出口银行会向船东（海事资产的进口方/买方）提供直接贷款。在这种安排下，出口信贷机构向贷款人发放定期贷款，或者参与到其他商业银行组成的银团实现特定资产的融资目的（见图 8.2）。以韩、中、日三国的进出口银行为例，韩国进出口银行、中国进出口银行和日本国际合作银行都将作为直接贷款人参与这种融资安排。

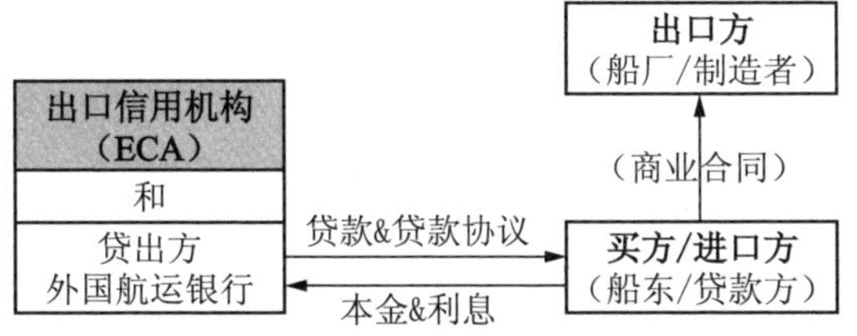

图 8.2　出口信贷机构直接向买方/进口方贷款

出口信贷机构还会以利息补贴形式提供融资，无论是浮动市场利率（伦敦银行同业拆放利率加上固定利差），还是以商业参考利率（CIRR）为基础确定的固定利率。在商业参考利率方案下，相关贷款的利息以最低利率计，商业参考利率由政府支持出口信贷的经合组织每月公布。

8.2.4　出口信贷机构要求和经合组织指南

正如前文所说，出口信贷机构的作用是促进出口，出口信贷机构融资结构通常是由政府支持或投资。因此，这些融资的主要要求是交易需要浓郁的地域色彩。航运业的典型要求是，新造船交易中新造船需要在本地的船厂建造。另一种可能性是，船舶的主要设备部件需要木地制造。除需包含本地色彩要求外，出口信贷机构倾向于参与对本地产业影响较大的大型船舶交易（涉及大数额船舶或高价值的船舶资产）。而且，出口信贷机构还倾向于支持那些在航运业有着长期业绩记录、巨大规模以及透明的公司控股结构和经审计的财务表的大型航运客户。

为了支持本地产业和经济，出口信贷机构会激烈竞争，这些激烈的竞争可能会给国际贸易和造船业带来毁灭性的后果。因此，许多国家意识到需要设立一些规范，然后经合组织制定了所有出口信贷机构需要遵守的一套规则和指南。

出口信贷机构和船舶，出现在经合组织指南“船舶出口信贷谅解部分”（SSU），规定了一系列的非约束性的关于政府支持船舶出口信贷的指导方针。经合组织成员澳大利亚、日本、韩国、新西兰和挪威已经就此达成一致意见，有趣的是，巴西和中国不是经合组织的成员。目前的会谈围绕着一个更正式的、更有约束的协议，巴西和中国也包含在内，因此，经合组织指南将在不久的将来被修订。表8.3提供了经合组织指南中船舶出口信贷谅解部分的概述。

表8.3 经合组织指南：船舶出口信贷

船舶	经合组织指南适用于100总吨及以上新的海运船舶
还款期	出口信贷的还款期最长为交付后12年
现金支付	买船的进口方（船东）截至交船前最少需以现金支付合同价款的20%
还款	出口信贷的本金还款需采用等额分期的方式，定期一般为6个月，最长不超过12个月
利息	最少每6个月支付一次利息，以及第一次付息不超过信贷起始点后的6个月

资料来源：经合组织的造船委员会工作小组（WP6），船舶出口信贷谅解部分。

8.2.5 出口信贷机构船舶融资的利弊

出口信贷机构对船东来说，其作用越来越重要。这些机构有着大容量和大量流动资本，用以支持船东船队的扩张和现代化，以及在一些情况下，支持高价值航运领域的多元战略。由于传统船舶银行受大量资本充足率的限制以及提供所要求的大量资金的能力有限，这样的战略目标对于这些银行来说是不可能实现的，尤其是在金融风暴期间，这些银行通常更愿意消减贷款。除促进船公司的扩张外，出口信贷机构还允许船东多元化其融资形式。它们代表着一个长期的、价格有吸引力的新造船项目的船舶融资来源，补充船公司的资本结构，通过减少整体的加权平均资本成本（WACC）提高船公司的价值。出口信贷机构船舶融资也允许船东为其他船舶项目保持其他资本来源（来自船东国内银行的债务和权益资本）。

出口信贷融资有许多利处，但也有很多弊端。如同之前的讨论，经合组织指南引入了关于出口信贷融资（减少至零）还款期限的要求，即不得超过12年。新造商船的融资期间根据船舶资产的类型和船东的财务实力通常会规定14至15年的还款期（在某些情况下甚至超过18年），与前述期情况相比，经合组织指南的此种要求被认为是整体融资安排的一个弊端。而且，在船舶融资结构中引入出口信贷机构不可避免会导致整体流程进展的延误。机构必须熟悉船舶客户和考虑中的项目，同时还需要遵守许多内部流程。最后，从文件的角度，贷款协议、担保文件以及出口信贷机构出具的保函/保单，必须让许多有经验的、能够根据自身的经验和新的标准化术语的使用快速完成此种交易的律师参与。因此，与传统的船舶定期贷款协议相比，出口信贷融资常意味着一种更加结构化、更加复杂、成本更高的安排。

总的来说，出口信贷融资还是有吸引力的，因其能够推动和促进出口、进口和国际贸易，以及以贷款人可用的产品和条件为其资产提供资金，而这些是商业贷款人无法提供的。在经济活动放缓和金融不稳定的期间，出口信贷融资尤其重要。目前，所有政府全面认识到出口信贷融资在刺激全球经济、制造业和租赁方面的作用。因此，在不久的将来，出口信贷融资有望继续作为海事交通运输行业重要的资本来源。

8.3 船舶融资租赁

尽管航运业具有资本密集的属性，但是与其他资本密集的行业（例：航空、车辆、电信、采矿）相反，航运业通常缺乏有组织的替代资本来源，比如说租赁和夹层融资，以及占主要地位的单纯功能债务和权益融资。造成这种结果的原因可归纳如下：

1. 高度碎片化和不透明：有数以千计的未分级的船东，拥有着不同船队规模、不同船龄结构和船型、不同资本构成和运营标准。

2. 非标准化资产分类，即便指的是同一种船舶类型：中国建造的巴拿马型干散货船与日本建造的就明显不同。

3. 行业的高度周期性和不可预测的收益和资产价值。

4. 船舶融资领域银行的支配地位，通常规定了高预付比例和低定价，这为所有的交易设置了定价基调（即便银行时常对他们的贷款风险回报组合错误定价）。

上述原因的结合导致的结果是已经确定的替代资本供应商参与意愿不强，比如说租赁和夹层融资供应商。然而，适当的租赁和/或夹层融资结构的组合对公司的资产负债表相当有利，释放了资本增长并带来股票回报的增值；这些有利之处将在下文详细讨论。

8.3.1 船舶租赁

与公司通常从债务市场上获得的融资相比，租赁结构使得公司有机会去提高融资水平。租赁结构提供了高达100%的资产融资，同时也合理支持了预先确定的营运资金，结果是融资达到110%—115%。正因如此，租赁结构可以被证明是资本密集型行业的非常有效的工具，允许公司在最小的前期资本支出限度内追求增长机会（船队更新项目）。在运费市场低迷期间租赁结构可以被替代性地用作流动性工具，帮助公司通过将锁在资产中的权益价值进行货币化（资产售后回租），提高流动性。

然而，尽管110%的融资有着潜在的吸引力，但租赁结构仅能被证明其有能力履行这些工具义务的公司使用；在航运业，即要求提供强大的资产负债表或需要长期的融资资产支持。

与优先的、有担保的、单纯功能的债务融资相比，租赁结构能有效提供较高的杠杆。因此，租赁结构承担的违约风险较高，与此同时，其整体定价也总是高于优先债务融资。在正常情况下，以等于或低于船公司加权平均资本成本的整体价格提供100%融资的融资结构可带来公司增值，因此公司也愿意追求。租赁结构依赖于租赁公司的权益承担和银行机构提供的优先债务。因此，前述两个主要参量最终决定了租赁结构的整体成本（价格），也受租赁公司权益回报对风险承担的要求和以竞争性价格寻求充足债务水平能力的驱动。这也是租赁公司之间价格变动较大的原因。

正如图8.3所示，在典型的船舶租赁结构中，租赁机构会成立一个特殊目的公司（SPC）去持有该艘船舶。然后，该船被租赁机构的股权资本、从债务投资人（船舶银行）处筹得的优先债务融资等资本组合收购，优先债务由该船舶予以第一顺位优先抵押担保。租赁机构也负责筹集债务资本。然后，特殊目的公司将该船租给船东，或更具体地说，租给它的用来租入船舶的特殊目的公司。租赁机构被称为“出租人”（资产的法定所有权人），同时船东被称为“承租人”（资产的二船东）。因租赁安排的介入，船东为其特殊目的公司的所有义务向租赁机构提供履约保函，同时，根据租约规定定期向租赁机构支付租金。

当评估一个租赁结构时，另一个需要被考虑的重要因素是租金对该项目现金流的影响。正如上文所讨论的，融资租赁结构涉及租赁公司的股权资本和银行机构的优先债务。因此，租金需分期偿还，并且赔偿（a）租赁结构潜在的债务组成；（b）租赁机构的股权组成。所以，租赁结构更倾向拥有较高现金流的贷款需求，而非单纯功能的债务融资。

8.3.2 船舶租赁的类型

租赁结构分为两类：经营租赁和融资租赁。按照现行的会计准则，在区别资产负债表内和资产负债表外的情况下，第一种是表外融资，第二种是表内融资，因此，经营租赁和融资租赁的区别在于，租赁资产所有权的实质风险和回报是否已经由出租人（租出设备的公司）转移至承租人（租入设备的公司）。在经营租赁的情况下，租赁资产只记在出租人的资产负债表内，租金收入被计入出租人和承租人租赁期内的损益表中。在融资租赁的情况下，承租人有义务把租赁资产以公允价值或最小租金现值中较小的数额计入其资产负债表内。

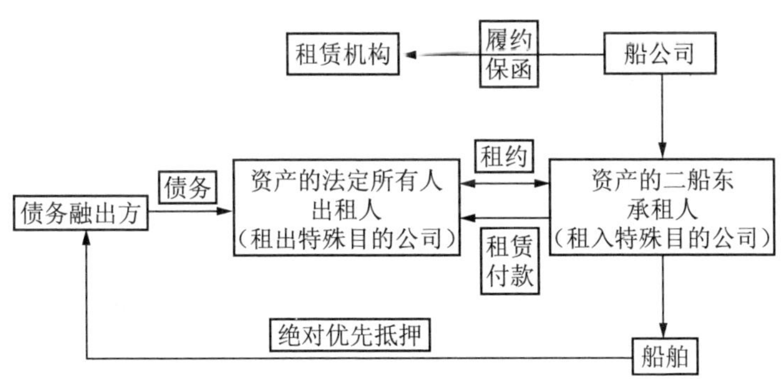

图 8.3　船舶租赁结构

融资租赁的承租人需满足如下任一标准：

1. 租约明确资产的所有权转移至承租人。

2. 协议包括优先购买选择权的价格，选择权的价格可以被合理地以大幅折扣至合理的期望价格水平。

3. 固定和不可取消的租赁期限等于或长于资产预期经济使用期限的75%。

4. 最小租金的现值等于或大于资产公允价值的90%。

如果上述标准均未满足，该租赁被归为经营租赁。

8.3.3 船舶租赁：利弊

经营租赁和融资租赁都能向承租人提供机会追求发展，而不从承租人处获得股权，或减少或预付其股权；两种结构都可以在运费市场低迷期间被用作流动性工具，把资产中的权益转成现金；在两种结构下，资产的所有权均由出租人持有。

经营租赁的承租人利处。不需要在承租人的资产负债表中报告该租赁业务，意味着经营租赁是“看不见的”杠杆，允许承租人在不影响其资产负债表的财务比率（比如：资本充足率）和不增加资产回报的情况下，追求发展的机会。经营租赁结束时，承租人只需向出租人返还租赁资产；同样地，出租人承担所有的资产剩余风险。事实上，承租人追求的出售和返租业务，可以简化为在继续使用该资产的后几年转让资产的剩余风险。在这样的经营租赁安排下，船东租入、运营该船舶一定年限，以及在租期结束时把船舶交还给租赁公司，因此租赁公司承担所有的资产剩余风险、技术风险和运营风险。因出租人有义务配备船员和维护该资产，进干船坞/特殊检查的停工期也由出租人承担。

经营租赁的承租人弊端。正如已经讨论的，租赁结构通常倾向于提供比优先的、有担保的、单纯功能的债务融资更高杠杆的融资。因此，（高杠杆的）租赁结构的整体价格会高于（低杠杆的）传统的、优先的、有担保的债务融资，这也是实现经营租赁利处的主要弊端之一。而且，增加的杠杆提高了融资和违约风险，在租赁结构采用前，承租人需要向租赁公司证明其成功的业绩记录和良好的信誉。在经营租赁租金全部以费用的形式计入损益表，还要经历息前收益—税息折旧及摊销前利润的收益恶化以及净利润的减少，在息前收益—税息折旧及摊销前利润复合型方式使用时，对合理的公司估值产生负面影响。最后，承租人不能控制资产的质量，也不能根据其运营环境的要求进行改变。经营租赁在船舶行业中，通常表现为中长期的定期租船或同一船舶的出售和即时定期

租船。这样的结构给予船公司以事先确定的时间和价格收购该船舶从而终止之前的经营租赁的选择。需要注意的是，在设计经营租赁时应特别注意避免被重新归类为融资租赁。若前述四个标准中的任一标准得以满足，该租赁将被归为融资租赁。

融资租赁的承租人利处。通常承租人至少根据预先定义的参数会保有对资产质量的控制并且负责配备船员和维护船舶。对融资租赁下的承租人来说，这些责任增长的直接结果通常被认为是一个比在经营租赁中更具有竞争性的资本成本。融资租赁的租金基于租赁的隐形资本成本被拆分为“利息”和“本金”两部分，只有利息被计入损益表中的费用，因此有了一个更好的息前收益—税息折旧及摊销前利润和净利润（本金部分计入现金流量表的费用栏）。

融资租赁的承租人弊端。融资租赁被报告在承租人的资产负债表中，结果是较高的杠杆和减少的资产回报。剩余风险通常由承租人承担。融资租赁在船舶行业中，通常表现为中长期的光租或同一船舶出售和即时光租，租赁结束时承租人同时有购买租赁物义务。需要小心的是，基于光船的业务结构可能会被归为经营（表外）租赁，而非相反的融资（表内）租赁。

8.3.4 船舶租赁的供应商

船舶行业的租赁供应商可以大致分为三类：

1. 对行业有着良好了解、积极和长期参与的供应商（从事船舶融资的金融机构）。

2. 因某些国家立法规定的适用于船舶加速折旧规则所驱动并受此鼓励而推出产品的供应商（例如德国有限合伙、法国租赁和日本租赁）。

3. 周期性地进入和退出行业的临时参与者（私募股权公司、保险公司、养老基金）。

第一种分类下，驱动融资机构的驱动力是向客户提供广泛的产品，充分利用其现有客户网络、市场覆盖率和行业理解力，进而提高从每个客户获得的收益。这是许多银行已经采用并且提供的一种模式。第二种分类下的融资机构受投资者利益的驱动，利用税收立法国家中可有效财政优化的工具。这些立法下，船舶资产在使用期限前几年加速折旧，从而在这些年内产生净亏损。然后，这些资产的所有者（投资者集团）可以用这些亏损抵消他们经营活动的纳税义务。这些机构通常更进一步地与船舶技术和商业管理、船旗和吨位税的某些要求联系在一起。德国 KG 可能是最出名和规模最大的机构，曾在这一领域得到了发展，类似的机构也存在像法国和日本这样的国家中。

值得注意的是，尽管这些机构管理者可能是船舶风险和回报方面的专家，也不必然意味着参加的投资者有着类似的理解力；而且，这些投资者和机构管理人的动机是明显不同和不一致的，因此出现了非理性的决策。KG 系统的瓦解和集装箱船市场 2008 年后的产能过剩就是这样的例子。

关于第三种分类下的租赁结构，需要注意的是 2008 年后，尤其是 2010 年至 2013 年期间，外部资本的大量涌入，已经把保险、养老和私募股权领域的资金吸引到了该行业。对于资本供应商来说，航运业因高波动以及盈收和价值难以预测而并非他们的传统业务，但航运业仍然吸引到了这些资本。这些资本对航运业的兴趣来自 2008 年全球金融危机后的盈收与价值的大幅回调以及在银行业危机后，传统船舶融资资金的消失，同时 2004 年到 2008 年不同寻常的航运超周期高额回报依然历历在目。

这些资本供应商更愿意与船舶投资专家共同投资租赁结构或通过公司收购的方式“获取”知识，他们的目标是通过合并创造价值。通常这些投资者不得不遵循配置的特定视角，并倾向于以航运业在如此严格限制的时间框架内并不常见的回报为目标。

8.4 船舶夹层融资

8.4.1 船舶夹层融资形式

夹层融资是指具有债务和/或股权特征的融资结构，也在优先债务和一般股权中使用。夹层融资通常有着高于优先债务 15%—25%的额外杠杆，优先债务一般提供 50%—65%的杠杆，然后与优先债务相比需要承担更多的风险，因夹层资金投资人的安全等级通常低于（居次要地位）优先债务人（见图 8.4)。

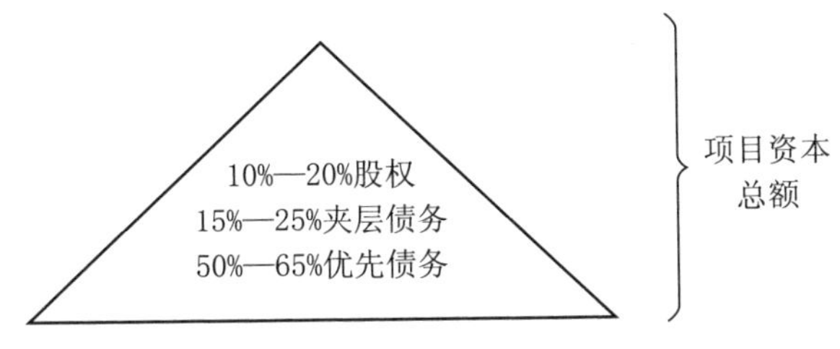

图 8.4　夹层融资的资本结构

航运业最常用的夹层融资是债务工具形式，即“夹层债务”，经常是指“次级债务”，因其担保措施在任何一方面都劣后于优先债务。优先债务总是得益于绝对优先担保措施，包括绝对优先抵押和优先付款，同时夹层债务处于第二顺位。两种债务工具的权利和义务通常由不同的出借人提供，受通常被称为“债权人间协议”或“协同行动”的约束。这些文件由优先和夹层出借人协商，基本概括为，夹层出借人只有在优先出借人的所有义务均被全部履行的情况下才能强制执行担保措施。

夹层融资也会采取其他形式，可扩展为船东的可转换债券，即投资人可以选择把其持有的债务工具转变为船公司一定份额的普通（股权）股票。由于其可转换的特征，可转换债券在公司经营状况好的情况下提供给投资人上行潜力，因此可转换债券的发行价格（票息）相对较低。

夹层融资也可能扩展为船东的优先股份形式，也被称为“优先股”。在这种形式下，夹层融资不被认为是债务工具。优先股不被计入船公司资产负债表的负债栏，而被计入权益栏，因此提高了公司的资产与负债的比率和杠杆比率。在最常见的形式中，优先股份以固定的、优先的票息发行，通常表示为优先股占面值（发行价格）的百分比。优先票息的支付优先于普通股票分红；不支付优先票息不构成船公司的债务违约。

8.4.2　夹层融资的对价

需要注意的是，夹层融资不仅是高风险的债务工具，还在资本结构中“处于中间”位置，从而避免了在承压或考核的状态下向借款人施加权力或压力。举例来说，在借款人不能根据合同履行债务的情况下，夹层投资人将很难强制执行担保措施，除非将其利息全部放在与普通股票相当的位置，比如将债务转化成股票和放弃所有的担保，或者扣除优先出借人的全部份额，即假定预付给优先债务人全部优先债务的总额。因此，夹层融资投资人需要灵活，通常也是自愿（以及能够）适应这些偶然事件。高风险的债务工具通常要求较高的价格，一般通过提高权益相关性能参数来实现，比如股权酬金和股权转化权利。

夹层融资也执行分期偿还计划，更像一个优先债务贷款，但也可根据整个夹层融资持续期间发生的无本金摊销和到期时应付的所有金额提供所谓的“期末整付摊销”。期末整付结构对项目现金流的限制更低，因船舶是高波动性的折旧资产，因此承担较高的到期风险。夹层结构也提供了“实物支付”（PIK）的利息结构，意味着以实物支付利息。在实物支付利息结构下，整个夹层融资持续期间都不会以现金方式支付利息；利息成本以未偿还的夹层融资总额的形式进行资本化，并在到期时全部支付。期末实物支付夹层融资是夹层投资人的非常激进的融资结构，备受项目普通股股东的欢迎。

8.4.3 夹层融资的适用

夹层融资可以被船东在船公司扩张阶段用于减少新项目的资本投入。而且，船东在市场低迷期间为了把锁在资产中的权益转换成现金，可选择使用夹层融资作为流动性工具，补充其公司的资本结构。假定运营产生的现金流足以履行夹层债务义务，且夹层定价低于权益融资成本，权益回报通常将会增加；然而，在像航运业这样的周期性行业，需要注意若运营产生的现金流不足以支撑这样的额外债务，夹层投资人（也常被认为比传统的优先投资人更激进和更主动）将不可避免地通常，甚至是在短期内，以普通股为代价，寻求使用这样的机会去控制该项目。

夹层融资也被优先投资人在市场低迷时用作重组工具。在该背景下，经历了贷款违约的优先投资人将对契约条款予以利用，可能会触发该融资工具下投资人对条款的需要，灵活地将其部分优先债务风险转化成夹层部分，从而恢复减少优先债务部分与增加赔偿的一致性；在任何情况下，投资人承担同样水平下的总体风险。

8.4.4 夹层融资的利弊

因能减少船东在扩张期间的股权资本出资要求和优化项目的资本成本，夹层融资便特别具有吸引力。这种融资结构也很灵活，可以演化为不同的形式（典型的是次级债务、可转换债券和优先股），也可以根据不同的项目参量进行分期偿还和定价，以及在有压力的状态下可以被创造性地使用。最后，作为一个债务工具，资产的所有权和控制权继续留给该船东。

应当注意的是，夹层融资（尤其是夹层融资最典型的形式——次级债务）的最大弊端是其在航运市场低迷时对现金流的要求巨大，违约的风险和概率也因而增加。因此，夹层融资最适合有长期安排下的高杠杆船舶，而非现货交易的船舶。夹层融资的额外成本对盈利能力产生影响，同时为避免夹层投资人成为股东，回报率需要被小心评估。最后，夹层融资结构通常从文件的角度增加了复杂性，并且因必须聘请有经验的律师参与而增加了船东的成本。

8.5 结 论

在过去的几年中，尤其是2008年全球金融危机之后，结构化融资在航运业越来越流行。由于金融危机和传统船舶债务融资行业不断出现的问题，结构化船舶融资方式比之前更受重视。在过去几年中，出口信贷机构支持的船舶融资、租赁和夹层融资结构已经被许多全球化的船公司用于支持其资本密集项目。租赁和夹层融资依旧用于支持船东释放捆绑在其船中的资本，并在最近的历史性低运价环境期间被用作实现运营资本的目的。

过去十年中，航运业和船舶融资格局有着巨大的变化。几乎所有航运领域都有着明显产能过剩的特征，并且在全球经济下行的背景下，转化成一个长期的低运价和激烈竞争的环境。同时，传统债务融资的可获得性明显降低，资本量的增长来自其他行业（比如私募股权投资者、政府支持的出口融资机构和债权投资者）；这也增加了复杂性。为了在高度竞争的航运业环境中生存，公司不得不扩大规模。通过规模化发展，公司可以在全球的航运领域，无论是在船舶运营方面（经济和技术管理），还是船舶投资方面，把自己打造成可信赖的服务提供者和实现规模经济效益。在金融危机之后债务融资市场混乱的情况下，船公司为了多元化资本结构和通过采用了新的资金来源实现增长，变得更加透明、更加逐利和对投资者更加友好；在该过程中，结构化船舶融资的作用会更加密切和更加重要。

注释

1. 中国进出口银行对全船融资贷款协议的估值为 530 亿美元，*Seatrade Asia Week*，2014 年 4 月 25 日 202 期：http://seatradeasiaweek.com/202_SAW_25April2014.pdf.
2. 来源：http://www.oecd.org/tad/xcred/rates.htm.
3. 挪威邮轮公司，表格 8k，2014 年 7 月 14 日提交：http://www.nclhltdin-vestor.com/secfiling.cfm?filingID=1171843-14-3239&CIK=1513761
4. 2013 年 2 月 4 日，海上钻井平台 UDW 公司宣布融资和合同开发：http://cdn.capitallink.com/files/docs/companies/ocean_rig/press/2013/oceanrig020413.pdf
5. 皇家加勒比博客，2013 年 7 月 13 日：http://www.royalcaribbeanblog.com/2013/07/13/royal-caribbean-gets-financing-third-oasis-class-cruise-ship
6. Scorpio Bulkers，《新闻简报》，2014 年 12 月 5 日：http://ir.scorpiobulkers.com/press-releases/scorpio-bulkers-inc-announces-a-memorandum-of-understanding-for-a-234-9-million-nyse-salt-1163245
7. Lloyds List，2013 年 3 月 21 日星期四：http://www.lloydslist.com/ll/sec-tor/finance/article419441.ece
8. 《海上贸易情报》，2014 年 6 月 6 日：http://maritimeintel.com/star-cruises-ob-tains-us814m-financing-for-second-newbuild/
9. Lloyds List，2014 年 12 月 29 日星期一：http://www.lloydslist.com/ll/sector/finance/article454702.ece

参考文献

Harwood，S.，(2006)，Shipping Finance，3rd Edition，Euromoney Institutional Investor Plc，London，UK.

Stopford，M.，(2009)，Maritime Economics，3rd Edition，Routledge，Oxon，UK.

OECD，(July 2008)，Council Working Party on Shipbuilding(WP6)，Sector Understanding on Export Credits for Ships.

Brealy，R.，Myers，S.，Allen，F.，(2011)，Principles of Corporate Finance，10th

Edition, McGraw-Hill/Irwin, New York.

Maritime Briefing(January 2013), Watson Farley Williams.

Seatrade Asia Week(25 April 2014), Issue 202.

Davies, H.,(May 2012), Export Credit Finance—A Solution to the Funding Gap?, Norton Rose Fulbright, UK.

Silbernagel, C. and Vaitkunas, D.(2012), Mezzanine Finance, Bond Capital.

第九章

船舶贷款协议的主要条款

基里阿科斯·斯普洛斯（Kyriakos Spoullos）

9.1 简　介

本章从总体上概述了船舶贷款协议中某些常见的必要条款。这些内容也被称为“商业”条款，通过前期达成的框架协议意图维持债务人整个贷款期间的商业活动。因债务人试图寻找对他们经营业务最小的限制，这些条款经常遭到他们的反对。这也使得这些条款在协议各方之间最难谈判，也最难起草。对于通常代表贷款人利益的条款起草者来说，关键问题是，如何从贷款人的角度“加强”这些条款，同时还要保证这些条款能够很好地反映交易的担保性质和航运业背景。如果谈判过程中，借款人的某些意见被贷款人接受，将会变得更加有挑战性。在这种情况下，起草者必须修改这些条款确保满足借款人的意见同时也不应不合理地损害贷款人的利益。贷款相关的财务条款（例如贷款总额、保证金、还款资金、利息期限、最后可用日期）构成了大多数融资文件的“核心”。我们把这些条款称为“行动性条款”（清单和分析见下文）。

为了评述行动性条款，我们作出如下假设：

1. 贷款协议规定了单一货币、浮动利率和定期贷款，即在一个固定期间发放贷款，根据事前达成的分期还款协议在一定期间内分期偿还，该期间一旦开始还款，便不能再次贷款（贷款）。

2. 只有一个贷款人，指银行业公司（银行）；一个借款人，指一个特殊目的公司（借款人）。换句话说，贷款协议是双边协议。

3. 借款人是航运集团的全资子公司；该集团的最终控股公司（母公司）将

提供贷款协议项下的担保（任何企业契约将在集团层面提供）。

4. 贷款将一次性发放，用来为购买一艘二手船或者是交付一艘新船（船舶）提供融资，该船将被作为主要资产担保本次交易。

5. 贷款协议适用英国法。

接下来的分析并非（也不可能）面面俱到，其主要关注融资事项而非航运业所关心事项。

9.2 行动性条款

从银行的角度来看，贷款协议是指银行对于无法在贷款协议规定的时间、以贷款协议规定的方式收回贷款、利息和已经发生的其他成本的信用风险的管理工具。尽管船舶融资被归为基于交易的资产类别，但不可避免地涉及不只是作为贷款抵押品的资产价值分析。这些交易的内在风险包括资产风险、项目风险和企业风险。发放船舶贷款的银行不仅应评估船舶的资产价值能否在强制执行的情况下保证贷款被全部收回，还应当分析借款人和其母公司的财务实力以及该船在整个贷款期间能够产生的收益流。

作为贷款协议中最关键的商业条款，行动性条款的目的是为了保护银行在不同的船舶贷款业务阶段（即在贷款发放前、发放后和贷款到期后）免遭上述风险。投资人与股东不同，他们不享有也不想拥有任何与经营和管理借款人及其隶属集团相关的投票权。但是，他们希望在借款人的经营方面有“话语权”。贷款协议设法通过行动性条款给银行一些“话语权”。

行动性条款包含如下内容：

1. 声明和保证；

2. 先决条件；

3. 契约；

4. 强制提前还款事件；

5. 违约事件；

6. 让渡和转让条款。

这些条款最好不至于严格到借款人/母公司不能履行，因为这样会导致频繁违约及随后为了避免触发违约事件而发生的弃权请求。毫无疑问，借款人会设法通过谈判将行动性条款置于其可以履行的程度。同时，这些条款要足够能给银行提供充分的保障。因此，需要寻找一个平衡。借款人将尽力限制或限定行动性条款的效力。举例来说，借款人可设法：

1. 通过采用责任限额的方式（例如限额、篮子或其他门槛）来限制某些条款的期限，或限定其他条款的范围；和/或

2. 要求违约事件发生时的宽限期或补救期间；和/或

3. 在声明和保证条款中引入“实质性”、“合理性”和其他限制。

一方面，借款人也可以设法限制一些契约、声明和保证、违约事件、先决条件的范围，以便将交易限定在借款人、母公司或其他有限的债务人中。另一方面，银行希望包括更多的实体，因借款人集团的其他实体面临的问题使银行意识到信用问题将最终影响借款人的还款能力。即便是确定的术语，例如“集团”一词，在不同情况下会作不同定义，当被用在金融条款中，其代表的信息比其他行动性条款更窄。

决定银行能够接受的门槛和上述限制类型的程度的因素，包括当事人代表的谈判地位、借款人的信誉、借款人隶属的集团、需要融资的船舶、贷款协议谈判时的经济形势以及银行关于这些问题的内部政策等。

为努力避免协议各方之间在这些问题上拖延谈判，贷款人不断要求文件符合市场标准。伦敦市场协会提供的贷款协议模板作为“市场标准”被广泛接受。如果贷款人期望在订立合同后不久或者在未来任意时间出售贷款，则遵守已经建立的市场标准尤为重要。

9.3 声明和保证

声明反映银行愿意参与贷款业务的合同基础。基于性质的不同，声明可为合法声明或合乎事实声明。声明可以在签订贷款协议时作出，也可以在整个贷款期间重复作出。重复作出的声明需参照重复时的事实和环境。

法律声明包含贷款文件项下借款人义务的有效性、约束性和强制可执行性，以及担保的范围和效力等。借款人通常要求法律声明以律师在法律意见书中提

到的法律保留进行限定，该律师被委派去向交易相关的每个处于管辖权中的银行给出建议。这些法律保留主要关于索赔的时效、破产时法律强制执行的限制、抗辩的限制、抵销或反诉权利的限制等。另外，事实声明包含借款人的财务状况、业务和资产以及母公司的财务状况、业务和资产。

借款人需要特别注意那些被同意重复的声明。举例来说，贷款协议项下任何付款都不适用代扣所得税的声明，如果随着贷款减少不断重复，在未来会因法律修改而变得不真实。因声明将成为不实陈述，反而可能导致违约。结果是，谨慎的借款人试图确保这样的声明仅出现在贷款协议签订时。同样，谨慎的借款人不期望重复一个“无违约”的声明因不实陈述变成真实的违约事件，因为违反这样的声明会导致违约，而这样的违约不是也绝不会成为一个违约事件（因违约可适用的宽限期还未届满以及这样的违约在变成违约事件前已经被纠正）。

银行会要求以消极或积极的承诺或自动违约事件解决重要问题，而不是依赖声明。举例来说，在有代扣所得税声明的情况下，补偿费条款将被用以充分保护银行的利益。在法律修改事件导致对贷款协议项下的付款强制征收代扣所得税时，违约事件只有在借款人未能根据补偿费条款支付时才会被触发。

如果声明是错误的或误导的，无论贷借款人作出该声明时是否无辜，银行都有权拒绝发放下一期资金（如果该贷款还没有被完全发放）。对于贷款减少后的重复声明，若该声明被证实不真实，则会触发违约事件。

9.4 先决条件

先决条件的目的是为了保证银行的所有条件都能满足，该条件要求贷款有效以及借款人义务合法并可被强制执行。贷款协议中的先决条件通常要求：

1. 特殊交易文件（也就是重要章程、协议备忘录、造船合同和管理协议），财务报表和法律意见书；

2. 担保借款人贷款协议项下的义务的担保文件的执行和完善；

3. 特定事实条件得到满足的所有必要保障。

借款人将尽量限制先决条件的范围，努力简化贷款协议生效所要求的步骤和减少资金。然而银行为了执行该交易的内在信贷制裁会要求宽泛的先决条件。

9.5 契　约

贷款协议中契约的作用是为了确保借款人的财务状况、业务、资产（包括但不限于船舶）和资产上的任何担保，银行将在任何违约发生时保留在初始信贷批准参数内的追索权。贷款期间，或其他特殊期间（例如船舶相关的契约仅在船舶抵押给银行的期间可以被适用），银行会限制借款人的行为（至少非经银行事先同意），或者相反地，要求借款人采取行动去解决这些担忧。积极的承诺通常包括按照预先约定的目的使用贷款、遵守准据法、获得并遵守授权、提供财务报表和银行要求的信息等。消极的承诺通常包括对某些问题的限制，比如说资产处置、放款、提供信贷或提供担保、借款、允许股息的留置和分配。

契约的违反（以任何可适用的宽限期届满）总是触发违约事件，然后银行有权加速贷款的偿还。有些契约的违反即刻引发违约事件，其他情况通常会有一个允许借款人纠正的宽限期。假定银行提起诉讼所在地法律规定这样的救济，银行将提起诉讼，适用强制救济去阻止借款人继续违反契约。这些行为包括中止借款人处置资产。尽管这种情况很少发生，银行还是要求强制履行令，比如说迫使借款人遵守环境法。批准强制救济或强制履行令是司法自由裁量权的问题。

某些契约的违反对银行来说也是“警报信号”，不一定导致违约事件，至少不是在再次被允许采取救济行动之前。因为贷款协议中包含这些“警报信号”，银行在处理相关问题时，可能有更多的时间，实际上是更多的选择，要么提前采取措施避免危机，要么在纠正措施上施加一些影响以阻止扩大。贷款协议中最独特的和最有影响的警报信号是最小价值条款（MVC）和财务比率（FR）。

9.5.1　最小价值条款测试

最小价值条款试图提前告知在船舶市场价值低于最低必要水平的任何恶化，通常用未偿还本金在贷款总额中的百分比表示。最小价值条款是为了确保，当借款人违约和银行必须执行贷款协议项下的权利时，抵押品将有足够的价值用以清偿贷款、贷款协议项下的利息以及所有未偿还金额。如果违反了最小价值条款，借款人必须提供额外担保去补足差额，或提前偿还部分贷款，以达到同样的结果。

借款人希望明确，如果提供现金抵押品，将自动作为替代抵押品被银行接受。如果借款人选择提供现金抵押品，当船舶价值回到最小价值条款，借款人可以从银行收回该现金。

值得注意的是，如果现金被提供用来纠正最小价值条款（通过提前偿还的方式或提供现金抵押品），计算出的需求总额，要么是未偿还的贷款额减去 X，要么是现存抵押品的价值增加 Y。X 总是小于 Y，因此如果选择的是提供现金抵押品，借款人需要更少的即付现金。也就是说，可能会有借款人更愿意在这种场景下减少债务负担的其他原因。如果在特定时期没有采取补救措施消除影响，将导致违约事件。

9.5.2 财务比率测试

财务比率，尤其是取决于测试中的财务比率，试图在与银行信贷批准中假定或预测水平相比的测试下（本书中指母公司），检查公司财务健康状况（即参照历史的财务状况和预测的财务结果）。其目的是，允许银行在导致破产的财务状况恶化之前，加速贷款到期和对船舶采取强制执行措施。银行通常要求参照特定时期遵守特定时间点的财务比率，但有时也会要求遵守一个持续基础。

为了监控母公司的财务状况、财务业绩和财务测试，无论其是否遵守相关的财务比率，银行会要求借款人提供母公司的财务信息。财务信息的类型（即审计或未审计、合并或未合并的以及以什么样的间隔的账目）很大程度取决于需要进行测试的财务比率类型，以及为该目的使用的频率和内容。所有审计账目必须以一致同意的会计准则准备。

通常，借款人向银行承诺提供母公司的合规证书，与相关的财务报表一起，借以向银行确认母公司是否遵守测试期间或测试时的财务比率。银行更愿意依赖母公司审计师出具的合规证书，该证书独立对母公司合规的自行认证进行核实。审计师要求与银行签订委托书，用于限制在向银行出具报告之前他们关于财务契约合规的工作范围。尽管这些证书有用，但银行通常还会另外以自己的方式测试合规性。

财务比率通常出现在船舶贷款协议中，一般从以下因素中选择。

9.5.2.1 资产负债表测试

净值。净值契约要求母公司在扣除业务负债（股本和未分配储备金等股东资金除外）后，维持一个最小的资产账面价值。如果低于要求的水平，母公司的股东必须注入新的股本。该测试表明当资产以其账面价值出售和履行全部责任后能留给股东的部分。该契约的最严格的一种测试是有形资产净值测试，排除了无形资产项（比如信誉和商标），因无形资产在清算时价值很少或没有价值，规定了一个关于母公司真实价值的更实际的测算方式。在船舶金融业务中，船舶价值极度不稳定，这个测试的先进性体现在其考虑了船舶市场价值而非或高于或低于任何相关时间的市场价值的船舶的账面价值。

资本搭配或杠杆比率或债/资比率。这是母公司资本结构风险的测算方式。它表示外部（商业贷款而非贸易债权人债务）和内部资金［权益和可能的（次级的）股东贷款］的关系。比率越高，对于银行来说风险越大。

流动资金和速动比率。流动资金比率是指流动资产与流动债务的比率，表明流动资产能够覆盖的流动债务的程度。速动比率更严格，因其排除了流动资产中不容易变现的部分，比如半成品。

9.5.2.2 现金流测试

利息保障倍数。利息保障倍数衡量母公司从利润中支付利息的容易程度。是以业务中流入的现金减去用于运营的现金，通常表示为（合并的）息前收益—税息折旧及摊销前利润与（合并的）利息费用（即费用和利息支出）之间的比率。

偿债比率。偿债比率用以衡量母公司从利润中偿付债务的能力［（合并的）利息费用加上所有合并借款项下的分期付款，或只有相关贷款业务项下的借款］。是（合并的）息前收益—税息折旧及摊销前利润占还本付息总额中的

比率。

流动性。流动性契约规定母公司应当维持超过一定总额的流动资产。有时，它与净债务（所有贷款中的未偿还本金总额）联系在一起，表示为 X 在净债务中的占比和 Y 在净资产中占比的较高值。

在某些情况下，银行可能会允许母公司以“股本治疗”，即股本注入或次级债务的方式补救可能构成违约事件的财务比率违约。

财务比率的绩效水平也可用作决定如下内容的条件：

1. 母公司对股东分派股息的时机和数额；

2. 借款的限制；

3. 资本支出限制；

4. 从超出现金部分预付贷款的水平；

5. 贷款的定价，因利差将参考业绩进行调整。

船舶贷款协议也包括以消极承诺作出的业务限制，尤其是，在我们的例子中，银行的基础意愿是向有母公司担保的借款人，提供与其商业活动水平和规模相当的贷款。

消极承诺中的一种是免抵押条款。在船舶贷款的背景下，借款人把所有资产抵押给银行，免抵押的合同意思是禁止借款人在相关资产上为其他债权人创设任何担保，或与他们订立类似的商业交易。

借款人要求从免抵押条款中剥离，通常处理方式是引入“允许担保”的概念，其包括：

1. 法律适用或借款人正常贸易中产生的留置权（例如船舶修理人和舾装工、船员工资以及救助留置权）；和

2. 按照特定贷款业务订立的银行自身担保文件所创设的担保。

另一种常见承诺是非处置契约，用以阻止借款人隶属集团的成员将资产以低于其全部市场价值或超出正常业务范围的转让（自愿或非自愿）给第三人。所有的船舶贷款通常包含限制派息和付款的条款，这种派息和付款不仅包括股息的宣布和支付，还包括股权回购、预付或支付股东贷款的利息以及其他类似的付款。在后一种情况，谨慎的借款人可能要求当某些财务业绩指标实现，并且没有违约，也不会因股息分派产生违约结果时可进行分派。

船舶贷款协议始终以资产担保，主要资产是船舶本身。贷款协议中会有船舶相关的条款，用以确保船舶的状态和操作在整个贷款期间维持相应的标准(最初由银行评估)。

借款人承诺船舶将保持有效修复状态，不改变船型、结构和性能特征，维持船舶等级和遵守船旗国法律、国际安全管理（ISM）规范、国际船舶和港口设施（ISPS）规则和国际环境法律。借款人始终保证，船舶不会开展非法运营，不会进入战争区，同时所有债务、损害赔偿、责任和相关支出（可能产生的对该船舶、盈利或保险强制执行的任何种类的留置权）已经被及时支付和免除责任。投资人通常要求贷款协议中包含特定的制裁条款，要求相关义务人遵守美国、欧盟或个别国家的制裁制度（即使相关义务人国内法或船旗国法律没有类似制裁，或制裁较轻)。很明显，该条款的利处是一旦制裁变成问题时给了投资人合同选择和救济方式。通过在贷款协议中引入制裁条款，借款人希望确保他们既不会因未遵守适用法而受到民事或刑事处罚，也不会因涉及一起引起制裁违约的交易而损害他们的名声。

借款人也会承诺投保其船舶并在整个贷款期间遵守贷款协议项下的所有保险要求。通常的要求是船舶在批准额度内要投保火灾和一般海事险、战争险、保障与赔偿和（若银行特别要求）盈利损失险。此外，借款人承诺立即向银行偿还为银行利益而投保的抵押权人利息保险和附加风险保险的费用，最高可达到所需的最低船体保险金额。借款人可要求代表银行直接安排抵押权人的投保并支付保费。这将会受到银行的反对，因借款人的经纪人将面临利益冲突，借款人对其所知问题（但银行不知情）的任何虚假陈述或不披露可能使保险公司有权免于承担抵押权人保险项下的责任。

有时，银行要求签订一个额外的契约，让借款人将资金定期转至一个保留账户，该保留账户在任何时间都维持最小账户余额（只有在解冻后其账户余额仍在特定最小水平之上才可以解冻)。最常用的保留账户是偿债账户，保留下一期利息和按计划应付的贷款。通常要求按月付至偿债账户（从船舶盈利中)，并且必需的现金通过将下一个分期付款的还款和利息总额除以两次连续还款期间之间的月份数计算而得。如果借款人不能在每一个付款日在偿债账户中保有必需的金额，则将导致违约事件。其他保留账户可能被用作储备积累运营资本，或预留预期成本，比如船舶下次进干船坞的大概费用。

9.6 违约事件

违约事件在贷款协议中列明，一旦发生，银行将有权加速贷款到期，即取消所有未偿贷款的出借承诺和宣布所有属于银行的贷款即刻到期和即刻偿还或随要随付和强制执行担保措施。违约事件通常包括不还款、违反声明或保证条款、破产或进入破产程序、交叉违约、重大不利变更和船舶相关事件。

违约事件是贷款协议的“牙齿”。即使银行事实上不利用违约时间来加速贷款的偿还，但是它们的威胁效果通常是银行在重组谈判中的最好手段。宣布违约事件是银行的自由裁量，尽管在宣布之前需要一定的“法律基础”。银行首先要确保违约事件事实上已经发生。这一点并不总是十分清楚。需要达到高度确定的程度，以至任何相关的事件都落在了相关的违约事件的范畴中。

错误地宣布违约事件以及错误地加速到期和强制执行，可能致使银行要承担对借款人及其隶属集团业务带来损害的后续赔偿责任。另外，一项贷款协议项下的违约事件可能会导致包含交叉违约条款的其他贷款协议下的违约事件，反过来，可能致使母公司和集团其他实体资不抵债。

通常借款人会通过使用如下至少一个条件，努力限制这种交叉违约条款的范围：

1. 限制条款参照通常与应付款相反的财务负债；和/或

2. 限制条款参照最小门槛，使其只有在交叉违约超过一定数额时才能触发；和/或

3. 确保条款只适用于借款人，或可替代的交易项下的债务人，不包括借款人集团下的其他关联公司；和/或

4. 起草用交叉加速到期替代交叉违约作为触发机制的条款（即，确保只有在贷款加速到期发生在另一个贷款协议下才能触发，且不能归因于其他贷款协议项下的违约或违约事件）。

无论违约事件多么严重，银行都不应选择加速到期，而应当及时进入谈判，或采用“观望”的方式，通常明智的做法是发出一封权利保留函；否则，借款

人可能以银行确认了合同并“放弃”了其终止合同的权利进行成功抗辩。贷款协议中简单的“不放弃”条款，虽然就是为了上述方面而制定，但在没有权利保留函的情况下，也可能不能充分保护银行的利益。

即使违约事件发生，银行有合法权利加速贷款到期，银行还始终需要自问该强制执行在当下对于特定融资人是不是最合适的方式。

银行将不可避免地考虑如下问题：

1. 该船现在的位置在哪？

2. 该船扣押和采取强制执行程序时船舶所在地的司法管辖有利情况如何？

3. 是否租船合同的承诺会因船舶被扣押而受到影响？

4. 是否有贸易债权人对该船有权利要求，且在司法管辖权下优先于抵押权？

5. 该船的贸易债权人是否愿意合作？

6. 借款人是否愿意合作？

7. 该船的管理人是谁，在不配合的情况下能否更换管理人？

8. 强制执行的成本？

9. 该船有没有潜在买家？

10. 有管辖权的船舶扣押地有没有外汇规则可能阻止或迟延船舶出售收入的汇款？

这些问题的答案可以帮助银行决定哪种方式更有利，是加速到期、强制执行还是寻求重组贷款的谈判。

9.7　强制提前还款

我们已经提到强制提前还款可作为违反最小价值条款（MVC）测试下的救济措施。其他事件或情况也可能导致强制提前还款。船舶出售或全损是船舶贷款协议中最常见的强制提前还款情形。当只涉及一艘船舶时，船舶出售或全损的结果是以出售或全损收入支付相关贷款的全部和最后还款。只有当该贷款交易被不止一艘船舶担保时，贷款协议才可以进行调整，以确定如何以担保船舶中任何一艘船的出售或全损收入提前还款。通常是出售或遭受全损船舶相关的部分贷款的未偿还总额的最小值，加上发生的利息和违约罚金（若有）。然而，在船舶出售或全损收入超过前述总额的情况下，银行希望超额部分也能用于提前偿还该业务中其他船舶相关的贷款。与之相反的是，借款人希望有权保留超额部分。这也是当事人之间可谈判的一个要点。

其他强制提前还款可能因借款人和/或母公司的股份通过公开销售或定向增发被第三人收购而导致控制权改变而触发。银行可能会允许集团内部的股权变更（因此，集团内部的股权变更不会成为强制提前还款的一个理由）。

当银行试图获得借款人或其母公司超出预期业绩的份额时，贷款协议中可能要求了超额现金预付款，以便让贷款可以提前偿还。这样的安排也常被用于财务契约恶化的情况，目的是让银行可以预先获得一些现金，或者至少建立了一种可以在借款人经济状况好转时使用的预期权利。在适用净收益还是息前收益—税息折旧及摊销前利润、扣除哪些成本和费用、适用期限以及是预付全部超额现金还是部分超额现金等问题上，超额现金流强制提前还款机制很难达成一致。正如上文契约部分已经提到的，取决于借款人能否持续符合财务比率的要求，超额现金预付款的百分比可能随着借款人的利益或损害而改变。超额现金强制提前还款明显是该业务的一个重要特征，必须在投资意向书阶段达成一致，而不能等到贷款协议已经谈判时还悬而未决。最后，强制提前还款条款也可以适用于贷款协议签订后银行发放或维持贷款会变得不合法的情况。

9.8 出让和转让

通常对于借款人出让或转让其在贷款协议项下的权利和义务有着禁止或至少是限制的规定，而对于银行则有着明确出让或转让权利的规定（尽管有时是限制在一定条件下）。全球金融危机后，银行普遍寻求在多种情况下更自由地处置贷款和失业风险，包括管理更便于监管的资本，或自由化资产负债表和减少某些行业在银行未来贷款政策变化的情况下的风险。银行可能通过转让、债务更新或代替参与的方式“出售”贷款。

转让方式下的“出售”是指仅转让贷款的“利益”给“买方”。因普通法下“义务”不可以转让，在贷款协议项下未履行资本承诺额的情况下转让是行不通的。

债务更新的方式下，原始的协议方（银行和借款人）被免除贷款协议项下的权利和义务，买方代替卖方（账面借款人）继受关于后者与借款人合同项下的权利和义务。在双边贷款背景下，会带来担保的问题，因原始合同被新的合同取消和替代，与原始贷款相关的任何担保也被取消以及需要为新的贷款重新创设担保（若担保人在提供担保后在“硬化期”内遭受破产诉讼，新担保可能会变得脆弱，从而给该担保受益人带来风险）。

代替参与下，买方同意当借款人可以提款时给卖方资金，与卖方建立背对背安排。买方承担借款人违约的风险，不直接成为贷款协议的当事人或者享有对借款人直接强制执行的合同权利。

潜在的受让人可能是银行或其他有着不同商业目的的机构。这样的市场参与者包括：

1. 银行，无论在船舶市场是否活跃；
2. 其他金融机构，包括但不限于专业的不良债务基金和对冲基金；
3. 其他购买或投资贷款、证券或其他金融债务的公司或个人投资者。

转让时，借款人有很多需要考虑的因素，比如保密性、向与借款人没有业务关系的第三方的交易决策过程转移（同时可能有敌意计划和政策，尤其是针对财务困境中的公司）以及成本增加的风险。尤其是代替参与下，这样的第三方因在“幕后”活动，充分影响银行的表决同时借款人又对此完全不知情。

任何向潜在受让人的转让，都明显可能会导致借款人与新的出借人之间发展出完全不同的商业关系。该关系会严重影响贷款关系的日常管理，尤其是在要求放弃或修订的背景下。借款人可设法将银行关于转让的完全自由限定在：

1. 借款人事先同意；
2. 潜在受让人的最低信用评级；
3. 转让不增加借款人的额外成本（额外成本可来源于预扣所得税或因新的出借人处于不同的司法管辖区或与原始出借人相比有着不同的管理地位导致的成本增加）；和
4. 有关借款人及其所属集团的资料在何时及何种情况下可向任何潜在受让

人或受让人披露的保密承诺。

9.9 结 论

有些船东认为，银行提供贷款，就像是向一些人提供雨伞使其免于淋雨，但真实意图是在下雨后立即收回雨伞。事实上，目前趋势看起来正好相反。银行常把“雨伞”留在借款人手中一段时间。好的贷款协议（尤其是其中的行动性条款）的作用是确保银行有足够资信的合同地位可以采取这些措施。银行的权利当然也受到贷款协议的全方位保护。这也当然是银行首要考虑的问题。需要格外谨慎地去确保条款的清晰和明确，以及该条款项下的权利在违约情况下的有效性，约束性和可强制执行性。另外，贷款协议的条款不宜过多偏离市场规范，以便确保银行在处置贷款时，该贷款是有市场的。但同时，贷款协议需要被合理地平衡，以便确保从借款人的角度来说这些安排是切实可行的，并避免只会要求给予豁免及定期作出修订的“一触即发”的违约。

另外，我们应当谨记，在英国法律文件中，引入门槛、股权分离和宽限期是正常的和受事实调整的，该事实是英国法不适用于已经被单独建议的专业当事人之间商业合同中的类似条款。英国合同法是“严格责任”，赔偿损害而不考虑是否存在过错。这与大多数的欧盟法系形成对比。举例来说，如果其他合同方有违约索赔权，《德国民法典》第276条和第285条，《法国民法典》第1147条和《希腊民法典》第330章的基础是合同责任概念中的“过错”（故意或疏忽）。行动性条款旨在向银行提供识别早期问题的机制和处理这些问题的战略框架。主要目的应始终是减少不能挽回损失的风险和提供一个构建借款人和银行之间成功商业关系的平台。

参考文献

Brown, M.(2014), Rough Waters Ahead: Non Performing Shipping Loans-Solutions Are Available, The Mayer Brown Practices.

Clifford Chance LLP，An Introduction to Loan Finance［2］Dakin，J.（Nabarro Nathanson）(2008)，Loan and Security Documents a Negotiating Handbook，2nd Edition.

Slaughter and May.(2008)，The ACT Borrower's Guide to the LMA Facilities Agreement for Leveraged Transactions，September.

Stevenson Harwood.(2006)，Shipping Finance，Euromoney Books，3rd Edition.

Wellis，C. and Doulai，A.，Till Default Do Us Apart：Facility Agreement & Acceleration，Butterworths Journal of International Banking and Financial Law，Skadden，Arps，Slate，Meagher & Flom（UK）LLP.

Wright，S.(2013)，The Handbook of International Loan Documentation，October.

第十章

船舶抵押的法律问题

西蒙·D.诺顿（Simon D.Norton）
克劳迪奥·奇思特（Claudio Chistè）

10.1　抵押：定义

就其基本形式而言，抵押可以被定义为为了取得贷款而对船舶的抵押权的索取。当债务被清偿后，抵押权即宣告终止，并且其通常会附加于资产上，这意味着该资产可以被最初的债权人扣押和出售，从而使新的资产所有者拥有对其卖方的单独索赔权。如果先前的债务已被清偿，例如通过对该未偿债务及其利息的全额付款，那么此抵押权将从原资产中剥离。然而，如果出现了拖欠付款的情况，则债权人可以启动法律程序来扣押或者出售该抵押权所附加于的资产。在这种情况下，在以后的销售中的买方将获得资产的有效所有权，并且不会向行使出售权的抵押权人进行索赔，除非后者背弃信用。1988 年《英国商船法》附表 1 第 21 段作出了如下规定：

已注册的船舶，或在该船舶中注册的任何部分，都可作为偿还贷款或者履行其他义务的担保；在生产此类可作为担保的工具时（本法所称抵押），港口登记员应将其记录在册。

在抵押的法律性质问题上，有两种观点不一的理论。首先是财产转移理论。根据这一理论，担保物的所有权，本处为船舶，属于抵押权人或贷款人；在所有条件都相同的情况下，交换的商品的价值取决于交易中所转让的一系列产权（罗斯·阿克曼，1985）。和抵押相关的另一种目前比较普遍的法律理论称为法定理论。这一理论认为抵押是一种特殊的法定担保，并且可以通过登记来完善。

后一种方法确立了抵押登记的决定性法律地位；即使贷款人不知道先前抵押的存在，但若这份抵押已被正确登记，那么它将优先于后续贷款人以及他们就其贷款可能进行的任何后续抵押。(米森和金博尔，2011)

早期的1984年《商船法案》规定，只有在英国注册的船舶才有资格在英国进行法定的抵押登记；其他任何形式的抵押只能构成衡平法抵押，希尔观察到(1998，第29页)：与船舶或其一部分有关的抵押必须以纯粹公平的抵押方式生效。简而言之，衡平法抵押是抵押权人若仅获得可保利益而拥有的抵押权。它可以被描述为一份不是由契约所创造的抵押。若对登记的船舶或其部分进行衡平法抵押，则最大的不利之处在于，在确定与该船舶或其部分有关的其他合法(和正确登记的)抵押的优先权时，不能将其考虑在内。作为法定抵押的另一种方式，希尔(1998，第30页)指出，一份衡平法抵押可能会受到另一个人在考虑借款时登记抵押所需的法定保证金的影响。可能引起公平抵押的情况包括对未登记的英国船舶、外国船舶以及未完工的船舶的贷款。衡平法抵押的一大缺点是它仍未被人们所重视，正如已被正确注册的合法抵押一样。话虽如此，这种抵押会受到法院公平管辖的影响，使法院可能会审视其公平性或是其他救济方法，而不是仅局限于相对机械化的法律法规。一些关于公平的格言，例如，“追求公平的人自身必须清白”，“拖延导致公平救济的权利失效”，“公平不会徒劳无功”，有时会带来受大家所欢迎的法院决策上的不确定性，就某种意义而言，这是一种公平性而不是可能出现的简单的法律结果。但实际上，法定登记抵押是当今船舶融资中最为流行的银行担保，这将构成本章讨论的基础。

在布朗诉唐纳案(1868)中，有人认为船东可以在租船合同中约束抵押权人，但这与不动产抵押人所处的地位在一定程度上是不同的，后者无法通过租赁来约束其抵押权人。在评论此案时，克拉克·J表示，这种差异可以通过船舶的特殊性质来解释，一艘船在港口之间往返运送货物的过程中，它的所有者可以签订租船或运输的合同，而这些合同又将会产生附属合同。与适用于土地或其部分的抵押相比，船舶抵押的当事人可以适当地采取不同的事件来适用于此类抵押(派尼萨尔，2004)。(然而，此案反映了抵押的法律地位中的财产转移理论，而鉴于当前法定理论较为普遍，因此前一理论更大的意义在于反映法律变革的历史价值而不是当前的实践价值。)抵押是贷款人确保自己同借方的其他债权人相比有优先权的最主要的方法，而其他债权人往往都是处在无担保的情况下（钱伯斯，2000）。在借款人无偿付能力时，抵押持有方需事先提出索赔，但是如果此贷款未以这种方式被担保，那么则需根据此资产使用或是“排名”的优先级来确定索赔顺序。法律赋予了一些有利于抵押权人的权力，但前提是双方当事人必须在契约条款中达成一致。这些权力包括如下内容：

1. 在某些情况下，有权在借方违约偿还抵押贷款时扣押该船舶（特纳，1997）。在某些法律中，抵押权人有权出售、经营或向法院提出申请来出售该船舶（有些法律不允许抵押权人在未经法院允许的情况下出售船舶）。

2. 取得所有权之后经营该船舶的权利。

3. 拍卖船舶，以产生收入来清偿未偿贷款的权利。

4. 向借款人施加条款的权利，例如船舶价值的维护，交易地点的限制，未经贷款人允许不得出售或进行技术改造。

5. 抵押权人的权力由法律规定（抵押资产，即船舶的所有权）。适用于抵押的法律是“船旗国法”（例如，有关判决执行权的法条在利比里亚和英国法的内容中有所不同）。一般说来，贷款交易的各方不得违背这些法律的规定：当事人之间不得就法条规定范围以外的权利进行协商。

10.2 以船舶抵押为担保形式的局限性

虽然抵押是银行贷款的一种传统担保形式，同收益分配，保险和担保等其他形式一起使用，但它们存在诸多缺陷和风险。第一个，也可能是最重要的缺点在于，抵押贷款所附属的标的资产存在贬值的可能性。从本质上讲，这可能会导致美国房地产市场泡沫的破灭和随之而来的 2007 年至 2009 年之间的“信贷紧缩”中的熟悉的“负资产”问题：即标的资产的价值下降至由船舶抵押所担保的贷款的数额之下。众所周知，船舶的价值波动较大（卡伍萨诺斯，1996/1997），部分原因在于航运周期同更广泛的经济周期相比具有滞后性（航运服务业构成衍生需求）（斯托普福德，2009）。抵押权人可能会遇到这样一种情况，即出售该资产得以释放资金，但却不足以清偿未偿债务。作为出售资产的另一种选择，抵押权人可以决定交易船舶或是让抵押人与第三方继续签订租船合同，但是由于银行等贷款方的业务未涉及船舶经营，因此这不是一个具有吸引力的选择。贷款方有两种主要的选择来避免这种负资产产生的后果。首先，贷款方可以采取船舶抵押保障政策，为贷款余额和出售资产的收入之间的差额提供保险（史蒂芬森·哈伍德，2006，2011 年伦敦特殊风险）。该政策就“净确认损失”方面为出借人提供了保障，定义为到期未偿还金额，包括本金、利息以及贷款人其他合理的成本（如诉讼费和船舶的销售成本）、资产出售后的收入与原贷款额度之间的差额部分、任何额外抵押担保的实现收入，以及在对借款人和担保人提出任何索赔时产生的任何净收入（如有）。然而，保险行业的条款以及贷款方对这些政策的接受程度都是不尽相同的，因此保费可能会很高，并且费用通常会转嫁给借款人。船舶未来的具体价值当然难以量化，因此事先知道可保量是很有问题的，只能够预测可能的值的范围，这意味着该政策的保费不可避免会过高或者过低。作为替代方案，贷款人也许会要求在与抵押合同一起签订的贷款文件中包含资产保护条款（或价值维持条款）。这要求在贷款期限内定期对船舶的市场价值进行重估：若其总价值相对于贷款总额下降一定百分比，借款人将为标的资产提供额外担保（如部分担保），或提前偿还部分贷款来消除差额。若借款人未能提供此类额外担保，贷款人有权提前收回贷款。

这种担保形式的第二个缺点是当抵押担保的索赔和海事留置权担保的索赔产生冲突时所发生的问题。从本质上来讲，当事人所选择的法律甚至是先前同意的争端解决法庭都无法结局这个问题：根据英国法律，海事留置权的存在应根据“审判地法”而不是“船旗国法”或是“缔约地法”（合同所在地适用的法律）来判定，这种两分法可能导致所谓的到处上法庭打官司的现象，即其中一方试图在对己方更有利的法律所处于的司法管辖区内解决法律争端（穆克纪，2003）。

在银行家信托国际诉托德船厂公司（1981）一案中，一位抵押权人在新加坡扣押了一艘船舶，并被法庭下令出售。该出售所得不足以满足所有债权人的要求，抵押权人要求新加坡法院确定付款的优先顺序。被告是美国的船舶修理人员，根据美国法律，他们有权以在纽约进行船舶维修的价格获得该船舶的海事留置权。抵押权人赢得了这场官司。在对船舶的物权诉讼中，船舶留置权的存在与否，应按照分配出售所得的审判地法予以确定；根据新加坡法律，修理工们的索赔没有使他们拥有该留置权，他们无权享有优先权（莱尔斯，2014）。

同样，在托德造船厂集团诉阿尔特玛公司案（1974）中，尽管在加拿大，必要的维修索赔未产生海事留置权，但在纽约却产生了，这种留置权在加拿大是可以被强制执行的，并且根据加拿大法律优先于抵押权（泰特莱，1989）。

第三个缺点是船舶本身可能在海洋中受损或沉入海底，使抵押权人支付昂贵的诉讼费来确定他们对于沉船的权利。假设有一个不是实际的或推定的总损失，也许在一个司法管辖区内，根据本国法律，抵押权人的权利不如抵押合同中的那样有利。最后一个缺点在于，虽然抵押持有方优先于无担保的债权人，但他们次于其他人，例如更早的抵押或海事留置权的登记人。虽然有一些保障总比没有好，但是这一现实源于优先权原则，这就可能导致抵押权人在强制出售船舶后得到的款项微乎其微。这些问题将构成本章其余部分的讨论基础。

10.3 登记和抵押的优先权

《1995 年商船法》附表 1 第 8 段规定了英国登记抵押的优先次序。抵押权的登记使抵押权人拥有如下的优先级顺序：

1. 早期未登记的抵押权。无论受影响的一方是否已注意到这些抵押。在这种情况下，应该记住，登记是对“全世界”的有效通知（因为相关调查不是针对船舶的）。

2. 后来登记或未登记的抵押权。这强化了抵押登记一旦到位的重要性，虽然这可能由抵押人完成，但是一旦贷款到位，谨慎的抵押权人应当采取这一步骤。

3. 之后的根据先前登记的抵押作出的额外借款。在贷款协议中没有规定的情况下，即使间或分批释放资金，也将确保全部金额得到保障。

抵押本身会受到以下申索，在抵押人/借款人无力偿债时优先处理：

1. 任何早先登记的抵押。根据 1995 年《商船法》第 8 条附表 1，如果两份及以上抵押在同一船舶或部分中都有登记，抵押权人之间的优先级应由抵押所注册的顺序决定，而不考虑其他任何事项。第 8(2)条为有意向的抵押权人提供短期保障。优先通知可以在抵押协议签订前 30 天登记，以确保在该通知和最终抵押之间的这段期间内，介入抵押不会获得优先权（因为这份通知将让其他人充分了解这份未决抵押)。这可以保护抵押权人免受不道德的或“资金短缺”的船东的影响，这些船东可能会与几家贷款人同时进行谈判，但都对他们不甚了解，以求快速获得抵押贷款（贝林杰里，1988)。尽管较早登记了后续的抵押贷款，贷款人还是会发出通知，从而获得优先权。

2. 除非以海事留置权作担保，否则船舶在办理抵押时已被扣押的任何无担保索赔均属于同等地位（“平等地位”)。在很大程度上，这可能是抵押权人无法确定的问题，特别是如果该船已经完全部署并且融资谈判正在其他地方被处理。抵押权人可以采取预防措施，通过要求抵押人承诺该船舶不受未披露的产权负担的影响。在某些司法管辖区，例如英国，这是法律条文下的隐含条款。但是，如果这些未公开的索赔导致从处置船舶所实现的收益被用尽，则抵押权人唯一的追索权不在于第三方索赔人，而是在于抵押人。如果抵押人实际上是一个“稻草人”，没有资产，那么这一法律救济可能只是空谈，因为抵押权人的要求未得到满足。

3. 任何船舶修理人的占有留置权。占有留置权排在船舶留置权和抵押权之前，除非留置权人解除同其占有的资产（即船舶）的关系。

4. 海事留置权，无论更早还是更晚（艾伦，1998)。这些包括对船长和船员工资的索赔，对救助的索赔以及船舶造成的损坏索赔（例如碰撞)。海事留置权给予未能被出售的船舶优先于被登记的抵押的权利，即使它们不需要被登记。据银行家信托国际诉托德造船厂公司（1980）一案，根据英国法律，索赔是否构成海事留置权是由船舶扣押当地法律决定的，而不是根据索赔人的当地法律。在图里杜案（1999）中，应图里杜所有者的要求，古巴国家船员由两个机构招募。根据登船合同，船员的工资部分在船上付给他们，并且一部分需要在古巴支付。在贷款协议违约后，此艘船舶被扣押。船员们声称自己的工资被拖欠了并且应该享有海事留置权。该银行在一审中反驳说道，船员通过该机构支付的一部分工资的索赔优先于抵押贷款。有人认为，最终被支付这部分工资的人应该享有对未支付工资的索赔的权利：船员有权要求行使海事留置权。银行的收费不能仅仅因为船员们同意分配一部分工资就优先于船员的未付工资（萨比诺和苏斯卡，2001)。

10.4 抵押权人的权力

英国《1995 年商船法》附表 1 规定了抵押权人的法定权力。附表还为抵押权人提供了重要保障，说明抵押权人不应被视为船舶或其部分的所有人，除非该船舶或其部分可用作抵押债务的担保。因此，起诉船东的第三方感到十分失望，因为船东缺乏足够的经济资源来充分满足自己的索赔需求，他们在这种索赔中没有对抵押权人的其他的追索权。将抵押权人的权利和权力“嵌入”到具体的法律条款中，体现了与本章开头所述的更为普遍的抵押的法定理论而不是财产转移理论。抵押权人实际面临的问题是如何扣押或拥有对抵押所附的船舶的所有权。通常的方法是通过实际占有物权，尽管在某些司法管辖区，这可能需要法庭的命令才可行事，若有违反则可能构成刑事犯罪（鲍托和莱默，1998）。如果船舶被扣押，抵押权人可以解雇船长并自己作为船长，也可以选择让他继续行使船长职务，但在这种情况下，他将作为抵押人的代理人来承担其费用。应当指出的是，船舶的主人并没有因此而失去对未付工资的索赔权，这就产生了海事留置权。受影响的各方，特别是保险公司应当收到充分的通知，以确保索赔的后续进行。此外，抵押权人将继续受到船舶物权的影响，这种物权可以由第三方向抵押权人提出，但现在可以同样有效地维持对新经营者即抵押权人的物权。

或者，抵押权人可能被迫接受没有实际所有权的东西，这就是推定所有权。例如，当船舶不在抵押权人的管辖范围内时，抵押权人（例如已经贷款的银行）在没有实物控制的情况下实际控制了船舶。在这种情况下，具有推定所有权的一方拥有与具有有实际占有权的一方相同的权利和补救措施。为确保有效，抵押权人必须通知所有受影响的利益相关者，包括抵押权人知道的保险公司，承销商，承租人和第三方索赔人，例如有未付工资的船员。在实际拥有控制权后，抵押权人有权经营船舶，但必须妥善照顾抵押人的利益；由于疏忽所造成的损失或损害将由抵押权人自己承担，这在某些情况下会损害抵押权人的声誉。在取得实际的或推定的控制权后，抵押权人都有权获得根据现有合同得到的运费，但不能获得已经赚取和已到期但尚未支付的运费，这些必须计入抵押人的账户。

在这种情况下，在干散货公司诉费耶特国际控股有限公司案（2013）中判定，船东有权索要自己提单下的运费，即使合同规定运费归于另一方，只要他在运费付给另一方前提出这一要求（迪林、沃德，2013；摩尔，2013）。

10.4.1 出售的权利

根据《1995年商船法》附表1第9(1)条，每一个已登记的抵押权人，如抵押款项或其任何部分到期，均有权出售其所登记的船舶或其部分，并为购买款项提供有效收据（克拉克，1997）。如果两个或两个以上的抵押权人就同一船舶或其部分进行登记，除非根据有管辖权的法院的命令，则后来的抵押权人不得在未经所有先前抵押权人同意的情况下出售该船舶或其部分。在有先前的抵押存在的情况下，若后来的抵押权人出售该船，他必须首先考虑先前的抵押权人，然后才能满足自己的债务需求。如果一位抵押权人是“排在第一位”的，并且还有后续的抵押权人，那么，在满足自己的索赔要求之后，他将为这些后来获得担保的贷款人保留任何推定信托的盈余部分。在挪威银行诉艾斯迈克斯管理有限公司（热带冷藏船）案（2004）中，出现了一个问题，即抵押权人在决定何时扣押船舶时是否对担保人负有照顾责任。在此案中，银行向借款人贷款600万美元用于购买船舶，以这些船舶作为抵押并且由第三方提供担保。此贷款协议受英国法律管辖。借款人拖欠还款，因而贷款人行使其在受塞浦路斯法律约束的抵押项下的权利，扣押了其中一艘船舶。这艘船载有一批香蕉，准备在德国卸货。然而，要想在巴拿马彻底出售这艘船，这些香蕉必须在海上卸下。这样做的费用为204 140美元，并被要求作为扣押费用的一部分，从出售该船的收益中扣除。银行根据先前的担保向第三方提出索赔，但该方随后声称银行违反了获得最合理价格的义务，损害了船舶的价值。第三方认为，应该允许这艘船前往德国卸货并在那里被扣押，可以避免卸货的成本。有人认为，作为抵押权人，银行有权决定出售的时间，而不必考虑借款人/抵押人的利益。在巴拿马出售这艘船是合适的，但是抵押权人有权认为，由于保险费已经因违约支付而被收回，因此允许该船继续前往德国的风险太大，会把贷款的主要担保来源，即船舶本身，置于危险之中（克拉克，2002；高达德，2006）。抵押权人可能间接受到抵押人与第三方签订租船合同的影响。在此情况下会出现以下三个问题。

首先，在抵押贷款被取消之前是否签订了租船合同，如果是，抵押权人是否知道其存在？其次，该合同是在抵押贷款获得批准后取消的吗？第三，船舶是否处于适合状态或适航期，或是否已做好卸货准备？作为一个起点，在迈拓斯诉吉普逊（De Mattos v. Gibson）案（1859）指出，包括船舶在内的财产被处置，收到先签合同的人以特殊方式处置此资产时，收到此通知的人（总是贷款人）可能会被禁止使用它。根据此推理，船东可以像没有抵押一样自由地交易船舶，并且抵押权人在船东进行此交易时无法干涉。在此案中，有人指出，在租船合同下租用船舶的人这样做的目的不仅仅是希望将货物运到特定的地方，而是在于挑选最适合其目的的船舶。在租船合同下受租用的船舶，应被视为承租人的“特殊价值的动产”，因此法院会以不同的方式限制抵押权人对船舶的使用。在这里唯一的例外是，如果船舶处于危险中、由于技术问题或保险失效而不能正常履行租船合同，在这种情况下，抵押权人的担保可能存在风险，他们可能被允许扣押船舶或提起物权诉讼。在 Heather Bell 案（1901）中，抵押权人（已出售船舶的前所有者）因为抵押人未支付一笔购买款项而扣押了一艘蒸汽船。该船已被原告用于进行为期约六周的每日航行，原告要求，“在考虑到现有情况的情况下，船主能够根据优先级顺序对该船所有权和留置权进行安排”。抵押权人声称，原告与新的拥有者（抵押人）之间的协议对他没有约束力，因为它推迟了他作为抵押权人的权利并使该船的可销售价值贬值了。有人认为扣押该船是错误的，船舶原拥有者给予原告的所有权和留置权从属于被告的抵押的权利，因此原告的担保并未受到损害，并且此租用模式就蒸汽船而言并不罕见，所以此船的可销售价值并未得到削减。该案例表明，如果出现抵押人取得优先级低于原始抵押贷款的另一笔贷款，以使其没有获得优先权的情况，并且如果船舶继续以正常的方式运营，而不会破坏其作为担保的价值，原始抵押权人是不应当扣押船舶的。进行此类扣押可能会导致受影响的第三方（通常是承租人）因干涉合同的正当履行而对另一方造成损害的侵权行为（一方对另一方负有注意义务造成的意外伤害）。

抵押权人必须谨慎地行使销售权（伯格，1993）。在 The Calm C 案（1975）中，抵押权人于 1969 年 6 月取得了受抵押船舶 The Calm C 的所有权，以期经营并出售。1970 年 10 月，他们卖掉了这艘船，然后针对抵押贷款提出诉讼，因为出售价格与贷款余额 59 883 美元相比有所不足。抵押方辩称，他们有权抵免抵押权人未能明智地操作船舶，以及随后轻率地出售船舶所造成的损失。有人认为，这笔交易确实不谨慎，成交价应该是 6 万美元。抵押权人的行为对抵押人非常不公平，抵押人因此有权抵销 27 382 美元。该决定的经济性似乎是，如果抵押权人以低于市场的价格处置该船并且当另一种销售选择导致损失较小或没有遭受任何损失时，差额将由抵押权人承担，不能从抵押人那里收回。建立这种替代销售选择的举证责任将由抵押人承担。

西兰航运有限公司诉法安银行一案（Zeeland Navigation Co. Ltd v. Banque Worms，2002）进一步授权抵押权人在出售作为贷款担保的船舶时对抵押人的责任性质。在本案中，原告西兰（Zeeland）航运公司对被告银行 Banque worm 强行出售该船对其所产生的损害进行索赔。索赔人先前用银行提供的贷款购买了该船，并通过抵押担保。1994 年，该银行根据抵押协议行使其销售权，该船以 400 万美元的价格出售给由该银行现有客户船东提名的公司。该银行随后与客户签订了项目融资协议，其中银行获得了该船舶利润的利息。1997 年，该船以 3 375 万美元的价格售出。西兰认为，法安银行在 1994 年违反了采取合理谨慎的义务，以获得该交易的真实市场价格，并且违反了其对西兰善意行事并利用出售该船舶以确保余额偿还贷款的义务。相反，该银行采取了不正当的行为，为自己获得了经济利益，并使其有价值的客户能够以折扣价购买该船。本案在英国女王法庭（商业法庭）开庭，西兰最终未能证明法安银行违反了其合理谨慎以获得该船的公平市场价格的义务。银行并未建立或证明其合理性：证明不合理行为的责任则是落在了索赔人身上。此外，西兰本身未能在合同销售期内销售该船并阻止该银行这样做，这导致该船没有任何真正商业意义上的销售。西兰援引的证据也不能证实该银行恶意行为的指控。在判决过程中，有人指出，虽然抵押权人有义务合理谨慎地来获得适当的价格，但他没有义务推迟行使其出售权，并且可以在不利的市场中接受最优惠的价格，没有任何不利因素是由于银行自身的过错造成的。抵押权人可以选择他行使权利的时刻，但是必须采取适当和谨慎的措施，以确保在他作出选择时可获得的最佳价格。

10.4.2 占有权

根据《1981 年最高法院法》第 21 条的规定，扣押船舶的权利既可以作为获取船舶所有权的一种手段，也可以使其能够进行司法销售，例如拍卖的一个程序步骤。如果抵押人危及抵押权人的担保，例如在危险区区域或在其保单中规定的地理范围外的交易（这样的话保险就将不再覆盖），则抵押权人可以扣押该船并占为己有（史密斯，2001）。接下来的问题是，什么权利（如有）会因此对受影响的第三方，即租船人有利。在安东德贝克公司诉挪威银行案（Anton Durbeck GmbH v. Den Norske Bank ASA，2006）中，一艘船在巴拿马被扣押并丢失了货物。索赔方（一名租船人）向被告银行索取由于其扣押一艘载有他货物（香蕉）的所造成的经济损失的赔偿，从厄瓜多尔通过巴拿马船将货物运往汉堡，但由于银行的行为导致了该船货物变质并且丢失。该银行已向船东提供贷款并以换取船舶的抵押权，但随后的财务困难导致贷款违约，并且保险费也未能偿还。银行在巴拿马扣押了这艘船，在法庭进行辩论的过程中，人们接受了这一说法，即处理争端的法律应该构成侵权行为的事件发生的国家的法律，在本案中是巴拿马法律。该船后来在拍卖会上被出售，银行收回了部分未偿还的贷款。由于租船人的货物在巴拿马没有市场，因此转运是不切实际的，导致了货物变质并最终被处理，租船人因此损失 250 万欧元。根据巴拿马的法律，即便扣押运输船舶的行为在程序上和法律上均正确，但如果该有效扣押是出于恶意，或是为了伤害提单持有人，则其有权就该有效扣押导致的货物损坏或丢失提起诉讼。可能导致货物损坏的扣押不足以证明这一点。在这种情况下，没有证据表明抵押权人有意损害租船人的利益，前者有权照顾自己的利益并充分利用自己有权享有的担保，即使这样做会损害租船人的利益。此外，如果银行允许该船在没有保险的情况下继续前往汉堡，这将损害其自身利益，即其自身的担保。由于当地法律的不可预测性，该船也有可能因另一个司法管辖区内的其他原因而被另一方扣押，可能会危及该银行相较于其他索赔人的优先级。这一案件说明了扣押船舶的更广泛的风险，而且不仅限于抵押权人。

占有权还包括干涉不利租船合同的能力。玛蒂案（Myrto，1977）中说明，在抵押人与第三方签订一份不利的合同以便部署船舶（在这种情况下，合同被认为是“投机性的、一文不名或无利可图”的），以及海事留置权是由于抵押人的行为（这里是对船员不支付工资的索赔）而优先于抵押权人的索赔的情况下，抵押权人以该船舶是一项损耗性资产为由扣押该船舶，在法律上是正当的，感到不平的租船人也不得反对（并要求船舶放行）。在危及担保的情况下，应注意以下关于操作船舶的注意事项。在凯斯诉布罗斯案（Keith v. Burrows，1877）中，有人指出，如果所有人和贷款人/抵押权人之间有任何项目矛盾的协议，则所有人没有义务营运该船并且可以将其搁置，只要这样做才不会使船舶由于未在合适的条件下而减值。该决定具有商业意义：船东必须考虑到货运周期的波动，以决定何时交易该船。例如，当现货市场的价格降至不可接受的水平时，不进行交易是更为明智的选择，但当然，这样做的话，船舶将不会获得运费。如果抵押权人因为此船舶已经成为“闲置资产”而将其扣押，则决策权将在船东手中，因为他们比贷款人（通常是金融机构）更了解市场动向。

在曼罗案（Manor，1907）中，借款人违反了支付保险费的合约，且还欠下了包括运河费以及未支付的船员和船长工资在内的债务。船舶的维修状态也被忽略了，需要花费大量资金才能修复。这些加起来负债预计将超过未来 9 个月的租船合同所带来的收入。偿还贷款金额的日期迫在眉睫，抵押权人接管了该船。法院面临的问题是，如果船舶仍被抵押人控制，那么抵押权人的担保是否会受到重大损害。需要确定抵押权人的担保会受到足够的损害，以此来证明抵押权人接管该船的合理性。

10.4.3 接管人的指定

抵押权人有权向法院申请指定接管人，以保留有争议的资产，并获得此债务或其他债务的付款。接管申请可在不通知抵押人的情况下作出，但必须有书面证据支持。在证明违约情况后，抵押权人指定接管人以获得付款，但重要的是，不能将抵押人置于被清算的情况中，后者需要采用不同的程序。指定接管人的命令必须由被指定为接管人的人和诉讼中的其他所有当事人（包括其他债权人）提出申请。这项任命的主要目的是在法院就争议事项作出决定之前，保留有争议的资产。当申请存在争议时，法院将根据“便利平衡”测试做出决定，评估在指定接管人时对相关各方可能造成的损害。在实践中，如果认为争议资产处于危险之中，法院将评估申请人案件的强度并下达命令，例如有可能被转移到法院管辖范围之外。

图 10.1 在实际情况下提供给抵押人可用的强制执行选项。例如，不能独立考虑扣押权：图中的问题 1、2 和 3 表明，抵押权人必须首先考虑执行扣押是否

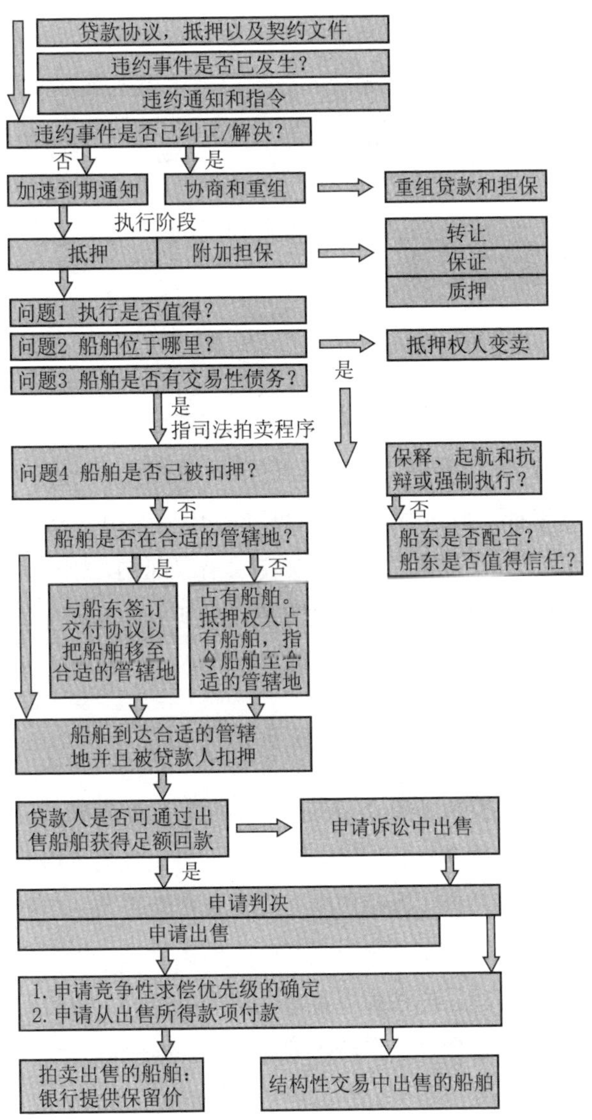

图 10.1　强制执行流程图（资料来源：Watson Farley & Williams LLP）

具有经济价值。在实际意义上，还必须确定根据当地执行程序，该船在此法律管辖区内被扣押是否是最快捷可行的选择。此外，需考虑该船是否存在许多先前的、可能在强制出售船舶之前被要求偿还的债务。该船是否因未支付现有债务而被扣押？抵押权人也可能可以诉诸贷款合同签订时所做的其他抵押。例如，可能有保险转让、母公司或集团内其他公司的担保或承诺。这些其他形式的担保可能比船舶本身具有更大的实际意义和价值，在这种情况下，船舶的扣押以及其所带来的费用和延误能够被避免。在考虑了适用于抵押权人权利的法律框架以及强制执行的实际情况之后，再考虑借款人/抵押人的权利较为合适。

10.5 抵押人的权利

10.5.1 为船舶投保的权利/义务

抵押人有权以其全部所有者的身份经营被抵押的船舶，但不得以妨碍抵押权人利益的方式经营该船舶。抵押人还有责任为船舶购买保险（史密斯，1991）。若抵押人未如此做，则抵押权人可以承担购买保险的责任，并将此费用加入未偿债务的余额中。如果抵押权人随后占有该船舶，则必须通知保险提供方。在占有船舶之后，抵押权人接管被保险人的所有权利，并受制于第三方本应对抵押人提起的诉讼和反诉，但代位权事件除外。

10.5.2 出售船舶的权利：先前产权负担的存在

抵押人作为船舶的合法所有人，具有对该船舶的销售权。但是，当抵押登记完毕后，这是对“全世界的有效通知”，因此，新的所有人将获得受抵押的船舶。在此类出售后，抵押权人有权用出售所得来抵消先前的债务，任何销售盈余都将进入新所有人的账户，这种权利受到契约条款的约束。贷款协议中总有一项条款来禁止抵押人在未经抵押权人事先同意的情况下出售船舶，这意味着除非出示抵押权人同意抵押人销售船舶的证据，否则注册商将拒绝进行销售转让的登记。如果出现短缺部分，那么新的所有者将得不到任何东西，而抵押权人将不得不向卖方/抵押人索要任何差额部分。在这一点上，任何担保，例如由母公司提供的担保，对于弥补这一差额将变得至关重要。如果抵押人遇到经济困难，需要以低于市场价的价格迅速出售抵押船舶，那么此行为可能会受到抵押权人的干预，因为这损害了其担保的利益。特别是如果筹集的资金不足以满足未偿还的金额或先前索赔的金额，例如先前债权人或海事留置权持有人提出的索赔。

10.5.3 按法庭指令申请出售

如果船舶是按法院命令出售的，则抵押权人不得就前贷款项下的任何未结余额向新额所有者提起诉讼。这样做的结果是新的所有者获得了所购买船舶的无抵押所有权：在对销售收益提出索取之后，抵押权人的行为仅针对前所有者。在阿克勒克斯一案（Acrux，1962）中，有人指出，允许抵押权人对新的所有人提起诉讼是不公平的。他们唯一的追索来源是销售产生的余额，若此金额被证明不足，那么他们将不得不以通常的方式对抵押人进行起诉，因为针对船舶的物权诉讼是不会得到批准的。如果抵押权人以公平的市场价格找到了抵押船舶的买主，则海事法院不能规避拍卖的正常程序要求并批准将船舶出售给新的买主。

10.5.4 赎回抵押的权利和止赎权

即使抵押人拖欠了分期付款，抵押人仍有平等的权利来偿还抵押所涉贷款的未偿金额。该规则的实际含义是，如果抵押权人在抵押人未支付贷款的情况下占有了船舶，那么抵押人仍可要求抵押权人在自己支付未还金额后归还船舶的所有权。如果抵押权人希望将船舶出售给第三方，但是却被迫将其归还给可能不可靠的抵押人，而该抵押人可能在不久的将来再次违约，这就会对抵押权人产生不利影响。为了应对这种风险，抵押权人可以向法院提起取消抵押人赎回权的诉讼，法院可以下令，除非抵押人在短时间内支付未偿还的金额，否则抵押权人将成为该船的合法所有人，并且拥有对该船的完全销售权（应该指出的是，这种止赎的补救措施现在很少适用）。在弗莱切和坎贝尔诉城市海洋金融案（Fletcher and Campbell v. City Marine Finance，1968）中，原告A将一艘船抵押给被告贷款人，作为贷款的担保，金额为1 200英镑，须分24期等额偿还。原告B是船舶的实益所有权人。融资条款的抵押合同规定，如果借方拖欠付款，则银行可以要求其立即支付所有到期款项并让贷款人出售该船。当借款人在第11个月拖欠付款后，银行写信给原告A说只有在支付全部未付款项后他才能获得该船舶的掌管权。6天后，原告B提出了全额付款的要求，但被告银行拒绝接受，理由是其只能接受原告A的款项。3天后，原告B通知银行他正在安排原告A支付的金额。4天后，银行卖掉了这艘船，两名原告都起诉了该银行。有人认为，该银行在出售前未持有该船舶的所有权，而买方已知晓原告B的实益所有权。原告B的第一次偿还申请不是有条件的，并且免除了后续对贷款的付款，而银行的拒绝是极不合理的。在出售船舶前，银行已知晓原告A有意向继续支付贷款余额并且有赎回权。如果船舶抵押权人的不当行为阻止了抵押人的赎回权，那么该船的抵押人有权对其抵押权人追讨损害赔偿，这就是本案的情况。

10.6 以船舶抵押为融资形式的未来趋势——证券化

证券化可以定义为将未来现金流进行捆绑，将其转移到单独的法律实体（特殊目的实体：SPV），并由该实体向投资者发行可交易债券。债券由通过流入特殊目的实体的最初贷款人（称为发起人）的现金流来支持发行。债券的发行现在由发行人合法分配或转让给特别目的实体的现金流来进行抵押，这些发起人现在充当现金流的中转方或者托收代理人。为了适合证券化，现金流必须满足三个财务（而不是法定）标准。第一，它们必须是稳定且可预测的。例如，这将排除现货市场上的将包括中长期租船合同的收益。第二，从一个来源或同一类来源上来看，它们必须是同质的，租船合同收据符合此标准。第三，它们必须是可合法转让的：根据《1995年商船法》附表1中第11至12段规定，登记抵押可以通过以登记条例规定或批准的形式的文书转让，并且此种文书在转让中需要向登记员出示，后者以规定的方式登记受让人。船舶抵押将被转移到特殊目的实体，因为它们是担保债券的资产。由于最初产生于发起人（船舶融资银行）的贷款的合法所有权现已转移到特殊目的公司，因此需要重新登记。投资者对特殊目的实体发行的债券的付款被用来购买现金流，从而使发起人根据这些现金流收到预付款。如果证券化的原始贷款违约，法律诉讼仍将由发起人作为托收代理人来提起。2014年，希腊的阿尔法银行将10亿欧元的航运贷款证券化，以筹集约 5 亿欧元，该交易由美国花旗集团安排。作为交易的一部分，大约 35 笔贷款被捆绑在一起，并且合法权利被转移到特殊目的实体。所发行债券的期限为五年，并且是私下而非公开发行。虽然细节有限，但可以假设，由于现金流在销售之前被分配或出售给了特殊目的实体，所以被担保的抵押贷款（如有）也同样被转移。如果不这样做，可能会导致不一致的情况，即用于担保债券的资产（现金流）的所有权转移到特殊目的实体，而执行这些现金流的证券或法律权利仍然属于另一方，即银行或发起人本身。该交易的法律先决条件如下：首先，特殊目的实体必须与发起人/持有抵押的银行和最初发放贷款的银行具有真正独立的法人资格。其次，抵押必须由发起人合法地分配给特殊目的实体：任何其他结果都将导致这些资产（借款人未来支付的利息）在发起人未来破产后落入接收方的基金中。第三，特殊目的实体发行债券时，对投资者附加说明未来可能采取的任何法律行动，例如对票息支付违约，都必须针对 SPV 本身，而不是针对发起者。证券化表明，抵押贷款不再仅仅被视为银行家证券的书面形式，而是成为大型航运公司在更广泛的资本市场中融资的重要组成部分。

10.7 结 论

本章描述了抵押权人对被抵押担保的船舶所拥有的权利。我已经指出了抵押人和抵押权人的权利和义务所依据的法律架构，以及解释和界定了这些权利和义务的丰富判例法。抵押只是贷款方可用的一系列不同形式的担保之一，但可以说是最传统和最有效的担保，尽管本章开头描述了其不足之处。虽然存在标准化的文件，例如利比里亚、巴哈马和英国的抵押表格，但各方总是试图通过单独的抵押契据来增加这些文件，希望在两份文件内容冲突时可以优先考虑新增的文件。证券化说明了与抵押贷款相关的法律，以及它们作为金融创新的核心组成部分的使用，在动态航运金融环境中的不断发展和适应情况。

引用案例

The Acrux[1962] 1 Lloyd's Rep. 405.

Anton Durbeck GmbH v. Den Norske Bank ASA [2006] 1 Lloyd's Rep. 93.

Bankers Trust International v. Todd Shipyards Corp (The Halcyon Isle), Privy Council(Singapore) [1981] A.C. 221.

Brown v. Tanner(1868) LR 3 Ch App 597.

The Calm C[1975] 1 Lloyd's Rep. 188.

De Mattos v. Gibson, (1859) 4 De G&J, 276.

Den Norske Bank ASA v. Acemex Management Co Ltd (The Tropical Reefer), [2004] 1 Lloyd's Rep. 1.

Dry Bulk Handy Inc v. Fayette International Holdings Ltd(The Bulk Chile), [2013] 2 Lloyd's Rep. 38.

Fletcher and Campbell v. City Marine Finance[1968] 2 Lloyd's Rep. 520.

The Halcyon Isle[1980] 1 Lloyd's Rep. 325.

The Heather Bell[1901] P 272, CA.

Keith v. Burrows(1877) 2 App.Cas. 636.

The Manor[1907] 2 Lloyd's Rep. 243.

The Myrto[1977] 2 Lloyd's Rep. 243.

Todd Shipyards Corp v. Altema Compania Maritima SA (The Ioannis Daskalelis), [1974] 1 Lloyd's Rep. 174.

The Turiddu[1999] 2 Lloyd's Rep. 401.

Zeeland Navigation Co Ltd v.Banque Worms[2002] EWHC 1307.

参考文献

Allen, J. 1998. Maritime lien for crew wages. International Journal of Shipping Law, 4(Dec), 275—277.

Berg, A. 1993. Duties of a mortgagee and a receiver. Journal of Business Law, May, 213—241.

Berlingieri, F. 1988. Lien holders and mortgagees: who should prevail? Lloyd's Maritime and Commercial Law Quarterly, 2(May), 157—176.

Bowtle, G. and Rymer, P. 1998. Caveat vendor. Lloyd's Maritime and Commercial Law Quarterly, 2(May), 151—154.

Chambers, J. 2000. Maritime liens-priorities. International Maritime Law, 7(2), 43—46.

Clarke, A. 1997. Mortgagees' powers of sale: contract or statute? Lloyd's Maritime and Commercial Law Quarterly, 3(Aug), 329—337.

Clarke, A. 2002. Ship mortgagees' liability to charterers: mortgagees fight back.
Lloyd's Maritime and Commercial Law Review, 4(Nov), 462—466.

Deering, B., and Ward, C. 2013. Owners' right to intercept freight confirmed.
Maritime Risk International, 27(5), 18—19.

Goddard, K.S. 2006. "Yes, we have no bananas": reflections on ship mortgages and The Tropical Reefer. Lloyd's Maritime and Commercial Law Quarterly, 2(May), 202—222.

Hill, C. 1998. Maritime Law. Fifth Edition. Lloyd's of London Press.

Kavussanos, M.G. 1996. Price risk modelling of different size vessels in the tanker industry using Autoregressive Conditional Heteroskedasticity (AECH) models. Logistics and Transportation Review, 32(2), 161—176.

Kavussanos, M.G. 1997. The dynamics of time-varying volatilities in different size second-hand ship prices of the dry cargo sector. Applied Economics, 29(4), 433—443.

London Special Risks, 2011. Ship Mortgage Indemnity: A Critical Assessment, at http://www.edge-gb.com/sites/default/fi les/pdfs/SMI-Critical.pdf.

Meeson, N., and Kimball, J.A. 2011. Admiralty Jurisdiction and Practice. Informa.
Moore, L. 2013. Liening back and post-withdrawal syndrome: the Bulk Chile.
Shipping and Transport International, 9(4), 32—33.

Mukherjee, P.K. 2003. The law of maritime liens and conflict of laws. Journal of Maritime Law, 9(6), 545—555.

Panesar, S. 2004. Is a ship mortgage inherently different from a mortgage over land? International Company and Commercial Law Review, 15(8), 239—243.

Rares, S. 2014. Maritime liens, renvoi and conflicts of law: the far from Halcyon Isle. Lloyd's Maritime and Commercial Law Quarterly, 2(May), 183—202.

Rose-Ackerman, S. 1985. Inalienability and the theory of property rights. Columbia Law Review 85(5), 931—969.

Sabino, A.M., and Susca, N.E. 2001. An imperfect storm: Fifth Circuit denies seamen's liens against vessel sale proceeds. Lloyd's Maritime and Commercial Law Quarterly, 3(Aug), 328—334.

Smith, C. 2001. Ship arrests: new developments. Shipping and Transport Lawyer International, 2(3), 21—24.

Smith, D. 1991. Using insurance to protect lender's interest. Journal of International Banking Law, 6(3), 107—115.

Stephenson Harwood, 2006. Shipping Finance. Euromoney.

Stopford, M. 2009. Maritime Economics. Routledge.

Tetley, W. 1989. Indefence of the Ioannis Daskalelis. Lloyd's Maritime and Commercial Law Quarterly, 1(Feb), 11—15.

Turner, J.M. 1997. Arrest-ship's mortgage-construction of deed of covenant. International Maritime Law, 4(3), 67—68.

第十一章

处理违约船舶贷款的原因、机制和保全方法

季米特里斯·阿纳格诺斯托普洛斯（Dimitris Anagnostopoulos）

菲利普斯·E.塔玛尼斯（Philippos E. Tsamanis）

11.1 简 介

为保护存款人，保护经济，世界各地的监管机构会确保银行和其他金融机构拥有足够的资本以保持强大，因为大型银行的破产可能会给一个国家的金融稳定带来负面影响。在全球化经济的今天，这可能还会增加系统性风险。现在，瑞士国际清算银行（BIS）正式确立了自 18 世纪以来存在的资本充足率规则。多年来，巴塞尔委员会还确定了与银行资本及其资产相关的必要财务比率。且为各类银行资产（政府债券、无抵押贷款等）设定了风险权重，并确定了银行资本的风险类型（一级、二级）。

上述基本规则的演变，是现代社会中的一个持续的过程，其特点是货币市场和世界经济的强劲发展和增长。

现《巴塞尔协议》已“升级”到《巴塞尔协议 II》，并逐渐建立更严格的要求（《巴塞尔协议 III》，2018 年到期）。

随着雷曼兄弟倒闭和随之而来的金融危机，世界银行体系或多或少地因流动性问题而受到影响。尽管资本充足率已成为银行业的首要任务，但银行为不良贷款建立储备、冲销呆账的能力仍然有限，如无中央银行的帮助，有时不可能实现。

尽管处理船舶问题贷款的技术原则基本保持不变，但银行对待准备金和呆账的态度发生了巨大变化。这是近几年来资本充足率、流动性、资产回报率和

资本回报率等因素得以应用的结果，银行间在应用这些因素上面也存在差异。事实上，应用这些因素，使得贷款人“被迫”更加宽容，因此也在与违约借款人谈判时更愿意采取更为温和的长期方法，以便最大程度减少双方损失，提出更和平的解决方案。

11.2 1981—1986 年航运危机与 2008 年金融危机后

值得强调的是，贷款人（银行）在 1981—1986 年货运市场危机期间处理违约航运贷款的方式区别于 2008 年雷曼兄弟倒闭后的类似货运市场萧条。对前者而言，货运市场危机只对航运业产生了影响，因此，业务多元化的银行在执行抵押品、冲销即时呆账和合理化账本方面更容易，他们的资产负债表具有充足的储备和流动性。值得注意的是，在货运市场危机期间拍卖了大量船舶，而银行在收取拍卖收益后，相应的未付贷款余额被轻松（为银行）冲销。

相比之下，2008 年之后的货运市场的严峻调整并未发生大规模丧失抵押品赎回权的情况，只有极少数航运资产被拍卖。大多数银行向航运业提供的贷款都有限，因为它们难以维持监管机构密切关注的《巴塞尔协议 II》资本充足率。对于所采取的每笔拨备或冲销金，监管机构都会强制要求将其注入资本或减少资产。最后，值得注意的是，后一时期的后期较为宽松的做法也受到现行低利率的鼓励，最大限度地降低了“踢罐子”的时间成本（以及实际货币成本）。

11.3 银行问题贷款的处理机制

本章涉及广泛应用的标准技术方法，是源自先前经验的行动和程序的记录。应当指出，我们关于问题贷款程序处理方面的某些看法可能与欧盟和中央银行自 2014 年以来施行的政策大不相同。原因在于大型金融机构高层管理人员的官僚主义以及充满阻碍的决策过程，使得与银行职员打交道的客户无法迅速、灵活和实际地采取可最大限度地收回现金以保全贷款的行动。

及早发现是处理问题贷款的关键因素，特别是问题发现得越早，银行可选择的范围就越大。立即采取行动也很重要，因为这些前提准备可为银行知道

“游戏计划”铺平道路，“游戏计划”指解决方案或者清算（自愿、有序的方案，有船东合作，或者在没有船东合作的情况下强制进行）。

11.4 及早发现问题迹象

及早发现债务人或特定信贷可能进入质疑期的迹象，该责任在于将特定债务人或信贷分配给其前线人员（“账户管理员”）。后者会导致特定债务人/借款人降级。银行认为，即使最普通的评级体系也会成为一个非常有用的工具，因为新出现的问题无论是否具有评判性，几乎都不可能隐藏在具有正常运作的贷款评级系统的组织内。

早期发现很重要，但如何能够早期发现？哪些区域又应该密切监控？为了能够尽早发现问题航运贷款，账户管理员应该首先关注航运市场的变化和前景。

由于价值倾向于以相当长的时间滞后来纠正，因此下降的运费呈螺旋上升则预示着未来可能面临的挑战。因此，就业岗位（就业类型、费率、持续时间、重新交付参数和交易对手/承租人）可能会加剧担忧或提供短期或中期救济。必须警惕重新谈判或拖延招聘人员和有关承租人的福利、财务稳固性以及包含前述信息在内的基础合同等任何信息。近期离岸市场的经验更好地说明了这一点，由于油价突然大幅下跌，很多项目遭到推迟或取消，甚至在这种高度寡头垄断的市场中最强劲的交易对手也要和船东定期重新谈判租船费率。

在很多情况下，上涨的贸易应付账款可反映出持续的流动性压力（因船舶或船队的盈利不足而产生），而且在经营不善的情况下更是如此。虽然前者需要借款人和贷款人之间信息流畅，但后者可追溯到港口国的监督检查结果中，这些检查自世纪之交以来，会定期在线报告（例如美国海岸警卫队和 EQUASIS 信息安全系统所出的报告）。但是，检测报告或缺陷的重要性还需要专业人员来判断。

当财务报表可供账户使用时，尽管这些财务报表日期比较旧（通常晚 90—180 天），但是也能从中发现隐藏的“宝石”。简而言之，无论借款人的偿债记录如何，与贸易应付款增加和营运资本不足相结合的可能性差都应足以导致降级。其他值得关注的原因（不一定与货运市场的命运有关）还有船舶新建项目或定期维修工程的延误或超限。

最后，由于保险转让通知的标准措辞，帮助账户管理员发现问题的还可能是保险经纪人。不过，近年来，未付保险费的情形减少；船员工资长期逾期事件也在减少。比较容易发现的还是那些较为棘手的问题，例如未能支付每月保留金（如适用），当然包括未能及时支付利息以及分期付款。但上述情形绝不是解决问题的良机已失的“预警”信号。

11.5 一旦发现问题

应该区分“早期发现”和“取得进展”阶段。由于这是一个非常新的路线，我们不会尝试作任何定义。但值得注意的是，最近监管当局已开始针对“欠款和不良贷款”（ANPL）制定处理措施框架，尽管我们不完全同意这一点，特别是就航运融资而言。因此，我们对这一主题的看法可能不一定与最近的无所不包的指令一致。我们的观点与监管机构的不一致原因是，监管机构指令在允许银行的商业和会计灵活性方面非常有限，这可能导致对陷入困境的贷款关系的处理效率降低。较大的回旋余地在于可以防止违约贷款在清算阶段结束。

这里必须区分两个“思想流派”。第一个流派认为，在出现严重的贷款违约时（未支付本金及/或利息），贷款银行会自动将责任从账户管理员转移到“特殊信贷部门”，由其接管并制定针对该特定违约贷款的策略行动，直至达成解决方案（单向或双向）。第二个流派认为，银行的特殊信贷部门不应密切参与其中，应允许账户管理员在专家的最小监督和指导下继续独立处理违约贷款。

在早期阶段（假设属于“健康的营运环境”），应由账户管理员主要负责。账户管理员多年来一直致力于与借款人建立融洽的关系，并与借款人保持着一定的信任，这对于明确了解借款人的困境有很大的帮助。这种个人关系也会增加信息不间断的机会。

应该强调的是，由于货运市场状况相关原因，大部分船舶违约贷款都采取了此种做法。表 11.1 总结了影响船舶公司和银行机构的市场特征。

处理问题贷款及其现实结果是一项相当复杂且往往充满惊喜的经历。根据我们的经验，在取消抵押品赎回权或处理航运贷款问题上没有相同的例子。因此，需要动员账户管理员、其经理、银行委员会和外部顾问如律师、工程师、海上保险专家和其他航运专业人员，组成专门的团队以便集中处理每起违约贷款。应该指出的是，根据我们的经验，银行员工在处理航运问题贷款上付出的时间通常是处理履约（无问题）航运贷款的四倍以上。

表 11.1　影响船舶公司和银行机构的市场特征

	市场良好	市场不济
船舶价值	提高	降低/接近废品
船舶收入	足以支付营运费用和债务	大部分情况下足以涵盖营运费用但不足以支付债务
贸易债务	低水平；付款期限缩短	未偿还账单逐渐增加；付款期限延长
公司现金	流动性高	流动性下降
所有者权益	增加	减少
非集团性公司的资产负债表和集团公司的财务状况	良好 财务比率良好	较差 财务比率恶化
银行的资产负债表	贷款组合增加，贷款拨备金和冲销金减少	贷款组合减少，准备金或冲销金增加
银行的利润和亏损	贷款利差和佣金带来银行利润	通常利润会减少或用作抵扣冲销金
船东财务状况和行为的市场状况	几乎每位船东的市场状况都很好	某些船东的市场状况较差
航运市场总体前景	积极乐观	消极悲观

11.6　准备救济措施

当贷款接近违约时，贷款人应该准备好采取救济措施。通常情况下，违反某些财务约定，例如违反了贷款价值比（LTV）即为所谓的“技术违约”。贷款人会尝试采取温和的补救措施，以便恢复履行贷款合同。但是，如果借款人未支付本金或利息，或者两者都未付，那么贷款人有义务对借款人采取更强烈的措施。在这种情况下，贷款人应该着重考虑是否与借款人协商变更贷款，并同时对违约行为采取救济措施，其中可能包括将硬抵押（船舶）变卖为现金。贷款人的最终目的是维持目前的贷款状态或以友好或强迫的方式收回资金。

在解决问题之前，账户管理员应仔细审查信用文件，重新分析财务报表和彻底查明借款人的整体情况，并审查贷款文件，以便明确银行作为抵押权人应享有的权利。同时，账户管理员应该确保所有风险缓释措施都已到位并且有效，并就抵押船舶的下述特征，开展“事实调查”任务：

● 船舶状况：如果可能，并通过借款人的合作，保持技术验证师的维修保养，其会提交最新的状况调查报告。

● 公平市场价值（FMV）和市场性：与独立标普经纪商合作。

● 行踪：交易区域和租赁承诺。

此外，账户管理员还应着手寻找其他资产，以便于制定解决方案。上述准备行动之后必须与借款人会面。我们认为，最好是由账户管理员及更高级别的银行工作人员一同代表银行出席这样的初次会议。如果借款人希望保留外部（财务重组）顾问的服务，通常是可接受的，因为外部顾问在大多数情况下有帮助；这些顾问具备专业知识并且能够更好地从借款人的立场传达或解释想法，并以有意义（有利于银行）的形式提供所要求的信息。如果借款人希望有律师在场，银行最好作出此等安排。

该会议的目的是为了引起借款人关注问题，该会议对银行来说也是获取尽可能多的信息的绝佳机会。会议应关注抵押船舶的贸易债务，尤其是优先于银行留置权的其他留置权（如海事留置权）以及对银行有利（不一定在法律上）的债权人。这次会议也会让借款人有机会解释情况并就解决方案进行讨论，以便借款人发表其对于该问题的建议/观点。

基于上述行为，账户管理员可以将手头问题的评估意见提交给银行的内部机构。评估焦点应该是对潜在损失的评估确定。这将为任何进一步的建议或决策提供精确“基准”。如果清算在同一天开始，为了评估银行必须核销的金额，应检查以下两个核心方案：

● 客户配合进行清算（通过有序清算或通过法院拍卖、变卖，如司法拍卖）。

● 没有客户配合的清算（通过强制执行）。

此外，账户管理员明确主要和次要还款来源。主要来源是与抵押品的现金产生潜力相关的来源，而次要来源则大概提到抵押品的清算和担保人的支持。

需要注意的是：虽然可能需要迅速采取行动，但账户管理员也必须采取一切可以预防银行面临贷款责任诉讼的措施。

11.7 银行行动方案的决定因素

各种各样的因素和考量决定了银行处理问题航运贷款的行动和决策。不应独立看待该等因素，且每个因素的重要性视具体情况会有所不同。所有这些因素使得贷款人的信贷委员会将基于成本效益优化其决策和行动，从而使得贷款得以全部或部分保全。

其中，最重要的考虑因素如下：

1. 财务方面的考虑：贷款的规模、金融环境、利率水平、银行的政策和储备或核销损失的能力、中央银行的规章制度。

2. 船舶管理方面的考虑：管理层运营船舶的能力、对问题的积极或消极贡献、付款记录、态度、处理问题的能力、成熟度、对行业的贡献。

3. 市场考量：当前航运状态“周期”、货运市场的未来前景和趋势。如抵押船舶是否有其他出路?

4. 抵押/担保考虑：优先于抵押权人的债权人、抵押船舶的价值、船龄、维护状况、调查状况、抵押船的价值、船龄、维护状况、调查状态、附加的贸易债务、贸易或港口管辖权、租船合同条款（如船上有装载搁置的货物时）。

5. 银行的考虑：航运政策和文化，最高管理层对航运的了解，与辛迪加成员合作（如贷款来自银团），损失幅度与银行的盈利能力，市场反应，银行声誉对船东的有利影响，违约披露后的指控或不良宣传。

基于上述考量和因素，航运贷款银行得以制定其决策。有人认为，遇到问题贷款的情况下，贷款人基本上可以采取四种策略：

1.“无所作为”：即除非市场回暖，否则“迟延”解决问题，直到该问题不可避免地在某个时候“找上门来”。

2. 静待谈判：这将使银行有机会纠正任何贷款文件的缺陷并尝试改进整体状况。同时，该方法也使得有机会通过引入软还款计划（延期还款，主要节假日）来争取时间。需要注意的是理想情况下，在其他抵押品和担保充足的情况下才会额外提供预付款（用于营运资金），静待谈判战略的结果可能是达成了有序清算抵押物的协议，同时增加营运资金以保障清算程序的畅通无阻。

3. 强制再融资：这是雷曼破产后时期中非常流行的策略。强制再融资可能是：

● 平价再融资：银行应该采用能够对借款人（及其他担保方，例如担保人）施加足够的压力的措施，使得借款人从其他银行再融资。采用此种做法时，银行应该调查其他债权人例如第二顺位抵押权人或对该借款人（或借款团）提供贷款的其他贷款人，他们的情况是否比银行更糟，如果真如此，他们是否有兴趣通过再融资来“买断银行债权”以改善他们的整体状况。

● 折扣再融资：需要银行识别、考量对打折贷款感兴趣的主体。折扣力度应考虑到抵押物的未来市场价和未偿还贷款之间的差额，以及租赁状况（如有）。银行应该根据基准/评估的潜在损失来衡量是否选择该种措施。

4. 处置抵押物：这种策略是最不可取的，在我们看来，只有在其他一切策略都没有效果的情况下才应该考虑此种策略。本章后面将详细讨论抵押物处置（拍卖）策略：应该指出的是，其最关键的因素是处置和总体因素。后者包括存在海事留置权或其他留置权，债权人和租赁情况。由此可见，相关司法管辖区的法律框架应由专为特定任务指定的航运律师进行审查。

前面讨论了贷款人针对航运问题贷款可能会考虑的不同的策略，本节将会继续分析静待谈判策略；在大多数情况下，银行选择使用的策略就是静待谈判策略。经验表明，为了最大程度地弥补损失，贷款人可能需要尽可能与借款人紧密合作。银行应充分考虑借款人的建议，如拒绝，应给出审慎的理由。应该指出的是，能取得成功并解决问题贷款的策略的关键在于采纳意见。在静待谈判策略下，经协商一致后，各方应就实际偿还或清算计划达成协议。但应尽量缩短债务期限和还款时间。为此，银行应该：

● 在协议中引入额外约定，以便密切关注相关情况。

● 要求补充抵押物；如果抵押物是应收账款，那么应制定积极的收款计划。强烈建议银行在这种情况下寻求外部顾问的服务，如法律顾问和/或保险专家（取决于有关应收款的性质），如果其他债权人对此抵押物还有留置权，则银行可通过合理方式买断该留置权，以便保持其抵押权的安全性。

如果实施解决方案需要新的银行资金运作，银行可要求补充抵押物（如适用），且在预先已有全面详尽的计划以及有形和可接受的证明文件的情况下，贷款人应承担该资金。在同意实施静待谈判策略时，银行必须牢记其重组信贷监管框架，以衡量其对资产负债表的影响程度。

以下是关于静待谈判策略须特别谨慎和注意的事项：

● 银行及其工作人员在实施解决方案的过程中应避免过于深入地参与借款人的内部管理，因为这可能会影响到贷款人的责任。

● 如果担保人是借款人的负责人或管理人以外的第三人，则他们需要充分了解问题以及解决问题的措施。

● 任何新协议均应以尽可能完善的法律文件呈现。

● 如果静待谈判策略不起作用，则应对其进行修订，并应考虑新策略（同时密切关注还款时间及债务的到期日）。

11.8　通过拍卖抵押物贷款保全

穷尽所有的补救措施和行动后，贷款人没有别的选择，只能取消抵押物的赎回权、通过拍卖或依靠抵押权人的合法权利来出售抵押船舶时，银行作为抵押权人必须关注一些经验规则，最重要的是要在启动扣留和拍卖程序之前严格适用。扣留船舶为银行通过法院对船舶进行控制的最后手段，但这并不是在拍卖时（或之后）向出价最高者出售船舶的必要步骤。

银行寻求航运律师的服务也是上述经验规则的一部分，用以调查扣留和拍卖程序（例如优先顺序）的预期管辖权的法律框架，以及当地的法律和程序要求。该调查可使银行能够清楚地了解在预期管辖范围内与扣留和拍卖有关的时间因素，以及向债权人（包括抵押权人）分配拍卖收益。显然，银行还应当关注上诉、拖延和一般干涉的权利，这可能需要评估贸易债权人和其他索赔人的可能会带来的影响。

另一重要因素是与扣留和拍卖船舶相关的实际成本。账户管理员应准备好相关预算，且在预算计划一旦获得批准时，密切监管相关费用。主要成本项目可大致细分如下：

● 法律费用：银行应争取获得封顶费用报价。

● 诉讼及拍卖费用。

● 船舶维护及管理费用。

● 船员下船、遣返（此种情况下，银行可代位行使船员的索赔权），以及船舶最低安全配员费用。后者可能因锚地的管辖区域、形式及区域之间存有很大差异。

● 保险费用：银行须寻求保险顾问服务，以检查保险覆盖范围，并尽力就其服务争取获得最佳报价。

最后，银行还应从营销的角度出发，获悉扣留和拍卖船舶的预期地点的吸引力。许多潜在买家能轻易检查的地方，比如比雷埃夫斯、直布罗陀和上海，可能更满足“船舶的适销性”。

如果法律框架、时间因素或成本因素表明特定的法律管辖不利于船舶扣留，则说明将船舶重新安置到更有利的法律管辖范围的费用和相关风险为合理。抵押权人可以通过行使抵押权来实现，抵押权是其拥有控制船舶的合法权利。因此，银行需要与新的友好的船东合作来实施前述方案。由于这些行动方案的效果通常不太理想，因此还需调查交易船舶的其他可行途径，甚至是处置个人担保或其他抵押物（甚至同意做出某种让步）以换取船东的合作，以便将船舶重新安置到一个有利的法律管辖区，安排船员下船和遣返（在这种情况下，成本可能远远低于银行的成本），处理所有的初始物流问题（例如处理货物利益或与某些债权人打交道）。最重要的是，不干涉或阻碍上述程序。与船东配合的扣留行动，船东不予配合的扣留船舶行动会遇到船东的实质性反对，发生延期，增加清理费用，且最终减少出卖收益。

必须注意以下几个方面：

● 处理货物权益：银行在决定扣留已装载货物的船舶之前，需要进行大量的准备工作（在那些银行知之甚少的领域）。

● 处理当地无担保的债权人：由当地律师来给出银行可能享有的（如在美国）有利点的建议。

● 处理反对/不合作的船东：为了换取船东合作，银行须做出一定让步，无论多么令人不快，但这也是商业上的合理考虑。

● 在极端情况下，资产的公平市场价值非常低，且资产位于不利的交易或废品地点和/或不利于抵押权人的管辖区，弃船并寻求追回收回贷款的其他手段，对银行来说可能是最经济有效的手段。

最后，一旦拍卖日期和底价得以确定，银行必须决定其拍卖策略。银行可以选择参与拍卖以获取该船舶，以便：（1）立即转售；（2）在短期内（通过友好第三方）交易因此须迟延转售；（3）搁置（储存）以便后期转售。需要说明的是，这个决定须取决于银行决策层的思想、期望、风险偏好以及船舶的前景。

11.9 在船舶扣留期间，银行可能面临的情况

在“激进的”银行在司法拍卖过程中可能会面临大量意想不到的情况，该司法拍卖旨在通过清算其抵押物，消除或尽量减少航运违约贷款的损失。银行在全力打击违约以及不合作的债务人时，还应该准备好面对一些不可预见的、且大大增加其行动成本的情况。

增加银行清算成本的情况可能包括：船舶在航程中更换旗帜，致使抵押无效；船舶被不同债权人连续扣留，而银行根本不清楚这些人的存在（船东捏造其债务）；船舶缺乏适当保险；被海盗宣称为“被劫持”的船舶；银行不清楚船舶所处位置或所涉贸易；船东和供应商之间签有秘密协议，以便在不利于抵押权人（不利于银行扣留船舶）的司法管辖区，得以扣留船舶；银行在被扣留船舶上发现非法移民；发现船舶装载毒品；因未付工资，船员开始拆船；船舶零件被卖（此行为会明显降低二手市场的银行抵押物的价值）。其他情况包括，船舶公司及船长捏造虚假的船员相关费用，以及编造虚假债权人和倒退发票；法院一再推迟拍卖；未经银行同意，即将船舶报废，且船东收取所有报废收益（尽管这很少见）以及银行职员的欺诈（袒护借款人而非银行）。

11.10 结论：凡事都有两面性

贷款工作带给银行的不是只有损失，有时还会带来巨大的商业机遇。如果在货运市场低迷时你不惊慌，那么在市场回升时你会发现情况好转，从而最大

限度保全贷款，稍后的某些时候还会帮助银行获利。从事航运需要责任、协调以及持续性，即无论市场周期如何，都必须采用长期方法来最大限度地提高航运业的回报。最不应忘记的是，处理贷款问题的最好方法是：尽可能不要在一开始就放款。

参考文献

Stephenson Harwood, *When Things Go Wrong*, Piraeus, Client Briefing, 1997.

Charles Buss, *Ship Mortgage Enforcement*, Oslo, Watson, Farley and Williams, 2004.

Anagnostopoulos, D., *Problem Loans*, Presentations at City University Cass Business School.Rose, P.S., *Commercial Bank Management*, Irwin, 1991.

BIS, *Basel III*: *The Liquidity Coverage Ratio and Liquidity Risk Monitoring Tools*, January 2013.

Meyer Brown, *Non-Performing Shipping Loans*, 2014.

Stephenson Harwood, *Shipping Finance*, Euromoney Books, 2006.

Bank of International Settlements, *The Importance of Capital and Methods of Measuring its Adequacy*, Washington, D.C., 2004.

第十二章

海事保险

马克·怀布莱彻（Marc Huybrechts）
西奥多拉·尼卡基（Theodora Nikaki）

12.1 概述

船舶的建造、投资和经营是一项数百万美元的投资，有关各方（船厂、投资人、船东/买方）需要进行周密规划，以防范风险。因此，各方做出相应的保险安排以覆盖其面临的风险就显得非常重要。本章将重点介绍造船厂、船舶投资人和船东（船舶经营者）的投保范围。由于篇幅限制，本章仅对相关保险政策进行简要讨论，不会详细分析其条款。

12.2 造船厂风险保险

出于多种原因，造船厂是一个高风险的环境。首先，造船厂在按照交接和验收协议[1]交接船舶前需要承担新建船舶（通常价值都很高）的损失或损坏风险，这也是为什么造船合同中通常会要求造船厂购买保险以覆盖在造船期间船舶的物理损失或损害风险[2]。其次，建造船舶也会涉及其他风险，包括聘用第三方（如分包商）的风险以及船舶从建造地转至海上试航地的过境风险。鉴于风险较高，造船厂会通过签署包含基本海上保险政策的保险合同来覆盖其风险。此类保险合同可覆盖建造过程中的物理损坏或损失风险以及造船厂责任（如碰撞责任）。被保险人通常是造船厂，但也可能包括买方[3]。保险行业因此已经制定了一些标准条款以覆盖造船厂风险，例如适用英国法[4]的 1988 年版《协会船船建造风险保险》（ICBR）以及 2007 年版《船舶建造一切险》（MarCAR）。

《协会船舶建造风险保险》（1988）以及《船舶建造一切险》（2007）均属于综合型保险政策，均考虑到造船过程的复杂性，并将其覆盖范围扩大到船厂本身及其分包商的作为/不作为行为。为此，在船舶交付给买方之前，无论是在造船厂还是在造船厂的分包商场所，抑或在造船厂还是在造船厂的分包商场所之间运输的建造阶段[5]，船体和机器在整个造船工程期间均涵盖在前述保险政策之中。应当明确，《船舶建造一切险》（2007）第 56.2 条对分包商范围作出了规定，阐明了只有在其与承包商[6]的书面合同中约定了造船厂保险利益时，才称得上是分包商。

《协会船舶建造风险保险》（1988）以及《船舶建造一切险》（2007）项下的造船厂保险承保的是船舶的物理损失（包括推定全损）或损坏[7]的一切风险。此外，造船厂保险还可覆盖造船厂因碰撞产生的责任（受限于保单中列明的除外责任），因船舶未能启动、共同海损和救助以及诉讼纠纷和劳工纠纷[8]而面临的责任。同时还包括保护和赔偿条款（保赔）[9]。虽然造船厂保险属于一切险政策，但造船厂的风险承保范围受限于一系列除外责任条款。一方面，《协会船舶建造风险保险》（1988）以及《船舶建造一切险》（2007）都规定了一些除外风险，例如相关条款中进一步规定的那样[10]，《协会船舶建造风险保险》（1988）排除了战争、罢工、恶意行为和核风险。但是，如果保险合同双方明确同意将此类风险纳入标准及附加条款[11]，则可相应扩展保险覆盖范围。《船舶建造一切险》（2007）也明确排除将被保险人故意不当行为造成的损失、破产、仅普通磨损或迟延造成的损失、损害赔偿、责任、费用，以及特定类型的战争、罢工、恐怖主义、政治动机、恶意行为，以及核风险[12]均排除在外。另一方面，《协会船舶建造风险保险》（1988）以及《船舶建造一切险》（2007）均明确规定，除非另有约定，否则保险覆盖范围不会涵盖潜在或设计缺陷本身，但在保险期间[13]发现此类缺陷，且此类缺陷造成的物理损失或损坏的修复费用除外。

12.3 投资人保险

对船东而言，建造及/或购买一艘船舶是一项数百万美元的投资，需要缔结复杂的金融协议，且通常采取船舶抵押形式进行融资。投资人（通常是银行）需要保护其在相关资产（即船舶）中的权益。实际上1906年版的《海上保险法》（MIA）第14（1）条中对此也有所规定，其规定抵押权人“对于任何到期或即将到期的抵押贷款”具有可保利益。因此，抵押权人/银行可同意抵押人/船东在船东或船舶经营购买的船舶保险和共同保险中将抵押权人作为共同被保险人。然而，这远非理想，因为抵押权人/银行可能在船东/共同担保人未支付保费等情况下支付保费。

另一种选择是将船东/抵押人海上保险合法转让给抵押权人/银行（明确禁止转让的情况除外）[14]。通过转让，一主体可将其权利转移给另一主体，即受让人。这使受让人能够以自己的名义享有受让的权利，而不必将转让人牵涉进诉讼程序。但这种解决措施也是不够完美的，因为抵押权人/受让人可能会以其自己的名义起诉保险人，但却无法享有比转让人更多的权利。换句话说，保险人有权享有抵押权人对抵押人/被保险人[15]的抗辩权，包括抵押人/船东不当行为[16]、银行无法控制的因素产生的抗辩权，保险人可因此免于承担保险责任[17]。

因此，迄今为止最好的解决办法就是以抵押权人的名义缔结一项单独的海上保险合同以保障其权益。例如船体险及机器险，可覆盖抵押权人的损失，战争险和/或船东互保协会保险则无法覆盖第三人索赔，船东险[18]则可覆盖第三人索赔，但也仅限于免除保险人责任的情况。[19]抵押权人船舶利益保险（MII）作为抵押权人的“备用”政策，通常适用《协会船舶抵押权人利益保险条款》（IMIC），船体（1/3/97）[20]，亦适用英国法。《协会船舶抵押权人利益保险条款》（1997）旨在涵盖抵押权人对船舶享有第一顺位的抵押权益，正如抵押权人[21]所做出的保证。《协会船舶抵押权人利益保险条款》（1997）第2.1条给出了投保风险清单，概述了船东在保险单下的投保损失的情形，即船东碰到有争议的索赔时违反诚信义务、错误陈述或不披露任何重大情况、未提供适航船舶的责任等等。特别在海上保险领域，诚信义务是一项基本原则，是构成海上保险合同的基础，如双方当事人未履行最大诚信义务，受损方可按照《海上保险法》（1906）第17条的规定不履行合同义务。如果船东在保险单下的保险损失属于投保风险，则抵押权人/被保险人有权从MII保险人获得赔付，赔付金额相当于其净亏损，且以抵押船舶[22]的保险金额为限。第2.3条进一步规定在抵押船舶的抵押担保的范围内，扣除担保贷款（包括但不限于抵押、留置权、任何浮动和固定费用、担保物权、保证、保单和背书）项下的任何已赔付或可赔付金额的，此净亏损包含了贷款协议项下的被保险人有抵押担保的损失。然而，如投保风险是在抵押权人（即被保险人）知情的情况下出现或存在（“知情”在海商法中有着特殊含义，意味着宽恕他人的不当行为），或因未支付保费产生，或被保险人的损失是因船东险及船东互保协会保险[23]的保险人破产而终止或取消船东保险及船东互保协会保险条款产生的，则 MII 将无法覆盖到抵押权人/被保险人。

除了 MII 保险[24]外，抵押权人/银行也以购买抵押人附加风险（污染）保险（MAPP），就抵押人附加风险（污染）保险条款 LSW489 而言，其也适用于英国法，尤其在 MAPP 保险被扩展至 MII 保险的情况下。船东险及 P&I 保险[25]在超出其责任限额的情况下，如船舶被扣押（被征收、没收或没收其货款）以承担污染责任的，则在抵押权人在对贷款项下的净亏损数额的范围内享有第一顺位抵押权益的情况下，该保险可覆盖至抵押权人。然而，如果损失是由第 3 条列举的任何除外事件引起的，例如抵押船舶正在进入或某一管辖区域缺乏合法适当的文件/授权，而该船舶或抵押权人未能及时行使可能的权利或采取补救措施对抗第三方侵权人以减轻其潜在损失的，则该保险不覆盖至抵押权人。其他除外情形如特定类型的战争和核风险[26]。

12.4 船东保险

本章将讨论五个问题，重点讨论船东险。任何抵押权人或金融机构在向船东提供信贷时均会要求为船舶购买适当保险。除此之外，每个负责任的审慎船东都希望他的宝贵资产即船舶得到充分的保险保障。随后的几段中，将解决以下问题：

- 船东想要投保哪些风险？
- 适当保险的相关市场在哪里？
- 哪些保险公司可承保这些风险？
- 保费如何？海上保险在船舶开发的整体运营成本方面的预算，有什么意义?

● 海事保险有什么特性?被保险人应该始终牢记哪些?

12.4.1 船东想要投保什么“风险”?

由于运输业是一个充满不可预测的危险和风险的行业,船东或未来船东需要对该等大量风险进行投保。实现安全且成功的船舶运营,购买保险以覆盖其中某些风险极其重要;但其中某些风险又不是那么重要,如投保的话则属于并非十分必要的行为。根据海运保险经纪人的常规做法,建议船东在安全保险一揽子方案中覆盖以下风险。

12.4.1.1 财产方面

船体与机械设备险(船体险)可覆盖确定风险、单独海损、共同海损、救助和全损、垫付费用、增加价值(超额船体险),以及战争风险[27]。战争风险属于标准船体险条款的除外责任,因此有必要单独购买战争险。

传统的战争险,例如可基于英国标准保险条款,或基于《北欧海上保险计划》(2013),应覆盖战争、内战、革命、捕获、扣押、废弃地雷、鱼雷、罢工、恐怖主义和征用。同时,建议船东投保海盗险。

12.4.1.2 责任方面

由战争风险引起的责任也应由战争险承保,但船东的传统运营责任将按照保赔保险规则由保赔保险承保。建议船东购买可覆盖法律责任、合同责任、赔偿例如船舶碰撞责任或固定物与浮动物碰撞责任、与沉船清除有关的责任、船员责任、货物责任、第三方财产责任、人身伤亡责任的风险。这些风险均不在传统的船体险的覆盖范围内,虽然保赔保险涵盖的风险范围要比船体险保险大得多,但在本段中只提及最重要的风险。显然,污染责任也必须覆盖在保险范围内,需要强调的是,对石油污染而言,最高保额为10亿美元。除了防范这些风险外,还可以购买发货前船员保险以及扩展船员保险。

12.4.1.3 法律方面

建议船东根据协会规则针对货运滞期和滞期保护进行投保。通过投保,船东得以避免因其索赔由其船舶运营造成的未付运费、滞期费、常规法律费用以及其他法律费用及成本。

12.4.1.4　时间损失

在安全的保险方案中，船东还需要购买保险以避免租金损失。在船体险保险范围内或在战争情形下，此类保险可提供每日赔偿。就时间损失保险而言，船东可能同样倾向于投保罢工险，因为罢工险可弥补因罢工、触地与搁浅、疾病、伤害或死亡、毒品、污染、弃船、授权行为、当局行动、乘船偷渡、检疫、机械、损坏、海盗和绑架事件而带来的每日的损失（营运收入）。实际上，重要的是区分“正常”租金损失及额外租金损失。“正常”船舶租金损失可保护船东免受由于船舶物理损坏、战争期间的租金损失而导致的每日收入损失。额外租金损失是因对非物理损坏的船舶延误/滞留造成的收入损失而造成的。在后一种情况下，收入损失可能来自保赔事件，如污染物泄漏导致第三方财产损失或因船舶被捕货物纠纷。

12.4.1.5　杂项

市场规定了许多非传统风险的商定限额，如绑架和赎金保险、赎金支付、赎金运送损失、回应顾问费用、附加费用、法律责任和抵押权益/额外危险及违先风险（基本上属于信用保险，旨在为承运人的财务破产提供保障；应该指出的是，由于2007—2008年期间的国际金融危机，这一保险已经大幅缩减）。此处应指出特殊保险类别，其中可能包括附加船员险、船员管理人保险，尤其是船东责任险，其可覆盖到保赔协会（P&I clubs）排除在外的风险，即SOL以及船厂的深层次风险如因海盗行为造成的可每日赔偿的租金损失。在此类别中，也有燃油保险；此保险很重要，因为燃油非常昂贵。事实上，燃油保险属于货物保险。大多数时候，被保险人（定期承租人）会根据其全球货物保险政策投保的时间来购买燃油。

12.4.1.6　强制保险

船东必须考虑到，对于某些类型的风险，由于一些国际条约，购买保险[28]

已成为其义务。另外，如果船东想在欧盟境内进行船舶登记或者交易，船东必须知道2009年的强制保险指令[29]。对于所有可能援引用1976年版的《海事索赔责任限制》（LLMC）以及其更新版本的责任限制条款的海事索赔，欧盟对总吨位在300吨以上的船舶实行强制性保险；除非投保适当的保险，否则该船舶不允许在欧洲境内进行交易。

12.4.2 购买保险：船东或未来船东可以在哪里购买保险以便保障船舶的安全成功运营？

船东必须意识到保险市场分散，各种保险产品和政策可轻而易举找到；经验丰富、可靠的海运保险经纪人的协助将至关重要。伦敦保险市场在伦敦劳埃德和国际保险商协会（American Association of Underwriters）的传统成员公司中发挥着重要作用。领先的船东保赔协会（或互助协会）总部位于伦敦、斯堪的纳维亚（挪威和瑞典）、加尔、斯库尔德和瑞典俱乐部、日本和美国。对于船体保险而言，保险市场主要由巴黎（4.1%）、荷兰（4%）、意大利（3.5%）、拉丁美洲（8.2%）、日本（8.3%）、英国（劳合社）（16%）和北欧国家（挪威、瑞典、芬兰、丹麦）（10.9%）分享。挪威海上保险计划已经过修订和更新，现被称为2013北欧计划。苏黎世因其再保险政策而闻名，但并非仅限于再保险政策。

12.4.3 谁能承保这些风险？

伦敦劳合社[30]并不是保险公司，而是保险市场，即几家海上保险公司通过由活跃承保人代表的各种“辛迪加”提供业务。这些辛迪加是个体集团，被称为“大牌”，针对某些特殊风险他们可提供综合政策/保险。如果想要向劳埃德投保，那么还需要依靠劳合社的海运保险经纪人。海事保险经纪人的法律地位在英国《海上保险法》（1906）第53、54条中有所规定。此类经纪人将与合适的集团联系处理船体险等特定风险。除劳埃德外，也可以由传统的保险公司[31]承保。传统的保险公司承保的风险较大。海运保险经纪人有义务选择可靠的有偿付能力的保险公司进行投保。根据偿付能力二号指令[32]，欧洲当局非常关注在欧盟境内开展业务的各类保险公司的财务状况或偿付能力，此指令规定了保险公司必须满足的财务比率，与“巴塞尔协议II”指令强制银行机构遵守的财务比率一致。

船东的经营责任通常由“互助”或保障与赔偿互助协会承保，简称船东保赔协会[33]。这些协会是海上保险业的特色。虽然他们声称是第一档次的“赔偿”保险人，但事实上，他们根据规则手册或每个船东保赔协会都将会向其会员“协会规则”，为船东在约定的系列操作风险基础上的运营责任提供保险。互助险确实是协会成员之间相互关系的基础；也就是说，所有被保险人（船东）同时也是保险人。这个特色当然不能被看作是传统海上保险的一种形式，但它却是可覆盖到船东许多运营风险的特殊方式。

保赔保险起源于英国，但现在许多海洋国家才是一些领先的船东保赔协会的所在地，如斯堪的纳维亚、美国、日本、中国和韩国。大多数领先的船东保赔协会都是国际保赔协会集团（IGA）的正式会员，还有例外情况值得注意，例如中国和韩国的船东保赔协会就不在此列。

保赔协会不会出台保险政策，入境证明和保险条件均在“协会规则”中有所规定。此外，支付的不是“保费”，而是“指令金”，其实就是某会员针对其他保赔协会成员提出的索赔必须支付的预期金额。

二十年前，一些传统的船东保赔协会（非 IGA 成员）也推出了一种新颖的产品，即在“固定保费”的基础上提供了保赔保护，但实际上这种产品已经偏离了传统的互助原则。固定保费协会并没有那么成功，也不是很受欢迎。据说这些协会特别适用于小型船舶或小型舰队运营商。相反，传统的船东保赔协会提供了非常成功的固定保费保险，可涵盖承租人的运营责任。船东必须得充分意识到，船东保赔协会不满意成员离开太快，因为他们想防止“成员跳到其他协会”。

成员离开协会需要遵守特殊规则：必须支付所谓的“离开指令金”（或离开款）；此外，新协会至少需要在第一年收取与第一年“指令金”相同数额的金额。有人可能想问这种做法是不是对自由竞争的严重限制，因为离开协会并非容易。2014 年版的英格兰西部协会规则的第 45B 条规定了 9 个小节，解答了会员离开的后果：

如果会员因任何原因不再对被保险船舶投保，管理人员可根据委员会不时确定的离开方案，在该船舶的保险终止后的任何时间计算（并须根据会员的要求计算）协会所需向该会员收取的其他保险金额以及该会员应付协会的所有其他款项，并通知该会员。

离开指令金可能相当于追加一年的指令金；因此，离开协会需要好好考虑，因为这可能会使保险会员付出不小的代价。

欧盟非常重视自由竞争的规则应得到尊重。船东保赔协会或IGA的这种做法已经引起了欧盟的关注，且当时欧盟与IGA进行了一系列持久的讨论，对此问题还进行了认真审查，[34]尽管欧盟会继续关注船东保赔协会的做法，但以作为最近的考察说明[35]此问题还是最终以妥协结束。

12.4.4 保险费用：船东也要解决“保险费用是多少”的问题

海上保险在很大程度上是“市场驱动型”且存有很大的合同自由空间。因此在许多情况下，船东支付的费用是自由谈判和自由竞争的结果。建议新船东在开展其海上保险业务前，至少要向两到三个船东保赔协会递交标书。

同时建议船东根据其海运保险经纪人及船舶保险行业的其他专家顾问的意见，预算出其所需的所有保险金额。

例如，液化石油气船的海上保险成本占其全年运营成本的比例可达8%；对于其他船舶，该比例升至12%都为正常。详细分析的统计数据由德鲁里顾问提供，这些顾问还提供了每天以不同吨位计算的总安全保险套餐需要多少成本的信息。

12.4.5 海上保险的特性

假设保险政策是基于英国法律，则应注意英国海上保险合同中的契约自由一般原则：保险公司应适用《海上保险法》[36]第1节规定，按照保险合同约定的范围及程度来赔偿被保险人损失。因此，适当的保险主要是合同问题。

关于船体保险，船东须得寻求一些“特定”风险的保护措施。一个好的经纪人有义务确保在保单中正确列出和描述所有此类风险。传统的船体保险不是“一切风险”条款，而是此类风险必须具体命名才能被覆盖至保险范围内。

特殊保险条件项下的“保证”条款，无论是明示还是暗示形式[37]，船东均须谨慎对待。这些特殊条件需被保险人严格遵守，否则被保险人会自动丧失保险利益的危险，具体见“The Good Luck”案[38]。

在这方面，值得注意的是，对于保证的适用，英国法律并不要求有“因果关系”这一因素。被保险人如果不严格遵守保证条款，即便该等不遵守与所要求的损害赔偿没有因果关系，被保险人也会丧失保险利益[39]。

英国法在引用因果关系问题时十分奇怪，只有已载明的承保危险“近似”造成的损害才会被承保。换句话说，这体现出法律准则的近因原则[40]，即，如损害不是由被保的风险直接造成的，即便是被保的风险确实导致了此损害，被保险人也不会就此获得赔偿。最后，必须考虑对海上保险的最大诚意的特殊要求。

根据《海上保险法》（1906）第 17 节的规定，诚意要求也需要得到遵守；否则会导致被保险人丧失保险利益。在英国法中，海上保险合同据称是“最大诚信”合同，很多案例及书籍都是根据这点作出。要点是，诚信要求具有双重意义：被保险人有义务全面披露其要投保风险及利益，不得错误陈述这些风险。[41，42]

但是，不应低估 2015 年 8 月颁布的、2016 年 8 月生效的《保险法》所引起的变化。新法案区分了消费者和非消费者保险合同。

这项新的法令对《海上保险法》（1906）中的一些重要问题作了较大修改，如全面披露义务、违反公平陈述和欺诈索赔所作的保证和相应的补救措施。《海上保险法》（1906）第 17 条因新法放弃了对诚信义务的撤销制裁而发生了实质性变动，原第 18 条规定的全面披露义务已被替代为向保险公司承诺公正陈述风险的义务。第 3 节规定了被保险人负有向保险公司公正陈述风险的义务。实际上，被保险人必须披露：（1）被保险人知道或应该知道的主要事项；或（2）未披露（1）事项的，需向保险人披露更多有效信息以便谨慎的保险公司知悉其需要进一步调查。

第 4 节对被保险人知道或应该知道的内容作出了规定；第 5 节对保险公司的知识标准作出了规定。

因此，在合同谈判中，保险公司可以发挥更积极的作用。至于对担保措施的修改则更为激进。实际上，第 10 节废除了“任何违反保证（明示或暗示）的法律条款……导致自动解除保险人责任”。因此，“The Good Luck”案项下的自动终止即告结束，见注释38。第11节规定，如果被保险人未能遵守倾向于降低风险的条款，在违约行为未增加风险的情况下，保险公司可能不会根据这种违约行为进行赔付。

2015年版《保险法》还解决了“欺诈性索赔”问题。根据合同违约行为的严重程度，即是否故意违约，该法规定了分阶段的制裁制度（相应的补救措施）。

12.5 结 论

对船东来说，海上保险是非常特别也可能是非常棘手的问题。未来新船东在投保之前，应寻求经验丰富的海上保险公司、海事法律顾问以及经验丰富的海事律师的帮助，他们可以在保单措辞和被保险人义务的确切含义方面帮助到船东，以便避免风险。船东也应明确考虑到2015年颁布的、2016年8月生效的新保险法所带来的新变化。

注释

1. 示例参见《标准新造船合同》第31条。
2. 示例参见《标准新造船合同》第38(a)(ii)条。
3. 指《船舶建造一切险条款》(2007年版)第56.4条。
4. 此外，在美国，造船商的风险通常由American Institute Builders的风险条款承保。有关造船厂风险保险方面的全面讨论，请参阅Baris Soyer，《造船厂风险承保演变性质》，载于B. Soyer和Andrew Tettenborn（电子版）第6章：《船舶制造、销售与财务》(Informa，2015)，第80页。
5. 《协会船舶建造风险保险》(1988年版）第一节以及《船舶建造一切险条款》(2007年版）第9.1条及第56.18条。
6. 示例参见Hopewell Project Management v. Embank Preece Ltd. [1988] 1劳埃德代表案例448。
7. 《协会船舶建造风险保险》(1988年版）第5.1条、第12条以及《船舶建造一切险条款》(2007年版）第2.1条及第2.8条。
8. 《协会船舶建造风险保险》(1988年版）第5.2条（未能发布)、第13条（共同海损及海上救助)、第 17 条(碰撞)、第 20 条(劳工及纠纷)以及《船舶建造一切险条款》(2007 年版)第 33 条(未能发布)、第 4 条(共同海损及海上救助)、第 6 条(碰撞)以及第 25 条(劳工及纠纷)。

9.《协会船舶建造风险保险》(1988 年版)第 19 条以及《船舶建造一切险条款》(2007 年版)第 7 条。

10.《协会船舶建造风险保险》(1988 年版)第 21—24 条。

11.《协会船舶建造风险保险》(1988 年版)、《协会船建险战争罢工险》(1/6/88)、《协会罢工险》(1/6/88)。另见《标准新造船合同》第 38(a)(ii)对造船厂施加不增加买方成本的义务、造船厂风险保险项下对船舶及买方供应品的风险保险条款不低于《船舶建造一切险条款》、《协会船建险战争罢工险》(1/6/88)、《协会罢工险》。

12. 除非属于被排除的风险范围,否则将涵盖战争和罢工风险。《船舶建造一切险条款》(2007 年版)第 16—24 条。

13.《协会船舶建造风险保险》(1988 年版)第 5.1 条和第 8 条,以及《船舶建造一切险条款》(2007 年版)第 3 条和第 57 条。

14.《海上保险法》(1906 年版)第 50(1)条。

15.《海上保险法》(1906 年版)第 17—20、33(3)以及 55 条。

16. 示例参见大陆伊利诺伊州国家银行诉联盟保证有限公司(The Captain Panagos DP 案)[1986] 2 劳埃德代表案例 470。

17.《海上保险法》(1906 年版)第 50(2)条。另见 Bovis International Inc.诉 The Circle Ltd. Partnership(1995)49 Con. L.R. 12—22(Staughton L. J.)。

18. 保证船舶的责任通常是根据契约强加给船东/抵押人的。

19. 示例参见 Schiffshypothekenbank Zu Luebeck A.G.诉 Norman Philip Compton(The "Alexion Hope")[1988] 1 劳埃德代表案例 311(CA)。

20.《协会船舶抵押权人利益保险条款》(1977 年版)可以通过《国际船体抵押贷款人利益条款》11/5/04 进行补充。

21.《协会船舶抵押权人利益保险条款》(1977 年版)叙述部分和第 4.3.22 条。

22.《协会船舶抵押权人利益保险条款》(1977 年版)第 1.2.1 条。

23.《协会船舶抵押权人利益保险条款》(1977 年版)第 1.1 条和 3.1 条。

24. 抵押权人还可以购买单独保险来覆盖抵押人无法偿还贷款的风险(抵押权人的财务损失保险)。这种保险单涵盖的是金融利益而非船体利益,因此不属于本章的讨论范围。

25. 抵押权人附加险(污染)条款 489 第 1 条和第 2 条。

26. 抵押权人附加险(污染)条款 489 第 4 条和第 5 条。

27. 有关这些术语的定义,请参阅 RH Brown 的《海上保险条款词典》(第 4 版,Whiterby & C° Ltd,伦敦)和 Lloyd's Glossary,可在伦敦劳合社网站上找到(http://www.lloyds.com/common/help/glossary)。

28. 许多海运和运输公约提供强制保险:1969 年《国际油污损害民事责任公约》

(CLC)；2001 年《燃油污染损害民事责任国际公约》(BUNKER)；2010 年《关于海上运输危险和有毒物质损害的责任和赔偿国际公约》(2010 年 HNS 公约)；《关于海上旅客及其行李运输的雅典公约》(PAL 公约，2002 年)；以及 2007 年《内罗毕废除残骸国际公约》。

29. 欧洲议会和理事会于 2009 年 4 月 23 日做出的关于海事赔偿船东保险的指令(“2009/20/EC，保险指令”)。
30. 有关劳埃德的更多信息，请参阅 http://www.lloyds.com/。
31. 进一步了解可参阅 http://www.iua.co.uk/。
32. 欧洲议会和理事会于 2009 年 11 月 25 日做出的关于承担和追求保险和再保险业务(偿付能力指令 II)的指令(2009/138/EC)，以及 2014 年 10 月 10 日委员会授权条例(EU)补充欧洲议会和理事会关于承担和追求保险和再保险业务(偿付能力指令 II)的指令(2009/138/EC，将于 2016 年生效)。
33. 示例参见 http://www.igpandi.org/。
34. 1999 年 4 月 12 日委员会决定，涉及根据“欧共体条约”第 85、86 条以及“欧洲经济区协定”第 53、54 条进行的程序(No IV/D-1/30.373 船东保赔协会法案，IGA 和 No IV/D-1/37.143 船东保赔协会，集体协议)，欧洲共同体的官方期刊 L125/12 of 19. 05. 1999。
35. 新闻稿欧洲 2010 年 8 月 26 日；欧洲委员会的一项调查于 2012 年 8 月 1 日未经进一步起诉而结束，“市场调查无法确定委员会最初的担忧”。新闻稿全文可在以下网站获取 http://europa.eu/rapid/press-release_IP-12-873_en.htm?locale=FR。
36.《海上保险法》(1906) 第 1 节。
37.《海上保险法》(1906) 第 33—41 节。
38. 新斯科舍银行诉希腊共同战争风险协会(百慕大)有限公司(The Good Luck)，[1991] 2 劳埃德代表案例 191(HL)。但请注意，2015 年保险法已废除此规则，请参阅下面的评论。
39.《海上保险法》(1906) 第 133(3) 节。
40.《海上保险法》(1906) 第 55(1) 节。
41.《海上保险法》(1906) 第 18—20 节。
42. 2015 年《保险法》于 2016 年 8 月生效。这项新法规在很大程度上改变了《海上保险法》(1906) 的一些重要问题，如全面披露义务、保证以及违反公平陈述和欺诈性索赔的相应补救措施。《海上保险法》(1906) 的第 17 条因新法放弃了对诚信义务的撤销制裁而发生了实质性变动，原第 18 条规定的全面披露义务已被替代为向保险公司承诺公正陈述风险的义务。保险公司必须在合同谈判中发挥更积极的作用。

参考书目

Bowtle, Gr. and McGuinness, K. (2001) The Law of Ship Mortgages, Informa,

(particularly Chapter 5)

Brown, R. H. Dictionary of Marine Insurance Terms, 4th Edition, Whitherby & Co Ltd, London Geoffrey Hudson, N., Madge, T. and Sturges, K. (2012) Marine Insurance Clauses, Informa.

Hazelwood, S. J. and Semark, D., P. & I Clubs Law and Practice, 4th Edition, Informa.

Merkin, R. (2005) Marine Insurance Legislation, 3rd Edition, LLP.

Soyer, B. (2008) Reforming Marine and Commercial Insurance Law (eds), Informa.

Soyer, B. & Tettenborn, A. (2015), Ship *Building, Sales and Finance* (eds), Informa.

Soyer, B., Warranties in Marine Insurance, 2nd Edition, Routeledge.

Thomas, D. R. (2006), Marine Insurance: The Law in Transition, Informa.

参考文献

Blackwood, G. (2013), The Pre-contractual Duty of (Utmost) Good Faith: The Past and the Future, Lloyd's Maritime and Commercial Law Quarterly, 311.

Century Primer on the History, Structure and Future of the Backbone of Marine Insurance, Tulane Maritime Law Journal, 169.

Gold, E.Gard Handbook on P&I Insurance, 5th Edition.

Herschaft, J. A. (2005), Not Your Average Coffee Shop: Lloyd's of London—A Twenty-First Century Primer on the History, Structure and Future of the Backbone of Marine Insurance, Tulane Maritime Law Journal, 169.

Hertzell, D. and Burgoyne, L. (2013), The Law Commission and Insurance Contract Law, Reform: An Update, Journal of International Maritime Law 19.

Lemon II, R. T. (2007), Allocation of Marine Risks: An Overview of the Marine Insurance Package, Tulane Law Review, 1467.

MacDonald Eggers, P. (1998), Sue and Labour and Beyond: The Assured's Duty of Mitigation, Lloyd's Maritime and Commercial Law Quarterly, 228.

MacDonald Eggers, P. (2012), The Past and Future of English Insurance Law: Good faith and Warranties, UCL Journal of Law and Jurisprudence, 211.

Martin, S. (2003), Marine Protection and Indemnity Insurance Conduct, Intent, and Punitive Damages, Tulane Maritime Law Journal, 45.

Passman, M. H. (2009), Interpreting Sea Piracy Clauses in Marine Insurance Contracts, Journal of Maritime Law and Commerce, 59.

Pfeifer, R. M. (2004—2005), Navigating Through the Shoals of the Marine Hull Policy: A Chart for Insurers, University of San Francisco Maritime Law Journal, 89.

Røsæg, E. (2000), Compulsory Maritime Insurance, Scandinavian Institute of Maritime Law Yearbook, 13.

Schoenbaum, T. J. (1998), The Duty of Utmost Good Faith in Marine Insurance Law: A Comparative Analysis of American and English Law, Journal of Maritime Law and Commerce, 1.

Soady, R. (2013), A Critical Analysis of Piracy, Hijacking, Ransom Payments and Whether Modern London Insurance Market Clauses Provide Sufficient Protection, Journal of Maritime Law and Commerce, 1.

Soyer, B. (2012), Defenses Available to a Marine Insurer, Lloyd's Maritime and Commercial Law Quarterly, 199.

Soyer, B. (2013), Beginning of a New Era for Insurance Warranties, Lloyd's Maritime and Commercial Law Quarterly, 384.

Soyer, B. (2015), Evolving Nature of Builders' Risk Cover, Published in B. Soyer & Andrew Tettenborn (eds), Ship Building, Sales and Finance, Informa.

第十三章

海运投资评估与预算

沃尔夫冈·卓贝兹（Wolfgang Drobetz）

斯蒂芬·阿尔贝提度（Stefan Albertijn）

马克斯·约翰斯（Max Johns）

13.1 简 介

航运业一直都不稳定，与商业周期紧密相连。然而，2008 年开始的全球金融和经济危机是史无前例的。直到 2008 年年中，航运业收入都紧跟繁荣的全球贸易而动，克拉克森海运运价指数在 2007 年年底达到顶峰。随着 2008 年金融危机的加深，截至 2009 年 4 月，克拉克森海运运价指数几乎下跌了 85%。船舶市场价格随运价的下跌而下跌，同一时期，克拉克森二手船价格指数下跌了 40%左右。自此，运价和船舶价格一直处于低位，远低于危机前水平。

投资中繁荣—萧条周期在经济学领域被广泛研究。1982 年，基德兰德和普雷斯科特（Kydland，Prescott）指出，在投资计划与其回报之间有滞后时，繁荣—萧条周期会更加明显。航运业是个典型的例子。供给在短期内基本固定，新船的订船与交船之间，公司要面临 12 至 36 个月的大幅滞后，不确定的海运需求在该期间可能会发生变化。卡劳普斯蒂（Kalouptsidi）在 2014 年提出的干散货航运"建造时间"模型预测，船舶的动态进入和退出与因船厂造船能力有限带来的造船滞后的周期性变化相结合，实质性地影响了投资水平。格林伍德（Greenwood）和汉森（Hanson）在 2015 年研究繁荣—萧条周期与干散货市场资本回报之间的关系，脉络相似。危机前的船舶高盈利与二手船的高价格和对新船的大量投资相关，也与预见到的行业未来的低回报相关。他们理论模型的基础是行为偏差和市场参与者的有限理性。尤其是，航运公司过度推测外生需求冲击和部分忽视竞争对手的投资反应，也就是他们低估业界同行面对需求冲击的投资反应（“竞争性忽视”）。因此，航运公司支付的购船价格过高，因未能预见内生供给对需求冲击的反应在繁荣时过分投资，并对随后的低回报不满。

总结2008全球金融危机和航运危机的经验来看，海事投资评估和资本预算编制是一个困难的任务。在“规范的”和有效的市场（市场上有很多意愿买家和卖家以及可用信用），船舶价格是指一个知识丰富的、独立的买方为了购买一艘船舶而愿意向一个在信息和交易自由方面平等的卖方支付的价款。因此，在过去，船舶价格通常源于可比较交易的价格（也被称作“市场法”，或者是“市价调整”法）。然而，关于价格和基本或本质价值是否一致的问题，尤其是在高波动性和高不确定性的危机期间和非流动市场上，在金融理论领域的争论旷日持久。船舶基本（实质）价值是基于权益和债务投资者都能预测的未来财务效益。“收益法”或折现现金流（DCF）估值法是学术信誉最高的评估方式。

折现现金流估值法中，船舶基本价值是指其预测的现金流的现值，以能反映出风险的折现率进行折算。第一，该估值方式需要一个能够预测未来现金流的模型。第二，合适的折现率应源自标准资产的定价模型。因此，折现现金流估值法也常被称为“模型调整”法。可以说，从折现现金流估值法中获得的基本价值是基于长期视角的，这至少在一定程度上弥补了短期市场的缺陷。折现现金流估值法常被用于公司估值（例如：企业兼并和收购交易）和很多长期资产估值（例如不动产、飞机和发电厂）。在航运业，市场法依旧是占支配地位的估值方法。[1]然而，金融危机催生了船东和金融机构的探讨，表达了对商船市场价格与基本价值分歧的担心。结果是以估算的未来盈利为基础的估值方式引起了注意，该估值方式现在已被广泛运用在航运业。[2]

理解船舶价值的决定因素和如何进行估价，是航运业中做出提升价值决策的先决条件。举例来说，船东依赖船舶估值做会计计划（例如减值测试）、融资（例如何时在资本市场发债或者筹集额外股本）以及实现控制。船舶的买卖双方也是依赖船舶估值做投资或撤资决策。同样，船舶经纪人也依赖船舶估值向其客户提供购买交易建议。为航运业服务的银行需要价值评估做贷款申请和借款人合规判断并补充现存贷款协议。资产评估也可从资本充足率标准和贷款损失准备两方面确定银行的合规（阿伯丁等，2011）。第三，在法庭拍卖和一系列法律纠纷中船舶估值被用作保留价格，保险代理人也需要船舶估值用于确定保险额度。

本章介绍了船舶估值的基本原则。首先介绍了市场法，接着举例说明了一种折现金流估值法，即长期资产价值（LTAV）方法。然后，讨论了船舶市场价格等同于基本价值的必要条件。最后，用一个相对应的制造企业为样本，比较了航运上市公司的估值水平和其他常用财务比率。

13.2 市场法

船舶市场价格取决于当交易价格作为结算价格被有意愿的和掌握信息的买卖双方接受时的拍卖价格。市场法（或者“相对估值法”）是目前航运业最常用的估值方式，以市场中类似船舶的价格为基础。特别是，潜在买方会通过分析之前交易的成交价格用以决定其购买类似船舶的价格。市场法包含三个步骤。第一，买方必须确定能决定可比较性和价值的系列因素。第二，买方必须搜集到足够多的可比较交易（参考交易）样本，需包含最相近的和最近发生的交易。因此，市场法也被称作“市价调整”或“最后完成法”。第三，计算出的投资船舶的估算价格是一系列可比较交易的平均或中位数价格。

识别可比较的船舶首要匹配标准是船型。例如，如果目标是确定一艘好望角型散货船的价格，可比较的交易应当包含相同船型的船舶最近的售价。其他船型，如巴拿马散货船或甚至是来自服务航线、运输货物、技术和收入结构不同的细分市场上的船舶（例如邮轮或集装箱船）。在给定船型的情况下，阿德兰德（Adland）和科克贝克（Koekebakker）在2007年发现了二手船交易价格是一个非线性函数，该函数包含船龄、尺寸（以载重吨计）和货运市场三个因素。船龄确定船舶剩余使用的年限，因此与船舶价格是负相关的。技术更先进的新船，燃油效率更高，产生运营成本更低（例如较低的修理和维护费用）。比较起来，大型船因可运输更多的货物，与船舶价格之间是正相关关系。此外，船舶价格会随着运价的提高而升高；因为运价是船舶可产生的现金流，因此运费市场的状态与船舶价格之间有着强烈的正相关关系。[3]

另一个重要的价格决定因素是交易日期。可以说，最近的交易价格比旧的交易价格更具相关性。举例来说，最近的购买价格可能反映出的是该船的一种新用途，或者新的行业环境。最后，影响船舶价格的其他因素还包括：主机的型号、与信誉良好的交易对方达成的定期租约、装载设备（桅杆起重机）、船厂（原始建造者）以及地理位置（船舶被出售时所处的位置）。

为了说明可比较交易的识别方法，假设有一个投资者想估算“蓝色玛纳斯鲁号”（*Blue Manaslu*）在 2014 年 7 月份的价格。“蓝色玛纳斯鲁号”是一艘年轻的好望角型散货船，船龄 3 年，运输能力为 179 280 载重吨。表 13.1 总结出一个列表，该列表包含可用于相对估值的 2012 年 3 月至 2014 年 5 月期间好望角型散货船的售价。表格提供了出售船舶的船龄和尺寸信息。另外，表格还列出了交易时的运费市场的状态。[4]过去一年的波罗的海好望角型船运价指数的月平均值常被作为市场环境的替代，反映着干散货船航运市场的供求力量。该分析法遗漏了其他因素，比如该船的整体状况、主机型号、燃油价格、钢材价格（决定残余价值）以及信贷市场环境（影响着银行愿意贷出购买价格的多少比例）。

表 13.1　好望角型船的销售情况

出售日期	船　　名	售价（百万美元）	建造年份	出售时的船龄（年）	载重吨（千）	波罗的海好望角型船运价指数
2014.6	*Blue Manaslu*	52.00	2011	3	179.28	2 451
2014.5	*Cape Oceania*	10.40	1994	20	152.03	2 423
2014.5	*F.D. Luigi d'Amato*	40.00	2006	8	180.18	2 423
2014.4	*Elegant star*	41.00	2005	9	177.22	2 364
2014.4	*A Duckling*	20.80	1999	15	171.20	2 364
2014.4	*Lian Fu Star*	18.50	1997	17	172.09	2 364
2014.4	*Shagangfirst Era*	54.50	2010	4	181.45	2 364
2014.4	*Bulk China*	55.00	2013	1	179.11	2 364
2014.3	*Conches*	53.50	2011	3	179.08	2 239
2014.1	*Sanko Power*	49.40	2010	4	181.20	2 142
2013.12	*Pacific Challenger*	12.00	1995	18	149.21	1 945
2013.12	*Glory Advance*	10.00	1996	17	171.04	1 945

（续表）

出售日期	船　　名	售价（百万美元）	建造年份	出售时的船龄（年）	载重吨（千）	波罗的海好望角型船运价指数
2013.12	*Houheng 3*	50.00	2012	1	179.90	1 945
2013.12	*Cape Provence*	34.00	2005	8	177.02	1 945
2013.11	*Pacific Crystal*	16.00	1994	19	264.16	1 931
2013.10	*Shiga*	28.00	2006	7	176.99	1 809
2013.10	*Grand Clipper*	15.50	1996	17	168.15	1 809
2013.10	*Atlantic Bridge*	27.50	2005	8	177.11	1 809
2013.10	*Su-oh*	16.50	1997	16	171.08	1 809
2013.10	*Cape Condor*	24.00	2004	9	180.18	1 809
2013.10	*Yangtze Marvel*	17.00	1999	14	170.97	1 809
2013.9	*Chrismir*	13.50	1997	16	159.83	1 634
2013.9	*Tai Fu Star*	16.30	1998	15	178.63	1 634
2013.8	*Bulk Canada*	41.20	2012	1	179.40	1 559
2013.8	*Lilac*	36.00	2009	4	179.64	1 559
2013.8	*CSK Enterprise*	11.00	1997	16	168.40	1 559
2013.8	*NSS Bonanza*	12.30	1996	17	170.91	1 559
2013.8	*Cape Shanghai*	28.00	2007	6	174.11	1 559
2013.6	*Mona River*	16.30	2000	13	171.01	1 468
2013.6	*Atlantic Princess*	20.20	2003	10	180.20	1 468
2013.6	*Mineral Sines*	20.00	2002	11	172.32	1 468
2013.6	*Star Fortune*	15.30	1999	14	170.97	1 468
2013.5	*F Elephant*	16.16	1989	24	275.98	1 487
2013.5	*Mona Century*	16.00	2000	13	172.04	1 487
2013.5	*Magnolia*	34.00	2009	4	179.64	1 487
2013.5	*Hai Shi*	12.80	1997	16	172.09	1 487
2013.4	*Seakoh*	16.25	2000	13	172.25	1 511
2013.4	*Pacific Tiara*	25.25	2004	9	180.31	1 511
2013.4	*Brilliant River*	9.00	1994	19	154.25	1 511
2013.4	*Tamou*	27.00	2005	8	177.24	1 511
2013.2	*Cape Awoba*	12.00	1996	17	171.98	1 528
2013.2	*Sri Prem Putli*	44.40	1993	20	280.54	1 528

（续表）

出售日期	船　　名	售价（百万美元）	建造年份	出售时的船龄(年)	载重吨（千）	波罗的海好望角型船运价指数
2013.2	*Dong-A Saturn*	7.50	1994	19	149.40	1 528
2013.1	*Crystal Star*	11.80	1998	15	178.63	1 571
2012.12	*Vogebulker*	10.15	1999	13	169.17	1 733
2012.12	*Bulk Asia*	19.00	2001	11	170.58	1 733
2012.12	*Bulk Europe*	19.00	2001	11	169.77	1 733
2012.11	*Cape Australia*	7.00	1990	22	149.51	1 796
2012.11	*Cape Camellia*	17.50	2000	12	172.50	1 796
2012.11	*Aquabella*	11.00	1995	17	161.01	1 796
2012.11	*Great Pheasant*	17.50	2000	12	178.82	1 796
2012.11	*Amy N*	25.00	1997	15	322.46	1 796
2012.10	*Matilde*	12.00	1997	15	160.01	1 908
2012.10	*Rubin Ace*	10.00	1996	16	151.28	1 908
2012.10	*NSS Advance*	10.00	1995	17	173.25	1 908
2012.9	*Azul Frontier*	21.40	2003	9	177.25	2 051
2012.9	*Gry Bulker*	35.00	2009	3	174.79	2 051
2012.9	*Hebei Winner*	12.00	1993	19	258.08	2 051
2012.9	*Rubin Hope*	15.60	1999	13	170.41	2 051
2012.9	*General*	12.00	1992	20	238.82	2 051
2012.9	*Orient Vega*	36.70	2011	1	181.43	2 051
2012.9	*Orchid River*	12.90	1997	15	170.90	2 051
2012.8	*Dong-A Ares*	8.00	1994	18	151.44	2 123
2012.8	*Chikuzen Maru*	9.00	1993	19	150.84	2 123
2012.8	*China Act*	6.65	1995	17	151.69	2 123
2012.7	*Baosteel Education*	45.00	2009	3	228.53	2 175
2012.7	*Christina Bulker*	38.00	2011	1	179.43	2 175
2012.6	*Road Runner*	9.55	1993	19	147.05	2 227
2012.5	*Cape America*	9.00	1991	21	149.52	2 228
2012.4	*Regena N*	33.00	2006	6	180.28	2 237
2012.3	*Vogesailor*	11.60	1996	16	164.19	2 253

过去一年月平均值。

资料来源：所有的数据均来自克拉克森航运情报网（SIN）数据库。

"蓝色玛纳斯鲁号"有很多近似的匹配项。最近的交易船舶是"康切斯号",以5 350万美元的价格出售,这两艘船舶的船龄和尺寸相同。"康切斯号"的出售仅发生在3个月之前(2014年3月),它看起来是个完美的可比较交易。另一个可比较交易是"沙岗第一时代号",该船尺寸稍微大了一点,出售时的船龄仅多了一年,以5 450万美元的价格成交。其他两个可比较的船舶,"紫丁香号"和"玉兰号"(尺寸类似,出售时的船龄比"蓝色玛纳斯鲁号"多一年)分别以3 600万美元和3 400万美元的价格出售。因为出售时的租船费率较低,这些交易价格偏低很多。特别是,过去一年的波罗的海好望角型船运价指数的月平均值在2014年4月份是2 364点,在"紫丁香号"和"玉兰号"出售日期2013年8月和2013年5月分别为1 559点和更低的1 487点。

除了"康切斯号",样本中仅有两艘船舶与"蓝色玛纳斯鲁号"在出售时的船龄相同;然而,这两次交易(出售"格里布尔克号"和"宝钢教育号")都是发生在2012年,当时的运价水平低于2014年7月,即我们的评估日期。而且,在一些交易中船舶尺寸和"蓝色玛纳斯鲁号"相似,但出售时的船龄要么小于要么大于"蓝色玛纳斯鲁号"(例如较近交易中Houheng 3号,"秃鹰角号"或"加拿大散运号")。虽然"康切斯号"看起来几乎完美匹配了"蓝色玛纳斯鲁号",但投资者显然不能仅依赖单一的可比较交易作为投资决策的基础。然而,在任一尺寸里没有其他完美的匹配交易。使用样本中的次优匹配项,可比较交易分析法得出的结果是一个低至3 400万美元("玉兰号")、高至5 450万美元("沙岗第一时代号")的价格区间。这样宽泛的价格区间在实践中的使用受限。基于所有提到的可比较交易,简单的平均价格为4 247万美元。

目前使用的估值方式的主要问题是仅允许单一变量不同。因此,正如例子所说,单变量类比可导致价格区间过宽。为了解释船舶价格和价格决定因素之间的多变量关系(也可能是非线性关系)和缩小价格区间,预测的交易价格可通过普通最小二乘法回归分析来实现。虽"蓝色玛纳斯鲁号"只有一个几乎完全一样的匹配项,但现在可以系统地使用表13.1提供的所有信息,使用下文中的多变量回归模型去确定船舶价格和定价因素之间的关系:[5]

$$TP_i = \alpha + \beta_1 \cdot Age_i + \beta_2 \cdot Size_i + \beta_3 \cdot Freight_i + \varepsilon_i \tag{13.1}$$

TP_i 指船舶 i 已支付的交易价格（运行指数 i 与表格 13.1 中 70 笔交易的每一笔相关），Age_i 指交易当下的船龄，$Size_i$ 指船舶尺寸（以千载重吨计），$Freight_i$ 指交易当下的过去一年的波罗的海好望角型船运价指数的月平均值（运费市场环境的替代品）。[6] α 是一个（常量）截距项，β_1、β_2、β_3 是灵敏度系数，ε_i 是一个误差项。使用普通最小二乘法（OLS）回归方法估算截距项和灵敏度系数，交易价格和定价因素之间的线性关系如下：[7]

$$TP_i = 5.862\,8 + (-1.797\,6) \cdot Age_i + 0.128\,0 \cdot Size_i + 0.008\,3 \cdot Freight \tag{13.2}$$

基于调整后的系数（拟合优度的标准测算），等式右边的变量说明样本的可变性在被观察的交易价格中（未报道过的）高达 80%。估算系数的特征正如预期一样：尺寸和运费市场状态对预测的交易价格产生正面影响，同时船龄的影响是负面的。假定这些估算系数，结合其基本特征（和过去一年的运价是 2 451 指数点），“蓝色玛纳斯鲁号”的预测价格是：

$$\begin{aligned} TP_{Blue\ Manaslu} &= 5.862\,8 + (-1.797\,6) \cdot 3 + 0.128\,0 \cdot 179.28 + 0.008\,3 \cdot 2\,451 \\ &= 4\,376 \text{ 万美元} \end{aligned} \tag{13.3}$$

该基准回归结果有两种完善方式。第一，因好望角型船的运价在样本期间尾端最高，时间上越接近的交易将包含越多的信息和可能显示出较高的价格（其他情况相同）。为了确定在样本期间的最近几个月是否有附加的价格效应，我们增加了一个虚拟变量 $I_{Recenti}$ 扩展了回归分析模型，如果一笔交易属于最近发生的 35 笔交易，且发生的时间是在 2013 年 5 月和 2014 年 5 月期间，则虚拟变量取 1，其他情况下虚拟变量为 0。第二，增加相互作用项（$I_{Recenti} \cdot Age_i$），该相互作用项允许船龄—价格关联关系在两个次周期内变化。增加虚拟变量和相互作项后，下文扩展后的回归分析模型可以被用于估算船舶价格：[8]

$$TP_i = \alpha + \beta_1 \cdot Age_i + \beta_2 \cdot Size_i + \beta_3 \cdot Freight_i + \beta_4 \cdot I_{Recenti} \cdot Age_i + \varepsilon_1 \tag{13.4}$$

使用普通最小二乘法（OLS）去估算无偏值系数 α 和 β，交易价格和定价因素之间的关系如下：

$$TP_i = -5.1174 + (-1.3412) \cdot Age_i + 0.1356 \cdot Size_i + 0.0090 \cdot Freight_i + 13.2657 \cdot I_{Recenti} + (-0.7137) \cdot I_{Recenti} \cdot Age_i \quad (13.5)$$

附加的变量包含增量信息和附加说明力（未报道过的），显示出回归分析法的拟合优度；调整后的系数增加至 86%，表明扩展后的模型能够很好地获取被观察的交易价格中样本的可变性。使用“蓝色玛纳斯鲁号”的基本特征，预测价格是：

$$\begin{aligned} TP_{Blue\ Manaslu} &= -5.1174 + (-1.3412) \cdot 3 + 0.1356 \cdot 179.28 + \\ &\quad 0.0090 \cdot 2451 + 13.2657 \cdot 1 + (-0.7137) \cdot 1 \cdot 3 \\ &= 4835 \text{ 万美元} \end{aligned} \quad (13.6)$$

变量船龄、尺寸和运费市场状态的估算系数在基准模型中是相似的，且它们的特征是不变的。象征近期交易的虚拟变量 $I_{Recenti}$ 的系数，是正相关的；因此，样本下半部分的交易价格中有 1 327 万美元的溢价，该溢价甚至是在控制了所有其他因素后。船龄的相互作用项 $I_{Recenti} \cdot Age_i$ 的系数是负相关，显示样本下半部分较近的交易中，旧船的价格折扣率较大。因“蓝色玛纳斯鲁号”是艘年轻的船舶，基于扩展后的回归分析模型估算的交易价格 *TP*，比基于基准模型估算的交易价格更高（4 835 万美元和 4 376 万美元）。

实际上，“蓝色玛纳斯鲁号”在 2014 年 6 月以 5 200 万美元的价格出售，因此，根据扩展后的回归分析模型估算的价格更接近船舶的实际交易价格。相对较小的估价误差可归因于模型较高的拟合优度。[9]因此，回归分析法看起来特别适合船舶的相对估值，使得相关定价因素中的大量和偶尔矛盾的数据有了意义。

市场法在简单的样本中能够精确运作，但仍有很多技术上的限制。最明显的是，可比较交易的样本相对较小，仅有 70 个观察数据。小样本中模型变量存在非对称性分布，一些大的异常值能够驱动结果。[10]而且，一个标准普通最小二乘法的假设，是指解释变量之间互相独立。举例来说，船舶尺寸在一段时间后因技术进步而增大，但船龄和船舶尺寸趋向于负相关。解释变量的高相关性引发“多重共线性”问题，给估算系数的精确性带来负面影响。

13.3 折现现金流方法

13.3.1 长期资产价值：理论

折现现金流（DCF）估值把资产价值和该项资产预测的未来现金流的现值联系在了一起。因此，折现现金流估值中的资产价值并非人们认知的价值，而是在未来某个时间发生的预测的现金流函数。船舶价值是将其自由现金流量（也即分布在权益和债务持有人税后和再投资需要后所有可用现金的总额）以加权平均资本成本进行折现获得。这种估值方式内含债务税收优惠（表现形式是税后资本成本中的负债成本），和与债务相关的预期附加金融风险（表现形式是伴随高杠杆的高权益成本和高债务成本）。这种被称作加权平均资本成本的方式在理论和估值实务中被广泛确认。[11]基于加权平均资本成本的长期资产价值对船舶进行估值的方式，由汉堡船舶经纪人协会（VHSS）与普华永道共同推广。[12]这种基本估值方式的理论起源在航运文献中可以追溯到卡伍萨诺斯和阿利扎德在2002发表的文章中。

尤其是，船舶的长期资产价值是通过将债务和权益持有人的自由现金流（FCF）以加权平均资本成本进行折现获得：

$$LTAV=\sum_{t=1}^{T}\frac{FCF_t}{(1+WACC)^t}=\sum_{t=1}^{T}\frac{(C_t-OPEX_t)}{(1+WACC)^t}+\frac{(RV_t)}{(1+WACC)^t}\quad(13.7)$$

未来时期 t 内的自由现金流（FCF_t），是由船舶预测的租船收入（C_t）减去预测的运营成本（$OPEX_t$）得到。另外，在船舶经济年限（T）到期时，还有一个残值（RV_t）。这种估值方式暗含了一个假设，即同时获得借款税收优惠和预期破产成本。[13]折现后现金流指该船舶的现金流，假定该船舶既没有债务也不能从利息费用中获得税收优惠进行计算。杠杆和税收相关的影响合并在加权平均资本成本，作为折现率。

因加权平均资本成本以分布在权益和债务持有人处的可用自由现金流为基础，预测的流量必须以不同资产来源（包括权益和债务）所要求的回报率的加权平均值进行折现。加权平均资本成本的标准表达式为：

$$WACC=\frac{D}{V}\cdot r_D\cdot(1-\tau_C)+\frac{E}{V}\cdot r_E \tag{13.8}$$

r_D 指债务成本，r_E 权益成本，τ_C 指现行公司税率。D 指债务市场价值，E 指权益市场价值，以及 $V=D+E$。因利息是免税的（与向股东支付的股息相反），加权平均资本成本使用的是债务税后成本，用 $r_D\cdot(1-\tau_C)$ 表示。债务比例增加，权益成本因金融风险的提高而增加（尤其是，权益持有人的剩余风险提高），但加权平均资本成本却下降。标准的教科书式理论说，这种下降并不是因为使用了“便宜”的债务代替“昂贵”股权，加权平均资本成本下降的原因是债务利息支付的“税盾”。

加权平均资本成本运用到航运业，通常无需考虑债务税收优惠，因为许多重要的航运国家实行吨位税制，税额与利润无关。在 $\tau_C=0$，不含公司税率的 $WACC$ 公式为：

$$WACC=\frac{D}{V}\cdot r_D+\frac{E}{V}\cdot r_E \tag{13.9}$$

债务和权益成本按债务和权益的相对比例进行计算，分别表示为 D/V 和 E/V。无税加权平均资本成本公式可说明不同财务杠杆系数的影响。常量加权平均资本成本只要在单独的项目或公司能承受的财务杠杆系数下可用于任何现金流模式，且保持不变。尽管杠杆会因债务的偿还而下降，典型的商船有着50%—70%的债务融资（危机前的资本充足率通常更高）。[14]然而，假定在有效的资本市场（不存在税收、信息不对称和代理问题），莫迪里阿尼（Modigliani）和米勒（Miller）在 1958 年说明，加权平均资本成本是个常量，且独立于公司的资本结构。权益成本定会随着财务杠杆的提高而增加（也即随着权益持有人剩余风险的提高）。在无税的加权平均资本成本中，权益成本的增加弥补了 D/V 和 E/V 变化带来的影响。大多数船东都倾向于吨位税制（以及无需考虑其他可能的市场不完善），无税的加权平均资本成本仅取决于商业风险，船舶价值也独立于其资本结构。

船舶融资经常以与银行同业拆借利率挂钩的浮动利率的协议为基础（例如，

伦敦银行同业拆借利率，加上额外的信用风险溢价或信用差价）。因此，实务中，确定债务成本 r_D 时通常参考利率掉期市场。掉期率显示出对短期利率变化风险套期保值的成本，通过交换成在到期时支付固定利息的方式实现。信用差价的总额取决于很多因素，比如，在破产、有长期租约且信誉良好的情况下，实现船舶价值的能力。[15]

权益成本 r_E 的确定更加困难，且需要资产定价理论中的概念。在金融从业人员中使用最为广泛的模型是资本资产定价模型（*CAPM*）。[16]根据资本资产定价模型，权益成本 r_E 是指权益预期回报率：

$$r_E = r_f + \beta_E \cdot MRP \tag{13.10}$$

r_f 指无风险利率，β_E 指公司股票市场贝塔（或权益贝塔），市场风险溢价（MRP）是指整个市场的风险溢价（也即高于无风险利率的预期股票市场回报）。从定义上看，无风险资产没有违约风险和再投资风险。因此，合适的无风险利率 r_f 取决于不同到期日的预期现金流何时发生（期限结构）。就船舶估值而言，时间期限通常较长，因此长期（或与之相匹配的期限）无风险利率比短期利率（如果投资者必须选择一个利率的话）更可取。与政府公债收益相反，市场风险溢价没有反映在市场价格上。因此，大部分投资者参考历史溢价，也即，股票相对于无风险证券的历史超额收益。

资本资产定价模型的另一个参量是公司股票市场贝塔，或权益 β_E。资本资产定价模型假定投资者具有良好的投资分散性，因此一个投资者在一项投资中察觉到的唯一风险是不能被分散化的风险（也即市场风险或系统风险）。股票市场贝塔是模型对系统性风险贡献的度量。[17]尤其是，资本资产定价模型主张投资者仅需关注股票或项目贝塔，因为它们所衡量的是那些持有完全分散化投资组合（或市场投资组合）的投资者无法分散化的风险成分。从实证角度看，企业的股票市场贝塔值可以用普通最小二乘法（OLS）回归分析来估计，以企业的股票收益为因变量，以市场收益（如标准普尔 500 指数）为解释变量。[18]估算的贝塔系数是指，市场指数变动 1%时，公司股票价格随之百分比变动的平均值；从增加或减少市场投资组合风险的意义上来说，灵敏度系数高于或低于整体水平分别意味着更多或更少的风险。因此，对于潜在权益投资者来说，高风险的项目（较高的市场贝塔）要求更高的预期回报率。低风险的项目（较小的市场贝塔）要求更低的预期回报率。

假设估算的权益贝塔通常取决于三项因素：（1）公司运营周期（商业风险）；（2）经营杠杆（也即固定成本占总成本的比率）；以及（3）财务杠杆。假定现金流具有高周期性，高经营杠杆以及高财务杠杆，有人预测该公司在航运业表现为高股票市场贝塔。[19]德罗伯特（Drobert）等人在 2016 年发现动态的航运股票贝塔与该行业基本风险特征匹配的证据。尤其是，上市的航运公司的贝塔与平均标普 500 公司相比，具有明显行业特征的时间序列变化。正如预期的那样，经济状况和特定行业风险因素的变化解释了航运公司随时间变化的很大一部分贝塔系数变化。

最后要注意的一点是，公司贝塔（或资产贝塔，即杠杆调整后的股票贝塔）仅适用于评估与公司具有相同业务风险特征的单个项目（如船舶）。具有不同风险特征的单一项目与一个公司的一般项目相比，必须使用不同的资产贝塔进行估值。不调整项目的资本成本去适用不同商业风险，而是在公司内部使用了独特的加权平均资本成本，导致对于一个假定的项目利率下限不是太高就是太低，从而导致破坏价值的资本预算决策。[20]

13.3.2 长期资产价值：案例

为了说明长期资产价值，以一个虚构的、租期自由的、船龄 10 年、1700 标准箱的集装箱船进行举例。该船舶的预计经济年限是 25 年。所有必要的假设和该船舶长期资产价值计算的结果详见表 13.2。[21]

加权平均资本成本的第一步是建立该船在剩余 15 年内预测自由现金流的模型。我们假定一个低的、通用的毛租船费率（2015 年开始盈利）是每天 7 500 美元，在未来四年线性调整至历史平均值（截至 2018 年）。[22, 23]2018 年之后，每天的毛租船费率被假定为仅以每年 2%的预期通胀率增长。当这艘船舶使用到第 20 年时（2025），适用 15%的旧船下降率。[24]每年净租船收入取决于该船舶可使用的连续工作日（取决于这一年是否进干船坞），船舶的利用率和已付费用和佣金总额。每年的运营成本包括吨位税和其他事项也都被假定每年以 2%的预期通胀率增长。在经济年限到期时（2030），实现船舶残值，残值取决于空载吨位的大小及钢材的价格（每空载吨位）。基于每年净租船费率、每年的运营成本和残值，自由现金流可以在该船舶剩余使用年限中的每一日历年中进行计算（如表 13.2 的 12 栏所示）。[25]

表 13.2　长期资产价值样本计算结果

可使用连续工作日	358 = 在典型年份可使用的连续工作日（租船天数）的最大数值 343 = 在进干船坞（等级更新）的年份可使用的连续工作日的最大数值
利用率	95% = 预定天数在可使用的连续工作日中的占比
每天的毛租船费率	7 500 美元 = 2015 年通用的租船费率
历史的租船费率	13 000 美元 = 每月租船费率的 10 年历史均值
旧船下降率	15% = 每天毛租船费率的减少对于船龄超过 20 年的船舶
费用和佣金	6.5% = 船舶管理费和运费佣金在每天毛租船费率中的占比
每天的运营成本	6 400 美元[a]
通胀率	2%，影响着租船费率、运营成本和残余价值
税率	0，假定船东无需缴税
加权平均资本成本	6.75%

模型年份	历年	船龄（年）	可使用连续工作日[b]	实际预定天数[c]	每天的毛租船费率[d]（美元）	每年净租船收入[e]（美元）	每年运营成本[a]（美元）	税收（美元）	利息及税后收益[f]（美元）	残值[g]（美元）	自由现金流[h]（美元）	现值系数	现值（美元）
(1)	(2)	(3)	(4)	(5)	(6)	(7)	(8)	(9)	(10)	(11)	(12)	(13)	(14)
1	2015	10	358	340	7 500	2 385	2 336	0	49		49	0.937	46
2	2016	11	343	326	9 599	2 924	2 383	0	52		52	0.878	475
3	2017	12	358	340	11 697	3 720	2 430	0	1 289		1 289	0.822	1 060
4	2018	13	358	340	13 796	4 387	2 479	0	1 908		1 908	0.770	1 469
5	2019	14	358	340	14 072	4 475	2 529	0	1 946		1 946	0.721	1 404
6	2020	15	358	340	14 353	4 564	2 579	0	1 985		1 985	0.676	1 341
7	2021	16	343	326	14 640	4 460	2 631	0	1 830		1 830	0.633	1 158
8	2022	17	358	340	14 933	4 749	2 683	0	2 065		2 065	0.593	1 225
9	2023	18	358	340	15 232	4 844	2 737	0	2 107		2 107	0.556	1 170
10	2024	19	358	340	15 536	4 940	2 792	0	2 149		2 149	0.520	1 118
11	2025	20	358	340	13 470	4 283	2 848	0	1 436		1 436	0.487	700

（续表）

模型年份	历年	船龄（年）	可使用连续工作日[b]	实际预定天数[c]	每天的毛租船费率[d]（美元）	每年净租船收入[e]（美元）	每年运营成本[a]（美元）	税收（美元）	利息及税后收益[f]（美元）	残值[g]（美元）	自由现金流[h]（美元）	现值系数	现值（美元）
（1）	（2）	（3）	（4）	（5）	（6）	（7）	（8）	（9）	（10）	（11）	（12）	（13）	（14）
12	2026	21	343	326	13 739	4 186	2 905	0	1 281		1 281	0.457	585
13	2027	22	358	340	14 014	4 456	2 963	0	1 494		1 494	0.428	639
14	2028	23	358	340	14 294	4 546	3 022	0	1 524		1 524	0.401	611
15	2029	24	358	340	14 580	4 636	3 082	0	1 554		1 554	0.375	583
16	2030	25	358	340	14 872	4 729	3 144	0	1 585	3 954	5 539	0.352	1 948
												合计	15 533

a 包括综合管理费、保险、船员、运营成本和进干船坞备用金（假定这种备用金是年经费）。

b 船舶需要长期维护、每五年检查和测量（进干船坞和等级更新），这样会减少船舶可使用的连续工作日。

c 预定天数 = 总的可使用天数 × 利用率。

d 每天的毛租船费率从第一年（2015）通用的租船费率起算，线性调整至的历史平均值在未来4年，之后每年以2%的预期通胀率增长直至船舶的经济年限到期，第20年以15%的旧船下降率计算，之后每年又以通胀率增长（第21—25年）。

e 等于每天的毛租船费率 × 预定天数 ×（1 - 费用和佣金率）。

f 利息及税后收益的计算忽略了折旧、非现金支出，因它们无需缴税。对于缴税的实体，折旧很重要。

g 残值 = 空载吨位的大小 × 钢材的价格 = 8 000 吨 × 360 美元/吨 ×（（1 + 通胀率）^ 年数）；如果是缴税实体应调整至课税收入。

h 自由现金流 = 利息及税后收益 + 折旧 - 净营运资本的增加 - 资本支出。假定在净营运资本的资本支出和投资最小。

第二步，用加权平均资本成本将每年预测的自由现金流折现成现值。10年的掉期率在2015年开始为2.3%（用美元支付固定利息作为收到三个月的伦敦银行同业拆放利率的回报），信用差价被假定为400基点（或4%）。计算出的结果是，债务成本为每年6.3%。使用资本资产定价模型计算权益成本，需要无风险利率、权益贝塔和股票市场风险溢价。10年期的美国国库券的通常收益是每年2.2%，该利率也作为无风险利率使用。[26]卡伍萨诺斯等人（2013）和德罗伯特等人（2016b）发现，上市的集装箱公司的平均贝塔至少在统计学意义的标准上是 1。但在没有更多关于船舶风险信息的情况下，公认的是权益贝塔在航运市场不景气的时候会增加，因此设置 $\beta_E = 1.2$。基于蒂姆森（Dimson）等人（2003）的长期股票市场数据，在 1900—2012 年期间，全球股票市场回报超过政府短期债券（以美元计）的几何平均数是每年 4.1%。我们使用历史价值作为（未来）权益风险溢价的替代。[27]资本资产定价模型权益成本 r_E 是指：

$$r_E = r_f + \beta_E \cdot MRP = 2.2\% + 1.2 \cdot 4.1\% = 7.4\% \tag{13.11}$$

船舶通常有 50%—70%的债务融资。假定这艘船舶的债务融资是 60%，则 $D/V = 0.6$，案例中的加权平均资本成本为：

$$WACC = \frac{D}{V} \cdot r_D + \frac{E}{V} \cdot r_E = 0.6 \cdot 6.3\% + 0.4 \cdot 7.4\% = 6.75\% \tag{13.12}$$

使用加权平均资本成本（WACC），现值系数在每一模型年份都可以被计算出。举例来说，模型 3 年，现值系数是 $1/(1 + 0.067\,5)^3 = 0.822$；其他所有模型年份的现值系数也可以据此推导出来。预测的自由现金流乘上现值系数（参见表格 13.2 中的 13 栏和 14 栏），再加上所有现值实现的估值结果。船舶的基本价值是 1 550 万美元。

13.4 价值和价格的比较

市场法和折现现金流法对于同一艘船舶可能会产生不同的结果。差异来源自对市场效率的不同看法。[28]在折现现金流法估值中，假定市场会犯错误，但时间可以纠正该错误，且这些错误存在于整个航运业。市场法猜想，只有在一艘船的情况下市场会犯错，但市场可以通过取平均值进行修正。尤其是，当我们对一艘船舶进行估值，而该船舶的相关船舶已在近期出售，我们可以做出两个假设。假设一，“单一价格法则”暗示着该船舶将以同样的价格出售。假设二，市场已通过平均值对这些船舶正确定价，尽管对于每一艘单独的船舶定价都有可能出错。[29]

市场法背后的这些假设，暗示着必须保持一些其他的条件。其中一个条件是要有很多有意愿的买方和卖方（保证一个稳定的交易流），且应当是自愿交易

（排除“减价出售”）。另外一个条件是，买方和卖方都是知识渊博的，换句话说，市场参与者应当有着健全的行业内部人士的经验知识和行业知识。[30]此外，交易必须发生在独立的和非关联的当事人之间且都是善意行为（公平交易）。一个“功能性”或“标准化”市场附加标准包括：买方有可用信用；资产是同质的和大量供给的；投资者的情感特征不过度乐观或悲观；调查和交易的成本低。在这些情况下，对于知情的、理性的和财务健康的投资者来说，市场竞争压力驱动市场价格靠近基本价值。简而言之，市场价值有着基本效率的特征。

可以说，自 2008 年国际金融和航运危机爆发以来的市场状况并没有完全满足基本效率的要求，因此观察到的市场价格和基本价值可能存在差异。[31]然而，也有一种可能是，基本价值暴跌到了一定程度使得船舶远远低于应有价值以及再也不可能获得高于其资本成本的收入。

与之相关的问题是，为什么套利对于驱动市场价格回归基本价值不再是必要的？经验证据阐明，即使在流动的金融市场，市场价格偏离基本价值的偏差也可以是大幅度的和持久的。因此，有人预测，对于市场中的有形资产，这种偏差可能会变得更大和更持久。标准金融理论为此提供了可能解释。举例来说，较少的投资者有着专业知识能够识别误估，并利用其去有效地运营船舶。并且，一艘船舶基本价值的巨大偏差可以影响深远，比任何套利者保有偿付能力（“噪音交易者”风险）的时间更长。事实上，偏差能够在收敛出现（基本风险）时变大。另外一个障碍是，套利者必须在船舶上下巨大而单一的赌注。航运风险是高度周期性的并具有一定的系统性（例如，运价与全球经济活动高度关联），因此套利者可能缺少多样化的机会。最后，归因于限制性银行贷款的财政约束以及较高的交易成本可能防止套利。

13.5　航运公司的财务分析

航运公司可以解释为船舶的投资组合。原则上来说，扩展折现现金流可直接对整个公司进行估值。从资本市场的观点出发，有深刻见解的是，股票市场如何对上市航运公司进行估值以及将它们与其他上市公司进行比较的分析方式。表 13.3 图表 A 组总结了选定的 Drobert 等（2016a）的样本中的财务比率和现金流变量，由1990年到2012年（3 038个观察值）期间44个国家中的255个上市航运公司组成。[32]所有的变量以美元计。为了将航运公司与其他资本密集型行业作比较，构造了制造企业的一个相对应的样本。最初的制造企业样本采集自航运样本中包含的国家，含有186 878个观察值。在该领域之外，还构造了一个市净率和尺寸相对应的样本，该样本中的航运公司具有两个最适因素。该过程在相对应的制造企业样本（5 522个观察值）中产生了影响。表13.3的B组中显示了可比较样本中的财务比率和现金流变量。[33]

公司权益市场价值和账面价值的比率，或市净率，通常被作为一种简单的估值方式。市净率与公司的权益回报和预期增长率是紧密相关的。最重要的是，更高的市净率意味着投资者期望管理层从一组假定的资产中创造更多的价值。作为一个重资产行业，航运业显示出相对较低的市净率；图表A组表明，“正常”时间的平均值只有1.152（也即公司权益平均值的市场价值高于它的账面价值）。作为对照，在2012年初始（航运样本中的最后一年），来自所有行业的美国（全球）公司的平均市净率为2.0（1.5）。在其他条件相等的情况下，我们似乎可以预见到航运公司未来收入会有小幅增长。[34]

图表A组进一步说明了市净率和公司规模显示出高度标准偏差，是指一个包括年轻和成熟公司的参差样本。另外，现金流和资本支出也显示出大的标准偏差，其可归因于航运业中资金来源和使用的强周期性。事实上，经济状况的恶化导致了现金流的减少。年平均现金流（总资产规模）在正常时间为8.1%，然而在经济危机中骤降至4.8%。现金流的周期性如同预期一般，在市净率上有所体现，且随着不同的经济状况，有着不同的变化（从正常时间的1.24降至经济危机时的1.02）。强周期进一步体现在利润率上，可定义为账面资产折旧前的运营收益率，变化区间为正常时间的6.5%到经济危机的3.6%。相较于非危机期间，平均每年的资本开支、短期和长期借款，与现金流类似，在危机期间都有所下降。

我们将航运公司和相对应的制造企业（图表B组）进行比较，得到了许多重要的观察数据。首先，制造业的比率和变量总体上倾向于低周期性。举例来说，两个样本在正常时间收益率水平相当，但航运样本的收益率水平随经济状态有更多的变量。其次，有人预测，航运公司相较于可比较的制造企业，其杠

表 13.3　上市航运公司的财务分析

A 组：航运公司												
	1990—2012 年/所有样本			1990—2012 年/正常时间			1990—2007 年/2008 年金融危机前			2008—2012 年/金融危机后		
	观察值	平均值	标准偏差	观察值	平均值	标准偏差	观察值	平均值	标准偏差	观察值	平均值	标准偏差
现金流	3 038	0.069	0.114	1 600	0.081	0.110	389	0.073	0.109	1 049	0.048	0.119
资本支出	3 038	0.100	0.158	1 600	0.114	0.192	389	0.062	0.086	1 049	0.094	0.111
并　购	3 038	0.006	0.047	1 600	0.006	0.050	389	0.004	0.036	1 049	0.006	0.046
资产出售	3 038	0.030	0.101	1 600	0.036	0.127	389	0.024	0.057	1 049	0.023	0.059
股权回购	3 038	0.023	0.101	1 600	0.030	0.128	389	0.007	0.028	1 049	0.017	0.065
股　息	3 038	0.002	0.014	1 600	0.002	0.013	389	0.001	0.007	1 049	0.003	0.017
发行股票	3 038	0.019	0.050	1 600	0.020	0.055	389	0.011	0.060	1 049	0.020	0.036
市净率	3 038	1.152	0.414	1 600	1.241	0.435	389	1.140	0.410	1 049	1.021	0.343
公司规模	3 038	6.489	1.681	1 600	6.357	1.652	389	6.201	1.745	1 049	6.798	1.665
库存现金	3 038	0.120	0.103	1 600	0.127	0.121	389	0.105	0.084	1 049	0.123	0.113
杠　杆	3 038	0.397	0.211	1 600	0.396	0.216	389	0.413	0.205	1 049	0.397	0.217
负债净额	3 038	0.277	0.260	1 600	0.269	0.275	389	0.308	0.234	1 049	0.274	0.282
利润率	3 038	0.052	0.072	1 600	0.065	0.085	389	0.046	0.096	1 049	0.036	0.078
有形资产	3 038	0.585	0.252	1 600	0.583	0.242	389	0.600	0.236	1 049	0.583	0.272

B 组：相对应的制造企业												
	1990—2012 年/所有样本			1990—2012 年/正常时间			1990—2007 年/2008 年金融危机前			2008—2012 年/金融危机后		
	观察值	平均值	标准偏差	观察值	平均值	标准偏差	观察值	平均值	标准偏差	观察值	平均值	标准偏差
现金流	5 522	0.056	0.095	3 684	0.056	0.096	674	0.049	0.088	1 164	0.058	0.097
资本支出	5 522	0.050	0.055	3 684	0.050	0.057	674	0.037	0.043	1 164	0.055	0.053
并　购	5 522	0.005	0.031	3 684	0.005	0.032	674	0.002	0.019	1 164	0.006	0.030
资产出售	5 522	0.005	0.021	3 684	0.005	0.018	674	0.005	0.020	1 164	0.006	0.028
股权回购	5 522	0.015	0.064	3 684	0.017	0.070	674	0.007	0.035	1 164	0.014	0.059
股　息	5 522	0.002	0.018	3 684	0.002	0.020	674	0.001	0.008	1 164	0.003	0.014
发行股票	5 522	0.012	0.025	3 684	0.012	0.026	674	0.009	0.020	1 164	0.013	0.021
市净率	5 522	1.188	0.484	3 684	1.203	0.482	674	1.192	0.502	1 164	1.141	0.475
公司规模	5 522	6.277	1.546	3 684	6.288	1.550	674	6.105	1.568	1 164	6.341	1.514
库存现金	5 522	0.131	0.124	3 684	0.131	0.126	674	0.129	0.126	1 164	0.139	0.141
杠　杆	5 522	0.272	0.177	3 684	0.276	0.183	674	0.287	0.185	1 164	0.256	0.175
负债净额	5 522	0.141	0.249	3 684	0.145	0.256	674	0.158	0.258	1 164	0.117	0.263
利润率	5 522	0.050	0.073	3 684	0.050	0.087	674	0.048	0.080	1 164	0.046	0.091
有形资产	5 522	0.350	0.179	3 684	0.350	0.178	674	0.357	0.175	1 164	0.346	0.191

注：此表展示了上市航运公司的关键财务数据：观察值，平均值，标准偏差（图表 A 组），和相对应的制造企业样本（图表 B 组）。图表组中的所有样本由来自 44 个国家在 1990—2012 年间的 255 家航运公司（3 308 个观察值）组成。样本中的公司是指拥有或运营商船的公司。制造企业样本（图表 B 组）根据这些国家、市净率和规模进行匹配，具体的细节描述在第 304 页。所有数据，除了市净率和公司规模，都是公司总资产中的一部分。所有的变量缩尾处理达到了 99%。变量的细节解释参见德罗伯特等人在 2016 年下半年发表的文章中。两组图表展示了 1990—2007 年非金融危机年份、2008 年之前的危机时期以及 2008—2012 年最近一次危机的完整样本（所有年份）的描述性统计数据。

杆化水平更高，说明权益持有人不得不承受更高的剩余风险。杠杆是指长期和短期债务在总账面资产中的占比，在航运业的正常时间，该比例为 0.40，然而在相对应的样本中为 0.28。最后，因航运公司是船舶的投资组合，资产有形度在航运样本中占比特别高；固定资产在账面资产中的占比在航运公司中是 0.58，而在相对应的样本中为 0.35。

13.6 结 论

因估值对现代金融非常重要，所以现今有很多不同的估值方式也不足为奇。本章中，我们已经检验了两种不同的估值方法，并且说明了他们如何为海事投资评估所用。在航运业中，第一个和目前使用最为广泛的估值方法是市场法，此方法通过与可比较船舶的最近售价作比较对一艘船舶进行估值（“市价调整”）。在相似性取决于多重标准，比如船龄、尺寸和运费市场状态的情况下可以使用回归分析法。第二种方式是折现现金流法估值，该方式具有前瞻性，能根据未来预期的现金流量以资本成本折现确定船舶的基本价值（“模型调整”）。选择两种估值方式并不总是简单的，且主要取决于对市场效率的看法。市场价格和基本价值在“标准化”市场中很接近。如果船舶市场是“失调的”，在这种特定状况下，市场价格与基本价值之间会出现偏差，此时需要一个估值模型去识别和解释这种偏差。

长期资产价值方法由于困境时期，即可论证的市场价格低于基本价值时。然而，如果市场是有效率的，市场价格总是反映着基本价值，假定船舶价值过高看起来像是造成另外一种航运危机。最后一个值得注意的是市场价格既可能低于基本价值，也可能高于基本价值。事实上，当航运市场繁荣时，市场价格可能超过船舶的基本价值。长期资产价值方法将因此在好时节时限制银行贷款，同样也可以防止因抵押品价值受限导致的价格失控。

注释

1. Cullinane 和 Panayides(2000)在一项调查中指出，许多船东和运营商仍使用较为初级的估值技术。他们甚至得出结论,大多数船东和运营商都缺乏系统的资本预算方法。

2. 第三种不太常见的方法是“重置成本法”,这种方法是指船只的价值等于替换船只及其功能的成本。假设船舶的价值仅为当前市场环境下取代替换船舶的成本。一种明显的批判认为,更换船只的成本不一定是第三方买家愿意支付的价格。本方法(本章不再赘述)通常用于评估具有独特功能或定制功能的船舶。
3. 假设运费增加是由于稀缺性而非成本因素(例如燃料成本上涨转嫁给客户,不会影响船舶价格)。
4. 所有信息均源于克拉克森航运智能情报网(SIN)数据库。
5. 有关相对估值中使用统计分析的更多详情,请参阅 Damodaran(2005)。
6. 我们的模型假设交易价格和定价因素之间存在线性关系。可以通过添加解释变量的二次(或甚至更高阶)项来合并非线性关系。
7. 使用水平变量(而不是比率或百分比)可能会导致异方差问题。如果误差项没有恒定的方差,而是在不同的观测值之间存在差异,则称其为异方差项。使用异方差数据进行回归分析仍然可以对交易价格和定价因素之间的关系提供无偏估计,但标准误差和推论可能错误。因此我们不报告系数的标准误差和显著性水平,而是使用估计值作出无偏预测。
8. 该模型也用于 Esty 和 Sheen(2010a)。
9. 接近 90%的 R^2 很少见。事实上,Damodaran(2005)告诫,相对价值回归的拟合度很难达到 70%以上。当 R^2 减小时,定价准确性也随之降低。
10. 关于获得可靠结果所必需的最小样本量,统计文献中有许多经验法则。绝对最小值时,每个解释变量需要五个案例提供可靠的相关估计(系数估计需要)。
11. 除 WACC 方法外,还有其他贴现现金流估值方法(最明显的是调整现值或调整现值的方法)。对替代贴现现金流法的全面讨论超出本章范围。详情请参阅 Damodaran(2005)。
12. 本节提供如何使用 LTAV 方法的简单示例。Mayr (2015) 则提供该方法和基本假设的详情。VHSS 亦设有可提供更多资料的网站:http://www.long-term-asset-value.de/。
13. 由于船舶赚取的现金流通常以美元计价,因此 WACC 贴现率也应根据美国资本市场数据确定。Harvey (2005) 综述了计算股权资本国际成本的不同方法。
14. 在公司背景下,公司资产负债表上有许多船舶,假设船舶的风险与公司的其他资产(业务风险)相同,并且在项目的整个生命周期内都是如此。此外,该船舶支持与公司整体资本结构相同程度的财务杠杆,并在项目的生命周期内不变。Drobetz 等 (2013) 对上市航运公司的资本结构决策进行了详细分析。
15. 请参阅 Grammenos (2010) 关于航运信用分析的六个 C 模型。
16. 请参阅 Graham 和 Harvey (2002) 对美国首席财务官关于使用资本预算技术特别是用于估算股本成本方法的调查。
17. 一项投资为持有市场投资组合的投资者提供多元化收益时,投资的权益成本较低，即风险越小，回报就越少。对整体投资组合风险的贡献是项目的市场 beta 值—项目“毒性”的衡量标准。如果一个项目的价值随着市场起伏，那么其 beta 值为正——则它是有毒的，投资者应避开。相反，具有低（甚至负面）beta 值的项目有助于持有市场投资组合的投资者降低整体投资风险。

18. Fama 和 French（1997）用更先进的方法（如除市场效应外，还考虑了规模效应和价值效应的多因素模型）对产业股权成本计算机化进行了更详细的分析。Drobetz 等人（2010）对航运股收益的多重风险因素进行了实证分析。
19. 请参阅 Drobetz 等人（2013）有关上市航运公司财务特征的内容。
20. 该问题被称为 WACC 谬误。请参阅 Krüger 等人（2015）关于问题严重性的经验证据。
21. 表 13.2 的结构基于 Esty 和 Sheen 的图表 8（2010b）。
22. 请注意，历史平均每日租船费率根据通货膨胀进行调整。因此，至 2018 年，租船费率增加到 13.796 美元（= $13.000×1 023）（见表 13.2）。
23. 需要注意的是，资产估值时的周期阶段对计算出的基本价值有主要影响。随着周期数的延长，平均现金流收敛到“正常”年份，但净现值没有收敛，即是否有早期高或低现金流量对估值产生很大影响。
24. 这种处罚可能仅适用于集装箱船。例如，对于较旧的散装船，可能会忽略较旧吨位在肮脏交易中的好处。
25. 折旧是最重要的非现金支出，通常必须加到利息和税后利润以获得自由现金流。但是，如果没有税收（包括年度运营费用中的税收税费），折旧可忽略不计。在计算自由现金流时，资本支出和营运资本投资也被视为微不足道。
26. 美联储提供掉期利率和债券收益率：http://www.federalreserve.gov/releases/h15/data.htm。
27. 请参阅 Fama 和 French（2002）以及 Dimson 等人（2003）对股票风险溢价历史估值问题的详细讨论。
28. 对两种方法估值差异的另一种解释可能是静态贴现现金流法未能考虑船舶投资的实物期权特征。例如，船东可以灵活安排出售船舶的时间，利用二手船舶市场波动和流动性大的优势（“放弃期权”）。更通俗地说，将船舶视为复杂的选择，静态贴现现金流法可能低估了船舶投资的价值。即使在缺乏管理灵活性的情况下，实物期权方法和静态贴现现金流法也会导致不同的结果。静态贴现现金流法在总净现金流量上对风险进行折现，而实物期权方法对现金流量组成部分内的风险进行调整，从而允许根据资产独特的风险特征进行区分。Samis 等人（2006）为采矿业提供了更详细的论证。
29. Damodaran（2005）调查了比较两种方法定价准确性的实证研究。他的结论是，相对估值方法能够很好地解释资产之间的横截面差异。然而，当涉及随着时间的推移而修正的定价差异时，贴现现金流法确实更有用。有关有效市场假说在干散货船价格形成中有效性的实证检验（通过检验船舶价格、营运利润和船舶预期转售价格之间的长期或均衡关系），请参见卡伍萨诺斯和阿利扎德（2002）。

30. 这一条件确保资产（船舶）得到“最佳利用”。根据 Shleifer 和 Vishny（1992）的研究，健康的行业参与者会比行业外部人士或金融买家（他们通常要求折扣）更看重资产。
31. 有关详情，请参见 Greenwood 和 Hanson（2015）和 Drobetz 等人（2016a）的分析。弗兰克等人（2015）使用 1995—2011 年期间航运销售的大型数据集，并计算甩卖折扣作为被捕船舶的交易价格与特征模型的反事实价格之间的差额，估计平均火灾与类似年龄和用途的船舶相比，销售额减少 26%。然而，虽然约一半的销售折扣是由市场非流动性导致的，但它们也表明另一半可归因于主要集中在低价值船舶和腐败港口的船舶维护不足。
32. 公司的条件是他们拥有和/或经营商船。这种选择意味着船厂以及船舶、钻井船和内陆船只被排除在外。
33. 卓贝兹等人（2016a）详细描述了有关航运和匹配的制造样品数据收集和数据构建的所有信息。他们还提供了“正常”年份的准确定义，2008 年以前更为温和的危机年份以及 2008 年以后的近期金融危机和航运危机。
34. 有关美国和全球市场对账簿数据，欢迎访问 Aswhat Damodaran 网站：http://pages.stern.nyu.edu/～adamodar/。Damodaran（2005）对市场对账面比率背后假设和解释进行了更详细讨论。

参考文献

Adland，R.，and S. Koekebakker，2007，Ship Valuation Using Cross-Sectional Sales Data：A Multivariate Non-parametric Approach，*Maritime Economics & Logistics* 9，105—118.

Albertijn，S.，W. Bessler，and W. Drobetz，2011，Financing Shipping Companies and Shipping Operations：A Risk-Management Perspective，*Journal of Applied Corporate Finance* 23，70—82.

Cullinane，K.，and P. Panayides，2000，The Use of Capital Budgeting Techniques among UK-based Ship Operators，*International Journal of Maritime Economics* 2(4)，313—330.

Damodaran，A.，2005，Valuation Approaches and Metrics：A Survey of the Theory and Evidence，*Foundations and Trends in Finance* 1(8)，1567—2395.

Dimson，E.，P. Marsh，and M. Staunton，2003，Global Evidence on the Equity Risk Premium，*Journal of Applied Corporate Finance* 15(2)，8—19.

Dimson，E.，P. Marsh，and M. Staunton，2013，The Low-Return World，*Credit Suisse Global Investment Returns Yearbook 2013*，5—15.

Drobetz，W.，D. Gounopoulos，A.G. Merikas，and H. Schiffsmakler，2013，Capital Structure Decisions of Globally-Listed Shipping Companies，*Transportation*

Research Part E 52，49—76.

Drobetz，W.，R. Haller，and I. Meier，2016a，Cash Flow Sensitivities During Normal and Crisis Times：Evidence from Shipping，*Transportation Research Part A* 90，26—49.

Drobetz，W.，C. Menzel，and H. Schiffsmakler，2016b，Systematic Risk Behavior in Cyclical Industries：The Case of Shipping，*Transportation Research Part E* 88，129—145.

Drobetz，W.，L. Tegtmeier，and D. Schilling，2010，Common Risk Factors in the Returns of Shipping Stocks，*Maritime Policy and Management* 37，93—120.

Esty，B.，and A. Sheen，2010a，Compass Maritime Services，LLC：Valuing Ships，Case Study，Harvard Business School.

Esty，B.，and A. Sheen，2010b，Vereinigung Hamburger Schiffsmakler und Schiffsagenten e.V.（VHSS）：Valuing Ships，Case Study，Harvard Business School.

Fama，E.，and K. French，1997，Industry Cost of Equity，*Journal of Financial Economics* 43，153—193.

Fama，E.，and K. French，2002，The Equity Premium，*Journal of Finance* 57，637—659.

Franks，J.，O.Sussman，and V. Vig，2015，Privatized Bankruptcy：A Case Study of Shipping Financial Distress，Working paper，London Business School.

Graham，J.，and C. Harvey，2002，How Do CFOs Make Capital Budgeting and Capital Structure Decisions? *Journal of Applied Corporate Finance* 15(1)，8—23.

Greenwood，R.，and S. Hanson，2015，Waves in Ship Prices and Investment，*Quarterly Journal of Economics* 130，55—109.

Grammenos，C.，2010，Revisiting Credit Risk，Analysis and Policy in Bank Shipping Finance，in：C. Grammenos（ed.）：The Handbook of Maritime Economics and Business，Informa Law：London.

Harvey，C.，2005，12 Ways to Calculate the International Cost of Capital，Working paper，Duke University. Kalouptsidi，M.，2014，Time to Build and Fluctuations in Bulk Shipping，*American Economic Review* 104，564—608.

Kavussanos，M.，and A. Alizadeh，2002，Efficient Pricing of Ships in the Dry Bulk Sector of the Shipping Industry，*Maritime Management and Policy* 29，303—330.

Kavussanos，M.G.，A. Juell-Skielse，and M. Forrest，2003，International Comparison of Market Risks across Shipping Related Industries，*Maritime Policy and Management* 30，107—122.

Krüger，P.，A. Landier，and D. Thesmar，2015，The WACC Fallacy：The Real Effect of Using a Unique Discount Rate，*Journal of Finance* 70，1254—1285.

Kydland，F.，and E. Prescott，1982，Time to Build and Aggregate Fluctuations，*Econometrica* 50，1345—1370.

Mayr, D., 2015, Valuing Vessel, in: Schinas, O., C. Grau and M. Johns (eds.), HSBA Handbook on Ship Finance, 141—163.

Modigliani, F., and M.H. Miller, 1958, The Cost of Capital, Corporation Finance and the Theory of Investment, *American Economic Review* 48, 261—297.

Samis, M., G.A. Davis, D. Laughton, and R. Poulin, 2006, Valuing Uncertain Asset Cash Flows when There Are No Options: A Real Options Approach, *Resources Policy* 30, 285—298.

Shleifer, A. and R.W. Vishny, 1992, Liquidation values and debt capacity: A market equilibrium approach, *Journal of Finance* 47, 1343—1366.

第十四章

船舶投资的财务分析与建模

拉斯·帕特森（Lars Patterson）

14.1 简 介

船舶投资财务建模能够在作出投资决策前量化下行风险和上行潜力，也可被用作投资期间监控风险和业绩的工具。好的财务模型也是个好的工具，贷款人和投资者可以此交流机会或管理潜在风险。好的财务模型能够较早地识别机会或潜在问题，允许人们提前准备可替代方案。有意义的财务分析和船舶投资模型，有助于更好地管理风险，也因此在风险调节后获得更高的回报。

我们可能想知道如下问题的答案：

1. 项目需要多少资本？

2. 项目的偿债能力？

3. 购买和出售的时机、租船政策和能够最大化投资权益净现值的财务结构？

4. 融资替代方案、租船政策和市场发展对预期现金的影响？

5. 如何实现权益回报目标？

6. 不同方案下现金流的持续时间？

好的财务模型具有以下特征：

1. 主要输入参数概念清晰。

2. 模型能够用公式对输入参数的变化自动调节。

3. 方便用户使用、交互式界面以及清晰地区别输入（假设）和输出（计算结果）。

4. 模型是动态的、耐用的、覆盖多时段以及生成所有重要的财务输出指标，包括净现值（NPV）和内部收益率（IRR）。

14.2 财务模型案例

表 14.1 是一个非常简单的财务模型案例，用以对单一船舶的投资进行分析。我们基于特定的假设，估算了现金流，计算了净现值和内部收益率（表 14.1 下载自 www.Pacomarine.com）。

表 14.1 投资一艘 5 年船龄的巴拿马型船的财务模型案例（百万美元）

船舶投资现金流		5 年船龄的巴拿马型船					
		0	1	2	3	4	5
船舶购买价格		-27.0					
租船收益			4.6	4.4	4.6	4.6	4.6
运营成本			-2.4	-2.4	-2.5	-2.6	-2.7
进干船坞/特殊检查			0.0	-0.3	0.0	0.0	0.0
船舶运营现金流			**2.2**	**1.7**	**2.0**	**2.0**	**1.9**
债务减少		13.5					
贷款利息支付			-0.6	-0.6	-0.5	-0.5	-0.5
偿付的贷款			-0.7	-0.7	-0.7	-0.7	-0.7
偿还在售债务			0.0	0.0	0.0	0.0	-10.1
残值(船舶出售)			0.0	0.0	0.0	0.0	37.0
净现金流		**-13.5**	**0.9**	**0.4**	**0.8**	**0.8**	**27.7**
折现系数	20.0%	1.00	1.20	1.44	1.73	2.07	2.49
现金流 PV		-13.50	0.74	0.28	0.47	0.37	11.11
内部收益率(IRR)		**19.0%**					
净现值(NPV)		**-0.53**					

表 14.2 简单财务模型的假设

船型	巴拿马型干散货船
购船时的船龄	5 年
船舶购买价格	2 700 万美元

（续表）

定期租船费率	13 500 美元每天
租船代理人佣金	租船租金的 5.00%
每年停租天数	10 天
运营成本	6 500 美元每天扣除 DD/SS
运营成本年增长率	3.00%每年
进干船坞成本	30 万美元
进干船坞天数(停租)	12
船舶残值(出售价格)	3 700 万美元，扣除代理人佣金
进干船坞年份	第 2 年根据进干船坞计划
船舶出售年份	第 5 年起算自购买的时间
债务融资	50.0%，占比船舶购买价格
贷款配置	8 年，半年一期分期付款
贷款大额尾付	800 万美元
贷款利率	年利率 1.5%，每半年付一次

注：进干船坞简写为 DD；特殊检查简写为 SS。

主要假设包括购船价格，投资期间的租船收益和运营成本，以及退出时的船舶出售价格（残值）。另外，对债务融资占比，债务成本和债务偿还配置也做了假设。这些假设是购买合适船舶和订立最佳租约（在长期租船方面）的常规做法，连同优化股东权益回报率的财务结构。标准决策规则是指项目净现值为负值不能实现预期回报时，该投资依旧能被证明是合理的。表格 14.1 中被用以计算现金流的假设都列在了表 14.2 中。

投资决策事实上只使用了部分假设，包括已知的船舶市场价格，不同期间的租船市场费率，和可用的债务融资条款和条件。其他因素，像未知的未来残值，去获得对未来结果动态的更好理解，执行的灵敏度分析都被总结在表 14.3 中。该表说明，权益投资的内部收益率随假设变动的不同情况，该假设都被列在内部收益率栏的左侧［每天的运营成本、每天的平均定期租船（TC）费率、船舶残值、船舶的购买价格和贷款利率］。当然除了详细的市场分析，也考虑了预期的供求关系及历史数据。

表 14.3　灵敏度表格 1：权益内部收益率（IRR）灵敏度随不同假设的变化

	船舶运营成本（OPEX）（扣除DD）（美元）	内部收益率（IRR）（%）	平均每天的TC费率（美元）	内部收益率（IRR）（%）	残值（美元）	内部收益率（IRR）（%）	购船价格（美元）	内部收益率（IRR）（%）	贷款利率（美元）	内部收益率（IRR）（%）
基本情况	5 700	20.8	9 500	11.3	33.00	15.6	23.00	25.9	0.50	21.8
	5 900	20.3	10 500	13.2	34.00	16.5	24.00	24.0	1.50	21.1
	6 100	19.9	11 500	15.1	35.00	17.3	25.00	22.3	2.50	20.4
	6 300	19.4	12 500	17.0	36.00	18.2	26.00	20.6	3.50	19.7
	6 500	19.0	13 500	19.0	37.00	19.0	27.00	19.0	4.50	19.0
	6 500	19.0	14 500	20.9	38.00	19.8	28.00	19.8	5.50	18.3
	6 700	18.5	15 500	22.9	39.00	20.5	29.00	20.5	6.50	17.6
	6 900	17.6	16 500	24.9	40.00	21.3	30.00	21.3	7.50	16.8
	7 100	16.3	17 500	26.9	41.00	22.0	31.00	22.0	8.50	16.1

表 14.4　灵敏度表格 2：权益内部收益率（IRR）灵敏度随船舶残值和平均定期租船费率变化的情况

项目期间平均定期租船费率							
		$11 500	**$12 500**	**$13 500**	**$14 500**	**$15 500**	**$16 500**
船舶残值≥	**$34.0**	12.4%	14.4%	16.5%	18.5%	20.6%	22.6%
	$35.0	13.3%	15.3%	17.3%	19.3%	21.4%	23.4%
	$36.0	14.2%	16.2%	18.2%	20.1%	22.1%	24.2%
	$37.00	15.1%	17.0%	**19.0%**	20.9%	**22.9%**	**24.9%**
	$38.0	15.9%	17.8%	19.8%	21.7%	23.7%	25.6%
	$39.0	16.7%	18.6%	20.5%	**22.4%**	**24.4%**	**26.3%**
	$40.0	17.5%	19.4%	21.3%	**23.2%**	**25.1%**	**27.0%**
	$41.0	18.3%	20.2%	22.0%	**23.9%**	**25.8%**	**27.7%**
	$42.0	19.1%	20.9%	**22.7%**	**24.6%**	**26.5%**	**28.4%**

为了理解投资回报（内部收益率）如何随两个变量的改变而改变，可能要进行双向灵敏度分析，这两个变量比如说是船舶出售价格（残值）和给定期限内获得的平均租船费率，内容见表 14.4。

表格说明权益投资内部收益率（IRR）如何随假设的变化而变化，该假设把平均定期租船费率和船舶残值结合起来。主要比率和指标被计算出来，详见表 14.5。关于这些主要比率和指标的探讨将在下文展开。

表 14.5　主要比率和指标

	0	1	2	3	4	5
贷款价值比(LTV)	120%	120%	120%	120%	120%	120%
必需的最小价值(百万美元)	16.2	15.4	14.6	13.7	12.9	12.1
偿债比率		1.7	1.3	1.7	1.6	1.6
利息保障倍数		3.6	2.9	3.8	3.9	4.0
偿债　美元/每天		3 626	3 663	3 452	3 365	3 278
偿债收支平衡　美元/每天		10 647	11 137	10 880	11 005	11 137

贷款价值比。该比率说明未偿还债务余额被船舶市场价值保障（担保）的程度。经常出现在投资意向书和贷款合同中。习惯上说，以船舶市场价值与未偿还债务余额的比率的形式表示，换句话说就是贷款价值比。然而，更常见的是契约中准许的未偿还债务的最大值占船舶市场价值的百分比。举例来说，一个契约的最高额贷款是该船舶市场价值 50%，意味着如果该船舶的市场价值是 2 000 万美元，被准许的最高额贷款是 1 000 万美元。银行过去一直把贷款价值比表达成另外一种方式，可能是，船舶价值与未偿还债务余额的比率能轻易说明在贷款不能被保障时该船舶的贬值程度。

必需的最小价值。该数值说明在贷款违反其最小价值契约之前船舶拥有的最小市场价值。这个数值可以通过未偿还债务余额与贷款价值比的乘积计算得出。举例来说，如果贷款余额是 1 000 万美元，约定的贷款价值比是 130%，必需的最小价值则为 1 300 万美元。若贷款被分期偿还，必需的最小价值将会减少，但船舶会因其剩余经济年限减少而变旧和贬值。大部分航运贷款的偿还配置通常是结构化的，以至于贷款余额被设计为减少的速度快于船龄增长的速度，

并且可以得出这样一个论据，即贷款初期的贷款价值比应当稍微不那么繁重。

偿债比率。该比例可以贷款存续期间全部可用现金流除以同一时期偿还的债务加上支付利息总额的方式计算出来。期间一般是指某期贷款偿还之日至下期贷款偿还之日（典型的是 6 个月）。

利息保障倍数。该比例可用贷款存续期间全部可用现金流除以同一时期需支付的利息总额计算得出。在利息还未届满支付的情况下，贷款银行就已将该笔贷款解释为不良贷款，并在账户中计提了必要的损失准备金。然而，在非必要把贷款解释为不良贷款的情况下，银行可能会同意迟延偿还贷款的本金余额。如果一笔贷款被列为不良贷款，银行就需要对潜在损失和随之增加的贷款风险权重准备备用金。这会再一次影响银行的资金成本。

每天的偿债。该数值可用一定时期内需偿付的还本付息总额除以该时期的总天数，总天数扣除停租期。举例来说，如果一定时期内需偿付的还本付息总额（定期的贷款和利息支付）为 120 万美元，该时期有 182 天，同时扣除同一时期的停租期 5 天，每天的还本付息额将用 120 万美元除以 177 天，得到的结果是每天 6 780 美元。

偿债收支平衡。收支平衡点为每天的应偿付的还本付息额加上每天的运营成本，包括进干船坞/特殊检查的费用。如果每天需偿付的还本付息额为 6 780 美元，运营成本（扣除进干船坞）每天是 5 800 美元，预估的下次进干船坞是 250 000 美元，距下次进干船坞还有 887 天的盈利日（根据每 30 个月有 10 天的停租期计算），得到的还本付息收支平衡是每天 12 862 美元，也就是说每天需要等价期租租金，且是扣除佣金后的净值。

14.3 理论背后的船舶投资标准和价值驱动

不理解作为模型基础的金融理论知识是不可能建立和充分利用一个金融模型的。下文将探讨与船舶投资相关的金融理论的部分实务问题。

船舶投资的总回报包括两部分：资产价值变化（船舶价格）产生的回报，和盈利提供现金流产生的回报，即总回报 = 资产回报 + 盈利回报。风险通常表示为这些回报的标准偏差。图 14.1 举例说明了通用船型的历史风险和回报，那一时期有大量的类似船舶在活跃的市场进行船舶买卖（S&P）和租赁的交易。每年的回报可以通过一年的期租收益减去同一时期估算的运营成本（包括船龄折旧）后除以测算盈利回报期间开始时的船舶价格计算得出。资产回报用投资期结束时的船舶价格减去投资期开始时的船舶价格，再除以投资期开始时的船舶价格的方式计算而得。这里的投资期是指 12 个月。盈利回报用一年的定期租船费率计算，在油轮市场，油轮的盈利不能反映现货盈利的峰值和高波动性。需注意，当我们使用一年的等价期租租金测算集装箱船盈利时，我们仅测算船舶的盈利，而非集装箱班轮公司的盈利。因此该图表有许多局限性，但也说明了波动性最高的船舶在盈利和船舶价格方面，通常也是可以通过高回报抵消高风险的。

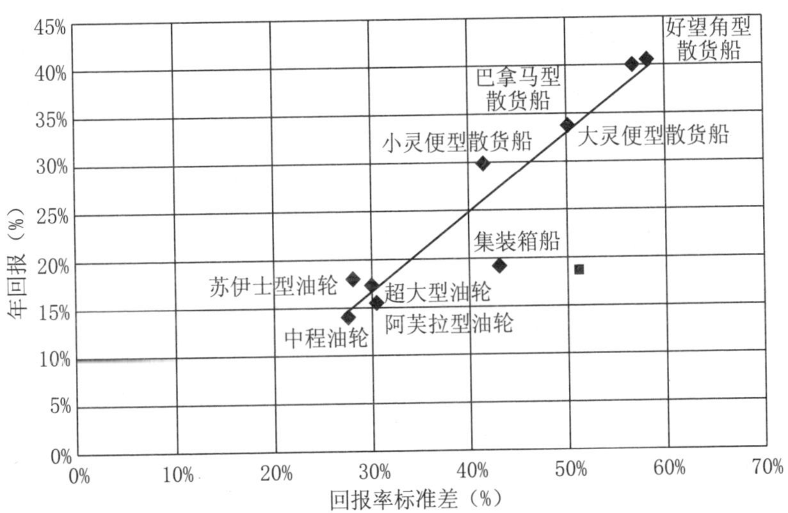

图 14.1　船舶投资风险和回报（资料来源：作者的计算数据来自克拉克森海运情报网）

船舶投资的主要价值驱动是买船时投入的现金、投资期间产生的现金，以及船舶出售时产生的现金。基于财务分析的视角，需使用如下投资标准：

● 净现值（NPV），是指未来现金流的折现，通过能够反映要求回报的折现率计算。高风险投资相较于低风险投资需要更高的回报。确定风险等级需考虑船舶价格和租船费率的波动性，以及需分析该种船型的市场流动性。

● 内部收益率（IRR），是指在净现值为零时的回报折现率。

● 也需要考虑船舶投资中的灵活性价值（可选性价值）。

船舶运营是在波动的贸易环境中。尤其是现货市场，运价极端不稳定，但期租费率（是指几个月或几年的期租）可能不能反映现货市场的波动程度。盈利的波动性也反映在船舶价格中。当然，波动性也是潜在额外收益的来源。

14.3.1 灵活性（可选性）价值

买、卖船的时机，选择的租船方式和融资的债务总额给船东提供了很多选择。术语实物期权分析（ROA）中，有“收缩期权”、“放弃期权”、“扩展期权”及“推迟期权”等名词，部分实物期权及其如何在船舶投资中适用如下：

1. 卖船是放弃期权的一种表现。

2. 宣布对新建一艘船舶，或者延长租期有选择权，是扩展期权。宣布对一艘有购买选择权的在租船舶有选择权，也是扩展期权。

3. 等待去购买一艘船舶直到市场条件更为有利或得到更好条件的融资，是推迟期权的表现。

4. 船舶的减速航行或暂停使用对于一艘或多艘船舶来说是收缩期权，但船东的目的是降低供应增加市场盈利（减速航行减少了供应但航程因此增加，因此需要更多的船舶去满足同样吨英里的需求）。

标准净现值分析法不考虑选择价值，很明显低估了船舶投资的价值。没有意识到选择价值的投资者可能抵制这种船舶投资，而支持更传统的投资方式，然而传统的投资方式事实上是高风险、低回报的。实物期权获取了灵活性价值并提供了通知何时作出决策的触发点。

结合波动性和选择价值，决定可选性价值的主要因素是：

1. 投资成本。

可选性价值取决于进入成本/买船成本。购买成本越低，选择价值越高。

2. 到期时间。

较长的到期时间能够增加选择价值。对于船舶投资，到期时间是指该船舶拆除前剩余的经济年限。决定何时拆船，除了其他原因外，取决于预期的未来租船费率和持久维修一艘旧船的（不确定的）成本。剩余经济价值（或“到期时间”）因此多变，所以我们在处理一个复杂的选择。

3. 不确定性（波动性）。

管理弹性的不确定性（波动性）增加，将导致可选性价值的增加。

使用金融/数学模型对于尝试量化可选性价值是有帮助的同时，实践中没有替代用于理解以市场份额和市场经验为基础的市场动态。比起达到任何特定的数字，结构化流程更为重要，因其需要考虑尽可能多的相关因素和可能结果。使用蒙特卡洛模拟的船舶投资财务模型、灵敏度分析法和情景分析法，提供给市场决策者，一系列可能结果和这些结果发生的可能性。最重要的是它也说明了在极端可能性出现时可能发生的后果。

14.4 船舶投资实务的一些看法

下文提供了很多有用的提示，关于一个从业者如何在实务中处理一些船舶投资方面的关键问题。

14.4.1 买卖船舶的时间

图 14.2 说明了从 2005 年 6 月到 2015 年 5 月，即 10 年之中船龄 5 年的巴拿马型散货船在二手船市场中的历史月平均价格以及同期一年定期租船费率（美元/天）。我们注意到船舶价格和一年的定期租船费用之间有高度相关性(0.98)。这种高度相关性可能是因为二手船市场中没有交货周期，因为其交易速度多多少少都比较迅速，而建造新船通常需要至少一年的时间。尤其是新造船还有积压订单，从订船到交付的交货周期都会超过一年，船东并不愿意为“期望价值”或未来的预期而买单。

14.4.2 新造船与二手船买卖的比较

投资新造船和投资二手船的净现值差别取决于一些因素，其中包括：

- 船舶交付使用的时间；
- 新造船交付之前，二手船的收益价值；
- 二手船拆除前可使用年限与新造船拆除前可使用年限在年数上的差别（剩余经济年限的差别）。

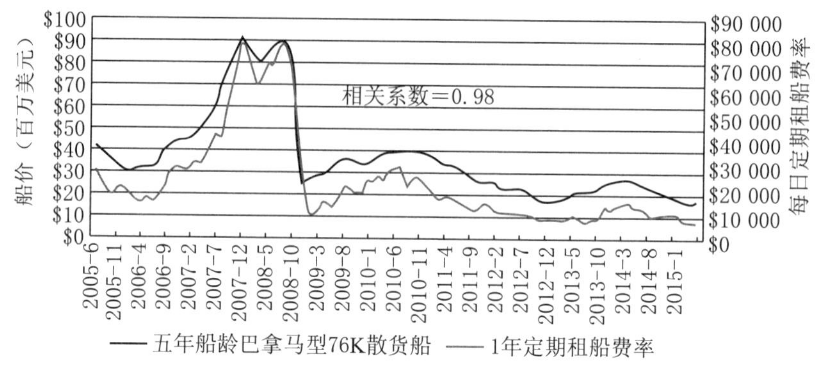

图 14.2　历史船舶价格和一年定期租船费率（资料来源：作者的计算数据来自克拉克森航运情报网）

造船厂在手订单情况可能会导致按照订单开始造船的交货期延长。从新订单开始到交付这段时间的不同长度以及运费市场状态，是决定新造船价格和二手市场船舶价差的两个关键因素。

船舶的经济年限是有限的（一般从全新开始算起为 25—30 年），其经济年限一般根据船型、租船时的贸易磨损程度，以及维护条款和维护质量而不同。船舶在最终以残值出售前可以在二手市场中经历多次买卖。如果投资策略是“资产隙”，一艘船舶在二手市场出售后，高于其原始购买价格的可观价值即可实现。决定购买船舶时，为了量化其潜在优势，惯常使用价格调整后的二手船历史平均价格作为基础，然后施行灵敏度分析或者使用船舶历史最高和最低价格来创建一个高点和低点的实例进行情境分析。图 14.3 显示了船龄为 5 年和 10 年的巴拿马型散货船，从 2005 年 6 月到 2015 年 5 月这段时间内的每月的历史船舶价格。我们可以发现，其中船龄 5 年的巴拿马型散货船平均价格为 3 730 万美元，而船龄 10 年的为 2 970 万美元。然而，历史船舶价格关于可能结果的范围和它们的概率分布提供一些相当好的想法，虽然我们不知道这个价格何时会发生。我们同样认为将超长周期中极端高的价值排除是非常明智的做法，就像 2007—2008 年时有人将历史平均值作为潜在利益的计算基准。我们注意到，概率分布和平均值可能随着时间变化。无论是船舶价格或者租船租金，都没有一个可建议的均值回归基础。然而，其返还，或表示成现金生息（船舶价格和租船费率的共同职能）即为平均值回复仍具有争议。

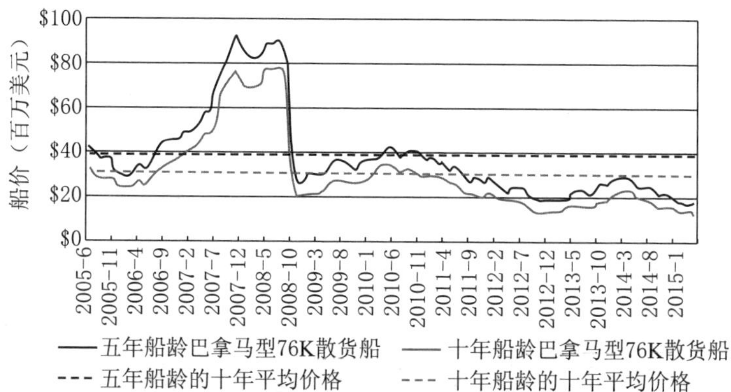

图 14.3　5 年船龄和 10 年船龄巴拿马型散货船的历史船价（资料来源：克拉克森航运情报网）

注：平均值是指在图表所示数据集的整个期间内计算的平均值。

14.4.3　拆船出售

决定将船舶拆船出售而做的财务评估可以立即将拆船得到的现金的现值和该船继续经营未来盈利产生的现金流的现值作比较，随后该船的拆船出售延迟，需要减去船舶入坞的额外费用。拆船得到净应收盈利是支付拆船后金属的净值（钢材，拆船价格的计算用每轻吨位或空载排水吨位），减去从最后一起载货交付后驶向拆船厂的航行费用以及通常的相关费用，例如遣返船员、港口和代理费。

比较拆船和继续运营船舶的现金流的主要内容有：

1. 继续运营船舶的未来收益（很有可能不确定）；

2. 旧船入坞费用（不确定，即使船东会做估计）；

3. 未来拆船价格；

4. 现金机遇价值（这是一致的，但是不同的船东对于是否、何时、如何再投资看法不同）。

其中，我们可以清楚地发现，对未来盈利和长期维持成本的预期（或者是希望）是其中最重要的因素，包括船舶入坞成本，和预测的每日运营成本。

图 14.4 说明了一艘与我们案例中使用的巴拿马型散货船相类似的船舶的历史拆船价格和二手船价格。我们发现，在市场水平高的时候船舶的拆船价值比在市场水平低的时候，在船舶租船自由价值中占比更低。因为市场价值与船舶

剩余经济年限中的预期现金流的现值挂钩，在市场水平较低的时候，一艘旧船的拆船价值将会高于其市场价值。

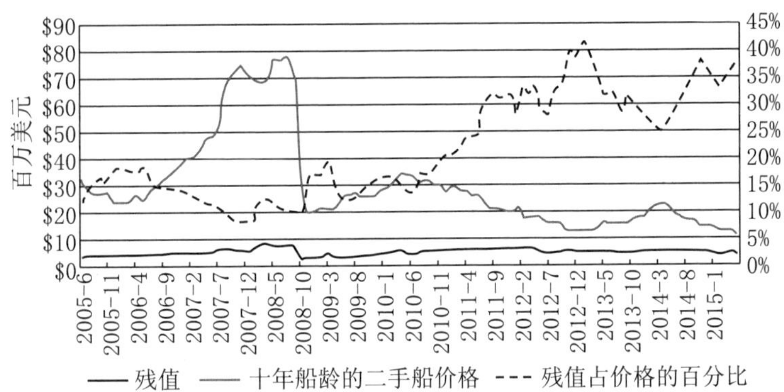

图 14.4　巴拿马型散货船的拆船价值和船舶价格（资料来源：克拉克森航运情报网）

14.4.4　运营成本

船舶的运营成本主要包括如下内容，在这一范畴内，停租不产生现金费用，但是会减少现金盈利：

- 船员；
- 备件；
- 保险；
- 根据进干船坞/特殊检查时间表，进干船坞/特殊检查。

船东通常以每年 365 天的运营天数估算和编制运营成本预算，无论该船舶是否停租。当该船舶停租时，承租人不支付租金，因此，停租会使得收入减少。在对案例建模时，我们应假定每年有 10 天的普通停租期，若船舶进干船坞停租期需再加 12 天。

管理制度要求一艘船舶每五年通过一次“特殊的”入坞检查，在两次特殊检查之间进行一个周期的定期维护，定期维护在大多数情况下是“临时”维修，且两次特殊检查之间有 30 个月的间隔。随着船舶变旧，磨损清晰地表明，外部强制的升级/维修工作的变得越来越贵。在很多情况下，船东能够大致预测一次维修的花费，维修的实际花费在对已经进入船坞进行特殊检查要求的船舶独立评价（由船级社的一个代表进行）完成后将会被确定。一旦特殊检查成功完成，在更进一步的（中级的）维修被要求之前，该船将被允许在接下来的 30 个月中继续营运。对进干船坞付费的决定可视作购买的 30 个月到期的期权，该期权的支付依赖于已经实现的租船收入和未来的拆船价格。

当船东或船舶管理人引用一个图表去计算每天的运营成本，检查该图表是否包含对进干船坞/特殊检查未来费用的日常备抵很重要。备抵是指应计成本。为了计算净现值和内部收益率，根据维修时间表，进干船坞进行维修/特殊检查，所产生的现金费用是计时的。然而，保证有足够的现金用以支付船舶维修的费用是至关重要的，现金无论是来自之前累计的现金流，还是必要时船东注入的其他现金。财务建模说明在不同场景下会产生多少现金，在什么样的情况下船东必须注入更多的现金。更多的关注点放在了运营成本的数字上，但据最大化船舶售价的观点，有时关注费用花在哪里更重要，其可以使船舶这项具有盈利能力的资产保持运营的安全和不间断，也可以低成本维持船舶质量。从 14.3 灵敏度表格中也能看出，运营成本在整个投资期间不是最重要的数值。一艘船舶投资的内部收益率对于小范围内运营成本的增加或降低也不具有高度敏感性。总现金流是关键，在这一背景下，重要的是不减少船舶价值的情况下严格控制运营成本。

14.4.5 租船："找货的决策"

船舶选择的租船方式会影响盈利的波动性，可被使用的债务占比（偿债能力）和预期平均盈利。短期租船通常会带来较高的预期盈利，但波动性更大。长期租船的良好信用通常使其有可能使用更多债务。事实上，在市场风险和信用风险之间存在权衡。原则上，信用风险的功能是决定承租人和租期。承租人履行合同义务的能力可能因合约期而不同。该风险在未来暴露的程度可以通过计算承诺履行的租船协定费率和未偿余额在类似租约中现行市场费率的差额得出。这也是租船合同中的"市场调整"。举例来说，如果我们以 25 000 美元/每天的费率在履行一个两年的定期租船合同，现在租期还剩一年，现在的市场费率是 12 000 美元/每天，我们在剩余租期中的信用风险就是 25 000 美元与12 000 美元的差值，再乘上 365 天减去相关的停租天数。若停租 7 天，信用风险为 470 万美元，然后我们在这个基础上还将承受金融稳定性和承租人信用的风险。

如果我们没有把该船固定在长期租船合同中，我们将充分暴露在市场风险中（短期租船在期租费率和货物可用性方面持续波动），且可以预计获得的债务融资较少。图 14.5 说明，长期租船的平均等价期租租金没有短期租船的平均等价期租租金或现货交易的等价期租租金影响深远。因此，我们应当在船舶投资的财务分析中考虑项目上较低的债务（同时要求一个较高的权益投资）可能会产生较高的回报，因现货市场上的平均盈利较高。还应注意到，把长期租船锁定在低端市场是没有意义的，结果可能是，我们不能在市场变好租船费率好转的情况下获益。

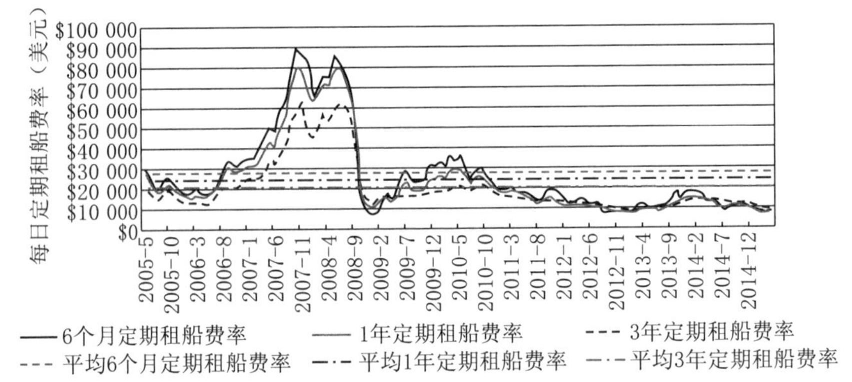

图 14.5　6 个月、1 年、3 年定期租船费率的比较结果（资料来源：克拉克森航运情报网）

注：整个数据集期间计算的所有结果的相关平均值都体现在图表中。

需要注意的是，在一个低端市场中，当旧船没有盈利能力（停租）时，因其没有寻找到即时租船的能力而需要花费更多的天数。尤其是较温和的市场环境中，承租人能够负担挑选船舶的成本，并且在有新船的情况下倾向于直接忽视旧船。因船舶变旧、不确定的相关技术障碍和停租期增加，期租不再是船东的期权——也即，船东可能找不到一个承租人愿意期租他的船舶，即便那是他的优先权。因此，船东将不得不假设可能的现货盈利。

14.4.6　融资

好的用于船舶投资分析的财务模型的一个优点是，能够识别什么样的财务安排能够给交易带来最多的附加价值。一旦交易现金流（和不确定因素）被创建，与之匹配的融资结构将被构建。需注意下列内容：

1. 通常在债务占比高的优势与贷款人要求的支撑高债务的长期租船关系之间有一个权衡；

2. 较高的权益资本占比在租赁期限和可能的股息支付方面提供灵活性；

3. 典型的，银行会对船龄设限，不向船龄高于 12—15 年和某些无债务年龄（例如 20 年）的船舶贷款。

表 14.6 单个银行贷款准则（说明性假设）

最后一笔还款时最大船龄	20 年
贷款配置	15 年
银行贷款期限	8 年
贷款残值（在过去平均价格中的占比）	20%
债务能力计算结果	
船舶每年的运营现金流	400 万美元
必要的贷款保障率	1.4
偿债能力	290 万美元
贷款期限	8 年
贷款期间的还本付息	2 290 万美元
一利息支付总额	530 万美元
＝分期付款总额	1 760 万美元
＋期末尾付贷款最大限额	600 万美元
＝贷款最大限额	**2 360 万美元**

表 14.6 中的例子说明了，如何基于之前案例中估算的现金流计算出投资船舶的最大债务能力；何时把它适用到我们意图向其申请债务融资银行所使用的贷款准则中（通常是一个绝对优先权的船舶抵押贷款）。

在估算一艘船舶的债务融资时，计算我们称之为贷款“出卖率”的做法也是有用的。因其给了一个能力上的提示，去创造足够的现金流用以支付利息和偿还贷款，在拆船前的整个剩余经济年限内，无论是对贷款人还是贷款人都是有用的。出卖率的计算结果见表 14.7。

表 14.7　贷款出卖率计算结果

现有租船关系结束时的船龄（期租）	10 年
船舶剩余经济年限	15 年
贷款要求结清时的船龄	20 年
还贷剩余时间	10 年
期租结束时的贷款余额	1 360 万美元
未来债务成本	每年 4.5%
必需的贷款出售率为 0	1 894 美元/每天　光船租船费率
估算的残值	120 万美元
必需的贷款出售率为拆船价格	1 792 美元/每天　光船租船费率

每天的光船租船费率的计算要求结清船龄足够小能够满足贷款准则时的未偿贷款余额，简化为特定年份的年金（Excel 中 PMT 的功能），以贷款成本除以 365 天。我们简单增加了从目前开始的每天运营成本的估算并调整了估算的停租天数，为了将其增加到定期租船或等价期租租船费率中。

无论是用历史平均费率，还是历史最低费率，比较计算出的比例（用光船或期租收入表示，美元每天），我们发现，即便是市场持续低迷，抵押贷款的船舶依旧有能力全部还本付息。如果银行同意重组贷款，即允许还款持续到该船舶的剩余经济年限，贷款可能会被全部还清，即使我们不考虑任何残值。如果允许从船舶残值中分得利益，付清所有债务而必需的费率甚至更低。当然，只要市场好转，原始的债务偿还计划被恢复，为了重归正轨，可能会有偿还加速。

14.5　用于投资的船舶

用于投资的船舶与其他市场化金融工具相比，比如说股票、债券或交易期权，在下列特征方面相似：

1. 船舶的市场价格可以解释为该船舶在其剩余经济年限中预期产生的现金流的现值，以回报率折现，该回报率反映着市场对下行风险和上行潜力的洞察力（定价）。

2. 运营该船舶在一定期限内产生的现金流以船舶价格的百分比表示。这与股票产生的股息或债券产生的收益类似。

3. 租船因租约（期间）的不同有着不同的租期和费率。

4. 租船收益曲线反映着远期期望（上涨或下跌的行情）。克拉克森航运情报网一般报道 6 个月、1 年、3 年和 5 年的租船期。远期收益曲线也可以从各种各样含有远期运费协议的市场报告中读出。

5. 船舶可以全天连续地在流动的、透明的、被广泛报道的全球市场中交易。

6. 现金流承受信用风险（租船中对方当事人风险）。

7. 现金流承受市场风险（船舶价格和租船费率的变化）。

8. 船龄决定了船舶至拆除时的剩余经济年限，可以被看作类似于债券、期权到期前的剩余时间。

船舶价格和收益在活跃的流动市场需承受波动性（风险），因此在我们分析一艘投资船舶时，与之相关的下列问题也需要考虑。

14.5.1 船舶能否在有效市场中被定价?

无需任何关于市场效率的约定声明，在高风险的船舶投资中，理所当然需要更高（期待的）回报。为了分析前述观点，我们假定船舶价格和租金费率反映着任一时刻的所有相关信息，并且那些新的信息将会及时反映在变化的船舶价格和租金费率中。有效市场是这么定价风险的，即高风险的投资比低风险的投资需要高的回报。现实生活中，市场可能不总是 100% 有效的，资产也可能被高估或低估。

估算船舶投资时的基本问题如下：

- 什么时候船舶价格和租船费率上涨或下跌?
- 船舶价格和租船费率在不同的水平时将会维持多久?

人们在预测航运市场的供需关系中付出了诸多努力。基于需求变动而出现的动态供给调整常被忽视。把船舶定价模型看作是一个随机过程对分析投资是有帮助的。这意味着，船舶价格是一个随机变量，但是每一个船舶价格变量的可能价值的可能性都不等同。船舶价格的变化率（“变化的速度”）和船舶价格的变化总量（“阶梯变化”）都需要承受时间流逝带来的改变和变动。反映到船船价格和租船费率关系中的图表将变得相当复杂。变化发生时的费率（“加速”）也是相关的。今天的船舶价格或租船费率不能预测明天的船舶价格或租船费率。在这种意义上，船舶价格是随机的。随机变量的概率分布，可能会导致某些结果的可能性更高。

14.5.2 船舶价格、租船费率和投资回报的均值能否回复?

对于该问题有不同的观点。实务中，用船舶价格和租船费率的历史均值，作为船舶价格和租船费率长期平衡的基准是有用的，但是应小心使用。正如之前提到的，排除一个在“超长周期”内被观察到的极端价值是可取的。然而，极端高的价值的确是有可能的。记住，船舶均值会因一些因素随时间而改变，比如说该因素是建造一艘新船时（钢材、劳动力、机器和设备）增加必要投入的成本，以及运营该船舶的成本（船员、供给、保险）。同样着眼于船舶价格和租船费率的历史最大和最小价值对形成一个有关潜在利弊的观点是有用的。极端高或极端低的价格不会持续很长时间，也就是说，市场会“自我修正”。

14.6 结　论

船舶财务建模帮助分析者更好地理解交易。使分析者深切注意到交易和帮助分析者识别是什么让交易起作用的。一些经验丰富的船东可能可以根据其直觉处理交易。但对于我们其他人来说，财务建模是一项必要工具，相当重要的是其能够以记载思维方式以便我们向第三方投资者传达。

备注

蒙特卡罗模拟是一种用于风险分析的计算机数学技术。蒙特卡罗模拟通过用一系列值，即概率分布，来替换具有不确定性的任何因子，建立起可能结果的计算机模型来执行风险分析。然后，它会一次次反复计算结果，每次都使用来自每个因子的特定概率函数的不同随机值集。它为决策者提供了一系列可能的结果以及这些结果在任何行动中发生的概率，从而显示出重要因素的变化如何相互作用。它也显示出极端的可能性。这些结果不仅显示了可能发生的情况，而且显示了每个结果的可能性。概率分布是描述变量不确定性的一种比确定性或“单点估计”分析更现实的方法。

参考文献

Benninga, S. (2014), Financial Modeling, John Wiley & Sons, Inc., Hoboken, New Jersey.

Benninga, S. (2010), Principles of Finance with Excel, John Wiley & Sons, Inc., Hoboken, New Jersey.

Copcland, T. and Antikarov, V. (2003) Real Options: A Practitioners Guide, Thomson-Texere, New York. Fabozzi, F.J., Focardi, S.M., and Kolm, P.N. (2006), Financial Modeling of the Equity Market. From CAPM to Cointegration, John Wiley & Sons, Inc.Hoboken, New Jersey.

Merton H.M. and Modigliani, F. (1958), The Cost of Capital, Corporation Finance and the Theory of Investment, The American Economic Review.

Pires, F.C.M., Assis, L.F. and Fiho, M.R. (2012), A Real Options Approach to Ship Investment Appraisal, African Journal of Business Management, vol.6(25), 7397—7402.

Razgaitis, R. (2003), Dealmaking Using Real Options and Monte Carlo Analysis, John Wiley & Sons, Inc., Hoboken, New Jersey.

Rees, M. (2008), Financial Modelling in Practice: A Concise Guide for Intermediate and Advanced Level, The Wiley Finance Series.

第十五章

航运业务运费风险管理

马诺利斯·卡伍萨诺斯（Manolis Kavussanos）

伊利亚斯·维斯维基斯（Ilias Visvikis）

15.1 简 介

由于航运业在费率和价格上的不稳定性，市场从业者试图通过金融衍生品的使用来最小化运费、燃料价格、利率、外汇汇率等的负面变动。[1]风险管理的过程可以使在行业内经营的公司规范现金流（收入和成本）获得更有效的预算，获得航运贷款，并保护其公司价值。这一章概述了各种可用于该行业最重要风险来源—运费风险对冲的金融衍生品和市场，并阐述了运费相关金融衍生品的交易细节、用途和监管的变化[2]。

我们首先对货运衍生品市场进行了概述，然后在分析各种市场和产品之前，介绍了航运货运衍生品的标的资产，接着探讨《波罗的海远期评估手册》（BFA）并呈现可用的交易变量，并以衍生品交易的监管变化作结论。

15.2 货运衍生品市场

远期运费协议（FFA）作为场外交易的衍生品协议于1992年启动，是买卖双方之间私人的、委托人对委托人的差价合同（CFD），用于结算单独或混合航运业干散货、油轮或集装箱区块主要贸易路线的一定数量的货物或某种类型的船舶的运费。有关货运衍生品市场的详细描述与应用，参见卡夫萨诺斯和维斯维基斯（2006a，2007，2011，2014）和卡夫萨诺斯等（2014a）的论著。

波罗的海交易所某条特定航线上的海上货运衍生品合约中的干散货指数，以固定远期价格（以美元/吨计）与该航线在结算月份最后 7 个工作日的平均现货价格之间的差额结算[3]。个别航线或一揽子航线的定期租船合同，按照合同价格（以美元/天计）与历年结算月平均价格的差额结算。油轮货运衍生品合同是指两个参与者以全球标准衡量的就未来运价的协议，或以等价期租费率衡量的就波罗的海交易所油轮指数的个别航线达成的协议。每个月底的结算是根据商定的远期价格和油轮航线的每月平均现货价格之间的差额进行的。集装箱远期互换协议（CFSA）是两个参与方之间的现金结算合同，对象是使用上海出口集装箱运价指数（SCFI）或世界集装箱指数的特定贸易路线上特定数量的集装箱。美国境内航线以美元/FEU（40 英尺当量单位）计算，其他航线以美元/TEU（20 英尺当量单位）计算。集装箱远期互换协议到期时的结算价格估为合同期内平均指数计量箱利率。

销售货运服务且希望保护自己的收入不受运价影响的船东则在 FFA/CFSA 合同上做空（卖出），而承租认购货运服务且希望保护自己的成本不受运价上升影响，则做多（买入）。如果运费最终低于约定的合同（FFA/CFSA）费率，则远期运费协议的买方将商定的 FFA/CFSA 价格与结算价格之间的差额支付给合同的卖方。如果运费高于约定价格，则相反。

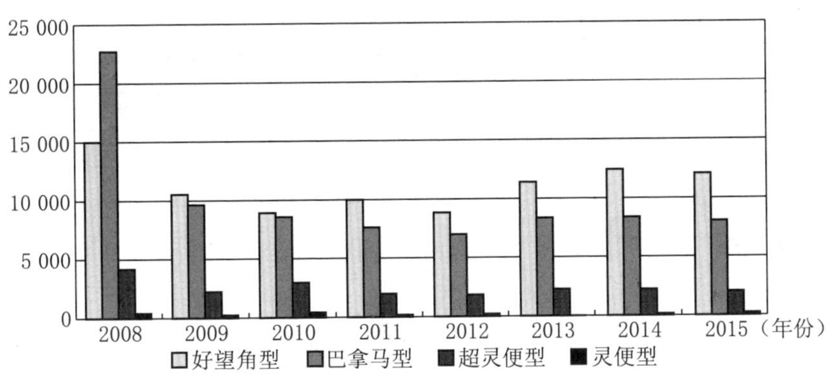

图 15.1　FFA 干散货总交易量（以批次计）的周平均值

资料来源：作者的计算结果基于波罗的海交易所数据

图 15.1 显示的是干散货不同模块的年贸易额（以批次计）。可以看出，除了 2008 年，好望角型的交易量最高，其次是巴拿马型。超灵便型交易量相当低，而灵便型几乎不存在，这主要是由于多年来船舶规模的增加。

下面演示套期保值的原理。假设船东或租船商认为，在特定的货运航线上，在特定的船舶/货物尺寸下，运价可能会在不久的将来与其实际货位发生冲突。船东（租船商）可以通过经纪人对于具体的货运路线出售（购买）远期运费协议。经纪人将寻找一个与其客户的预期相反的交易对手，即想要购买（出售）远期运费协议。如果双方达成了协议，则远期运费协议由双方共同签署。在结算时，如果运费低于约定的费率，货运衍生品合同的买方（如租船商）支付约定的货运衍生品价格与结算现货价格之间的差额；如果费率上升，那么买方将收到差价。而对卖方也就是船东来说，情况正好相反。由于各方面原因，远期运费协议可以被不同的市场参与者使用。更具体地说，为了对冲目的，船东可以使用远期运费协议来保护他们的收入不受运费下降的影响，并根据市场情况进行交易。租船商也可以使用远期运费协议对冲，以保护他们的成本不受运费上涨的影响，也可以只是根据他们对货运市场的评估进行交易。经营者们可凭借其在市场上的地位，减少来自货物或船舶的契约风险；因此，如果他们已经装载好一艘船，他们希望通过出售远期运费协议来保护自己不受运费下降的影响，而如果他们希望在未来使用船舶，则希望通过购买远期运费协议来保护自己不受运费上涨的影响。最后，金融机构如银行和基金等等可以利用远期运费协议在风险管理、自营交易[4]等领域为客户对冲船舶融资风险，防范客户未来现金流和收益不利的可能性，哪怕客户无法满足他们船舶贷款的条件。此外，远期运费协议的使用使银行能够增加向客户提供的产品，即清算账户、金融衍生品的估值和定价、保证金（信用额度）融资、价格报价以及各种咨询服务等等。

15.3 运费指数：货运衍生品的标的资产

货运衍生品合同的标的资产是各种贸易货物的运价，如煤炭、铁矿石、原油和集装箱等，这些货物通过散货船、油轮或集装箱船在世界各地的各种海上贸易航线运输。货物衍生品合同的标的资产是每日公布的波罗的海交易所运费指数中的单个干散货和油轮航线或一篮子航线。对集装箱这一领域，标的资产是SCFI或世界集装箱指数的航线。

波罗的海交易所在世界各地任命独立的船舶经纪人（所谓的专家小组），“在他们被要求评估的航线范围内，就开放的市场的普遍水平给出专业判断”。根据联交所的资料，小组成员在提供评估时考虑的因素有：（1）已知的和最近完成的订租；（2）当前的谈判；（3）可用的船舶；（4）受载/销约期；[5]（5）船舶的及时交付；（6）船龄因素等[6]。交易所一收到货运评估，就可以开始计算每条航线的平均运费，并编制部门货运指数，例如好望角型、巴拿马型和大灵便型，然后向市场报告。多年来，为了满足在这些行业进行交易的市场参与者的需求，已经制定了若干部门指数。下面将讨论这些问题，请参阅卡伍萨诺斯和维斯维基（2006a）早期的详细描述。

在干散货领域，波罗的海干散货运价指数（BDI）早在1985年就推出；1998年波罗的海巴拿马型船运价指数（BPI）；1999年波罗的海好望角型船运价指数（BCI）都于2014年5月修订（BCI 2014）；替代航线C8_03、C9_03、C10_03和C11_03；此外有2005年波罗的海超灵便型船运价指数和2006年波罗的海灵便型船运价指数（BHSI）；2013年的波罗的海巴拿马型-亚洲（BEP Asia）和波罗的海超灵便型船-亚洲（BES Asia），以及2015年新的波罗的海超灵便型船58运价指数（BSI 58）和波罗的海超灵便型船58亚洲（BES 58 Asia）。表15.1A至H组所示为2016年1月BCI 2014、BPI、BEP Asia、BSI、BES Asia、BES Asia、BES 58 Asia、BSI 58和BHSI指数的组成。表中各个指标表示：船舶尺寸，单位为公吨；航线描述；货物品名；以及每条航线的权重，即每条航线在组成指数时的相对重要性。并且，波罗的海交易所会在每个工作日报告每条航线的运价，包括每一航线、每一指数以及每一部门指数的一篮子定期航线。例如，BCI5报告给好望角地区，该地区包括定期航线C8、C9、C10、C14和C16。在某些情况下，如巴拿马型，一篮子航线与指数重合。

表 15.1　2016 年 1 月波罗的海交易所干散货运价指数

航线	船舶尺寸（公吨）	航线描述	货物品名	航线权重（%）
A 组：波罗的海好望角型船运价指数（BCI）				
C2	160 000	图巴罗（巴西）—鹿特丹（荷兰）	铁矿石	5
C3	160 000—170 000	图巴罗—青岛（中国）	铁矿石	15
C4	150 000	里查兹湾（南非）—鹿特丹	煤	5
C5	160 000—170 000	澳大利亚西—青岛（中国）	铁矿石	15
C7	150 000	玻利瓦尔（哥伦比亚）—鹿特丹	煤	5
C8_14	180 000	跨大西洋往返，再交付直布罗陀—汉堡航段	TC	5
C9_14	180 000	阿姆斯特丹—鹿特丹—安特卫普或经帕塞罗（地中海），再交付中国—日本	TC	7.5
C10_14	180 000	太平洋往返航程，再交付中国—日本航段	TC	15
C14_14	180 000	青岛（中国）—巴西往返航程，再交付中国—日本航段	TC	15
C15	160 000	里查德湾—防城港（中国）	煤	5
C16	180 000	华北—日本南部航段，途经澳大利亚或印度尼西亚或美国西海岸（USWC）或南非或巴西，在斯卡—帕塞罗（欧洲西北部—地中海）内交付英国/欧洲大陆/地中海	TC	7.5
C17	170 000	萨尔丹哈湾（南非）—青岛（中国）	铁矿石	0
B 组：波罗的海巴拿马型船运价指数（BPI）				
P1A_03	74 000	跨大西洋往返	TC	25
P2A_03	74 000	斯卡—直布罗陀到远东航段，再交付台湾（中国）—日本航段	TC	25
P3A_03	74 000	日本—韩国航段至太平洋往返航程，再交付日本—韩国航段	TC	25
P4A_03	74 000	日本—韩国航段，再交付斯卡—直布罗陀航段	TC	25
C 组：波罗的海巴拿马型船-亚洲（BEP Asia）				
P5	74 000	华南福州（中国）—香港（中国）或途经台北（中国）南行至印尼，再交付华南	TC	100

（续表）

航线	船舶尺寸（公吨）	航线描述	货物品名	航线权重（%）
D 组：波罗的海超灵便型船运价指数（BSI）				
S1A	52 454	安特卫普（比利时）/斯卡至远东，再交付新加坡—日本	TC	12.5
S1B	52 454	恰那卡莱（土耳其）至远东，再交付新加坡—日本	TC	12.5
S2	52 454	韩国—日本跨太平洋往返，再交付韩国—日本	TC	25
S3	52 454	日本—韩国，再交付斯卡—直布罗陀航段	TC	25
S4A	52 454	美国湾，再交付斯卡—直布罗陀航段	TC	12.5
S4B	52 454	斯卡—直布罗陀航段，再交付美国湾	TC	12.5
S5	52 454	西非（达喀尔—杜阿拉山脉），途经南美洲东海岸，再交付华北（上海—大连范围）	TC	0
S9	52 454	西非（达喀尔—杜阿拉山脉），途经南美洲东海岸，再交付斯考—直布罗陀航段	TC	0
E 组：波罗的海超灵便型船-亚洲（BES Asia）				
S8	52 454	华南经印尼至印度东海岸	TC	33.33
S10	52 454	华南—印尼—华南	TC	33.33
S11	52 454	中国中部（长江口—宁德山脉）—澳大利亚或跨太平洋往返	TC	33.33
F 组：波罗的海超灵便型船 58 亚洲（BES 58 Asia）				
S8 _ 58	58 328	华南经印尼至印度东海岸	TC	33.33
S10 _ 58	58 328	华南—印尼—华南	TC	33.33
S11 _ 58	58 328	中国中部（长江口—宁德山脉）—澳大利亚或跨太平洋往返	TC	33.33
G 组：波罗的海超灵便型船 58 运价指数（BSI 58）				
S1B _ 58	58 328	恰那卡莱经地中海或黑海—中国、韩国	TC	5
S1C _ 58	58 328	美国湾—中国及日本南	TC	5
S2 _ 58	58 328	华北—澳大利亚或太平洋往返	TC	20
S3 _ 58	58 328	华北—非洲西部	TC	15
S4A _ 58	58 328	美国湾—斯卡—帕塞罗	TC	7.5

（续表）

航线	船舶尺寸（公吨）	航线描述	货物品名	航线权重（%）
S4B _ 58	58 328	斯卡—帕塞罗—美国湾	TC	10
S5 _ 58	58 328	西非途经南美洲东海岸，再交付华北	TC	5
S8 _ 58	58 328	华南经印尼至印度东海岸	TC	15
S9 _ 58	58 328	西非途经南美洲东海岸，再交付斯卡—帕塞罗	TC	7.5
S10 _ 58	58 328	华南—印尼—华南	TC	10
H 组：波罗的海灵便型船运价指数（BHSI）				
HS1	28 000	斯卡—帕塞罗，再交付雷卡拉达（阿根廷）—里约热内卢（巴西）航段	TC	12.5
HS2	28 000	斯卡—帕塞罗，再交付波士顿—加尔维斯顿（美国）航段	TC	12.5
HS3	28 000	雷卡拉达—里约热内卢，再交付斯卡—帕塞罗航段	TC	12.5
HS4	28 000	美国湾或南美洲北岸，再交付斯卡—帕塞罗航段	TC	12.5
HS5	28 000	东南亚途经澳大利亚，再交付新加坡—日本航段	TC	25
HS6	28 000	韩国—日本途经北太平洋，再交付新加坡—日本航段	TC	25

注：BCI 的 18 万载重吨五条定期租船航线篮子（5TC）的权重为：C8 _ 14：25%；C9 _ 14:12.5%；C10 _ 14：25%；C14 _ 14：25%；和 C16 _ 14：12.5%。对于巴拿马型、超灵便型和灵便型定期租船篮子，权重与 B、D 和 H 组相同。2014 年 BCI 新指数取代了 172 000 吨级船舶的定期租船平均航线（4TC）：C8 _ 03：交付直布罗陀—汉堡航段，再交付直布罗陀—汉堡航段；C9 _ 03：ARA 或经过帕萨罗（西西里岛）交付，中国—日本交付；C10 _ 03：交中日航程往返航次，交回中日航程；C11 _ 03：交付中国日本航程，再交付 ARA 或经过帕萨罗。BPI 航线运输下列货物：谷物、石油、焦炭、煤或类似货物。在 S8、S10 线上运输煤炭，在 S11 线上运输煤炭、粮食等。

在 BEP 亚洲 P5 航线上运输煤炭。

（资料来源：波罗的海交易所）

图 15.2 显示了 2000 年 1 月至 2015 年 12 月 BCI、BPI、BSI 和 BHSI 指标的历史数据。

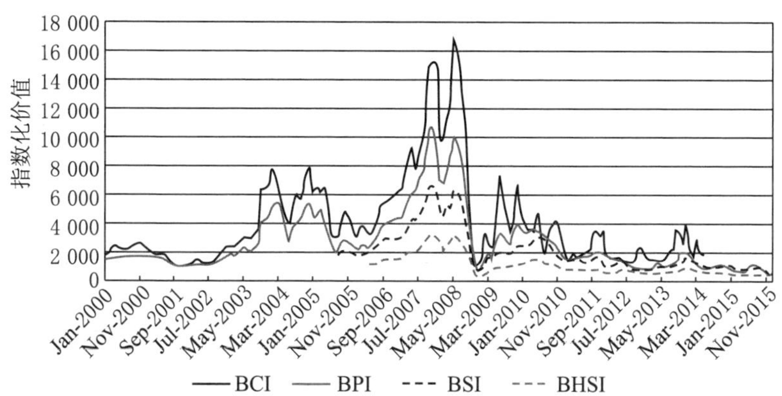

图 15.2 波罗的海好望角型船、巴拿马型船、超灵便型船和灵便型船指数（2000 年 1 月至 2015 年 12 月）

（资料来源：克拉克森航运情报网）

在油轮领域，波罗的海交易所于 1998 年 1 月推出了波罗的海国际油轮路线和 BITR 亚洲指数，以涵盖运输重油（原油）和轻油（原油制品）的市场。2001 年 10 月，它将波罗的海国际油轮路线拆分成了波罗的海原油油轮指数(BDTI)代表重油市场和波罗的海成品油轮指数涵盖原油制品市场。这样做是为了展现两个油轮市场是由不同的市场条件驱动的独立部门，因此应该用单独的货运指数来表示。表 15.2 的 A、B 和 C 组分别代表 2016 年 1 月波罗的海原油油轮指数、波罗的海成品油轮指数和波罗的海国际油轮运价亚洲指数及其组成的货运航线。就像干散货运价指数一样，波罗的海交易所在每个工作日收集来自各航线的油轮专家的运价信息，计算每条航线的平均运价比较专家的估值，然后在世界油船（基本）费率表的测量基础上向市场报告。此外，以美元/天计算的等价期租租金运价也按个别货运航线的平均数计算；因此，TD1 和 TD3 的平均值被报道为 VLCC——等价期租费率，代表超大型油轮部门，TD6 和 TD20 的平均值被报道为 Suezmax——等价期租费率，而 TD7、TD8、TD9、TD14、TD17 和 TD19 的平均值被报道为阿芙拉型油轮——TD19。最后，交易所向市场报告 BDTI、BDTI Asia 和 BCTI 的价值。

图 15.3 显示了 2000 年 1 月至 2015 年 12 月波罗的海原油油轮指数和波罗的海清洁油轮指数的历史价格变动。

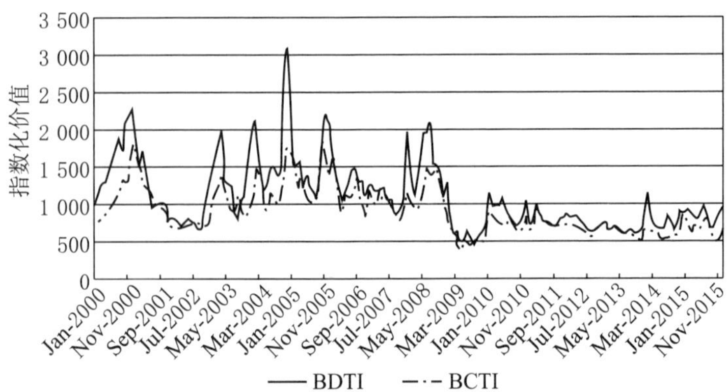

图 15.3 波罗的海原油油轮指数（BDTI）和波罗的海成品油轮指数（BCTI）（2000 年 1 月—2015 年 12 月）（资料来源：克拉克森航运信息网）

表 15.2 2016 年 1 月波罗的海油轮运价指数

航线	船舶尺寸（公吨）	船舶类型	航线描述
A 组：波罗的海原油油轮指数（BDTI）			
TD1	280 000	超大型油轮	中东湾—美国湾，拉斯坦努拉（沙特阿拉伯）至路易斯安那海上石油港口（美国）
TD2	270 000	超大型油轮	中东湾—新加坡，拉斯坦努拉至新加坡
TD3	265 000	超大型油轮	中东湾—日本，拉斯坦努拉至千叶（日本）
TD6	135 000	苏伊士型油轮	黑海—地中海，新罗西斯克（俄罗斯）至奥古斯塔（美国）
TD7	80 000	阿芙拉型油轮	北海—欧洲大陆，萨洛姆湾（英国）至威廉港（德国）
TD8	80 000	阿芙拉型油轮	科威特到新加坡，米纳艾哈迈迪（科威特）至新加坡
TD9	70 000	巴拿马型油轮	加勒比海到美国湾，拉克鲁斯港（委内瑞拉）至科帕克利士（美国）
TD12	55 000	巴拿马型油轮	西北欧区域—美国湾，安特卫普（比利时）至休士顿（美国）
TD14	80 000	阿芙拉型油轮	东南亚到澳大利亚东海岸，叙利亚至悉尼
TD15	260 000	超大型油轮	西非到中国，赤道几内亚的扎菲罗油田和尼日利亚邦尼港至宁波（中国）
TD17	100 000	阿芙拉型油轮	波罗的海到英国大陆，普里莫尔斯克（俄罗斯）至威廉沙文（德国）

（续表）

航线	船舶尺寸（公吨）	船舶类型	航线描述
TD18	30 000	灵便型油轮	波罗的海到英国大陆，塔林（爱沙尼亚）至阿姆斯特丹（荷兰）
TD19	80 000	阿芙拉型油轮	跨地中海，杰伊汉（土耳其）至拉韦拉（法国）
TD20	130 000	苏伊士型油轮	西非至英国大陆至鹿特丹
TD21	50 000	巴拿马型油轮	加勒比海到美国湾，马莫纳尔（哥伦比亚）至休士顿（美国）（不对波罗的海原油油轮指数作出贡献）
VLCC—等价期租费率	300 000	超大型油轮	由 TD1 和 TD3 得出的平均费率
Suezmax—等价期租费率	160 000	苏伊士型油轮	由 TD6 和 TD20 得出的平均费率
Aframax—等价期租费率	105 000	阿芙拉型油轮	由 TD7，TD8，TD9，TD14，TD17 和 TD19 得出的平均费率
TD3C	270 000	超大型油轮	中东湾至中国，拉斯坦努拉至宁波
B 组：波罗的海成品油轮指数（BCTI）			
TC1	75 000	阿芙拉型油轮	中东湾至日本，拉斯坦努拉至横滨（日本）
TC2 _ 37	37 000	灵便型油轮	欧洲大陆到美国大西洋海岸，鹿特丹至纽约
TC5	55 000	巴拿马型油轮	中东到日本，拉斯坦努拉至横滨
TC6	30 000	灵便型油轮	阿尔及利亚/马赛，斯基克达（叙利亚）至拉维拉（法国）
TC8	65 000	巴拿马型油轮	中东湾至英国大陆，朱贝尔（沙特阿拉伯）至鹿特丹
TC9	22 000	灵便型油轮	波罗的海至英国大陆，普里莫尔斯克至勒哈弗尔（法国）
TC14	38 000	灵便型油轮	美国湾至欧洲大陆，休士顿至阿姆斯特丹
TC15	80 000	阿芙拉型油轮	地中海/远东（纳弗他）
TC16	60 000	巴拿马型油轮	阿姆斯特丹至多哥
C 组：波罗的海国际油轮运价亚洲指数（BITR Asia）			
TC4	30 000	灵便型油轮	新加坡至日本，新加坡至千叶（日本）

（续表）

航线	船舶尺寸（公吨）	船舶类型	航线描述
TC7	30 000	灵便型油轮	新加坡至澳大利亚东海岸，新加坡至悉尼
TC10	40 000	灵便型油轮	韩国至北太平洋西海岸，韩国至温哥华（加拿大）至罗萨里托（墨西哥）
TC11	40 000	灵便型油轮	韩国至新加坡
TC12	35 000	灵便型油轮	印度西海岸至日本，锡卡（印度）至千叶（日本）

注：波罗的海成品油轮指数不包括 TD4、TD7、TD10、TD11、TD12 航线，为独立航线（BITR Asia），发布时间为 1 600 新加坡时间。TC12 路线：输送石脑油凝析油。

（资料来源：波罗的海交易所）

在集装箱领域，有两个运价指数，其中单个航线的运价作为集装箱衍生品的标的资产，价值每周周五报告一次。第一个是上海集装箱货运指数，由上海航运交易所（SSE）建造并发布。其所有航线的运费均以美元/TEU 报价，除以美元/FEU 报价的美国西海岸和东海岸航线外。第二个指数是世界集装箱指数，它是 Drewry 航运咨询公司和 Cleartrade Exchange 的合资企业。其航线报价为美元/FEU。表 15.3 和表 15.4 分别给出了上海集装箱货运指数和世界集装箱指数指标及其组成。[7]

表 15.3 2016 年 1 月上海集装箱运价指数（SCFI）

分航线	航线描述	单 位	权重
1	欧洲（基地港）	美元/TEU	20
2	地中海（基本港）	美元/TEU	10
3	美西（基本港）	美元/FEU	20
4	美东（基本港）	美元/FEU	7.5
5	波斯湾（迪拜）	美元/TEU	7.5
6	澳新（墨尔本）	美元/TEU	5.0

（续表）

分航线	航线描述	单　位	权重
7	西非（拉各斯）	美元/TEU	2.5
8	南非（德班）	美元/TEU	2.5
9	南美（桑托斯）	美元/TEU	2.5
10	日本关西（基本港）	美元/TEU	5.0
11	日本关东（基本港）	美元/TEU	5.0
12	东南亚（新加坡）	美元/TEU	5.0
13	韩国（釜山）	美元/TEU	2.5
14	中国台湾（高雄）	美元/TEU	2.5
15	中国香港	美元/TEU	2.5

注：运费包含海运及附加费；所有航线均以上海港为起点。基地港：地中海：巴塞罗那/瓦伦西亚/热那亚/那不勒斯；欧洲：汉堡/安特卫普/费力克斯托港/勒阿弗尔；美国西海岸：洛杉矶/长滩/奥克兰；美国东海岸：纽约/萨凡纳/诺福克/查尔斯顿；日本西部：大阪/神户东—东京/横滨。

（资料来源：上海航运交易所）

表 15.4　2016 年 1 月世界集装箱指数（WCI）

分航线	航线描述	代表贸易	权重
1	上海—鹿特丹	远东—北欧	23.5
2	鹿特丹—上海	北欧—远东	10.7
3	上海—热那亚	远东—地中海	13.0
4	热那亚—上海	地中海—远东	4.4
5	上海—洛杉矶	远东—美西	22.7
6	洛杉矶—上海	美西—远东	11.0
7	洛杉矶—鹿特丹	远东—美东	8.3
8	鹿特丹—洛杉矶	美西—北欧	0.30
9	鹿特丹—洛杉矶	北欧—美西	0.50
10	纽约—鹿特丹	美东—北欧	2.5
11	鹿特丹—纽约	北欧—美东	3.0

（资料来源：清算交易所）

15.4 货运衍生品市场及产品

在组织化的衍生品交易所，货运衍生品合约可以作为基于交易所的期货或期权产品进行交易。或者，可以被发现为OTC远期合约（掉期交易）或期权产品，有或没有结算。

15.4.1 远期运费协议（FFA）

远期运费协议是指在前一节所述的一种运价指数上交易双方就某单独货运航线或一篮子货运航线交易时的OTC私人合同。作为私人合同，它们包含了交易对手风险，而这种风险可能由提供服务的清算所中的合同当事方消除，也可能不被消除。在合同的一个交易方希望出售信用风险的情况下，也就是说，当对OTC产品进行结算时，这些“混合”远期运费协议（或组合期货[8]）在清算所中被按市值计价结算。这使远期运费协议得以保留其灵活的OTC性质，同时消除其所承担的信用风险。混合远期运费协议可以在伦敦清算所（London Clearing House Clearnet）或在新加坡亚洲结算行（SGX AsiaClear）进行结算。

自2007年以来，由于全球金融危机和随后发生的2008年航运危机，信用风险被扩张，但也由于对OTC衍生品市场进行了新的监管改革（见本章后面的内容），几乎99%的OTC远期运费协议都得以结算。图15.4显示了散货船领域已结算的贸易量与OTC远期运费协议交易的比较。可以看出，自2009年以来，在所有领域中，OTC交易几乎不存在。

就远期运费协议的流动性而言，好望角型平均“一篮子”定期租船合同是流动性最强的合约。在流动性方面，巴拿马型和超灵便型平均“一篮子”定期租船合约次之。对于好望角型来说，单独航线的流动性不那么强，很少有市场参与者进行交易。然而，在C3/C5航线一些交易会发生。对于巴拿马型来说，约最多六个月以后P2A和P3A航线会被交易。

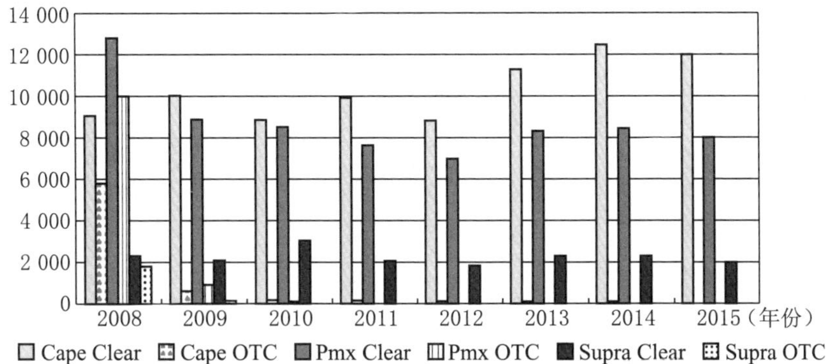

图 15.4 按部门（分批）结算的周平均交易量与 OTC 交易量比较
（资料来源：作者的计算结果基于波罗的海交易所数据）

15.4.2 运费期货合约

芝加哥商品交易所集团（CME Group，原纽约商品交易所，纽约商品交易所）的期货合约交易，并在其相关的交易结算系统结算。油轮货运衍生品于 2005 年 5 月在纽约商品交易所推出，随后在 2010 年推出散货船货运衍生品。这些衍生品的标的资产是波罗的海交易所的货运航线，在某些情况下是普氏的油轮航线。表 15.5 列出芝加哥商品交易所集团现有的货运衍生品合同的规格。A 组显示原油油轮期货合约，即 TD3 和 TD7；B 组展示了现有的成品油轮期货，即 TC2、TC5、TC6、TC12 和 TC14；而 C 组列出了现有的定期期租“篮子”的平均期货。

表 15.5 2016 年 1 月芝加哥商品交易所集团运费期货

航线	类型	航线描述	船舶尺寸（公吨）	指数
A 组：原油油轮运费期货				
TD3	超大型油轮	图巴罗（巴西）—鹿特丹（荷兰）	260 000	波罗的海
TD7	阿芙拉型	北海—欧洲大陆	80 000	波罗的海
B 组：成品油轮运费期货				
TC2	中程	欧洲—美国大西洋海岸	37 000	波罗的海
TC5	远程 1	拉斯坦努拉—横滨	55 000	普氏

（续表）

航线	类型	航线描述	船舶尺寸（公吨）	指数
TC6	中程	阿尔及利亚—马赛	30 000	波罗的海
TC12	灵便型	锡卡（印度西海岸）—千叶	35 000	波罗的海
TC14	灵便型	美国湾—欧洲大陆	38 000	波罗的海
C 组：干散货运费期货				
	好望角型	定期租船平均（4TC）	TC	波罗的海
	好望角型	定期租船平均（5TC）	TC	波罗的海
	巴拿马型	定期租船平均（4TC）	TC	波罗的海
	超灵便型	定期租船平均（6TC）	TC	波罗的海
	灵便型	定期租船平均（6TC）	TC	波罗的海

注：LR—远程，MR—中程。
（资料来源：芝加哥商品交易所）

根据芝加哥商品交易所的说法，这些合约是按完整的（1 天）和四分之一（0.25 天）的大小列出的，这样就可以更灵活地进行“跨月的交易分割和成形”。每个合同月的结算价格等于波罗的海交易所公布的特定类型的定期租船平均时间的算术平均值，从一个月的第一个营业日到最后一个交易日（包括在内）。

自 2011 年 3 月以来，欧洲期货交易所提供一系列交易产品，旨在满足客户在农业、外汇、能源、有色金属、运费和环保产品等领域的需求。表 15.6 给出了现有的散货船和油轮运费大宗期货合约。这些合约都被该交易所结算。对于 balance-of-month（BALMO）合约，每个合约月份的结算价格以美元为单位，以波罗的海交易所（TC2 BALMO，TC6 BALMO，TC7 BALMO，TC14 BALMO）或普氏 TankerWire（TC4 BALMO，TC5 BALMO）所报的特定船舶类别评估的算术平均数为基础，提前两个营业日开始，并持续至“交易日”结束时为止，合约月份最多连续两个月。

位于奥斯陆的国际海运交易所（IMAREX）从 2001 年开始交易运费期货，从 2005 年开始交易期权，同时在挪威期权和期货（NOS）结算所进行结算。2011 年 5 月，Marex 集团，批发能源和其他大宗商品的经纪商，收购（从 IMAREX）Spectron 集团有限公司，成为 Marex-Spectron 集团。这是一家总部位于英国的大宗商品和能源金融产品经纪商，提供语音和电子交易和结算服务。2012 年 7 月，纳斯达克 OMX 集团（NASDAQ OMX Group Inc.）旗下的纳斯达克 OMX 斯德哥尔摩公司收购了（从 IMAREX）NOS 结算所，并于 2014 年 4 月在纳斯达克 OMX 结算所（NASDAQ OMX clearing）全面整合。表 15.7 在 A 组给出了纳斯达克 OMX 成品和原油油轮期货，在 B 组好望角型和巴拿马型单独航线期货，在 C 组散货船定期租船平均“篮子”。

15.4.3 结算远期衍生品

在 OTC 市场，每个交易对手都接受对方的信用风险，结算所提供了一种机制，通过这种机制可以将信用风险以收费方式出售。因此，在违约的情况下，盈利方仍将通过其每日按市价计价的机制由结算所支付。2008 年全球金融危机之后，几乎所有的货运衍生品交易都得到了结算。

2003 年 12 月，伦敦结算所有限公司与 Clearnet S.A.合并，成立伦敦结算所集团。在 2005 年 9 月，Clearnet 推出了运费衍生品的清算和结算系统。表 15.8 列出了在伦敦结算所结算的现有运费衍生品合约。A 组展示了在好望角航次航线 C3E、C4E、C5E 和 C7E 上的 4 个已结算的散货船航次远期运费协议，它们以月、季度和日历年度的形式进行交易，其结算金额为结算月份所有价格的平均值（用符号“E”表示）。C3E 和 C4E 被交易 3 个日历年（最多 47 个月，例如，2016 年 1 月有人可以交易到 2019 年 12 月，即 11 个月加 36 个月）；C7E 的交易时间为 5 年（最长为 71 个月），例如，2016 年 1 月有人可以交易到 2021 年 12 月（即 11 个月加 60 个月）；C5E 被交易到一个完整的日历年度（最长为 23 个月），例如，2016 年 1 月有人可以交易到 2017 年 12 月，也就是 11 个月加上 12 个月。他们的最终结算是浮动价格，这是在到期月份的每个交易日中计算的每日波罗的海交易所现货价格评估的平均值。

B 组介绍了好望角型船（CTC）、2014 年新好望角型船（CPT）、巴拿马型船（PTC）、超灵便型（STC）和灵便型（HTC）五种定期租船平均“篮子”。CTC、CPT 和 PTC 作为月份、季度和日历年度进行交易，最长为 7 个日历年（最长 95 个月），而 STC 和 HTC 则被交易到 5 个日历年（最多 71 个月）。他们的最终结算是浮动价格，计算方法类似。

C组介绍了三个巴拿马型定期租船P1A（P1E），P2A（P2E）和P3A（P3E）航线。巴拿马型合约也是按月、季度和日历年度进行交易的，为期3个日历年（最多47个月）。就P1A、P2A和P3A的最终结算而言，浮动价格是最近七次波罗的海交易所到期月份现货价格评估的平均值，而P1E、P2E和P3E的最终结算是波罗的海交易所到期月份每个交易日的现货价格评估平均值。最后，D组展示了在LCH.Clearnet结算的CNW（欧洲西北部）和CSW（美国西海岸）的两个集装箱运费掉期协议。他们的交易时间为前三个月，前一个季度加上接下来的三个季度，和一个日历年度。

表 15.6　欧洲期货交易所，2016 年 1 月

航线	类型	航线描述	船舶尺寸（公吨）	结算指数
A 组：原油油轮期货				
TD3	超大型油轮	阿拉伯海湾—日本	265 000	波罗的海
TD7	阿芙拉型	北海—欧洲大陆	80 000	波罗的海
TD20	苏伊士型	西非—英国大陆	130 000	波罗的海
B 组：成品油轮期货				
TC2	中程	欧洲西北部—美国大西洋海岸	37 000	波罗的海
TC2 BALMO	中程	欧洲西北部—美国大西洋海岸	37 000	波罗的海
TC4	中程	新加坡—日本	30 000	普氏
TC4 BALMO	中程	新加坡—日本	30 000	普氏
TC5	远程 1	阿拉伯海湾—日本	55 000	普氏
TC5 BALMO	远程 1	阿拉伯海湾—日本	55 000	普氏
TC6	中程	斯基克达—拉瓦拉（跨地中海）	30 000	波罗的海
TC6 BALMO	中程	斯基克达—拉瓦拉（跨地中海）	30 000	波罗的海
TC7	中程	新加坡—澳洲东海岸	30 000	波罗的海
TC7 BALMO	中程	新加坡—澳洲东海岸	30 000	波罗的海
TC14	灵便型	美国湾—欧洲大陆	38 000	波罗的海
TC14 BALMO	灵便型	美国湾—欧洲大陆	38 000	波罗的海

（续表）

航线	类型	航线描述	船舶尺寸（公吨）	结算指数
C组：散货船运费期货				
	好望角型	定期租船平均	TC	波罗的海
	巴拿马型	定期租船平均	TC	波罗的海
	超灵便型	定期租船平均	TC	波罗的海
	灵便型	短时定期平均	TC	波罗的海

注：BALMO balance-of-month。
（资料来源：欧洲期货交易所）

表 15.7　纳斯达克 OMX 期货，2016 年 1 月

航线	类型	航线描述	船舶尺寸（公吨）	结算指数
A组：油轮期货				
TC2USD	中程	欧洲大陆—美国大西洋海岸	37 000	波罗的海
TC6USD	中程	阿尔及利亚—欧洲地中海	30 000	波罗的海
TC7USD	中程	新加坡—澳洲东海岸	30 000	波罗的海
TC12USD	中程	印度西海岸—日本	35 000	波罗的海
TC14USD	中程	美国湾—欧洲大陆	38 000	波罗的海
TD3USD	超大型油轮	阿拉伯海湾—东部	265 000	波罗的海
TD7USD	阿芙拉型	北海—欧洲大陆	80 000	波罗的海
TD8USD	阿芙拉型	科威特—新加坡	80 000	波罗的海
TD20USD	苏伊士型	西非—欧洲大陆	130 000	波罗的海
MRA	中程	大西洋一篮子（TC）	47 000	波罗的海
B组：散货船单航线期货				
C4 AVG	好望角型	理查兹湾—鹿特丹	150 000	波罗的海
C5 AVG	好望角型	澳大利亚西部—青岛	160 000	波罗的海
C7 AVG	好望角型	玻利瓦尔—鹿特丹	150 000	波罗的海
P1A/P1A AVG	巴拿马型	跨大西洋	TC	波罗的海
P2A/P2A AVG	巴拿马型	斯卡直布罗陀—远东	TC	波罗的海
P3A/P3A AVG	巴拿马型	韩国—日本太平洋	TC	波罗的海

（续表）

航线	类型	航线描述	船舶尺寸（公吨）	结算指数
C组：散货船定期租船一篮子期货				
CST4TC	好望角型	定期租船平均	—	波罗的海
CS5TC	好望角型	定期租船平均 2014	—	波罗的海
PM4TC	巴拿马型	定期租船平均	—	波罗的海
SM6TC	超灵便型	定期租船平均	—	波罗的海
HS6TC	灵便型	短时定期租船平均	—	波罗的海

（资料来源：纳斯达克 OMX 结算行）

表 15.8　伦敦结算所结算的运费衍生品，2016 年 1 月

航线	船型	航线描述	货物尺寸（公吨）
A组：散货船航次航线			
C3E	好望角型	图巴朗—青岛	160 000—170 000
C4E	好望角型	理查德湾—鹿特丹	150 000
C5E	好望角型	澳大利亚西部—青岛	160 000—170 000
C7E	好望角型	玻利瓦尔—鹿特丹	150 000
B组：散货船定期租船“一篮子”航线			
CTC	好望角型	好望角型 4TC 航线平均	TC
CPT	好望角型	好望角型 5TC 航线平均（2014）	TC
PTC	巴拿马型	巴拿马型 4TC 航线平均	TC
STC	超灵便型	超灵便型 6TC 航线平均	TC
HTC	大灵便型	大灵便型 6TC 航线平均	TC
C组：散货船定期租船航线			
P1A（P1E）	巴拿马型	跨大西洋环线航程	TC
P2A（P2E）	巴拿马型	远东大陆航程	TC
P3A（P3E）	巴拿马型	跨太平洋环线航程	TC
D组：集装箱船航线			
CNW	集装箱	上海—欧洲西北部	TEU
CSW	集装箱	上海—美国西海岸	FEU

（资料来源：伦敦结算所）

2006 年 5 月，新加坡交易所有限公司（SGX）推出了亚洲结算行，这是一个专门从事能源和运费衍生产品的 OTC 结算体系。新加坡交易所衍生品结算有限公司支持为新交所亚洲结算行进行结算。新交所提供的运费产品交易平台包括运费期货、远期运费协议和运费期权，而结算则在新交所亚洲结算行进行。运费期货在很多方面都与它们相应的掉期合约规范相似。这两种的每日和最终结算价格和到期日都相同。一旦这些合约被提交结算，这两种的风险管理处理和收益是完全同样的。

表 15.9　新交所亚洲结算行结算的运费衍生品，2016 年 1 月

航线	类型	航线描述	货物尺寸（公吨）
A 组：散货船航次远期			
C5	好望角型	澳大利亚西部/北仑—宝山	160 000—170 000
B 组：散货船定期租船“一篮子”远期			
CTC	好望角型	好望角型 4TC 航线平均	TC
CTC2014	好望角型	好望角型 5TC 航线平均	TC
PTC	巴拿马型	巴拿马型 4TC 航线平均	TC
STC	超灵便型	超灵便型 6TC 航线平均	TC
HTC	灵便型	灵便型 6TC 航线平均	TC
半日 CTC	好望角型	好望角型 4TC 航线平均	TC
半日 PTC	巴拿马型	巴拿马型 4TC 航线平均	TC
半日 STC	超灵便型	超灵便型 6TC 航线平均	TC
半日 HTC	灵便型	灵便型 6TC 航线平均	TC
C 组：散货船航程定期租船远期			
P2A	巴拿马型	斯卡直布罗陀—远东	TC
P3A	巴拿马型	跨太平洋环线—日本	TC

注：半天合约指½天 = 1 手。其余是全天合约
资料来源：新交所亚洲结算行

表 15.9 列出了新加坡交易所亚洲结算行结算的远期运费协议。其中包括：好望角型船航次 C5 号的散货船航次远期运费协议，如 A 组所示；自 2007 年 11 月以来，好望角型船、巴拿马型船和超灵便型船上的 4 个全天和 4 个半天散货船定期租船“一篮子”协议，以及自 2009 年 6 月起在灵便型船上，以及新款好望角型

船上的一个全天定期租船一篮子协议，如B组所示；最后，两个散货船航程定期租船远期运费协议为巴拿马型定期租船 P2A 和 P3A 航线，如 C 组所示。这些混合远期运费协议似乎将期货和远期协议结合成一种最佳合约类型；也就是说，消除了交易对手风险，但需要根据交易对手的需求来调整其条款保持其灵活性。

芝加哥商品交易所欧洲结算中心于 2011 年 5 月作为芝加哥商品交易所的子公司在伦敦推出。结算所处理 OTC 合约，包括能源、农业、运费和贵金属，以及 OTC 金融衍生工具。2014 年 8 月，芝加哥商品交易所宣布，芝加哥商品交易所欧洲结算中心已获得中央对手方清算所（CCP）的授权。该授权涵盖所有 OTC 衍生品和期货产品，目前通过芝加哥商品交易所欧洲结算中心结算。表 15.10列出了芝加哥商品交易所欧洲结算中心提供的原油（TD3、TD5、TD7）和成品（TC2、TC5）油轮衍生品。

表 15.10　芝加哥商品交易所欧洲结算所结算的运费衍生品（2016 年 1 月）

波罗的海				
航线	船型	航线描述	货物尺寸（公吨）	结算指数
A 组：原油油轮掉期				
TD3	超大型	中东海湾—日本	260 000	波罗的海
TD5	苏伊士型	非洲西部—美国大西洋海岸	130 000	波罗的海
TD7	阿芙拉型	北海—欧洲	80 000	波罗的海
B 组：成品油轮掉期				
TC2	中程	欧洲—美国大西洋海岸	37 000	波罗的海
TC5	远程 1	拉斯坦努拉—横滨	55 000	普氏

（资料来源：芝加哥商品交易所欧洲结算所）

自 2012 年 12 月起，通过在上海清算所注册的经纪商进行 OTC 交易的运费衍生品可以人民币结算，以波罗的海交易所指数为标的资产。上海浦东发展银行是上海清算所的一般结算会员，提供中央对手方清算。航运投资者服务公司（Freight Investor Services）、辛普森航运咨询有限公司（SSY）、Windely、津洋船务有限公司、上海菁英航运经纪有限公司和百利航运经纪（上海）有限公司等多家注册为人民币远期运费协议经纪商。在中国满足注册要求的航运公司，现在被允许交易人民币运费衍生品进行套期保值和贸易。如今发展到中国创造了一个“在岸市场”，以满足当地参与者的需求。

15.4.4 运费期权

在 21 世纪初，无论是在场外交易市场，还是在有组织的衍生品交易所，都引入了运费期权。标的“商品”是单独的散货船和油轮航线，以及“一篮子”定期租船航线。运费期权是亚洲类型的看跌期权（下限）或看涨期权（上限），因为它们确定了一定时间内的平均运价与商定的执行价格之间的差异。类似于欧洲风格的期权，它们只在结算日行使。

出于对冲的目的，船东通过购买一种看跌运费期权，可以保护自己不受运价下跌的损失；也就是说，他们支付（期权）溢价以购买并拥有在未来某一指定日期以交易时商定的运费执行价格出售货运服务的选择权（但不是义务）。如果市场运价低于约定（执行）价格，则行使期权以约定价格出售。在运价高于执行价的情况下，期权失效，因为不值得行使。期权溢价由看跌期权的发起人（卖家/卖方）收取，如果买方决定行使期权，卖方有义务支付给买方。对于租船人来说，情况正好相反，为了保护自己不受运费上涨的影响，他们会购买看涨期权；也就是说，他们支付看涨期权的溢价，以在未来某一特定日期以他们在交易时商定的运费价格购买货运服务（但不是义务）。如果运费高于执行价格，他们将行使以商定的较低价格购买的选择权。如果到期日运费低于执行价格，则不值得行使期权，因为承租人可以以低于约定价格的价格在市场上购买货运服务，在这种情况下，期权买家将失去支付的期权溢价。

波罗的海交易所公布“波罗的海期权评估”（BOA），是对交易这些期权的经纪商提供的平价运费期权隐含波动率的每日评估平均值。每日评估由经纪商（小组成员）向波罗的海交易所提交，并由后者在伦敦时间 17 时 30 分向市场公布。据报道，2014 好望角型船、好望角型船、巴拿马型船、超灵便型和灵便型的定期租船航线都有潜在的波动性。

芝加哥商品交易所集团在 TD3 航线和 TC2 和 TC5 航线上的两种成品油轮运费期权的基础上，推出一种原油油轮运费期权，如表 15.11 所示。除 TC5 航线外，油轮运费期权根据波罗的海交易所报价进行结算，而 TC5 航线使用普氏评估结算。

自 2012 年以后，纳斯达克 OMX 结算所也一直在开展运费期权结算业务。表 15.12 给出了 A 组结算的成品和原油油轮期权，B 组好望角型船和巴拿马型船单独航路期权，C 组散货船定期租船平均“篮子”。

2008 年，伦敦结算所推出了散货船运费期权的好望角型船、巴拿马型船、超灵便型和灵便型定期租船“一篮子”结算服务。表 15.13 显示了在伦敦结算所结算的运费期权合约。它们是欧式结算，以美元/天计价现金结算，1 手 = 1 天。

2013 年 4 月，欧洲期货交易所推出了原油油轮和成品油轮两种运费交易和结算业务，如表 15.14 所示。

表 15.11　芝加哥商品交易所油轮运费期权，2016 年 1 月

波罗的海航线	产品符号	船型	航线描述	货物尺寸（公吨）	合约类型	结算指数
TD3	TL	超大型油轮	中东海湾—日本	260 000	期权	波罗的海
TC2	TM	中程油轮	欧洲—美国大西洋海岸	37 000	期权	波罗的海
TC5	TH	远程 1 油轮	拉斯坦努拉—横滨	55 000	期权	普氏

（资料来源：芝加哥商品交易所）

表 15.12　纳斯达克 OMX 期权，2016 年 1 月

航线	船型	航线描述	船舶尺寸（公吨）	结算指数
A 组：油轮运费期权				
TC2USD	中程油轮	欧陆至美国大西洋海岸	37 000	波罗的海
TC5USD	远程 1 油轮	阿拉伯海湾至日本	55 000	普氏
TC6USD	中程油轮	阿尔及利亚至欧洲地中海	30 000	波罗的海
TC7USD	中程油轮	新加坡至澳大利亚东海岸	30 000	波罗的海
TC12USD	中程油轮	印度西海岸至日本	35 000	波罗的海
TC14USD	中程油轮	美国海湾至欧洲大陆	38 000	波罗的海
MRA	中程油轮	大西洋一篮子	47 000	波罗的海
TD3USD	超大型油轮	阿拉伯海湾至东部	265 000	波罗的海
TD3 _ TCE	超大型油轮	阿拉伯海湾至东部	265 000	波罗的海
TD5USD	苏伊士型	非洲西部至美国大西洋海湾	130 000	波罗的海
TD7USD	阿芙拉型	北海至欧洲大陆	80 000	波罗的海

（续表）

航线	船型	航线描述	船舶尺寸（公吨）	结算指数
TD20USD	苏伊士型	非洲西部至欧洲大陆	130 000	波罗的海
B 组：散货船单独航线运费期权				
C4 AVG	好望角型	理查德湾至鹿特丹	150 000	波罗的海
C5 AVG	好望角型	澳大利亚西部至青岛	160 000	波罗的海
C7 AVG	好望角型	玻利瓦尔至鹿特丹	150 000	波罗的海
P1A/P1A AVG	巴拿马型	跨大西洋环线	TC	波罗的海
P2A/P2A AVG	巴拿马型	斯卡直布罗陀至远东	TC	波罗的海
P3A/P3A AVG	巴拿马型	韩国至日本太平洋环线（往返航程）	TC	波罗的海
C 组：散货船定期租船运费期权“篮子”				
CST4TC	好望角型	定期租船平均	TC	波罗的海
CS5TC	好望角型	定期租船平均（2014）	TC	波罗的海
PM4TC	巴拿马型	定期租船平均	TC	波罗的海
SM6TC	超灵便型	定期租船平均	TC	波罗的海
HS6TC	大灵便型	短时定期租船平均	TC	波罗的海

（资料来源：纳斯达克 OMX 结算所）

表 15.13　伦敦结算所散货船运费期权，2016 年 1 月

船型	航线篮子	船型	航线篮子
好望角型	4TC 平均	超灵便型	6TC 平均
好望角型	5TC 平均	灵便型	6TC 平均
巴拿马型	4TC 平均		

资料来源：伦敦结算所

15.5　波罗的海远期评估

自 2003 年 9 月以来，波罗的海交易所建立并向市场报告波罗的海远期评估手册（BFA）。这是一个由波罗的海交易所指定的远期运费协议经纪商小组提供的远期运费协议中间报价基础上的。小组成员就交易所确定的航线，在伦敦时间 16:30 前向交易所报告他们对每个波罗的海指数出版日的远期运费协议中间市场价格的专业判断。交易所计算出小组成员提供的每条航线的平均价格，然后在伦敦时间 17:30 前向市场报告这些波罗的海远期评估手册的价格。如果在某一特定的到期日没有实际的远期运费协议交易发生，小组成员在引用波罗的海远期评估手册价格之前会考虑到所有可用的市场信息。

表 15.14　欧洲期货交易所运费期权，2016 年 1 月

航线	船型	航线描述	货物尺寸（公吨）	结算指数
A 组：原油油轮期货				
TD3	超大型	阿拉伯湾至日本	260 000	波罗的海
TD7	阿芙拉型	北海至欧洲大陆	80 000	波罗的海
B 组：成品油轮期货				
TC2	中程	欧洲西北部至美国大西洋海岸	37 000	波罗的海
TC4	中程	新加坡至日本	30 000	普氏
TC5	远程 1	阿拉伯湾至日本	55 000	普氏
TC6	中程	斯基克达至拉瓦拉（跨地中海）	30 000	波罗的海
TC14	灵便型	美国海湾至欧洲大陆	38 000	波罗的海

（资料来源：欧洲期货交易所）

小组成员是远期运费协议经纪商，必须是波罗的海交易所和远期运费协议经纪人协会（FFABA）的成员。他们必须遵守波罗的海交易所起草的“前沿小组成员手册”和“市场基准指南”中关于波罗的海远期评估手册制作的规则和条例。波罗的海远期评估手册被认为是最具代表性的远期运费协议数据，因为它们包括了来自最活跃的远期运费协议经纪商的信息。[9]

结算所和市场参与者（交易商）使用波罗的海远期评估手册来按市值计价远期运费协议头寸，以确定相关的保证金要求，并出于内部风险管理的原因。此外，还可以从波罗的海远期评估手册中导出正向曲线，可作为实物货运市场未来发展方向的指标。据报告，自 2003 年 9 月以来，散货船部门的各种贸易路线（和篮子）和自 2006 年 2 月以来的油轮部门的贸易路线都有波罗的海远期评估手册报告。

波罗的海远期评估手册适用于散货船好望角型船单独航线 C3、C4、C5 和 C7，巴拿马型船单独航线 P1a、P2A 和 P3A，以及好望角船（BCI 5TC 平均）、巴拿马型船（BPI 4TC 平均）、超灵便型（BSI 6TC 平均）和灵便型（BHSI 6TC 平均数）的定期租船“篮子”。对六条成品油轮航线，即 TC2 _ 37、TC5、TC6、TC7、TC12 和 TC14，以及针对 TD3、TD7、TD8、TD17、TD19 和 TD20 的六条原油油轮航线，引用了油轮波罗的海远期评估手册。这是以世界油船（基本）费率表和美元/公吨为单位的报价。最后，TD3 航线和 MR（中程）大西洋篮子是 TC2 和 TC 14 的组合，以美元/日为单位报价。

就单独散货船航线而言，报告的到期日是当前月份，下一个最近月份，下一个季度的第一个月和随后五个日历年份。就定期租船篮子而言，报告的到期日与散货船航线的期限相似，但报告集中在季度（连续三份远期运费协议月合约）和日历年份（同年 1 月至 12 月的 12 份单月合约），而不是个别月份。每份到期日合约在当前合约到期前一个工作日报告，并在当前合约结算时转至下一个最近的到期合约。[10]就单独油轮航线而言，报告的到期日为当月、最近的五个月、本季度、最近的五个季度和随后两个日历年份。

15.6 交易平台

运费衍生品市场也研究交易平台。透明度要求，效率，交易成本的降低，流动性，价格发现，更快的交易执行和遵守最近的规定（见下文），以及其他原因，由于 2007—2008 年的全球金融和经济危机以及随之而来的信贷和系统性风险问题都在加速发展。伦敦的波罗的海交易所运费衍生品平台（Baltex）、新加坡清算所平台和上海航运运价交易有限公司（SSEFC）平台就是这样的例子，它们都是在 2011 年 6 月推出的。

表 15.15　波罗的海交易所运费衍生品平台产品，2016 年 1 月

航线	船型	航线描述
A 组：散货船航次航线		
C3	好望角型	图巴朗至青岛
C4	好望角型	理查德湾至鹿特丹
C5	好望角型	澳大利亚西部至青岛
C7	好望角型	玻利瓦尔至鹿特丹

（续表）

航线	船型	航线描述
B 组：散货船定期租船航线		
P1A	巴拿马型	跨大西洋往返航程
P2A	巴拿马型	斯考—直布罗陀/远东
P3A	巴拿马型	日本到韩国/太平洋往返程
C 组：干散货定期租船平均“篮子”		
	好望角型	4TC 定期租船
—	好望角型	5TC 定期租船（2014）
—	巴拿马型	4TC 定期租船
—	超灵便型	6TC 定期租船
—	灵便型	6TC 定期租船

（资料来源：波罗的海交易所）

波罗的海交易所运费衍生品平台（Baltex）是由波罗的海交易所衍生工具（BEDT）有限公司经营的，船运费经金融行为监管机构（FCA）批准的从事散货船运费衍生工具的多边交易设施。据波罗的海交易所声称，波罗的海交易所运费衍生品平台促进了价格透明度，交易对手匿名性，流动性增加，与经纪商合作的灵活方式，直接处理到清算（STC）和选择结算所（伦敦结算所或挪威期权和期货清算所）。伦敦时间 7 时至 18 时，波罗的海交易所运费衍生平台市场开放。

表 15.15 展示了在波罗的海交易所运费衍生平台上交易的运费衍生品合约。它们包括下列单独路线和定期租船合约：在 A 组中显示好望角型 C3、C4、C5 和 C7 路线；巴拿马型船定期租船航线 P1A、P2A 和 P3A 见 B 组；C 组显示了好望角型 4TC、好望角型 2014 5TC、巴拿马型船 4TC、超灵便型 6TC 和灵便型 6TC 的定期租船平均“篮子”。

新加坡清算所（CLTX）为 OTC 运费衍生品交易提供了一个平台。它是一个公认的市场经营者（RMO），由新加坡金融管理局（MAS）监管，在伦敦设有办事处。它推出了一本电子订单，其中包含 40 多种不同的衍生品合约，涵盖黑色金属、农业、能源和运费市场。新加坡清算所的平台也提供大宗交易机制，贸易处理和报告服务，通过直通式处理系统（STP）[11] 到多个结算所。新加坡清算所以会员制工作，并开放给交易商间经纪人、交易商/负责人和一般清算人参加。表 15.16 列出了在新加坡清算所（A 至 C 组）交易并在伦敦清算所、新加坡交易所和挪威期权和期货清算所结算的现有干散货衍生品合约。表中的 D 组显示了在新加坡清算所交易并在伦敦清算所和新加坡交易所亚洲结算所结算的集装箱衍生品合约［写在上海集装箱货运指数（SCFI）上］。定期租船篮子 CTC、PTC、STV 和 HTC 以月份，季度和日历年份交易最长 72 个月。散货船航次和定期租船航线以月份，季度和日历年份为单位进行交易，最长 36 个月。最后，集装箱船航线（CSW、CNW）按月份、季度和日历年份进行交易，最长 24 个月。

表 15.16　新加坡清算所交易平台产品，2016 年 1 月

航线	船型	航线描述
A 组：散货船航次航线		
C3E	好望角型	图巴朗至青岛
C4E	好望角型	理查德湾至鹿特丹
C5E	好望角型	澳大利亚西部至青岛
C7E	好望角型	玻利瓦尔至鹿特丹
B 组：散货船定期租船		
P1A（P1E）	巴拿马型	跨大西洋往返航程
P2A（P2E）	巴拿马型	斯卡—直布罗陀/远东
P3A（P3E）	巴拿马型	日本至韩国/太平洋往返程
C 组：散货船定期租船平均篮子		
CTC	好望角型	TC
PTC	巴拿马型	TC
STC	超灵便型	TC
HTC	灵便型	TC
D 组：SCFI 集装箱船航线		
CNW（USD/TEU）	—	上海—欧洲西北部
CSW（USD/FEU）	—	上海—美国西海岸

注：P1A、P2A 和 P3A 的结算价格为到期月份的最后七次波罗的海交易所现货价格评估的平均值；C3E、C4E、C5E、C7E、P1E、P2E、P3E 结算价格为到期月份每个交易日波罗的海交易所现货价格评估的平均值。

（资料来源：新加坡清算所）

表 15.17　上海航运运价交易有限公司交易平台产品，2016 年 1 月

相关指数	船型	航线描述
上海出口集装箱运价指数（USD/FEU）	集装箱	上海—美国西海岸
上海出口集装箱运价指数（USD/TEU）	集装箱	上海—欧洲
超灵便型（USD/天）	超灵便型	定期租船
巴拿马型（USD/天）	巴拿马型	定期租船
中国沿海散货（煤炭）运价指数（CNY）	煤炭	秦皇岛—上海

（资料来源：上海航运运价交易有限公司）

上海航运运价交易有限公司是上海航运交易所与上海虹口区国有资产经营有限公司共同建立的货运第三方集中交易平台。它由上海航运交易所管理，由中华人民共和国交通部和上海市政府共同监管。上海航运运价交易有限公司提供在上海航运交易所的两条上海出口集装箱运价指数（SCFI）航线上交易集装箱运价衍生品的运输能力的可能性。该交易在伦敦清算所结算，并按该结算月份的月平均价格结算。上海航运运价交易有限公司还推出了两种散货船定期租船产品和一种中国沿海散装（煤炭）运价衍生品（秦皇岛至上海）。表 15.17 对此作了总结。从当月开始，连续六个月可以交易。交易时间分别为北京时间 8:55—11:30 和13:30—15:00。在 2014 年，交易额超过 5 000 亿元人民币，其中交易量约 2 700 万手。

15.7　衍生品市场监管

自 2010 年以来，美国和欧洲都曾数次试图监管 OTC 衍生品市场，强制交易和清算要求。

在美国，2010 年 7 月通过的《多德—弗兰克华尔街改革和消费者保护法》（DFA）规定，所有掉期必须通过衍生品清算机构（DCO）进行结算，并在交易所或互换执行机构（SEF）执行（多数情况下）。注册的互换执行机构或指定合约市场（DCM）[12] 必须在公开掉期交易执行后立即向注册的互换数据仓库（SDR）提交掉期交易和定价数据。此外，对于在互换执行机构或指定合约市场执行的每一笔掉期交易，该实体必须向市场报告所有相关数据。该法案的目的是通过进一步监管 OTC 衍生品市场来降低系统风险和提高透明度。有大量掉期头寸的或杠杆率高的交易对手必须在美国商品期货交易委员会（CFTC）或美国证券交易委员会（SEC）登记注册为掉期交易商（SD）[13]或主要的互换参与者（MSP）。属于这两个类别的公司面临着新的资本和保证金要求，在交易期内面临额外的报告要求（例如，报告日常交易记录、交易的财务条款、交易的结算数据）、累计头寸限额、增加的技术投资和增加的结算成本，因为它们必须通过一个已建立的市场结算其产品。

欧洲市场基础设施条例（EMIR）于 2010 年 9 月首次起草并于 2012 年 8 月通过，以监管 OTC 衍生品市场。它遵循欧洲证券和市场管理局（ESMA）公布的技术标准。它的目的是实现三个相互关联的目标：（1）提高透明度（交易报告给贸易资料库，例如芝加哥商品交易所欧洲贸易保管所）；（2）减少交易对手风险（要求所有交易都通过一个中央对手方清算所）；（3）减少操作风险（交易以电子方式管理）。欧洲证券和市场管理局采用三项标准对源自金融交易对手方的 OTC 交易合约进行中央结算：（1）减少金融体系中的系统性风险；（2）提供公平、可靠和普遍接受的定价信息；（3）合约的流动性和标准化。非金融交易对手有义务在超过一个特定的清算门槛时，按照欧洲证券和市场管理局与欧洲系统风险委员会（ERSB）的规定，结算它们的合约。交易对手方和中央对手方清算所须向注册的贸易资料库报告所有衍生品合约。金融和非金融交易对手方，其高度定制和流动性差的衍生品合约不适用于中央对手方清算所清算，它们必须实施监控系统、信用和操作风险降低程序。欧洲市场基础设施条例要求所有交易对手和结算所在一个工作日内向注册的贸易资料库报告任何衍生品合约的细节。

金融工具市场指令（MiFID）于 2007 年 11 月 1 日生效，是欧盟监管金融市场的基石。金融工具市场指令旨在提高竞争力、协调欧盟金融市场和降低交易成本。在 2011 年 10 月 20 日，金融工具市场指令被提议改革为一个更新的金融工具市场指令 II 和一个配套法规，金融工具监管市场（MiFIR）。欧盟于 2014 年 4 月批准了金融工具市场指令 II，以应对市场结构和技术的变化并提高透明度。金融工具市场指令 II 扩大了最初金融工具市场指令的范围，包括未涵盖的金融产品，服务和实体，但也包括交易场所的授权和组织，以及立法和统治权力的定义。它规定，所有形式的交易必须通过受监管的市场（RM），[14]多边交易设施（MTF）[15]或一个有组织的交易设施（OTF）进行，[16]交易必须向监管机构提供数据，也就是说，总贸易数据（例如投资战略和风险、成本和相关费用）和客户分类（例如区域政府、公共部门实体、地方公共当局和市政当局）等。金融工具监管市场涵盖了向监管机构披露交易、公开披露交易数据以及在交易场所结算衍生品合约。欧洲市场基础设施条例对衍生品的定义与金融工具市场指令有关；也就是说，金融工具市场指令的产品在欧洲市场基础设施条例的范围内，因此容易受到后者的监管。

波罗的海交易所衍生品交易获得金融行为监管局授权作为多边交易设施操作，这被认为是一个高度管制的交易平台。同时波罗的海交易所运费衍生品平台于2014年12月在伦敦清算所推出了一项大宗交易安排，允许经纪商和会员继续使用伦敦清算所的清算服务，因为远期运费协议已被重新归类为期货合约。这增加了交易后的透明度，因为波罗的海交易所运费衍生品平台会员可以在交易当天跟踪他们自己的交易，并在一天结束时将所有交易的完整清单报告给波罗的海交易所运费衍生品平台。最后，必须指出的是，2015年1月《市场基准指南》确保遵守国际证监会组织（IOSCO）发布的《金融基准原则》。

自2014年11月以来，伦敦清算所将其OTC清算合约（通过经纪商交易的合约）重新归类为大宗期货。这些合约须遵守交易所规则（受管制的交易地点），并由中央对手方清算所进行结算。这两家交易所分别是拥有散货船运费合约的波罗的海交易所运费衍生品平台和拥有所有“未来化”产品（干散货、集装箱、铁矿石、钢铁和化肥）的新加坡清算所。波罗的海交易所运费衍生品平台和新加坡清算所提供了一种大宗期货设施，允许其分别在合约中（在EnClear合同中）作为场外货物期货进行双边谈判达成协议。所有场地中的交易都由伦敦清算所作为大宗期货进行结算。

15.8 结　论

风险管理是高度波动的航运业中一个极其重要的问题。自1985年以来，运费衍生品为实现这一目标提供了必要的手段。第一章提供了对它们的概述，包括对所有市场和现有产品的描述，以及当前的趋势和发展。更具体地说，已提出各种作为运费衍生品标的资产的散货船、油轮和集装箱船航线和指数；讨论了 OTC 交易和结算的运费远期合约、运费期货和运费期权；并分析了将运费衍生品纳入其产品清单的各种交易所和结算所。最后，从 2007 年至 2008 年全球金融危机以来发生的机构和监管变化也对运费衍生品市场产生了影响。他们还提供了现有环境的最新概况，包括在交易所交易平台中引入运费衍生品以及它们的结算。更详细的信息在卡伍萨诺斯和维斯维基斯著作（2006a，2011）中可以找到航运领域的风险管理和衍生品，包括交易案例。最后，为感兴趣的读者提供了一个全面的在运费衍生品和航运风险管理领域的参考书目。

注释

1. 有关航运业中存在的其他商业风险来源以及传统(不使用衍生工具)管理方式的完整讨论,请参阅卡伍萨诺斯(2010 年)。
2. 关于航运业的货运和其他商业风险来源的管理,见卡伍萨诺斯、维斯维基斯(2006a)。
3. 但是,应该注意的是,越来越多的路线在一个月而不是过去七天的所有指数日的平均值上交易。
4. 自营交易是指银行为自己的账户担任远期运费合约的交易头寸。
5. Laycan 表示受载时间可以开始的最早日期,以及如果当时船舶尚未到达则可以取消租船的日期。
6. 波罗的海指数的创建和小组成员报告的详细描述可以在波罗的海交易所的市场基准指南(2016 年 1 月)中找到。
7. 2015 年 10 月 23 日,波罗的海交易所和宁波航运交易所(NBSE)宣布,宁波至欧洲和中东的 NBSE 集装箱运费将在波罗的海交易所网站上公布。由 NBSE 编制的每周宁波集装箱运价指数(NCFI)反映了 20 英尺、40 英尺和高柜(其结构与标准容器相同,但高度为 9′6″)并覆盖宁波至地中海东部(比雷埃夫斯和伊斯坦布尔),地中海西部(巴塞罗那,瓦伦西亚,热那亚)、欧洲(汉堡和鹿特丹)和中东(达曼和迪拜)。这些路线基于 11 个宁波货运代理商提交的交易数据,包括各种附加费。每周五 16:00(北京时间)报告 NCFI。
8. 据芝加哥商品交易所集团称,大宗交易是“私下协商的期货,期权或组合交易,允许在公开拍卖市场之外执行……”在特定产品中允许大宗交易,并受最小交易规模要求因产品,交易类型和执行时间而异。

   根据欧洲期货交易所的规定,大宗交易“允许会员双边协商欧洲期货交易所期货合约，而无需首先进行正常交易。只要订单达到或超过最小交易量阈值，就会向市场显示订单”。

9. 干散货波罗的海远期评估手册小组成员包括 Barry Rogliano Salles、Clarkson Securities Ltd、Freight Investor Services、GFI Brokers、Simpson、Spence Young 和 Pasternak Baum & Company Inc.。油轮 BFA 小组成员是 ACM-GFI、ICAP 和 Marex Spectron（截至 2015 年 1 月）。
10. 有关报告期限规则的更多详细信息，请参阅“市场基准指南”（波罗的海交易所）。
11. STP 使得衍生品交易的整个交易过程能够以电子方式进行，而无需根据法律和监管限制进行重新加密或手动干预。
12. 指定合约市场（DCM）是可以为交易目的列出所有类型的交易所商品期货或期权合约，并允许各类交易者访问他们的设施。
13. 如果公司“在利率、货币兑换、信用违约、股权和商品掉期方面具有重要地位”，则该公司被定义为 MSP。如果“公司以超过 1 亿美元或更多的名义金额进行掉期交易，向 15 个以上的交易所进行掉期交易或每年进行 20 次掉期交易”，则将公司定义为可持续发展。
14. RM 是由市场运营和/或由市场管理的多边系统运营商，或促进汇集多种买方和卖方在某种程度上对金融工具的兴趣的合约。
15. MTF 是一个多边系统（非交易所金融交易）场所，由投资公司或市场经营者经营，汇集了金融产品中的多个买家和卖家。
16. OTF 是任何不是 RM 或 MTF 的设施或系统，旨在汇集多个买家和卖家或相关的订单金融工具（债券、结构性融资产品、排放额度和衍生品）。

参考文献

Alizadeh，A. H.（2013）：Trading Volume and Volatility in the Shipping Forward Freight Market，Transportation Research—Part E，Logistics and Transportation Review，49：250—265.

Alizadeh，A. H.，Adland，R. and Koekebakker，S.（2007）：Predictive Power and Unbiasedness of Implied Forward Charter Rates，Journal of Forecasting，26：385—403.

Alizadeh，A. H.，Kappou，N.，Tsouknidis，D. and Visvikis，I. D.（2015）：Liquidity Effects and FFA Returns in the International Shipping Derivatives Market，Transportation Research—Part E，Logistics and Transportation Review，Forthcoming 2015.

Angelidis，T. and Skiadopoulos，G.（2008）：Measuring the Market Risk of Freight Rates：A Value-at-Risk Approach，International Journal of Theoretical and Empirical Finance，11：447—469.

Batchelor，R.，Alizadeh，A. H. and Visvikis，I. D.（2005）：The Relation between

Bid-Ask Spreads and Price Volatility in Forward Markets, Journal of Derivatives & Hedge Funds, 11:105—125.

Batchelor, R., Alizadeh, A. H. and Visvikis, I. D.(2007): Forecasting Spot and Forward Prices in the International Freight Market, International Journal of Forecasting, 23:101—114.

Chang, Y. and Chang, H.(1996): Predictability of the Dry-Bulk Shipping Market by BIFFEX, Maritime Policy and Management, 23:103—114.

Cullinane, K. P. B.(1991): Who's Using BIFFEX? Results from a Survey of Shipowners, Maritime Policy and Management, 18:79—91.

Dinwoodie, J. and Morris, J.(2003): Tanker Forward Freight Agreements: The Future for Freight Futures, Maritime Policy and Management, 30:45—58.

Goulas, L. and Skiadopoulos, G.(2012): Are Freight Futures Markets Efficient? Evidence from IMAREX, International Journal of Forecasting, 28:644—659.

Haigh, M. S.(2000): Cointegration, Unbiased Expectations and Forecasting in the BIFFEX Freight Futures Market, Journal of Futures Markets, 20:545—571.

Haigh, M. S. and Holt, M. T.(2002): Hedging Foreign Currency, Freight and Commodity Futures Portfolios, Journal of Futures Markets, 22:1205—1221.

Kavussanos, M. G.(1996): Comparisons of Volatility in the Dry-cargo Ship Sector. Spot versus Time-charters, and Smaller versus Larger Vessels, Journal of Transport Economics and Policy, XXX:67—82.

Kavussanos, M. G.(1996): Price Risk Modelling of Different Size Vessels in the Tanker Industry using Autoregressive Conditional Heteroskedasticity (ARCH) Models, Logistics and Transportation Review, 32:161—176.

Kavussanos, M. G.(1997): The Dynamics of Time-varying Volatilities in Different Size Second-Hand Ship Prices of the Dry-cargo Sector, Applied Economics, 29:433—443.

Kavussanos, M. G.(2003): Time Varying Risks Among Segments of the Tanker Freight Markets, Maritime Economics and Logistics, V:227—250.

Kavussanos, M. G.(2010): Business Risk Measurement and Management in the Cargo Carrying Sector of the Shipping Industry—An Update, Chapter 25, pp. 709—743 in 'The Handbook of Maritime Economics and Business', Lloyds of London Press, London.

Kavussanos, M. G. and Dimitrakopoulos, D. N.(2011): Market Risk Model Selection and Medium-term Risk with Limited Data: Application to Ocean Tanker Freight Markets, International Review of Financial Analysis, 20:258—268.

Kavussanos, M. G. and Nomikos, N.(1999): The Forward Pricing Function of the Shipping Freight Futures market, Journal of Futures Markets, 19:353—376.

Kavussanos, M. G. and Nomikos, N.(2000a): Hedging in the Freight Futures

Market, Journal of Derivatives, Fall:41—58.

Kavussanos, M. G. and Nomikos, N.(2000b): Futures Hedging when the Structure of the Underlying Asset Changes: The Case of the BIFFEX Contract, Journal of Futures Markets, 20:775—801.

Kavussanos, M. G. and Nomikos, N.(2000c): Constant vs. Time-varying Hedge Ratios and Hedging Effi ciency in the BIFFEX Market, Transportation Research Part E: Logistics and Transportation Review, 36:229—248.

Kavussanos, M. G. and Nomikos, N.(2003): Price Discovery, Causality and Forecasting in the Freight Futures Market, Review of Derivatives Research, 6:203—230.

Kavussanos, M. G. and Visvikis, I. D.(2004): Market Interactions in Returns and Volatilities between Spot and Forward Shipping Markets, Journal of Banking and Finance, 28:2015—2049.

Kavussanos, M. G. and Visvikis, I. D.(2006a): Derivatives and Risk Management in Shipping, Witherbys Publishing Limited & Seamanship International, UK.

Kavussanos, M. G. and Visvikis, I. D.(2006b): Shipping Freight Derivatives: A Survey of Recent Evidence, Maritime Policy and Management, 33:233—255.

Kavussanos, M. G. and Visvikis, I. D.(2007): Derivatives in Freight Markets, Special Report Commissioned by Lloyd's Shipping Economist, A Lloyd's MIU Publication, Informa Business, London.

Kavussanos, M. G. and Visvikis, I. D.(2008): Freight Derivatives and Risk Management: A Review, (In Eds.) Geman, H., Risk Management in Commodity Markets: From Shipping to Agriculturals and Energy, John Wiley & Sons Ltd.

Kavussanos, M. G. and Visvikis, I. D.(2010): The Hedging Performance of the Capesize Forward Freight Market, (In Eds.) Cullinane, K., The International Handbook of Maritime Economics and Business, Edward Elgar Publishing.

Kavussanos, M. G. and Visvikis, I. D.(2011): Theory and Practice of Shipping Freight Derivatives, Risk Books and Journals, Incisive Media Publishers.

Kavussanos, M. G. and Visvikis, I. D.(2014): Shipping Freight Derivatives: Practical Examples and Applications, (In Eds.) Xu, J., Contemporary Marine and Maritime Policy, Nova Science Publishers.

Kavussanos, M. G., Visvikis, I. D. and Batchelor, R.(2004): Over-The-Counter Forward Contracts and Spot Price Volatility in Shipping, Transportation Research—Part E, Logistics and Transportation Review, 40:273—296.

Kavussanos, M. G., Visvikis, I. D. and Dimitrakopoulos, D.(2014a): Risk Management in the Shipping Industry, (In Eds.) Roncoroni, A., Fusai, G. and Cummins, M., The Handbook of Multi-Commodity Markets and Products: Structuring, Trading and Risk Management, John Wiley & Sons Inc.

Kavussanos, M. G., Visvikis, I. D. and Dimitrakopoulos, D. N.(2014b): Economic

Spillovers between Related Derivatives Markets: The Case of Commodity and Freight Markets, Transportation Research Part E: Logistics and Transportation Review, 68:79—102.

Kavussanos, M. G., Visvikis, I. D. and Dimitrakopoulos, D. N.(2010): Information Linkages between Panamax Freight Derivatives and Commodity Derivatives Markets, Maritime Economics and Logistics, 12:91—110.

Kavussanos, M. G., Visvikis, I. D. and Goulielmou, M. A.(2007): An Investigation of the Use of Risk Management and Shipping Derivatives: The Case of Greece, International Journal of Transport Economics, XXXIV:49—68.

Kavussanos, M. G., Visvikis, I. D. and Menachof, D. A.(2004): The Unbiasedness Hypothesis in the Freight Forward Market: Evidence from Cointegration Tests, Review of Derivatives Research, 7:241—266.

Kleindorfer, P. and Visvikis, I. D.(2009): Integration of Financial and Physical Networks in Global Logistics, (In Eds.) Kleindorfer, P., Wind, Y. and Gunther, R. E., The Network Challenge: Strategy, Profit, and Risk in an Interlinked World, Pearson Education Inc., Publishing as Wharton School Publishing, Upper Saddle River, NJ.

Koekebakker, S. and Adland, R.(2004): Modelling Forward Freight Rate Dynamics—Empirical Evidence from Time Charter Rates, Maritime Policy and Management, 31:319—336.

Koekebakker, S., Adland, R. and Sodal, S.(2007): Pricing Freight Rate Options, Transportation Research—Part E, Logistics and Transportation Review, 43: 535—548.

Lyridis, D., Zacharioudakis, P., Ioardanis, S. and Daleziou, S.(2013): Freight-Forward Agreement Time series Modelling Based on Artificial Neural Network Models, Journal of Mechanical Engineering 59:511—516.

Prokopczuk, M.(2011): Pricing and Hedging in the Freight Futures Market, Journal of Futures Markets, 31:440—464.

Samitas, A. and Tsakalos, I.(2010): Hedging Effectiveness in the Shipping Industry during Financial Crises, International Journal of Financial Markets and Derivatives, 1:196—212.

Sclavounos, P.(2010): Modelling, Valuation and Risk Management of Assets and Derivatives in Energy and Shipping, Chapter in Encyclopaedia of Financial Models. Edited by Frank Fabozzi. Wiley & Sons Inc.

Spreckelsen, C., Mettenheim, H-J. and Breitner, M. H.(2014): Spot and Freight Rate Futures in the Tanker Shipping Market: Short-Term Forecasting with Linear and Non-liner Methods, Operations Research Proceedings 2012, Springer International Publishing Switzerland.

Tezuka, K., Ishii, M. and Ishizaka, M.(2012): An Equilibrium Price Model of Spot and Forward Shipping Freight Markets, Transportation Research Part E, 48: 730—742.

Thuong, L. T. and Vischer, S. L.(1990): The Hedging Effectiveness of Dry-Bulk Freight Rate Futures, Transportation Journal, 29:58—65.

Tsai, M., Saphores, J-D. and Regan, A.(2011): Valuation of Freight Transportation Contracts Under Uncertainty, Transportation Research Part E: Logistics and Transportation Review, 47:920—932.

Zhang, J., Zeng, Q. and Zhao, X.(2014): Forecasting Spot Freight Rates based on Forward Freight Agreement and Time Charter Contract, Applied Economics, 46: 3639—3648.

第十六章

航运业的兼并收购

乔治·亚历山卓蒂斯（George Alexandridis）

曼尼希·辛格（Manish Singh）

16.1 概　述

并购（M&A）在塑造各种全球产业方面发挥了重要作用，其中航运业在并购交易中相当活跃。在因运价以及资产价值的显著变化而受到影响的行业中，有效发起、运作和整合收购、兼并或战略联盟的能力会为航运业提供宝贵的竞争优势。特别是在过去的几年里，航运业的整合进展显著，尤其是在船舶管理公司、船舶代理和经纪公司等航运服务业，使得其可联合起来实现协同收益。航运业中，虽然传统的协同驱动交易并不常见，但市场条件的结构性转变可能会导致并购活动步伐加快。近年来的趋势是采取资本密集型的策略，旨在实现规模经济、降低成本和金融风险以及实现持续发展，促使本书中强调的航运金融市场日益多元化，这可能会引发整个行业的进一步整合，而这是在过去遭到抵制的，这就需要立足于现代，对该领域作深入分析。

16.2 航运并购市场

航运并购活动主要来自企业寻求补充有机增长、获取特定吨位类型及区域市场，并实现多样化、提高市场份额。通过并购，企业还可能会获得特定技术、资产及能力。两家或两家以上具有互补资源的企业合并，可能会带来经营协同效应、财务协同效应及效率收益，并为合并当事方以及合并后的客户群带来潜在利益。

航运对于满足日益增长的全球贸易需求并促进建立可靠和经济有效的供应链至关重要。作为航运业一分子，相关企业需要具备处理特定货物的技能和专业知识，能够提供专业的吨位类型及承受长期的市场波动和巨大的成本压力。从吨位供应商（如马士基集团、达飞轮船、弗雷德里克森集团、柯比公司、铁凯、潮水公司、星散货船）到服务提供商（如克拉克森、挪威德国劳氏船级社、ISS、James Fisher、德迅、V-GROUP），再到港口运营商（例如 AP 穆勒、迪拜世界港口公司、和记黄埔、新加坡港务集团），都会选择通过多项转型商业交易来促进企业发展。

因航运市场参与者以及交易的类型不同，市场对航运企业的控制也相应不同。图 16.1 明确了不同航运领域之间的关键参与要素和并购活动流程。其中箭头强调的是这些细分市场中典型的并购流程（即收购方收购目标资产流程）[1]。虽然细分市场内的纯横向整合是航运业收购活动的关键组成部分，但船公司之间的、服务提供商与港口运营商之间的跨价值链的同类或纵向组合也普遍存在。此外，私募投资基金大举投资航运业务和资产，利用紧缩的信贷市场及因 2008 年市场低迷出现的低估值寻求效率收益，使得私募股权对航运业及相关业务的参与也催化了并购活动的扩张。最后，资产及船舶收购在航运业中是普遍存在的现象，尤其是在船公司和投资者之间，因为投资者寻求的协同效应通常通过收购目标企业的资产即可轻松实现，无需通过涉及全面整合业务这样的复杂交易。

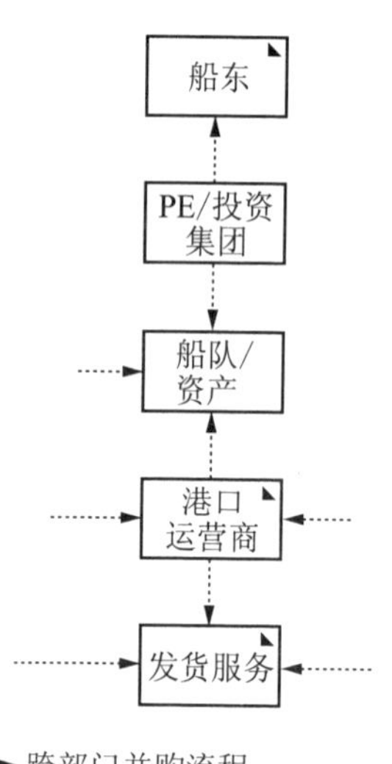

图 16.1　航运并购中的关键参与要素及流程

为了能在航运并购市场的结构及历史趋势方面给出建设性的建议，我们选取了汤姆森（SDC）金融并购数据库中 1990 年至 2014 年的交易样本，这一数据库是个人并购交易信息的主要来源。该样本包括所有已完成的并购交易，其中收购方或目标公司主要来自海运、深海客运、港口相关及其他海上运输服务相关行业[2]。

此处我们仅保留并分析了兼并、收购多数股权、收购资产及部分和剩余股权收购（剥离、资本重组、自我收购、交换要约和回购不在本分析范围之列）。

该样本包括6 296笔并购交易，价值3 710亿美元（尽管披露出来的交易价值仅是一半）[3]。由于收购方和收购目标由同一个母公司控制，故大约有11%的样本交易（687笔交易）为公司内部合并或财务重组，即收购方与目标公司均受控于同一母公司。一个典型的例子是金海洋航运和骑士桥航运的合并，金海洋航运和骑士桥航运是由著名的挪威船东约翰弗雷德里克森控制的两家独立上市的船东，在2015年合并后的公司成为全球领先的干散货船公司之一。这种集团间的重组或合并主要是基于财务动机，通常不认为是传统意义上的并购。尽管如此，未来几年内这类合并预计会成为许多航运企业越来越频繁使用的策略选择，因其具有将暴露于特定行业风险中的船队或业务进行隔离或重组的功能，从而使其在运费上获得补偿。

大约10%的交易都属于直接资产收购。2014年，星散航运从卓越海运公司收购了34艘二手散装货船，这是一个典型的资产收购的例子，目的是为了扩充船队。当然，资产收购和充分的商业合并之间的交易结构的复杂性、监管考虑以及整合挑战存在着巨大的差异。[4]图16.2是对航运并购样本的细分。虽然绝大多数目标公司（80%）和收购方公司（56%）均与航运业相关，但收购方或目标公司与航运业没有直接联系的交易占样本总数的近三分之二（69%）。因此，在水资源、土地、铁路和航空运输供应链公司之间的垂直整合似乎很常见，涉及能源和资源的情况下收购方和目标公司的交易也是如此。

大量的行业间交易都是投资者主导的。这与近期航运业的私人股本活动激增一致，第七章中有更加全面的讨论。私募股权为并购活动提供了快速扩张的机会，从而打破了多年以来阻碍企业整合的个人决策，尤其船公司中的个人决策。私募股权公司，如阿波罗全球管理公司、黑石集团和橡树资本均大力投资散货船、油轮和集装箱船，且收购船舶企业和港口并从银行购买航运贷款记录。最近的两个例子有：高盛（Goldman Sachs）、北航集团（Borealis）、新加坡政府投资公司（GIC）和保诚集团（Prudential）牵头的财团以50亿美元收购了相关的英国港口，以及威仕（V-GROUP）船舶管理集团以5.5亿美元收购OMERS私募股权。Oaktree Capital于2014年成为航运领域的主要私人股本投资者，并控制了全球最大（按照载重吨）干散货船公司星散航运。总体而言，2012 年至 2014 年期间，私募股权投资带来了超过 500 亿美元的资金，为新一轮航运并购注入了新的活力。

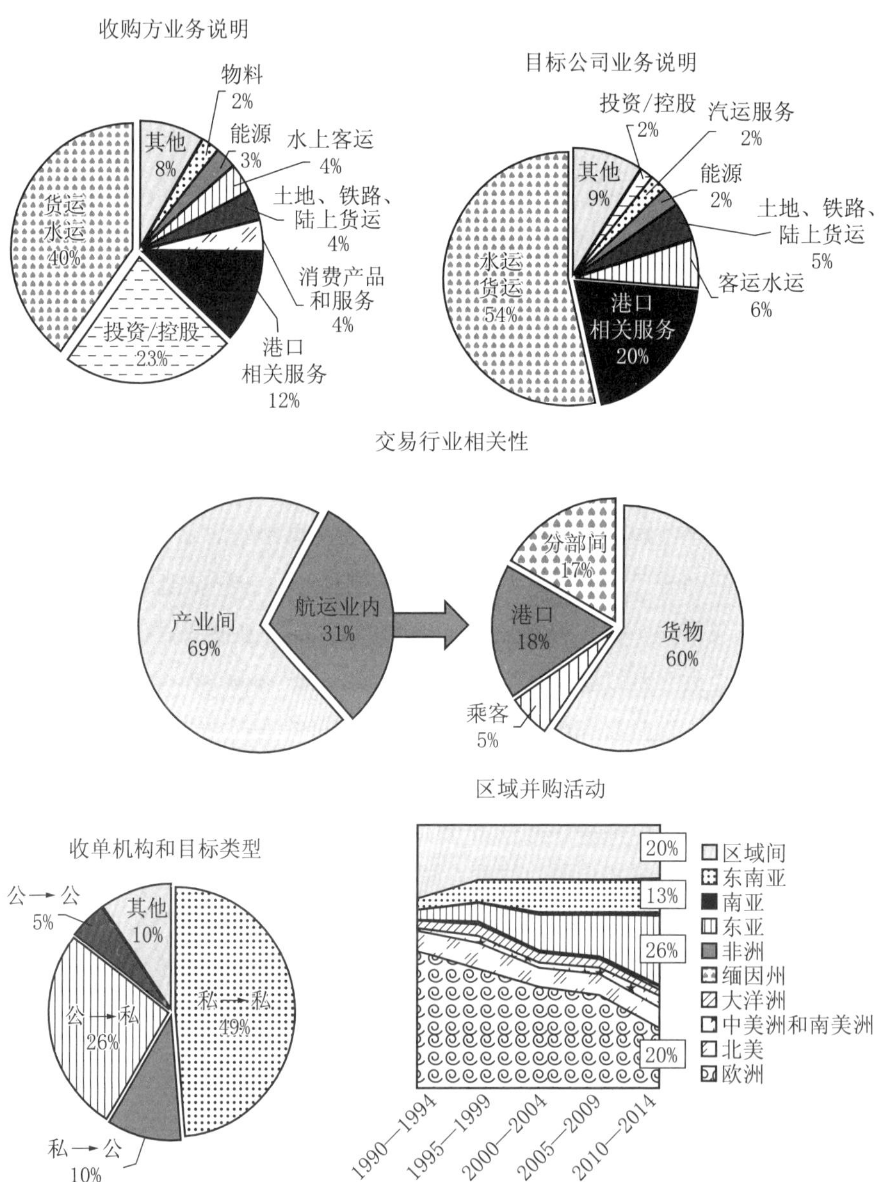

图 16.2　航运并购细分，1990—2014（资料来源：汤姆森金融并购数据库，1990—2014）

图 16.2 进一步分析了航运并购活动。就横向交易（指收购方和收购目标均属于航运业）而言，海运公司之间进行的交易大约占比 60%，与港口有关的交易占 18%，与客运有关的不到 6%，其余 17% 为处于不同航运领域的公司之间的"同类"交易。航运企业的上市情况统计数据则会透出更多有趣信息，在大约一半的航运并购中，收购方和目标公司都是封闭企业，其中，有 15% 的并购交易与上市目标相关，其中三分之一并购交易由已经上市的收购方发起。剩下的"公开交易"也是在封闭企业间进行，其中在大多数情况下是私募股权公司。此外，已经上市的收购方似乎更愿意寻求私人交易，比寻求上市公司进行交易要多出 5 倍以上。因此，全球航运并购市场主要为规模较小的私人交易。同样明显的是，随着时间的推移，区域并购活动已经发生了相当大的变化，在 2000 年至 2015 年期间，欧洲内部交易的贡献减少了一半以上，而东亚的交易份额却增长了 6 倍，占比 26%（中国正在推动这种浪潮）。随着亚洲逐渐成为主要海运中心以及当地政府越来越重视对本地航运产业的支持及进一步发展，使得亚洲有望实现在未来 10 年内并购交易份额的进一步增长。最后，区域间交易的比例仍然相对不变，约为 20%，而跨境交易的份额平均约为 37%，这是与航运业真正的国际性相吻合的。

图 16.3 说明了航运并购活动对运价的影响。随着时间的推移，交易数量不断增加，2012 年的交易量达到创纪录的 378 笔。尽管交易价值信息在大量交易中不可获得，但以交易数量和价值来衡量的并购活动的关联度在 60% 左右。并购投资的交易高峰处于市场崩溃之前的 2005—2008 年，当时有超过 1 200 笔交易，交易价值达 1 060 亿美元。并购活动与克拉克森海运综合指数（由克拉克森研究中心发布的主要船舶类型的收益指数）之间的关联度尤其引人注目。综合与交易价值之间具有 50% 的关联度表明，多年的高运价似乎往往与激增的并购活动有关。这也与并购浪潮的新古典主义解释和行为学解释相一致（见亚历山大等人，2013），其中，新古典主义解释和行为学解释均推测充裕流动性和较高的市场估值可以触发并购交易。[5] 然而随着全球金融危机的出现，航运业的并购活动经历了较大收缩（主要是指被关闭交易的价值）。较低的资产价值以及更显著的财务困境也可能会促进并购交易，最近几年交易活动的逐步反弹可解释这点，这一时期私募股权投资的出现恰恰证实了这一推测。如果

2015年之后的市场状况在一定时期内仍不容乐观，很可能会加快甚至包括船公司在内并购活动的步伐。

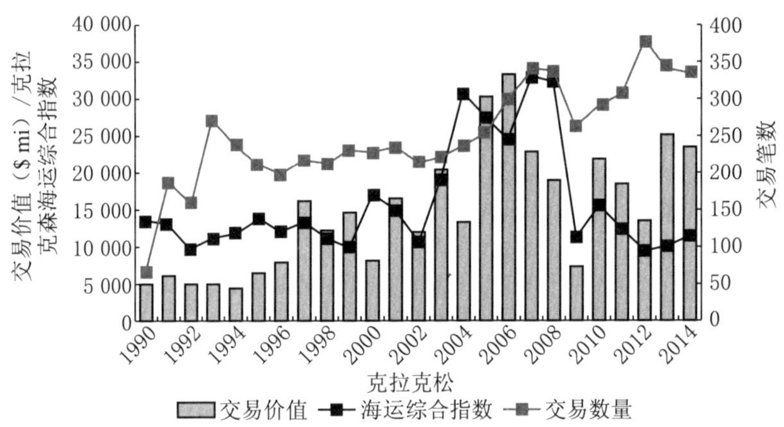

图16.3　航运并购活动和运价（资料来源：数据来源于汤姆森金融并购数据库与克拉克森研究中心）

本章的其余部分集中讨论了航运中并购的一些关键事项。包括不同类型交易的动机，以及并购过程的基本原理和参与主体。此外，本章还论述了航运并购中普遍采用的估值方法和融资技术。最后，我们还分析了创造价值的成功交易的显著特征，回顾了评估价值创造的关键方法，并简要介绍了与航运相关的监管规定。

16.3　航运并购的动机

本节中讨论了推动航运业并购的一般动机。西弗（Heaver）等人（2010）以及布鲁克斯（Brooks）和里奇（Ritchie）（2006）等人认为，航运公司通过并购可实现利润最大化、提高市场份额，从而控制更大范围的物流活动，或者促使业务多样化。收入协同效应、成本回收和效率收益使合并后企业的价值远远大于合并之前的企业价值之和。尽管不同的领域（例如船东、港口运营商和其他服务）和交易形式（例如运营公司间的并购，资产/船队并购和投资者主导的并购）中，使得动机有很大差异，但这些是并购交易最常见的原因之一。

表 16.1 总结了适用于航运业的主要并购动机：追求企业发展、扩大市场份额，以及通过经营协同和财务协同实现业务多样化、提高效率。

表 16.1　航运并购的主要动机

并购动机	论　　证	航运并购相关性
实现现有业务的有机增长	企业高管越来越希望业务增长，这是并购的根本动机之一。企业的内部增长可能缓慢而不确定，但通过收购实现增长则更快速（尽管伴有风险）。	● 追求快速增长的典型例子是收购整个船队，如果市场时机合适，就能产出显著效益。 ● 在面临竞争加剧和增长机遇放缓的成熟领域/公司（如班轮领域）中，通过收购实现企业发展尤其有价值。 ● 通过跨境收购，航运业的国际性可引导该航运发展，帮助企业迅速利用当地专业化和分销网络（例如班轮和航运服务）以及进军新地域市场（如 1999 年由马士基收购南非航运、澳大利亚港口服务公司 Adstream 进行的各种国际收购以及克劳利海事公司 2014 年进行的收购 Accord 航运管理公司）。 ● 对于服务公司而言，进入新的服务领域可能会促进额外的增长，可为客户提供新的服务，并加强其核心服务。
通过降低成本、增加收入的机会，以实现协同效应。	规模经济、范围和纵向一体化可以提高业务效率、减少单位成本，从而节省大量资金。进入新的市场、分销网络和专业技术或技术也可以增加企业收入。实现收入增效协同效应往往比成本协同效应更不确定和更具挑战性。	● 在航运并购中运营协同效应至关重要。对于拥有船舶的公司来说，更大（更现代化）的船队、以及更好地结合和协调租船服务可以节省大量成本，因为其船舶运行和定位的改进，压载航行和相关运行成本的减少，尤其是燃料成本的减少，为其创造了竞争优势。 ● 整合互补的专业化可以带来可观的效率收益（例如，2015 年的吉玛集团和 Navig8 油轮公司的合并，使得市场领先技术得以整合到资本市场、技术管理、运营/租船和交易中）。 ● 通过控制供应链来降低成本的另一个例子是班轮领域的纵向合并。 ● 航运服务中，运营协同效应往往意味着企业进入互补领域和/或专长领域（例如 2014 年克拉克森收购挪威柏拉图）和/或提升进一步加强核心业务的规模/能力（例如挪威船级社与德国劳氏船级社的合并）。

（续表）

并购动机	论证	航运并购相关性
财务协同效应	大企业更容易资本市场准入并降低成本	● 对于追求更深层次的市场资本化，以获得成本更低、规模更大的融资的投资者与船公司来说，流动性是一种成本关键因素（例如，星散航运对海洋散运以及卓越海运的收购，使得合并后的公司对投资者更具吸引力）。 ● 财务协同效应是最近一些私人股本航运交易以及公司内部重组活动的重要动机。
提高市场份额、并减少竞争。	在对市场竞争和市场价格产生影响的领域。横向合并会提升市场份额和市场支配力。	● 在利基目标领域，整合船队可以提高市场份额。例如，在班轮航运（见表 16.2）中，战略联盟和并购往往会带来市场竞争的加剧及市场配力的提升。成本协同效应和综合能力的好处往往会带来更具竞争力的定价。 ● 同样，在知名航运服务公司中，私募股权投资背后的主要动机是通过后续收购整合市场份额。
资产基础多样化	多样化带来的切实好处主要是减少了风险（尽管如果多样化会稀释专业化，也可能因此最终摧毁企业价值）。	在不同的船业领域进行多样化经营（收益相关性较低），可以降低商业风险，有利于进入盈利性高的行业（例如，对海洋钻井设备公司的收购使得干散货海运公司得以进入海洋工程领域，且在干散货价格下跌时获益）。

表 16.2　班轮运输并购（资料来源：包括劳埃德船级社和贸易等多个数据库，并由各作者整合）

班轮运输要求专门的船舶在规定的贸易航线上航行。这一市场的合并可更加有效地创造规模经济、提高船队的利用率并能结合合作企业岸上供应链。传统上，班轮运营商倾向于通过战略联盟来巩固业务。战略联盟背后的某些原因与本节所讨论的并购的主要动机一致。这些原因包括提高合作企业的船队利用率、服务更广泛的路线、可从营销和商业运作的规模优势获益、减少市场竞争和提高定价能力、可进入新的区域市场以及利用联合的知识和技术。

伴随疯狂造船的后遗症以及全球金融危机后需求疲软，航运公司面临的巨大的成本压力、次优的产能利用率以及不稳定的市场环境，这些都使得制定长期战略更加具有挑战性。2014 年，拥有最大市场份额的班轮航运巨头马士基（15%）、地中海航运公司（14%）和达飞轮船（9%）决定整合资源，创造出“P3 联盟”。这个联盟将会见证由 3 个合作伙伴建立的一个超过 250 艘船舶的联合网络，聚集超过 250 万 TEU 的容量，在近 30 条航线上航行。马士基因此成为最大的船队贡献者，其船队数量约占 P3 船队的 42%，达飞轮船是规模较小的合作伙伴，拥有约 24%的股份，

（续表）

而地中海航运公司的船队数量约占联盟船队的34%。该联盟预计将通过合并后的运营和商业中心（称为JVOC或联合船舶运营中心）创造全球规模经济并提升运营效率。 由于P3联盟被认为是东西部主要班轮业中小公司的竞争壁垒，因此未能获得中国市场监管当局的批准。然而，马士基和地中海航运公司在2M合作伙伴关系下重新进行了合作，但这并没有完全实现联合船队、JVOC和定价机制所设想的利益。然而，2M的合作关系触发了班轮运输市场的进一步合并，并触发了其他参与者通过合并迅速行动维持立足点，如Ocean Three联盟（达飞轮船、阿拉伯航运、原中海集运），CKYHE联盟（原中远集运、川崎汽船、阳明海运、韩进海运和长荣海运）和G6联盟（美总轮船、赫伯罗特、现代商船、商船三井、东方海外、日本邮船）也是该联盟成员。 2008年的金融危机对市场结构产生了深刻的影响。由于航运公司试图通过增加业务规模来进一步控制其航线成本，新成立的联盟会更注重航运领域的合并能力，这可能成为进一步合并的步骤之一，预计这些联盟逐步会将较小的竞争对手排挤出基准的亚欧航线，并通过更有效的吨位供给控制来稳定货运价格。 尽管班轮航运并购交易不那么常见，但在2014年出现了顶级班轮公司的第一次合并，智利航运公司CSAV的集装箱业务合并到德国的赫伯罗特。协同收益，特别是优化航线、提高生产力以及降低成本是这次合并的主要动机。其中，缩小与主要竞争对手之间的差距当然是这笔交易的主要动力。由于在供需失衡方面，该行业可能将继续面临巨大的压力，因此，可以预测的是，班轮公司将会更多地选择并购，并专注于更核心的集装箱运输业务。中国国有企业也有可能进一步加强重叠业务整合，以减少竞争，提高规模经济和效率，这是发展经济计划的重要部分。撰写本节内容时，传言中正在进行的中远和中海之间的巨额合并交易就是一个很好的例子。这类交易的潜力预示着，在班轮行业和其他领域将有进一步全面整合的空间。

这些动机主要与收购交易中的买方（买方的观点）或并购中的买卖双方有关。应当指出的是，虽然图表中列明的这些动机是独立的，但有些动机可能是相互作用的。表16.2是关于班轮公司并购中的动机的讨论，以此作为特别的案例进行研究。

其他潜在的并购动机，还没有在表16.1中展示出来。例如，有时候会收购管理层效率低下的公司，以期能够从有效管理中获益。这与迪特里希、索伦森（1984）的管理不善假设一致。根据哈福德（1999）的自由现金流收购理论，现金充裕的公司更有可能进行收购，过度自信的首席执行官们倾向于高估他们的投资项目回报，由此会进行更多的并购交易（道卡斯和佩特姆萨斯2007）。此外，防御性出价（防止被接管）或“定位”交易（成为更具吸引力的合并候选方案）也是并购发生的原因之一（高登等人，2009）。其他情况下，收购方可能仅仅是购买低估值资产/船队以便公司在市场条件方面有所发展。这也是2008

年经济危机之后的航运并购的主要动机，其中，2008 年危机使得历史最低水平的运费降低了公司估值。该策略固有的风险在于，如果没有市场回升来证明它的合理性，进一步的合并可能实际上会阻碍而不是改善公司发展。

尽管上述动机构成了航运并购背后的主要动机，但航运并购市场是一个多元化的市场，有不同类型的交易和参与者。因此，并购背后的原因可能是多种多样的，也可能是更综合的，取决于交易或收购方类型。例如，提供日益重要的替代资金的私募股权投资者，他们倾向于收购能为他们提供吸引力的增长机会和提高业绩/回报的潜力的标的资产和业务。因此，在这种情况下的关键动机就是，资产投资的机会、诱人的退出估值、带来进一步的成本和收入协同效应的后续收购，以及通过更有效的融资结构和完善的商业模式实现其他效率收益。

被收购方动机与收购方动机的区别很大。随着全球一体化的形成和重塑供应链的加快及复杂性，一些企业面临着商业模式停滞的困境，并寻求母公司（收购）或合作伙伴（兼并）以维持企业的业务和长期生存。

航运收购方的一些主要动机包括：

1. 其业务的特定部分对其长期战略而言并非核心部分；

2. 由于被收购方商业模式的限制或核心市场的长期低迷而导致的内生增长疲软；

3. 很长一段时间内指向不利市场条件或低迷市场的预期变化；

4. 由于现金流动或流动性问题（例如资金不足）无法维持内生增长；

5. 未能将新产品/服务推向市场；

6. 企业核心市场的整合，受规模经济需求的驱动；

7. 希望能处置企业和实现退出的新一代家族企业。

16.4 并购流程

本节探讨航运企业如何成功进行并管理个别并购交易，并讨论了在某些情况下作为长期结构化并购项目的一系列目标。正如后续所讨论的，很多并购交易都未能实现预期效果。通常，未能实现预期效果的原因可以归属于并购过程不够稳固、未能确保充分考虑到并购战略和投资理由、未能明确管理价值动机的计划以及固有风险以便得到并购团队支持。根据交易的规模、性质或目标，并购过程可能会有很大不同。如图 16.4 所示，并购流程被普遍认为包括制定并购战略、发起和分析并购目标、培育并购前景、典型尽职调查流程和收购后整合。

16.4.1 制定并购战略

在制定并购战略之前，收购或兼并企业需考虑到与其内生商业模式相关的增长机遇和挑战。此类评估将有助于确定商业模式中的任何限制或差距，可通过并购或战略联盟来打破进入内生发展的新市场和特定领域的障碍。除了通过并购来评估核心业务增长的可能性之外，企业还可以考虑通过并购进入有吸引力的邻近市场。在航运业，这可能意味着船东或运营商收购具备所需资产和专业知识的目标公司，能够进入理想的航运市场或航运服务业务领域，从而获得新的交叉销售能力或客户群基础。

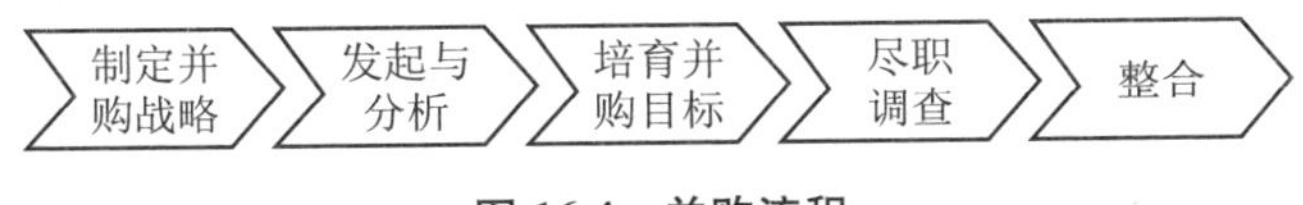

图 16.4 并购流程

当航运企业在其当前业务模式核心领域进行并购时，他们的关键目标往往会涉及专注于提高市场份额、规模经济、降低成本和获得新的客户群或地区。另外，它们也可能将并购作为一种多元化战略，以进入与其核心业务或客户群相邻近的市场。在这些情况下，并购意向是专注于增加新的专业技能或能力、接触到收购方现有基础之外的客户和特有资产。收购方核心业务以外的并购涉及新客户、供应商、技能、地区，执行风险也因此更大，需要更有力的战略考虑和并购规划。

有效的并购策略为潜在目标公司规定了目标或标准，以便进行战略适应性和投资吸引力评估。在航运业中，这些目标或标准可能包括资产性质、涉及的具体能力或专业知识、组织文化、规模和市场份额以及标的公司主营地区。除了识别并购机会之外，业务模式评估和并购战略制定还可能促使某些非核心业务或资产的处置，从而腾出资金用于进一步投资优先领域。

16.4.2 识别与分析并购目标

一旦收购方确定了并购领域，便通常起草一份详细清单，列出在其感兴趣的领域中所有潜在并购目标。通过应用并购策略中所确立的选择标准，对总体名单进行分析和筛选。此类标准可能包括：目标公司的资产质量和战略适应性、管理经验和质量、文化的一致性、客户重叠度、市场份额、资源和能力、盈利水平和近期财务表现、现金转换、资本支出要求、客户集中度和可实现的协同效应水平。进一步考虑的是目标公司规模、运营地域以及运营和合并风险级别。根据目标清单的战略合理性和投资吸引力，收购方会确定最优目标，以确定其可用性、对估值的期望以及相关风险。计划出售某些商业资产或业务部门的被收购方也会采用类似的方法，即首先列出所有待售商业的潜在收购方名单，并根据该名单筛选出优先收购者名单。

16.4.3 培育并购目标

制定了优先并购目标清单之后，将在采购、销售或业务整合方面进行结构化的参与设计。收购方和被收购方都可以指定行业专家或并购顾问以提供交易支持，或者也可以在识别并购目标的早期阶段引入这些顾问。为了吸引潜在的收购方，被收购方可以通过其顾问进行供应商尽职调查（VDD），从而提供全面的信息备忘录（IM），允许潜在收购方评估投资吸引力并提交指示性报价。正如下文所论述的，协同效应在并购交易中发挥着核心作用，并为收购企业需支付的估值溢价提供基础。因此，培育过程可能需要接触相关业务、商业、人员，以及一系列其他信息，以建立协同案例。收入协同效应包括由于业务整合而产生的增量收入机会。这可能是由能力、市场渠道和客户基础等因素的整合而共同推动的。成本协同作用包括通过提高效率、规模经济、已有基础和资源的合并以合理化成本基数的机会。

并购业务需要进行全面风险分析，给出合并后的实体所面临的所有可预见的人员、法律、商业、财务、技术或其他风险带来的可能性和影响。收购方需要考虑并购目标的估值、投资回报、上述投资风险与并购协同情况。并购交易的融资机制也会对收益分析以及尽职调查过程的范围产生重大影响，具体取决于参与交易融资的结构和利益相关者。

如并购活动是一个结构化的长期项目时，识别和分析潜在目标的过程将有助于明确最优市场前景。培育过程需要买卖双方的积极参与，通常从签订保密协议开始建立意向并交换并购交易所需的所有相关信息。在双方进行详细的谈判或尽职调查之前，通常会有一个指示性要约，阐明收购或合并的战略理由，以及潜在要约的关键条款，概述拟议交易的结构、明确融资方式。在发出指示性要约之前，并购合伙人或买方会考虑投资并购交易的合理性，并取得董事会的批准。由于并购提议的目的是获得重大的投资者/市场利益，因此所有各方将在交换任何指示性建议或开始谈判之前，需谨慎预测市场对拟议并购交易的反应。

16.4.4 尽职调查

如上所述，并购提议得到了某些理论假设的支持，这些假设会分析战略和投资的基本原理。这些驱动了并购交易产生增量价值，而并购交易需要借助于全面的尽职调查来验证。根据交易结构、资产或业务实体是否被收购、业务性质、规模、可变性、组织结构和复杂性、司法管辖区、监管要求等因素，尽职调查过程的程度和范围会有很大差异。在本章，我们仅能大致概括一个典型的尽职调查过程以及金融、商业、税务、法律、业务/技术、人力资源以及知识产权尽职调查中的关键领域。除了收购业务外，本章还讨论了涉及船队或船舶运营商的并购交易，这是航运并购活动的一个重要领域。此种情况下的尽职调查将集中于船舶/船队的适航性、质量和性能，以及与营运船舶和/或营运实体有关的租船/商业安排。并购交易中的监管政策包括但不限于法定机构、反托拉斯/反垄断、反贿赂和工会的批准。

16.4.5 并购后的整合过程

很多未能产生预期价值和协同效应的并购交易，是因为受到了糟糕的计划或对合并后的企业无效率的并购后管理的影响。并购过程的设计早在选择目标公司时就开始成形。这是因为并购过程可能会因标的公司的不同而有所不同，且面临的是交易的预期收益、涉及的业务的混合程度以及合并所带来的关键挑战。因此班轮并购或战略联盟可能涉及需要综合合并的整合，而不仅仅是与并购交易相关的船队或资产的整合，同时也需要管理层、企业人员、操作用户群、营销和商业支持以及供应链的其他要素的整合，从而从并购交易中获得协同效应。整合计划通常需要由并购经理、项目计划或指导团队带领的大量资源和人才。

16.5 航运并购估值

收购方与目标公司达成的并购交易价格，无疑是谈判过程的最终结果。从理论上讲，一个双方都可以接受的价格应该满足收购方和目标公司股东的需求，就可以微妙平衡双方利益的资产净值达成一致，往往是非常具有挑战性的。为了达成最终报价，并购交易所采用的流程包括全面的商业估价，通常由各自的财务顾问为评估、设计交易结构和安排融资之目的而采用。另类估值方法由于其基于原则和假设不同，其提供的估值也相应不同。虽然本章并未对所有不同的业务估值原则和方法进行深入分析，但我们就不同航运并购中使用的主要收入、市场和基于资产的方法进行了概述。

并购估值的主要目的是确定合理的购买价格。交易定价原则在很大程度上取决于交易类型。在涉及协同效益的典型战略业务并购（合并或收购控股股份）中，合并后的实体的价值预计高于两家公司的独立价值。

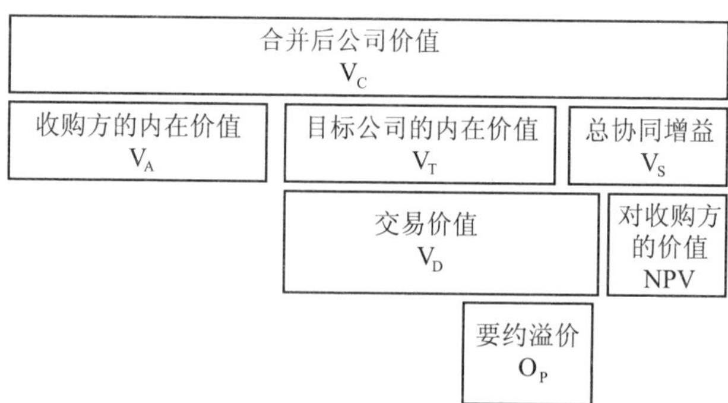

图 16.5 并购定价框架

收购方和目标股东之间的协同收益分配由报价决定。图 16.5 展示了一个基本的并购定价框架。收购方的独立价值（VA）、目标公司的独立价值（VT）以及合并实体（VS）的协同增益之和，构成了合并后公司（VC）的总价值。购买价格或交易价值（VD）往往高于目标公司的独立价值，金额等于要约溢价(OP)[6]。这是分配给目标公司股东的协同增益份额。合并后公司所产生的任何超过收购方支付的并购价格（以及由此产生的任何收购过程费用）的剩余价值就是收购方股东的净现值（NPV）。[7]

很明显，估算目标公司的独立内在价值以及合并后公司的协同效应是并购估值的核心。收购公司的最终价值目标可由以下公式表示：

$$V_{Tmax} = V_T + V_S \tag{16.1}$$

如 V_{Tmax} 由收购方支付，那么协同效应（Vs）的全部价值就被分配给目标公司股东，则收购方的交易净现值为零。这是并购估值的关键门槛，如果超过，这笔交易将有损收购方股东的价值。因此，当收购方和目标公司股东分享合并后公司的协同收益时，最终报价通常处于 VT（“底价”）和 V_{Tmax} 之间。

航运业常用的主要估值方法有折现现金流、市场和交易倍数法以及资产基础法。航运业并没有放之四海而皆准的方法，因此在确定具体细分市场的并购交易时，有一些更合适的估值方法。然而，当采用多种方法时，估值的可靠性往往会得到改善，而且最终估值的敏感性也会考虑在内。下文将回顾航运业采用的主要估值方法的过程和相关投入。

16.5.1　现金流量估值

在折现现金流法估值中，合并后公司（V_C）的价值通常是通过计算作为独立实体的收购方和目标公司所产生的未来现金流的现值之和以及合并后的协同现金流的现值评估所得。为评估并购交易的总资产净值，预计现金流、投资需求净额或自由现金流（FCF）可以通过适当的资金成本来折现。由于自由现金流主要由公司收益构成（根据非现金支出和资本支出进行调整），在难以预测收益的行业中，这种方法可能会导致估值模糊。例如，在有着低准入门槛以及由全球需求和供应（价格接受者）决定的利率的行业，很多船公司就会提供相同服务。利率的大幅变化会导致未来收益不确定/不稳定，反过来也会导致自由现金流不确定/不稳定，使得估值极具挑战性。在这些问题上，2014 年，破产法院对根科船务贸易做出了一个具有里程碑意义的判决，确立了一个明确的先例，对折现现金流法在评估干散货船公司的实际企业价值方面的有效性提出了质疑。虽然折现现金流法并不常用来评估船公司的价值，但它可以在现金流较为稳定的领域（如船舶服务或港口运营商）使用。此外，折现现金流估值仍可用于不会广泛暴露于现货价格波动率的航运公司（即那些倾向于使用长期租赁合同的公司），例如，液化天然气船公司。图 16.6 说明了折现现金流估值过程以及所需的关键投入。

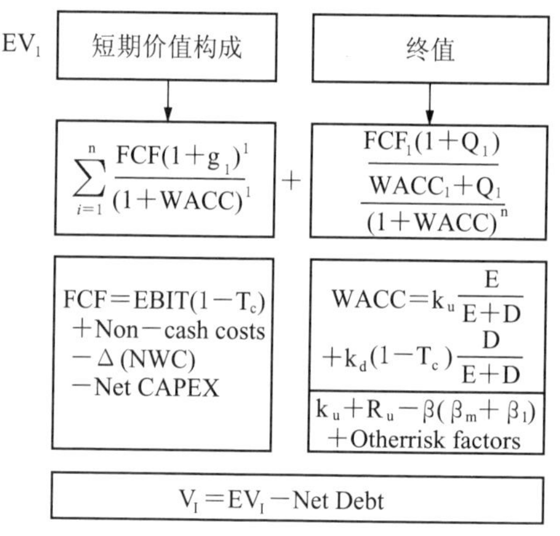

图 16.6　折现现金流估值方法概述

创业公司可以使用两阶段折现现金流模型进行估值。在第一阶段，它的销售增长率（g_t）很高的话，预计将会与第二阶段（稳定增长阶段，g_s）的整体经济增长相一致。在这种情况下，目标公司的独立价值将等于高增长时期（即短期价值构成）的自由现金流现值（通常为 5—10 年）与稳定状态的自由现金流之和（即终值）的现值。对于更成熟的航运公司来说，随着整体经济增长的稳定，多阶段的方法不太可能提供更好的估值。毕竟，多阶段模型需要更多的假设和投入量，而这些假设和投入量可能无法提高最终估计的准确性。在这种情况下，用于估算值的不断增长估值模型足够了，如图 16.6 所示。一般认为，稳态增长率（g_s）是对公司经营的业务（或经济）的长期增长预测。由于航运是一项国际业务，因此可以将 g_s 估计为有关地区经济或需求增长的加权平均数。长期无风险利率（由经济增长成分和通胀因素构成）是分析师用来衡量长期增长率（g_s）的衡量指标。[8]

当使用折现现金流估值方法来进行公司的企业价值估值（即收购方为收购目标公司的股权所必须支付的对价，包括承担目标公司债务的成本）时，自由现金流量是指所有有权主张公司资源的投资者（股权及债权持有人）可用的现金流[9]。企业现金流量即利息前现金流，是通过将非现金收费（如折旧和摊销）与利息及税后收益相加，再扣除净再投资需求（净资本支出）及净营运资本中的变动额（ΔNWC）。[10]对于航运公司来说，资本支出相当高，包括船舶修理、物料设备更换费用及干船坞费用。

企业现金流按公司的加权平均资本成本折现，即投资者的最低要求回报。这是公司的权益成本（K_e）和税后债务成本的加权平均值，k_d（$1-T_c$）。[11]权益成本可以使用权益定价模型（资本资产定价模型或多因素模型）估算得出。[12]当使用资本资产定价模型来评估 K_e 时，一个基本的假设是在某家公司购买股票的要求回报率高于无风险回报率（r_f）及股票风险溢价（R_m-R_f），风险溢价来源于公司的贝塔系数（即公司对市场的敏感性）。从战略收购方的角度看，长期国债（如十年期）的收益率可以用作无风险利率。如估算公司的贝塔系数，需要利用的是过去的股票回报，如估算私人公司的贝塔系数，需要利用的是具有业务和资本结构类似的上市公司的贝塔系数。权益风险溢价是国内股票市场指数（对于跨国公司来说，使用的是国际股票市场指数）与 Rf 的差值。通常情况下，数十年前的历史市场风险溢价可用来评估预期风险溢价。[13]债务成本（k_d）可以计算为公司未偿还债券和/或近期银行贷款利息的到期收益率（YTM）。加权平均资本成本中的权益和债务权重反映了公司的目标资本结构。请注意，目前的融资组合可能与目标资本结构显著不同。由于折现现金流法涉及对未来现金流量进行估值，因此所有投入都反映未来情况而不是过去或现在的情况才是重要的。由于航运业中只有少数公司以公司债券的形式负有债务，因此不会去直接估算长期债务的市场价值。大致评估全部债务的市场价值的一个方法是将其账面价值作为附息债券，其中，票息是全部债务对应的年度利息，到期日是所有未偿债务到期日的加权平均数，以公司的债务成本（k_d）来衡量这一债券的年金价值。

然后，将目标公司债务的市场价值从目标公司企业价值 EVT 中减去，并增加可用于偿还债务（即净债务）的多余现金，从而估算出独立目标公司的权益价值（V_T）。[14]对关键投入/假设的变化值进行最终估算的综合敏感性分析也很重要，并且通常会将一系列的估算值考虑在内。在目标公司是收购方全资子公司的情况下，上面讨论的独立估值输入需要调整，以便估算公式（16.1）中的 V_{Tmax}。在这种情况下，估计自由现金流时的息税前利润（EBIT）将被调整反映为包括该合并产生的任何经营协同效应。此外，所使用的资本成本应反映合并后公司的资本构成。其通常会涉及对债券和股票的市场价值以及贝塔系数的调整，以反映并购交易后的资本结构。同时还应将任何用于融资的额外杠杆的影响考虑进去。[15]

16.5.2 相对估值

相对于市场对类似业务或资产的估值，相对估值涉及对企业或资产的估值。该方法涉及利用可比公司的估值倍数估计指示性（或隐含）价值。倍数是财务比率，表示与价值相关的关键会计指标（例如收入、销售额、经营现金流量或账面价值）所对应的市场价值（MV）。该比率通过可比较的（“同行”）公司（通常处于拟估值公司的行业之内）或可比较的交易（交易倍数）估算得出。相对估值的关键优势在于它比折现现金流估值更简单，涉及的假设更少。目标公司的隐含价值可用如下公式大致估算：

$$V_T = \left(\frac{V}{I}\right)_{COMP} \times I_T \qquad (16.2)$$

其中，

V_T 指目标公司的隐含价值；[16]

I_T 指目标公司的价值指标；

$(V/I)_{COMP}$指可比较公司、集团公司或交易的价值倍数。

可比公司法需要估算目标公司（V_T）的权益价值或企业价值，作为衡量其自身收益的函数——例如税息折旧及摊销前利润，还需要估算具有相似业务的单个或一系列可比公司的相应倍数/产品、增长、盈利/现金流、财务和运营风险概况。由于此类数据的变化可能会导致估值倍数差异很大，因此选择合适的可比公司至关重要。例如，在对班轮公司进行估值时，应该选择往往会在通用航线之间竞争的其他拥有类似规模、船队和运营方式的班轮公司。例如，利用集装箱“包租人”的倍数来估算多元化班轮公司的价值，可能会导致估值错误。因此，重要的是首先确定为什么某个同行的倍数高于或低于拟估值公司的倍数，然后才能就其相对估值过低或估值过高得出结论。通常情况下，分析师会使用不同类型的倍数和若干可比较公司或行业细分市场中的公司，然后得出一系列隐含估值。

航运业最常用的估值倍数是 EV/EBITDA（或 EBITDA 乘数）、市盈率（P/E 乘数）和市净率（P/B 乘数）[17]。销售额和现金流也可以作为价值指标。拖曳估值乘数（分母从过去的价值指标得出）无法反映出分子中的对投资和增长的预期。而预测或前瞻性比率，其中的分母来自分析师的一致预测，可以更直观。此外，在航运业中，由于过量的收益和现金流量的变化，相对估值应该谨慎。表 16.3 报告了某些集装箱/班轮公司的预计估值乘数。

表 16.3　选定的某些集装箱/班轮公司的估值乘数（资料来源：彭博数据）

公司	市盈率（P/E）	市净率（P/B）	市现率（P/CF）	市售率（EV/销售）	企业价值倍数（EV/EBITDA）
AP 穆勒马士基	10.7x	1.0x	5.3x	1.2x	5.1x
原中海集运	35.7x	2.0x	16.2x	1.4x	21.9x
原中远集运	21.8x	1.6x	7.8x	2.0x	13.3x
高世迈航运	12.4x	1.7x	7.6x	6.3x	9.3x
达那俄斯	5.9x	0.8x	2.7x	6.6x	9.1x
长荣海运	16.3x	1.2x	6.4x	0.9x	9.6x
商船三井	13.5x	0.7x	4.1x	0.9x	13.6x
海皇轮船	22.7x	0.9x	3.7x	0.7x	10.1x

注：远期比率根据 2014 年分析师对 2015 年财政年度末数据一致估值得出。

大多数乘数在不同的公司之间表现出很大的差异。平均税息折旧及摊销前利润乘数是 11.5。因此，基于目前这组可比公司的估值情况，具有 1 亿美元税息折旧及摊销前利润的潜在收购目标将定价为 11.5 亿美元（包括负债）。然而，请注意，最适合的可比对象取决于拟估值目标公司的概况。例如，如评估集装箱包租人（而不是班轮公司）时，表 16.3 中的高世迈航运和达那俄斯将比其他的可比公司更具有参考价值。

可比交易乘数也通常用于估算目标公司的隐含价值，即相对于其他目标公司在近期交易中的价值。在这种方法中，公式 16.2 中的（V/I）COMP 表示交易倍数（例如，交易价值/目标公司的税息折旧及摊销前利润）。与可比公司乘数的一个主要区别是，由此产生的估值包括高于目标公司内在价值的溢价。因此，这种估值方法可以用于获取目标公司价值的指示性估值，包括合并后的协同效应。与估值倍数一样，确定真正具有可比性的交易至关重要。表 16.4 给出了一些值得注意的航运业并购交易税息折旧及摊销前利润倍数和其他信息[18]。鉴于倍数的巨大差异，显而易见的是匹配过程至关重要。虽然这一过程的重点通常是标的公司业务和风险概况，但将收购公司的性质、市场状况和过去类似交易的成功程度考虑在内，有助于提高估值的可靠性。

表 16.4　选定的并购交易乘数（资料来源：汤森路透 SDC 数据及公司报告）

收购方	目标公司	公布年份	交易价值（2014＄）*	4 周溢价率 †	企业价值倍数（EV/EBITDA）
海皇轮船	美总班轮	1997	$1.30bil	43%	4.1x
海外航运集团	Stelmar Shipping	2004	$1.06bil	38%	6.7x
AP 穆勒马士基	铁行渣华	2005	$3.66bil	27%	5.4x
投资者集团	英吉利港口	2006	$6.05bill	47%	14.1x
DryShips Inc.	Ocean Rig	2008	$849.5mil	17%	13.3x
卓越海运	昆图纳海运	2008	$1.83bil	14%	9.4x
马士其油轮	Broström	2008	$635.9mil	24%	6.0x
BW Offshore	Prosafe Production	2010	$496.1mil	21%	2.4x
Dry Ships	Ocean Freight	2011	$127.0mil	150%	3.5x
柯比	K-Sea 海运	2011	$613.6mil	53%	10.4x
克拉克森	RS 柏拉图	2014	$441.5mil	–	10.6x

* 交易价值包括负债。

† 目标公司为上市公司的给出了每四周的溢价率。

16.5.3 资产基础估值

资产基础估值法可用于评估企业价值，即其资产的公允市场价值减去其负债的市场价值。由于分配给公司的价值等于获得其有形资产的成本，因此资产基础估值法通常被称为“成本估值法”。此方法经常用于估算拥有庞大资产基础及对其盈利能力至关重要的资产的公司。由于航运业具有高度的波动性和资本密集性，资产基础估值法往往被广泛用于船公司的估值，尤其是油轮和散货公司。由于账面价值以历史资产价值为基础，而历史资产价值往往忽略了公司当前的市场价值，所以 NAV 法往往是首选。[19] 此外，随着市场对航运公司的估值越来越保守，NAV 法也被广泛用于估算并购交易中的“底价”购买价格（或处置价值）。NAV 基于公司船舶和任何新建船舶合同的当前市场价值，并根据非经营性项目进行调整。NAV 的一个缺点是它没有考虑管理质量等方面，并且可能会低估新兴市场的价值。因此，在并购估值中附加一定的溢价获得的估值可能会更可靠：

虽然分析师使用了不同 NAV 变体，但其最简单的形式可以估算如下：

$$NAV_T = V_{VESSELS} + NLA - V_{DEBT} \quad (16.3)$$

其中：

$V_{VESSELS}$是船舶评估公司或船舶经纪人数据库使用目前新建、转售和二手价格估算出的船舶的市场价值。[20] 这需要根据卖方/船厂的任何剩余付款进行调整。

NLA 是净流动资产。

V_{DEBT}是未偿负债的市场价值。

对于任何长期的租船合同，也可以通过对上述费用附加溢价（取决于现货租船费率），并附加公司在其他业务中持有的少数股份的市场价值。虽然 NAV_T 可以作为并购交易中分析目标航运公司价值的基础，但其也仅在并购有望产生额外业务协同效应的情况下作为“底价”。

尽管上述方法涵盖了大部分航运并购中所采用的估值方法，但根据交易的特点，还可以采取上述方法的变体或完全不同的互补方法。例如，一些航运并购交易采取了与进一步投资的潜在机会有关的战略实物期权。根据交易成功整合的可能性（选择扩大新的市场或业务），此可进一步加速企业增长。或者，并购交易失败（选择放弃）时，选择剥离已收购业务（或某些资产）也具有意义。[21]因此，在某些情况下，并购交易中所固有的选择权可能被视为并购估价的重要组成部分。[22]由于实际期权价值的很大一部分来自标的资产价值的波动性，鉴于运价和船价的大幅波动，考虑此类选择在航运中尤其有意义。

16.6 航运并购融资

交易条款的设计是并购过程的核心，与并购所涉交易风险和交易双方分享并购收益密切相关。假设交易形式（股权收购、资产收购或法定兼并）和合并实体的合并后结构（完全合并、部分合并、自有子公司等）都已经协商一致的话，则融资方式和条款就是交易结构过程的关键。从买方和卖方的角度来看，了解并购融资的选择是至关重要的。对于收购方而言，支付方式对其所有权结构、融资成本以及收购后的现金流和投资回报都有一定的影响。对于目标公司而言，最终报价和上涨份额，在很大程度上与融资条款相关联。在提出收购要约时，收购方通常应考虑其资本结构、债务能力、债务融资渠道、盈利能力和内部资金的可用性、两家公司的市场估值、目标公司的偏好和所有权结构，以及税收影响和法律后果等因素。融资组合也取决于诸如业务类型（例如船舶所有权和服务）以及所涉风险和资产。此外，私人股权公司进行的杠杆收购通常涉及更复杂的融资结构。图 16.7 总结了航运业中使用的主要融资方式。

换股并购交易涉及收购方和目标公司股东之间的股份交换。收购方向卖方股东直接发行新股，卖方股东作为交换，会根据预先约定的交易比例投标。[23]在换股交易中，目标公司股东承担的风险是，不会获得并购收益，因为在这种情况下，市场最终会对收购方的股票进行惩罚。在某种程度上，换股并购要求两家公司的股东相互了解、相互信任。

从税收的角度来看，目标公司股东除了对其资本收益缴税外，在短期内实现不了应税收益。然而，从流动性角度来看，股票交易通常不被目标公司股东所偏好。当收购方认为其股票价值高于相对于目标公司股票价值时，收购方更倾向于将股票用作货币，因为在这种情况下的并购，需要其交换的股票更少

（特拉夫罗斯，1987）。此外，当交易规模较大且合并过程预计复杂而漫长时，和/或目标公司的估值更不确定时（例如拥有新产品和无形资产的年轻服务公司，或拥有大量船舶交易场所的干散货船公司），收购方倾向于在其借贷能力和/或拥有多余现金时交换股票（法西奥和马苏里斯，2005 年）（亚历山卓蒂斯等人，2013 年）。由于私人公司的股票通常流动性不足，因此换股并购方式在上市收购方进行的并购交易中更为常见（法西奥等人，2006）。纯股票交易往往意味着兼并而不是收购。因此，在 2015 年，通用海事收购了 Navig8 油轮的全部股份，以一笔相当于 14 亿美元现金等价物的纯换股交易形式，组建了 Gener8 Maritime Inc.。当时汇率是 0.9，而且没有实际的资金转手，这在技术上等于“兼并”。

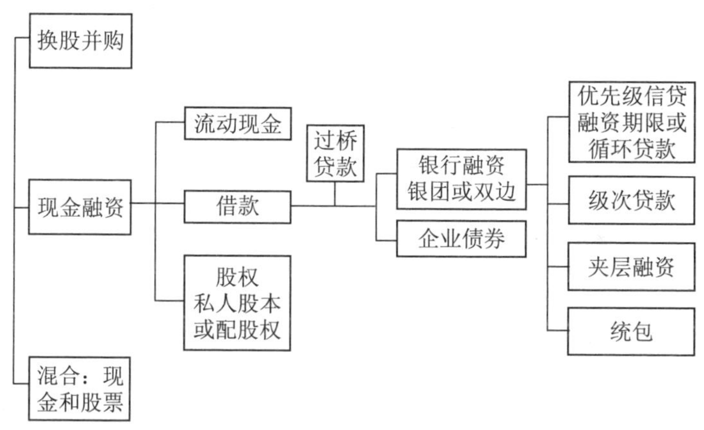

图 16.7　航运并购融资方式

出售股东和公司董事会往往倾向于现金出价，因为现金是他们获得退出的高流动性方式。现金支付还意味着，目标公司股东不必担心交易潜力或交易整合，因为他们获得了股票净值，也没有进一步参与交易。不足之处在于，目标公司股东分享不了收购方股价的任何长期上行潜力。当然，现金支付还涉及短期内的纳税。收购方往往在借款能力或现金储备充足时，或其股票价值较低时，或者当他们不愿通过吸收外部股东来稀释股份时使用现金。

虽然在现金出价中，目标公司股东可以获得换取其股份的现金，但现金并不总是来源于收购方的内部现金储备（流动现金）。收购方可能会通过外部举债来支付现金，或者在并购交易中设计债务部分。值得注意的是，债务融资是一项相当具有挑战性的工作，特别是在信贷市场处于“锁定状态”的年份。银行融资往往是最灵活、成本最低的航运资金来源，通常是银团贷款的形式。银团贷款通常用于需要大量资金的交易，并涉及一组贷款人和银团机构。虽然第一和第二留置权贷款都是优先级债务并购融资的常见来源，但当借款人的融资需求超过优先级担保贷款机构的最高能力时，第二留置权贷款在杠杆收购（LBO）中就很常见了。[24]夹层融资可采用次级高收益债券、可转换债券或私人夹层证券（以权证或优先股债务）的形式。统包贷款是优先级和夹层/次级债务的混合体工具，主要是由私人股本公司成立的杠杆收购信贷基金等专业金融公司提供。

过桥贷款融资有助于弥补交易公告与正式长期融资安排之间的差距。过桥贷款融资为投资银行提供短期承诺，即融资将在收购交易的截止日期之前可用。提供过桥贷款承诺的投资银行通常不直接参与交易的长期融资，而是作为潜在收购交易的融资安排人和财务顾问。

利用资本市场可为并购交易融资带来额外的资金来源。包销配股发行（即收购方向现有股东发行额外股份并使用所得款项以现金形式支付）相对不常使用。另一选择是债券发行，尽管债券发行期限比银行贷款要长得多，但其发行过程比传统的债务融资成本更高。

图 16.8 给出了 1 408 个交易样本的融资组合信息，涉及我们之前讨论的 1990—2014 年期间航运并购样本中的完整的付款方式。

现金是航运业中最主要的并购融资形式，并购交易平均报价为 82%的现金和 12%的股票。事实上，四分之三的交易都是用现金支付的。只有三分之一的交易是由已上市目标公司完成的，其余的大部分是由投资者团体/私募投资公司进行的，这证明了这种模式的合理性。根据五分之一样本进行现金的再分类，这五分之一样本说明了融资来源的额外细节。大约一半的现金交易是全部通过内部资金融资的，22%的现金交易是通过债务融资的，24%的现金交易涉及流动现金（或股票发行）与债务的组合。值得注意的是，由于航运业的流动性充裕，2000—2004 年期间，并购交易中的现金份额大幅增加，在 2005—2009 年进一步增加。甚至在 2010—2014 年的航运低谷信贷市场紧缩期间，它仍是并购交易的主要融资形式。

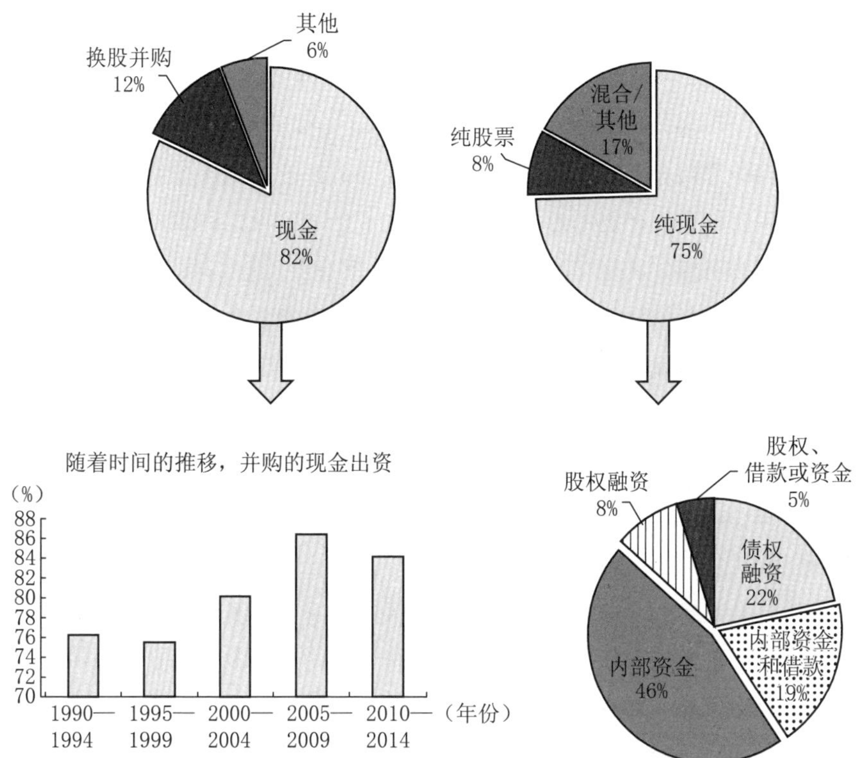

图 16.8　航运并购融资：1990—2014（资料来源：汤森路透 SDC 数据库，1990—2014。）

图 16.9 提供了两家知名干散货船公司（卓越海运与昆图纳海运）的大型并购中所使用的融资条款说明。这笔交易中这两家公司达成了一种混合融资方式。由于现金和股票的平衡组合会具有有利的税收优势，同时也有机会在提供现金的同时，分享任何进一步的上行潜力，因此目标公司股东经常寻求这种组合。

16.7　航运并购中的价值创造

航运业典型的并购交易或战略联盟的主要目的是通过协同效应增效和/或市场份额增加来促进强劲的企业增长和经营改善。因此，这种并购是否成功对于企业利益相关者至关重要。虽然管理层往往更倾向于通过收购而不是通过内生扩张来实现增长，但通过并购实现价值创造绝不是一项简单的任务。马士基在

2005年收购了当时的第四大集装箱航运公司铁行渣华集装箱运输公司，支付了23亿欧元（以40.6%的溢价），被认为是一笔具有巨大战略潜力的交易，合并后集团的市场份额提升到了18%。然而，这笔交易后来被广泛认为是个失败，因为整合业务部门和系统被证明是非常具有挑战性的，客户在竞争中流失，规模经济并没有像最初计划的那样实现，导致了后来的重组和裁员。大型并购的重复操作成为必然，其成本往往超过收益。在干散货航运领域，卓越海运在2008年以24.5亿美元收购了昆图纳海运，其船队规模几乎增加了2倍，成为世界上最大的干散货航运公司之一，当时正处于航运大衰退的边缘。尽管昆图纳海运的股东们从这笔交易中获得了巨大收益（溢价为57%），但对卓越海运来说却是灾难性的，使其最终在2013年破产。这次失败被归咎于糟糕的市场时机。按照这些方式，鹰散航运和根科船务航运公司都进行了大规模、雄心勃勃的收购，但不久之后申请了破产。

并购创造价值的复杂性不仅仅只限于航运业。商业并购价值创造的话题是金融类书籍广泛关注的话题。现有研究的共识是，目标公司的股东可从并购交易中获得显著收益，而收购方和目标公司的联合收益（即协同收益）也是积极的。这一结果是相当合理的，因为收购方支付了丰厚的溢价，从而获得了股东们的积极回应。但既然绝大多数交易都是技术上的收购，这些交易也应该为收购方股东提供切实的净现值收益。尽管如此，现有的经验论证表明，在超过半数的案例中，美国、欧洲和亚洲的并购交易都是破坏而不是为收购公司股东创造价值（Eccles等人，1999）。这也与亚历山大等人（2012）提供的针对过去十年中第六次合并浪潮的最新论证相一致。Bruner（2002）对并购价值创造的研究结果进行了全面的回顾。

市场经验却与并购交易往往会破坏价值的共识相反，表明故事还不到一半。并购专业人士常常认为，并购成功是非常具体的情况，而且很大程度上取决于各种不同的因素。最近的研究明确了交易、公司、管理和市场的某些特征，这些特征似乎能决定商业并购的收益。这些因素包括要约溢价、交易规模和所涉公司、目标公司的上市情况、交易融资方法、收购方和目标公司的相对估值、技术、管理层态度（Malmendier and Tate 2005）、金融顾问的水平、两家公司治理情况、两家公司所有权结构、公司控制权市场的竞争、市场周期以及其他因素。本节概述了用于评估并购创造的价值最常用措施，回顾了航运企业并购成功的一些研究成果，并总结了价值创造的最重要驱动因素。

16.7.1 衡量价值创造

并购中有几种衡量价值创造的方法。可量化的衡量标准能反映出并购对企业所有者的经济影响。虽然，在实践中交易会对其他利益相关者（如雇员或团体）产生影响，但这些影响并不是很容易衡量的，通常以传闻为基础进行评估。由于在完全整合业务之前，并购的实际结果尚未完全显现，长期绩效指标将更有效地反映交易对公司价值的影响。但是，这种长期措施可能会受到在审查期间发生的其他事件的混淆影响。因此，并购交易完成后 1—5 年期间，收购公司的股价或经营业绩出现激增或恶化，这可能归因于在此期间发生的其他事件，而不是交易本身。市场状况的改善、战略、政策或治理的根本变化，甚至是另一项并购交易都能够影响到并购后公司业绩。

因此，关于并购的实证文献更多地集中在所公布的短期股价走势的交易市场反应上。不可否认的是，这一方法假定了完全市场效率，即所有与拟议交易的价值创造潜力相关的信息在宣布收购时都可以被市场参与者使用，且都被理性有效地进行解释。换句话说，这种方法需要在收购提议中充分和准确地反映出该交易的长期潜力。这似乎是一个相当有力的假设，因为根据交易宣布后股价的即时反应所进行的价值创造的衡量可能无法给市场提供足够的时间来评估交易的估值效应和影响。然而研究表明，事实上在大多数情况下，并购公告前后的股价变动，很好地表明了并购的价值创造潜力。还有一点很重要，即交易公告所包含的市场反应不仅包括并购产生的潜在协同效应，还包括收购方与目标公司之间的价值分割以及其独立估值。

虽然并购中价值创造的短期措施往往更常用，但哪种措施更合适，须取决于每种方法的利弊权衡。从方法论的角度看，短期方法提供了“更利索”的价值创造措施。事实上，有充分论证显示，并购公司高管人员决定是否最终完成或撤销交易，其都会认真对待并购公告的异常收益（罗，2005）。这表明管理层认为市场实际上对并购估值效应的定价非常有效，并认真对待这一反馈。

尽管事件中会直接使用短期方法，但对并购价值的综合评估应包含替代措施和窗口。总结了用于评估航运业并购价值创造的主要方法。市场会对交易双方股东的价值产生影响，评估这种市场预期的典型方法是，在交易公告（事件窗口）前后使用累积异常（风险调整）股票回报（CAR）予以衡量。这种方法涉及从事件前窗口市场模型回归中获得用于估计异常收益的必要参数。[25]根据交易对收购方公司股票的影响，或交易公告/完成后12个月至5年的时间内对经营业绩的影响，可评估并购交易的长期估价影响。

16.7.2 航运并购能够创造价值吗？

在航运业中，关于并购的估值效应的实证研究相对较少。所有这些论证均基于收购目标公司股票回报的收购公告。图16.9总结了最近研究的一些结果。

派纳牙斯和龚（2002）研究了20世纪90年代末进行的班轮领域两项大宗交易的影响：英国铁行收购荷兰渣华以及新加坡海皇轮船和美总班轮的合并，此两笔交易都是在1997年进行的。这些“改变游戏规则”的跨境交易是集装箱行业进行的最早的并购行动，也是为相关公司带来非常切实的协同效益的重大战略举措。因此，它们与铁行和海皇轮船的股价大幅上涨有关（平均为83%）。虽然作者没有具体说明，但铁行的股价在两年内上涨了六倍，这证实了交易公告时市场反应良好，并表明一些航运并购交易确实为股东创造了重要价值。

斯利尔波罗斯和泰托卡斯（2007）重点关注油轮市场，尤其是2004年OSG收购Stelmar Shipping的案例，这是继OMI和峰堡投资集团的两家投标。第一家投标被董事会拒绝，第二家因Stelmar管理层和其主要股东之间的一系列纠纷而最终被私募股权投标人撤回。这三家投标都导致Stelmar的股价在提出收购后大幅上涨。尽管如此，市场充其量也没有预料到收购方公司股东会有收益。实际上，OSG的市值在其竞标公告的21天窗口期间减少了约22%。这并不令人意外，因为实际上，OSG在三家各自投标之前出价相对于Stelmar市场价值几乎100%的溢价。因此，并购文献中普遍的论证表明，收购方公司的收益无法实现，往往是因为目标公司股东的高额溢价，后者往往会抵消交易所得的任何组合收益。虽然该研究关注的是对Stelmar的短期估值影响，但看到OSG的股价超过一年的趋势，因此并不会改变主要结论，即航运业中收购方公司往往

研究	领域	细分领域/公司	交易样本	样本所处时期	研究的国家	研究类型	价值创造衡量方法	投标人CAR	目标公司CAR	协同收益
派纳牙斯(2002)	班轮航运	英国铁行和荷兰渣华并购以及海皇轮船和美总班轮并购	2	1995—1999年	英国、美国、荷兰、新加坡	案例研究	CAR[－5＋5]	83%	136%	—
萨米塔斯卡罗里奥斯2007	不定期航运	油轮，液化天然气，干期货，化学品，海洋工程	15	2000—2007年	美国上市公司	量化研究	CAR[窗口不同]	－0.3%至＋0.8%	—	—
斯利尔波罗斯泰托卡斯2007	油轮运输	Stelmar shipping 并购	2	2004年	美国上市公司（纽约证券交易所）	案例研究	CAR [－30＋28] CAR [－10＋10] CAR [－5＋5] CAR [－1＋1]	－22.4%至1.6%	5.1至22.1%	－15.8%至6.1%
安德鲁卢卡帕纳伊德斯(2012)	货运	铁路运输、汽车货运和仓储、水运、货运服务以及运输安排	285	1980—2009年	美国上市公司（纽约证券交易所、纳斯达克、美国证券交易所）	量化研究	CAR [－10＋1]	2.3%	24.5%	3.3%
亚历山德罗古诺波洛斯托马斯（2014）	水运及相关服务	水上货运、水上客运、港口相关服务、水运服务	1 266	1984—2011年	全球（67 股权市场）	量化研究	CAR [－3＋1]	1.2%	3.3%	—

图 16.9　航运并购对价值创造的最新研究

无法为其股东创造价值。与此同时，萨米塔斯和肯罗里奥斯（2007）提供的论证表明，在2000年至2007年期间，在油轮、干散货、化学品、液化天然气和海洋工程领域的15宗并购交易中，收购方公司也未能为其股东创造价值。

上面讨论研究最大的缺点就是样本量限制性很大，不允许对其结论进行概括。另外，最近的两项研究使用了更广泛的样本来检验航运并购的短期估值效应。安德鲁等（2012）使用了在1980年到2009年之间的美国样本，涵盖了整个货运运输业，包括水运、铁路和货运。研究发现，商业并购为收购方及标的公司均创造了价值，并因此带来了巨大的协同收益。相对于竞标公司（2.3% CAR），标的公司的股东们似乎获得了大部分的协同收益（24.5% CAR）。该研究结果表明，货运中的并购对于收购方而言可能会产生积极的超额回报，这可能是由标的公司未上市造成的。这项研究的一个重要发现是，纵向并购（跨越不同的供应链段）相对于横向并购会产生额外的价值，尽管这一收益的大部分是由标的公司的股东所取得。

亚利山德罗等人（2014）专注于水运和客运并购的研究，包括港口相关服务。他们评估了1984年至2011年全球范围内的1 266笔交易样本，并发现收购方（1.2%的CAR）及标的公司的股东（3.3%的CAR）均获得了客观的收益。值得注意的是，与货物运输或货物处理领域相比，在客运、码头和服务领域收购方的收益更高。此外，亚洲和北美的并购交易为收购方创造了比世界其他地区的商业并购更大的价值。最重要的是，与一般的并购文献相反，这项研究发现，相对于涉及上市的标的公司，收购私人标的公司会创造更多的价值。这是一个特别有趣的结果，因为现有论证一致表明收购未上市的标的公司会为收购方创造更多价值。在文献中提到的原因之一是，为吸引上市公司股东而提供了更高的溢价（私人公司的流动性会打折扣），私人公司的所有权更集中（例如在换股并购情况下，收购方公司会任命持股5%及以上的股东作为标的公司监事），标的公司规模相对较小导致并购复杂程度较低。“上市公司交易”在货运领域带给收购方更高收益的事实表明，某种类别结构的特性使上述影响失效。另外，上市标的公司的主要并购收益可能来自市场对企业的控制权较弱的国家，从而导致要约溢价显著降低（参见亚历山德里迪斯等2010年关于并购的更有代表性的论证）。

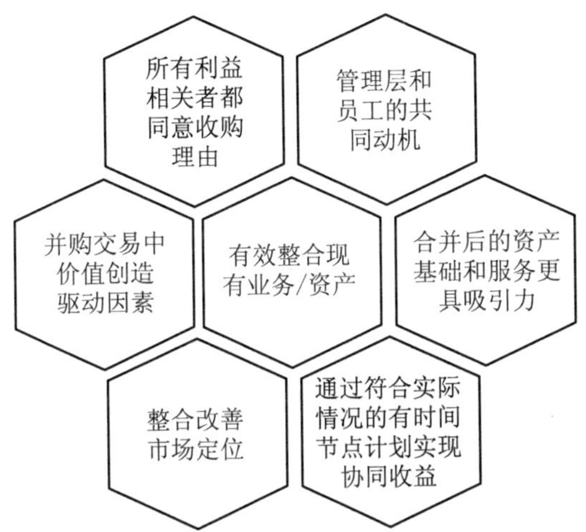

图 16.10　航运并购成功中的一些关键因素

显而易见，以大量样本来评估航运并购具有优点和缺点。某项交易的成功潜力通常是针对具体案例的，并取决于大量因素，这在大规模实证研究中可能难以解释。除了上面讨论的价值创造驱动因素外，图 16.10 还说明了并购成功的一些额外关键因素（指标），通常由航运并购实务从业人员使用。对于创造价值的企业并购而言，交易战略的合理性在于切合实际，成本、收入和其他协同效应和明确预测的效率收益，以及要约溢价的大小的大部分应由收购方股东获得。虽然这包含了通过并购交易所获的价值的蓄意简化，但并购交易的长期价值是在整合收购方和标的公司市场份额运营规模、人力资本、特有资产、技术和资源、知识产权和其他价值项目后，通过增强并购后业务模式实现的。通过实现并购计划设想的协同效应和效率收益，一支尽心尽力的并购团队对于提高综合业务财务绩效至关重要。企业（或船公司的船队）合并导致市场份额的整合以及为合并后企业客户提供更全面、更有吸引力的服务。综合客户群的性质和联合业务的市场路径为本的交叉销售越多，并购交易的价值随之就越高。

16.8　结　论

本章回顾了在航运并购的主要方面。航运业的波动性和资本密集性，成本和财务风险的降低趋势，以及航运融资的转变，都推动了行业内的整合发展。全球化和航运贸易的持续扩张，也使得在交易类型和参与者方面日益多元化。在过去几年里，并购活动创下了历史新高。在航运服务提供商、港口运营商和船公司之间加速扩张，而 2009 年的市场低迷和随之而来的航运资产价值下降也引起了已成为主要并购商的私人投资集团的注意。供需持续不平衡，产生了并购动机，比如削减成本和提高效率，这是企业战略的核心，在全球经济停滞不前的情况下，该行业寻求补充内生增长。由于公司流动性和公开股票市场的兴趣相对于前十年已经枯竭，传统银行和其他融资手段需要继续为行业整合提供资金，才能保证行业继续蓬勃发展，直到下一次市场好转。截至 2016 年，多项指标显示，未来十年整个行业的整合将得到进一步加速。最重要的是，长期航运周期低谷导致船公司的财务困境，可能会重塑行业景观，导致更多的商业失败和战略合并。

根据航运并购中的主要驱动因素及趋势，本章还强调了在现代航运公司内开展全面并购活动的重要性，并且强调了某些交易在实现估计收益方面取得成功在很大程度上可归因于此类并购过程的有效性。所使用的估值方法是这个过程的关键部分，航运领域不同，估值方法存在很大差异。所采用的假设的准确性有助于估算协同效益，从而估算出并购交易的潜在成功性。最后，尽管目前对航运并购的价值创造驱动因素已有大量研究，但明显重要的是，不同船公司的估值效应差异以及私募股权投资在该行业的成功等，都值得进一步调查研究。

注释

1. 本文目的是为了强调最频繁发生的业务并购。但是应该注意的是，图 16.1 中没有突出显示的其他并购（例如，港口运营商和航运服务公司收购各种资产）。
2. 该样本还包括 2013—2014 年公布、2015 年仍未完成的交易。
3. 交易按照 2014 美元计价。
4. 虽然某笔交易可能涉及两家公司，但这实际上仍可能构成对资产的收购。除了业务整合之外，还需要对与每笔交易相关的新闻报道和公告进行详细的调研分析，这不在本文范围之内。然而，应该指出的是，两家公司之间的交易可能仍然是资产收购，在船东公司中尤其如此。因此，实际操作中的资产收购比数据中出现的更为频繁。

5. 根据新古典主义理论，并购受到价值最大化激励的驱动［参见 Jovanovic 和 Rousseau（2002）和 Harford（2005）］。相反，行为解释是建立在市场心理基础上的，认为是市场估值推动了并购浪潮［参见 Rhode-Kropf 和 Viswanathan（2004）、Shleifer 和 Vishny（2003）］。
6. 为本解释之目的，V_T、V_A、V_D 和 O_P 与股票价值相关联，且假设忽略负债。
7. 此处所指的模块在其他类型的交易中可能会有所不同，比如资产收购、不良交易或杠杆收购（LBOs）。
8. 这里假设公司的长期现金流随着整体经济增长而增长。
9. 相反，如兴趣直接评估公司的股票价值时，可以使用股票现金流。在这种情况下，净收益被用来代替利息及税后收益（EBIAT），除了计算非现金费用外，如流动资金变化和有再投资的需要时。需要进行额外调整（新债务偿还旧债务），在折现股权现金流量时，使用权益成本而不是加权平均资本成本。在对公司的折现现金流而非其自由现金流进行股息估值时，也是如此。
10. 在 EBIAT 中使用的适当税率是公司的边际税。
11. 因为利息支出减少了课税，所以使用的是债务的税后成本，因此提高了实际借款成本。
12. 为了提高资本资产定价模型的准确性，可以采用多因素资产定价模型来估计 k_e。例如，Fama 和 French（1993）的模型，除了市场风险溢价（$R_m - R_f$）之外，还包括了公司规模和市场对账面风险溢价的两个因素。
13. 参见 Fernandez 等（2014）和 Dimson 等（2011）对不同市场/国家的股权风险预估。
14. 在实践中，最终的股权价值可能还需要根据经营租赁、非控股利益和员工股票期权等因素进行调整。
15. 例如，杠杆收购主要通过针对目标公司资产（或现金流）的有担保的债务来融资。因此，它的估值需要建立在由此产生的资本结构和债务权重的基础上，并且应该调整资本和 beta 的成本，以反映这一点以及偿还债务期限。
16. 为简单起见，在这种情况下（即相对估值），VT 可以指股权或企业价值。
17. 企业价值倍数（EV/EBITDA）被估算为股票和利息的市场价值的总和（调整为超额现金）除以公司的税息折旧及摊销前利润。税息折旧及摊销前利润的优势在于，它不太容易受到操纵，因为它不包括折旧等非现金项目。此外，税息折旧及摊销前利润与净收入或自由现金流相比，其负面影响更小，其与企业价值分子结合的“前利益”性质，确保了它可以用来比较不同资本结构的公司。当航运公司与不同的资产结构比较时（它增加了经营租赁，使船舶经营人与船东公司相比较），EBITDAL 可以代替税息折扣及摊销前利润。市净率（P/B）通常由船公司使用。尽管账面价值被认为是真实价值的一个相当低效的指标，但它是以历史价格为基础的，它可以表明一家公司的价值，它主要包括货运或客船等流动资产。
18. 实际上，在得出交易乘数时使用了过去 12 个月（LTM）税息折扣及摊销前利润，但表 16.4 中的倍数使用的税息折旧及摊销前利润是上一财务年末税息折旧及摊销前利润。

19. 当船舶在资产负债表上没有被标记为市场计价时（尽管船舶的买卖和购买市场是非常流动的，并且在纯粹的供求因素上不断波动），折旧的账面资产价值和真实的市场价值之间可能存在很大的差异。
20. 例如，在线系统 VesselsValue.com 利用复杂的算法为散货船、集装箱船、液化天然气、液化石油气、油轮和近海船舶提供即时价值。航运情报网（克拉克森研究中心）和波罗的海销售和采购评估（BSPA）也经常被用作标普价值的来源。
21. 进入交易谈判本身也可能涉及一种选择，即在交易被拒绝时退出，但在更有利的条件下返回，以便以后更好地交易（推迟的选择）。
22. Damodaran（2005）很好地总结了真实期权估值。
23. 例如，0.5 的汇率就意味着收购方公司提供了其股票的 0.5 个份额来交换 1 股目标股。汇率可以是固定的（即在交易结束前保持不变）或变动地，以解释收购方股票或其他调整的任何升值/贬值。
24. 大多数杠杆收购都是由私人股本公司支持的，它们的资金来源是由目标公司的资产担保的借入资金和基金投资者筹集的部分股权。这种情况下使用的债务融资结构通常比运营公司进行的交易更为复杂，可能涉及杠杆贷款、高收益债券、夹层融资和/或卖方票据的组合。
25. 在某些情况下，事件前窗口市场模型估计可能被完全消除，因为结果参数可能有偏差（参见 Fuller 等，2002）。实际上，这种情况下的系数将分别设置为 0 和 1，并且异常回报模型将变为 Ri－Rm。值得注意的是，对于短期窗口来说，公司测试的市场回报权重不太可能显著改善估计。此外，没有证据表明，使用 Jensen 的 alpha 类型而非在此处讨论的市场模型方法，来衡量一个单一资本资产定价模型或多因素（Fama 和 French 三因素模型）资产定价框架的异常回报，可以在很大程度上提高估值的准确性。

参考文献

Alexandridis, G., Petmezas, D. and Travlos, N. G., 2010, "Gains from M&As Around the World: New Evidence", *Financial Management* 39, 1671—1695.

Alexandridis, G., Mavrovitis, C. F and Travlos, N. G., 2012, How Have M&As Changed? Evidence from the 6th Merger Wave, *European Journal of Finance* 18, 663—688.

Alexandridis, G., Fuller, K., Terhaar, L. and Travlos, N.G., 2013, Target Size, Acquisition Premiums and Shareholder Gains, *Journal of Corporate Finance* 20, 1—13.

Alexandridis, G., Doukas, J.D, and Mavis, C.P., 2015, Does Firing a CEO Payoff? Working Paper.

Alexandrou, G., Gounopoulos, D. and Thomas, G.M., 2014, Mergers and Acquisitions in Shipping, *Transportation Research Part E: Logistics and Transportation Review* 61, 212—234.

Andreou, P.C., Louca, C. and Panayides, P.M., 2012, Valuation Effects of Mergers and Acquisitions in Freight Transportation, *Transportation Research Part E: Logistics and Transportation Review* 48, 1221—1234.

Bauguess, S.W., Moeller, S.B., Schlingemann, F.P., and Zutter, C.J., 2009, Ownership Structure and Target Returns, *Journal of Corporate Finance* 15, 48—65.

Brooks, M.R. and Ritchie, P., 2006, Mergers and Acquisitions in the Maritime Transport Industry 1996—2000, *Transportation Journal* 45, 7—22.

Brown, S.J. and Warner, J.B., 1985, Using Daily Stock Returns—The Case of Event Studies, *Journal of Financial Economics* 14, 3—31.

Bruner, R., 2002, Does M&A Pay? A Survey of the Evidence for the Decision Maker, *Journal of Applied Finance* 12, 48—68.

Chang, S., 1998, Takeovers of Privately Held Targets, Methods of Payment and Bidder Returns, *Journal of Finance* 53, 773—784.

Damodaran, A., 2005, The Promise and Peril of Real Options, NYU Working Paper

Dietrich, J. and Sorensen, E., 1984, An Application of Logit Analysis to Predicition of Merger Targets, *Journal of Business Research* 12, 393—402.

Dimson, E., Marsh, P. and Staunton, M., 2011, Equity Premia Around the World, Working Paper.

Dong, M., Hirshleifer, D., Richardson, S., and Teoh, S-H., 2006, Does Investor Misevaluation Drive the Takeover Market?, *Journal of Finance* 61, 725—762.

Doukas, I.A. and Petmezas, D., 2007, Acquisitions, Overconfident Managers and Self-Attribution Bias, *European Financial Management* 13, 531—577.

Eccles, R.G.,Kersten, L.L., and Wilson, C.W., 1999, Are You Paying Too Much for That Acquisition? *Harvard Business Review* July/August, 136—146.

Faccio, M. and Masulis, R.W., 2005, The Choice of Payment Method in European Mergers and Acquisitions, *Journal of Finance* 60, 1345—1388.

Faccio, M., McConnell J.J., and Stolin, D., 2006, Returns to Acquirers of Listed and Unlisted Targets, *Journal of Financial and Quantitative Analysis* 41, 197—220.

Fama, E.F. and French, K., 1993, Common Risk-Factors in the Returns on Stocks and Bonds, *Journal of Financial Economics* 33, 3—56.

Fernandez, P., Linares, P. and Acin, I.F., 2014, Market Risk Premium Used in 88 Countries in 2014: A Survey with 8 228 Answers, Working Paper.

Fu, F., Lin, L., and Officer, M.S., 2013, Acquisitions Driven by Stock Overvaluation: Are They Good Deals?, *Journal of Financial Economics* 109, 24—39.

Fuller, K.P., Netter, J. and Stegemoller, M., 2002, What Do Returns to Acquiring

Firms Tell Us? Evidence from Firms That Make Many Acquisitions, *Journal of Finance* 57, 1763—1793.

Gorton, G., Kahl, M. and Rosen, R., 2009, Eat or Be Eaten: A Theory of Mergers and Firm Size, *Journal of Finance* 64, 1291—1344.

Jaffe, J.F., Pedersen, D.J. and Voetman, T., 2013, Skill Differences in Corporate Acquisitions, *Journal of Corporate Finance* 23, 166—181.

Jovanovic, B. and Rousseau, P.L., 2002, The Q-Theory of Mergers, *American Economic Review* 92, 198—204.

Harford, J., 1999, Corporate Cash Reserves and Acquisitions, *Journal of Finance* 54, 1969—1997.

Harford, J., 2005, What Drives Merger Waves?, *Journal of Financial Economics* 77, 529—560.

Heaver, T., Meersman, H., Mogiia, F. and Van de Voorde, E., 2010, Do Mergers and Alliances Influence European Shipping and Port Competition, *Maritime Policy and Management* 27, 363—373.

Lyon, J.D., Barber, B.M. and Tsai, C-L., 1999, Improved Methods for Tests of Long-Run Abnormal Stock Returns, *Journal of Finance* 54, 165—201.

Luo, Y., 2005, Do Insiders Learn from Outsiders? Evidence from Mergers and Acquisitions, *Journal of Finance* 60, 1951—1982.

Malmendier, U. and Tate, G., 2005, CEO Overconfidence and Corporate Investment, *Journal of Finance* 60, 2661—2700.

Masulis, R.W., Wang, C. and Xie, F., 2007, Corporate Governance and Acquirer Returns, *Journal of Finance* 62, 1851—1889.

Mitchell, M. and Stafford, E., 2000, Managerial Decisions and Long Term Stock Price Performance, *Journal of Business* 73, 287—329.

Moeller, S.B., Schlingemann, F.P. and Stulz, R.M., 2004, Firm Size and the Gains from Acquisitions, *Journal of Financial Economics* 73, 201—228.

Panayides, P.M. and Gong, X., 2002, The Stock Market Reaction to Merger and Acquisition Announcements in Liner Shipping, *Maritime Economics and Logistics* 4, 55—80.

Rhodes-Kropf, M. and Viswanathan, S., 2004, Market Valuation and Merger Waves, *Journal of Finance* 59, 2685—2718.

Samitas, A.G. and Kenourgios, D.F., 2007, Impact of Mergers and Acquisitions on Stock Returns of Tramp Shipping Firms, *International Journal of Financial Services Management* 2:4, 327—343.

Shipping Intelligence Network, Clarksons Research Limited.Shleifer, A. and Vishny, R.W., 2003, Stock Market Driven Acquisitions, *Journal of Financial Economics* 70, 295—311.

Syriopoulos, T. and Theotokas, I., 2007, Value Creation Through Corporate Destruction? Corporate Governance in Shipping Takeovers, *Maritime Policy and Management* 34, 225—242.

Thomson Reuters SDC, Mergers and Acquisitions Database, Thomson Reuters. Travlos, N.G., 1987, Corporate Takeover Bids, Method of Payment, and Bidding Firms' Stock Returns, *Journal of Finance* 42, 943—963.

Wang, C. and Xie, F., 2009, Corporate Governance Transfer and Synergistic Gains From Mergers and Acquisitions, *Review of Financial Studies* 22, 829—852.

缩略语表

AHTs	Anchor handling tugs	锚作拖船
ANPL	Arrears and non-performing loans	欠款和不良贷款
APV	Adjusted present value	调整现值
ASEAN	Association of Southeast Asia Nations	东南亚国家联盟
BALMO	Balance-of-month	本月余额
Baltex	Baltic Exchange trading screen	波罗的海交易所运费衍生品平台
BCI	Baltic Capesize Index	波罗的海好望角型船运价指数
BCTI	Baltic Clean Tanker Index	波罗的海成品油轮指数
BDI	Baltic Dry Index	波罗的海干散货指数
BDTI	Baltic Dirty Tanker Index	波罗的海原油油船运价指数
BEDT	Baltic Exchange Derivatives Trading	波罗的海交易所衍生品交易
BEP Asia	Baltic Exchange Panamax Asia	波罗的海交易所巴拿马亚洲
BES 58 Asia	Baltic Exchange Supramax 58 Asia	波罗的海超灵便型船 58 亚洲运价指数
BES Asia	Baltic Exchange Supramax Asia	波罗的海超灵便型船亚洲运价指数
BFAs	Baltic Forward Assessments	波罗的海远期评估
BHAR	Buy-and-hold abnormal return	长期持有异常收益
BHSI	Baltic Handysize Index	波罗的海灵便型船指数
BIS	Bank of International Settlements	国际清算银行
BITR	Baltic International Tanker Route	波罗的海国际油轮航线

BOA	Baltic Options' Assessments	波罗的海期权评估
bp	Basis points	基点
BPI	Baltic Panamax Index	波罗的海巴拿马型指数
BSI	Baltic Supramax Index	波罗的海超灵便型指数
BSI 58	Supramax Index	超灵便型指数
BSPA	Baltic Sale and Purchase Assessments	波罗的海买卖评估
BUNKER	Civil liability for bunker oil pollution damage	燃油污染损害民事责任
CAGR	Compound annual growth rate	年复合增长率
CAPEX	Capital expenses	资本开支
CAPM	Capital asset pricing model	资本资产定价模型
CAR	Cumulative abnormal return	累计超额收益率
CCFI	China Containerized Freight Index	中国出口集装箱运价指数
CCP	Central counterparty clearing house	中央对手方结算所
CEXIM	Chinese Export Import Bank	中国进出口银行
CFDs	Contracts-for-difference	差价合约
CFSAs	Container forward swap agreements	集装箱远期互换协议
CFTC	Commodity Futures Trading Commission	商品期货交易委员会
CGT	Compensated gross tonnage	补偿总吨
CIRR	Commercial interest reference rate	商业参考利率
CLC	Civil liability for oil pollution damage	油污损害民事责任
CLO	Collateralized loan obligations	贷款抵押证券
CLTX	Cleartrade Exchange	清算交易所
CME Group	Chicago Mercantile Exchange Group	芝加哥商品交易所
COA	Contract of affreightment	包运合同租船

ConTex	Container Ship Time Charter Assessment Index	集装箱船定期租船评估指数
CPT	Capesize 2014 time-charter basket	好望角型 2014 定期租船篮子
CTARs	Calendar time abnormal returns	日历时间超额收益
CTC	Capesize time-charter basket	好望角型定期租船篮子
CTR	Calendar-time approach	日历时间方法
DCF	Discounted cash flow	折现现金流
DCM	Designated contract market	指定合约市场
DCO	Derivatives clearing organization	衍生品清算组织
DD	Dry docking	进干船坞
DFA	Dodd-Frank Wall Street Reform and Consumer Protection Act	《弗兰克华尔街改革和个人消费者保护法案》
dwt	Deadweight tonnage	载重吨
E&P	Exploration and production	勘探与生产
EBIAT	Earnings before interest and after taxes	利息及税后收益
EBITDA	Earnings before interest，taxes，depreciation and amortization	税息折旧及摊销前利润
ECA	Export credit agency	出口信贷机构
ECGD	Export Credit Guarantee Department（UK）（英国）	出口信贷保证局
EEDI	Energy Efficiency Design Index	能源效率设计指数
EGC	Emerging growth company	新兴企业
EIBC	Export-Import Bank of China	中国进出口银行
EMIR	European Markets Infrastructure Regulation	欧洲市场基础设施条例
ERSB	European Systemic Risk Board	欧洲系统风险委员会
ESMA	European Securities and Markets Authority	欧洲证券及市场管理局

EU	European Union	欧洲联盟
Euribor	Euro Interbank Offered Rate	欧元银行间拆放利率
EV	Enterprise value	企业价值
EXIM	Export-Import Bank of U.S.	美国进出口银行
FATCA	Foreign Account Tax Compliance Act	《海外账户纳税法案》
FCA	Financial Conduct Authorities	金融行为监管局
FCF	Free cash flows	自由现金流
FDI	Foreign direct investment	外商直接投资
FEU	Forty-foot equivalent unit	40 英尺标准箱
FFA	Forward freight agreements	远期运费协议
FFABA	FFA Brokers Association FFA	经纪人协会
FMV	Fair market value	公平市场价值
FPSO	Floating production storage and offloading	浮式生产储油船
FR	Financial ratio	财务比率
FSRU	Floating storage and regasification unit	浮式储油和汽化装置
GAAP	Generally accepted accounting principles	公认会计原则
GCM	General clearing member	一般结算会员
GDP	Gross domestic product	国内生产总值
GT	Gross tonnage	总吨
H&M	Hull and machinery	船体与机械设备
HFO	Heavy fuel oil	重型燃油
HTC	Handysize time-charter basket	灵便型船定期租船的篮子
Hx	Handymax	大灵便型船

ICBR	Institute Clauses for Builders' Risks	协会船舶建造风险保险
ICE	Intercontinental Exchange	洲际交易所
ICS	International Chamber of Shipping	国际海运商会
IDR	Incentive distribution rights	激励分配权
IGA P&I	International Group of P&I Clubs	国际保赔协会集团
IM	Information memorandum	项目融资建议书
IMAREX	International Maritime Exchange	国际海事交易所
IMF	International Monetary Fund	国际货币基金组织
IMIC	Institute Mortgagees' Interest Clauses	协会船舶抵押权人利益保险条款
IOSCO	International Organization of Securities Commissions	国际证券委员会组织
IPO	Initial public offering	首次公开募股
IRR	Internal rate of return	内部收益率
ISM	International safety management	国际安全管理规范
ISPS	International ship and port facility code	国际船舶和港口设施规则
JOBS	Jumpstart Our Business Startups	美国乔布斯法案
JBIC	Japan Bank for International Cooperation	日本国际合作银行
JV	Joint ventures	合资企业
KEXIM	Export-Import Bank of Korea	韩国进出口银行
LBO	Leveraged buyout	杠杆收购
LCH	London Clearing House	伦敦结算所
LCH.Clearnet	London Clearing House Clearnet	伦敦结算所
LDT	Light displacement ton	轻载排水量吨位

LIBOR	London Interbank Offered Rate	伦敦银行同业拆放利率
LLMC	Limitation of Liability for Maritime Claims	海事索赔责任限制
LNG	Liquefied natural gas	液化天然气
LP	Limited partnership	有限合伙
LPG	Liquefied petroleum gas	液化石油气
LR	Long range	远程
LSE	London Stock Exchange	伦敦证券交易所
LTAV	Long term asset value	长期资产价值
LTV	Loan to value	贷款价值比
LWT	Lightweight tonnage	空载吨位
M&A	Mergers and acquisitions	兼并和收购
MAC	Material adverse change	贷款中出现的重大不利因素
MAPP	Mortgagee's Additional Perils (Pollution) Insurance	抵押权人附加危险（污染）保险
MarCAR	Marine Construction All Risks	船舶建造一切险
MAS	Monetary Authority of Singapore	新加坡金融管理局
Mbpd	Million barrels per day	百万桶/天
MIA	Marine Insurance Act	海上保险法
MiFID	Markets in Financial Instruments Directive	金融工具市场指令
MiFIR	Markets in Financial Instruments Regulation	金融工具监管市场
MII	Mortgagees interest insurance	抵押权人船舶利益保险
MLP	Master limited partnership	业主有限合伙
MOU	Mobile offshore unit	海上移动装置
MQD	Minimum quarterly distribution	最低的季度分布

MR	Medium range	中程
MRP	Market risk premium	市场风险溢价
MSA	Merchant Shipping Act	《商船条例》
MSP	Major Swap participants	主要掉期参与者
MTF	Multilateral trading facility	多边交易设施
MV	Market value	市场价值
MVC	Minimum-value clause	最小价值条款
NAFTA	North America Free Trade Agreement	北美自由贸易协议
NAV	Net asset value	资产净值
NBSE	Ningbo Shipping Exchange	宁波航运交易所
NCFI	Ningbo Containerized Freight Index	宁波出口集装箱运价指数
NDA	Non-disclosure agreements	保密条款
NOS	Norwegian Options and Futures	挪威期权和期货
NOTC	Norwegian OTC	挪威场外交易市场
NPV	Net present value	净现值
NYMEX	New York Mercantile Exchange	纽约商业交易所
NYSE	New York Stock Exchange	纽约证券交易所
OB	Oslo Børs	奥斯陆证券交易所
OECD	Organisation for Economic Co-operation and Development	经合组织
OLS	Ordinary least squares	普通最小二乘法
OPEC	Organization of Petroleum Exporting Countries	石油输出国组织
OPEX	Operating expenses	运营费用
OSV	Offshore support vessel	海洋支持船
OTC	Over-the-counter	场外交易

OTF	Organized trading facility	有组织交易设施
P&I	Protection and indemnity	保障与赔偿
PAL	Carriage of passengers and their luggage by sea	海上旅客及其行李运输
PE	Private equity	私募股权投资
PIK	Pay in kind	实物支付
PIPE	Private investment in public equity	定向增发
PSV	Platform supply vessel	平台供应船
PTC	Panamax time-charter basket	巴拿马型定期租船篮子
RM	Regulated market	受管制的市场
RMO	Recognized market operator	合格市场运营商
ROA	Real options analysis	实物期权分析
ROA	Return-on-assets	资产回报率
ROE	Return on equity	股东权益回报率
RV	Residual value	残值
S&N	Stay-in and negotiate	静待谈判
S&P	Sale and purchase	船舶买卖
SCAR	Standardized cumulative abnormal return	标准化累计超额收益
SCFI	Shanghai Containerized Freight Index	上海集装箱货运指数（SCFI）
SD	Swap dealers	掉期交易商
SDR	Swap data repository	交换数据储存库
SEC	Securities and Exchange Commission	美国证券交易委员会
SEF	Swap execution facility	互换执行设施
SEHK	Stock Exchange of Hong Kong	香港联合交易所

SGX	Singapore Exchange Limited	新加坡证券交易所
SGX AsiaClear	Singapore Exchange AsiaClear	新加坡证券交易所亚洲结算行
SHCH	Shanghai Clearing House	上海清算所
SIN	Clarkson Shipping Intelligence Network	克拉克森航运情报网络
SPAC	special purpose Acquisition Company	特定目标收购公司
SPC	Special purpose company	特殊目的公司
SPPx	Super Post Panamax vessel	超巴拿马型船
SPV	Special purpose vehicle	特殊目的机构
SPx	Sub-Panamax	准巴拿马型船
SS	Special survey	特殊检验
SSE	Shanghai Shipping Exchange	上海航运交易所
SSEFC	Shanghai Shipping Freight Exchange Co.	上海航运运价交易有限公司
STC	Supramax time-charter basket	超灵便型定期租船篮子
STC	Straight-through processing to clearing	直通式处理清算
STP	Straight-through processing	直通式处理
TC	Time charter	定期租船
TCE	Time-charter equivalent	等价期租租金
TEU	Twenty-foot equivalent unit	20 英尺标准箱
TR	Trade repository	交易数据库
TSE	Tokyo Stock Exchange	东京证券交易所
ULCC	Ultra large crude carrier	巨型油轮
ULCV	Ultra large container vessel	超大型集装箱船

UNCTAD	United Nations Conference on Trade and Development	联合国贸易和发展会议
VDD	Vendor due diligence	供应商尽职调查
VLBC	Very large bulk carrier	特大型散货船
VLCC	Very large crude carrier	超大型油轮
VLCS	Very large container ship	特大型集装箱船
VLOC	Very large ore carrier	特大型矿砂船
VMC	Value maintenance clause	保值条款
WACC	Weighted average cost of capital	加权平均资本成本
WCI	World Container Index	世界集装箱指数
WS	World scale rate	世界油船费率表
WTO	World Trade Organization	世界贸易组织
YTM	Yield-to-maturity	到期收益率
ΔNWC	Change in net working capital	净营运资本的变动额

图书在版编目(CIP)数据

国际航运金融手册/(希)马诺利斯·卡伍萨诺斯
(Manolis Kavussanos),(希)伊利亚斯·维斯维基斯
(Ilias Visvikis)主编;金海译.—上海:上海人民
出版社,2019
书名原文:The international handbook of
shipping finance: theory and practice
ISBN 978-7-208-15972-3

Ⅰ.①国… Ⅱ.①马… ②伊… ③金… Ⅲ.①国际航
运-金融-手册 Ⅳ.①F830.571-62②F840.63-62

中国版本图书馆 CIP 数据核字(2019)第 146185 号

责任编辑 冯 静
封面设计 一本好书

国际航运金融手册
[希腊]马诺利斯·卡伍萨诺斯
[希腊]伊利亚斯·维斯维基斯 主编
金 海 译

出 版	上海人民出版社 (200001 上海福建中路 193 号)
发 行	上海人民出版社发行中心
印 刷	常熟市新骅印刷有限公司
开 本	720×1000 1/16
印 张	27
插 页	4
字 数	350,000
版 次	2019 年 10 月第 1 版
印 次	2019 年 10 月第 1 次印刷

ISBN 978-7-208-15972-3/F·2595

定 价 108.00 元